FINANZAS
Inteligentes

Fede Bunsow

Juan Carnevale

Marcos Emmi

Ariel Mamani

CAPITAL · EDICIONES
C.

Finanzas inteligentes: lo que debe saber un inversor moderno / Federico Bunsow; Juan Carnavale; Marcos Emmi; Ariel Mamani. [et al.]. - 1a ed. - Ciudad Autónoma de Buenos Aires: Capital, 2023.

412 p. ; 13,97 x 21,59 cm.

ISBN 978-987-48126-6-7

1. Finanzas. I. Bunsow, Federico.

CDD 332.04

Maquetación y revisión a cargo de Sol Costilla
Tapa a cargo de Yonathan Franco Fernández

Directora Editorial
Yanina Orrego
Codirector Editorial
Rodrigo Díaz Perera

Av. Rivadavia 6743 (Loc. 71)
Asesorías a:
info@capitalediciones.com
Capital Federal – Argentina
www.capitalediciones.com

Queda hecho el depósito legal establecido por la ley 11.723.

Impreso en Argentina

Para Paula, principal responsable de
los momentos más felices que he vivido y los que vendrán.

Fede Bunsow

Gracias a mi familia por tolerar mi pasión por las finanzas y
a todos los profesionales que contribuyeron en mi formación.

Juan Carnevale

Para mí amada familia y compañera de vida:
gracias por su amor y apoyo.
Por ser los motores que me impulsaron
a lograr mis metas y seguir adelante.

Marcos Emmi

Mi principal agradecimiento es para mi familia y amigos, quienes siempre me han brindado su apoyo. También a Federico Bünsow por haberme tenido en cuenta, y a Yanina Orrego por hacer esto posible.
Por último, gracias a usted, querido lector, por haber confiado en nosotros.

Ariel Mamani

Índice

Plataforma web

Este libro viene con un plus. ¡Bah!, en realidad, varios.

Primero y más importante: conocernos (aunque sea virtualmente) y compartir encuentros regularmente para tratar algunos tópicos específicos sobre finanzas y coyuntura de mercado.

Cada trimestre, los autores organizan un Zoom exclusivamente para los compradores de este ejemplar que estén registrados en la web para recibir notificaciones por correo electrónico sobre la fecha, la temática y el enlace de acceso al encuentro virtual. Durante la sesión podremos conversar, analizar empresas y estrategias, debatir, y mucho más.

Segundo. En la página web del libro encontrará material complementario como videos, hojas de cálculo, presentaciones en PowerPoint, entre otros recursos. Este material está organizado por capítulos y se puede acceder rápidamente a través de un código QR, lo que permite a los lectores acceder a los recursos mientras leen el ejemplar. De esta manera, buscamos agregar valor al contenido del libro y desarrollar temas que pueden ser limitantes cuando se presentan solo en palabras impresas.

¿Cómo funciona? Cada libro tiene un código de usuario y clave inicial. Recomendamos que el flamante comprador del libro se registre a la brevedad para determinar su propio usuario y clave, y que siempre guarde aunque sea una imagen del ticket o factura de compra por cualquier reclamo o blanqueo de clave. Si usted ha comprado en segunda mano o tiene una versión no autorizada, lo sentimos mucho.

Estos encuentros estarán habilitados al menos durante un año desde la compra del libro (aunque nuestra intención es extenderlo durante más tiempo).

¡Los esperamos!

Prólogo

¿Clásico o innovador? ¿Por qué no combinar lo mejor de ambos? Juan y yo, Federico, recibimos educación formal y seguimos la regla de obtener primero una licenciatura, luego un posgrado y finalmente la maestría. Comenzamos trabajando en bancos y sociedades de bolsa. Recorrimos la hemeroteca del subsuelo de la Bolsa de Comercio buscando balances de empresas cotizantes y leíamos con ojos biométricos páginas enteras de cotizaciones en los diarios (hoy en día necesitaríamos una regla y una lupa). Las inversiones en el exterior eran un privilegio de pocos que estaba fuera de nuestro alcance. Hemos vivido muchas crisis financieras, tanto locales como internacionales, y para todos los gustos: defaults soberanos en todos los continentes, punto com, la crisis *subprime*, entre otras. Aprendimos mucho. Aprendimos a distinguir las empresas que engañan, las modas especulativas, *fundamentals* que no pasan de moda, los modelos de negocios y los empresarios serios, así como aquellos que no lo son tanto.

Un día tuvimos la suerte de que el destino nos topara con dos buenos (y muy profesionales) muchachos. Ariel y Marcos utilizaban otras herramientas informáticas, comparaban múltiples empresas a la velocidad de la luz, se fascinaban con la *blockchain*, los nuevos modelos empresariales y la psicología del mercado. Tenían el mismo entusiasmo que nosotros, pero tomaron un camino diferente: evitaron trabajar en empresas financieras y en la educación tradicional para convertirse en emprendedores y aprender directamente en el mercado, que es el mejor capacitador. Y les fue bastante bien.

En vez de comparar, decidimos complementarnos. Aprender uno del otro. Nos sorprendieron con herramientas interactivas, fuentes de información nuevos instrumentos. Nosotros aportamos nuestro análisis clínico y crítico, la experiencia de aciertos y errores, y un método para buscar información.

Los cuatro compartimos la pasión por el mercado y la capacitación como escudo de defensa y ataque. ¿Por qué no hacer un libro y volcar todo esto? Hemos integrado todas las opciones de inversión, desde los clásicos instrumentos de renta fija y variable hasta los derivados (futuros y opciones), los fondos de inversión, los fideicomisos, etcétera. También nos aventuramos con criptoactivos y *blockchain*, con alternativas de financiamiento a empresas que a menudo son olvidadas y un poco de psicología y comprensión del funcionamiento del mercado. Nuestra intención es ofrecer una formación integral y práctica, por parte de autores que viven diariamente el mercado.

No se requiere educación tradicional para ser un experto en el mercado. Matemática básica, algunas cuentas y comparativas, el uso de buenas herramientas y, sobre todo, mucho sentido común. Esto es lo que intentamos transmitir en estas páginas.

Optamos por el formato clásico del papel ya que consideramos que es preferible pedagógicamente en comparación al formato digital. Innovamos con una web donde se pueden ejercitar casos reales, se proveen herramientas y se puede interactuar con nosotros en encuentros trimestrales para hablar de mercado, coyuntura, valuaciones, negocios, etcétera. Queremos escribir, pero también comunicarnos y estar en contacto real con nuestros lectores, aprender de ellos. Fusionamos lo clásico y lo innovador. ¿Acaso hay algo mejor?

Querido lector, y esperamos que futuro colega: bienvenido a nuestro mundo.

Federico Bunsow

Mercado de capitales

Argentina y el mundo

Generalmente, al hablar de mercados parece que nos referimos a entes abstractos donde la mano invisible de Adam Smith ordena todo. Pero no: los mercados son empresas, sociedades anónimas en su mayoría (y por ende con ánimo de lucro), donde distintos actores llamados *Agentes* cumplen roles específicos para la transferencia de activos; y donde compradores y vendedores pueden, en igualdad de condiciones, concretar operaciones.

Definimos como *mercado de capitales* al ámbito de negociación entre oferentes (inversores) y demandantes de crédito, ya sea para el corto, mediano o largo plazo. Es el ámbito donde se encuentran quienes ahorran y tienen excedentes de dinero, generalmente individuos (o las estructuras que los representan, como un Fondo Común de Inversión), y quienes lo demandan, generalmente empresas y el Estado o sector público.

Por la relevancia económica que tienen en la economía de un país, los mercados están regulados por un organismo estatal que determina las reglas macro, estructura donde los agentes y sus clientes[1] operan con el objetivo común de generar competencia y transparencia en las cotizaciones, en pos de cuidar al inversor minorista.

En la Argentina el ente de control recae en la Comisión Nacional de Valores (CNV), y sus principales competencias y estructuras de mercado están descriptas en la Ley de Mercado de Capitales (26831) y las modificaciones introducidas por la Ley de Financiamiento Productivo (27440), junto con otras leyes complementarias[2], y en las reglamentaciones que el organismo emite.

[1] Se utilizan los términos cliente, inversor o (sub) comitente de manera indistinta.

[2] Ley 24083 de Fondos Comunes de Inversión, 24441 de Fideicomisos Financieros, 23576 de Obligaciones Negociables específicas del mercado.

Fuente: elaboración propia

Supervisa, regula y sanciona actividades de los mercados, agentes y personas físicas o jurídicas privadas que realicen actividades relacionadas con la oferta pública de valores negociables, estableciendo regímenes para emisores. Por eso se dice que la CNV tiene poder de "policía".

Entre las múltiples funciones de la CNV, destacamos:

Autoriza y reglamenta la oferta pública: Toda emisión de acciones, bonos, y distintos instrumentos autorizados que se ofrezcan al público en general, utilizando medios masivos de comunicación[3], tienen que tener previamente la autorización de la CNV, caso contrario se considera una actuación irregular plausible de sumario y sanciones.

Autoriza y reglamenta el funcionamiento de los agentes: El organismo determina las funciones y requisitos otorgando autorizaciones de las distintas categorías de agentes, mercados y demás participantes. Tiene poder de policía sobre los mismos: puede sumariar, suspender, multar y revocar autorizaciones para su funcionamiento.

Reglamenta toda la actividad: Todos los manuales, instrumentos, servicios y hasta comisiones, pueden estar regulados por la CNV.

Supervisa y monitorea información y cotizaciones: Con el objetivo de proteger a los inversores y evitar ciertos engaños, tiene mecanismos de control que detectan asimetrías en precios o en determinadas actividades sospechosas.

Prevención "lavado de dinero": Si bien la Unidad de Información Financiera (UIF) es el organismo de control en esta materia, la CNV dicta normas complementarias para cumplimiento de sus agentes.

---

[3] Internet, redes sociales, *mailing*, diarios, publicidad en vía pública, etc. Todo medio utilizado para llegar a un público en general, no identificado.

De hecho, técnicamente, la CNV es un Sujeto Obligado ante la UIF y a quien reporta Operaciones Sospechosas detectadas.

La Comisión Nacional de Valores es un organismo autárquico, con su propio patrimonio y administración independiente. Está formado por cinco miembros que en términos reales los designa el Ministerio de Economía.

Tiene su competencia exclusivamente en el sector privado (personas físicas y jurídicas) y dentro del territorio nacional. Las emisiones que realiza el Estado Nacional, provincial y/o municipal, no requieren autorización del organismo. Dichas autorizaciones se cursan vía el Ministerio de Economía nacional o provincial, según corresponda. La CNV no regula ni autoriza emisiones por oferta pública que realizan los gobiernos locales.

La CNV tiene amplias funciones perfectamente enumeradas en la ley de mercado de capitales que no tiene sentido detallar en este libro. Basta con afirmar que tiene amplias facultades legales para controlar, supervisar y definir todo el ecosistema del mercado de capitales.

Emisoras

Son empresas o personas físicas privadas que buscan financiarse con recursos del público, previa autorización de la CNV. Las emisiones pueden ser de capital (acciones) o de deuda. En el primer caso solo pueden hacerlo sociedades anónimas y sociedades de acciones extranjeras. Para la emisión de deuda, además de las citadas, están las SRL, cooperativas y mutuales, asociaciones civiles. Las personas físicas también pueden acudir al mercado para financiarse.

Valores Negociables

Los emisores declaran valores negociables, también conocidos como títulos valores. Son instrumentos financieros que de forma ágil, rápida y segura pueden ser transferidos y convertidos en efectivo con el objetivo de favorecer transacciones entre compradores y vendedores.

Estos *títulos valores* o *valores negociables*, denominación que de ahora en más utilizaremos en forma indistinta, pueden ser cartulares o escriturales. Los primeros son papeles o cartulinas, en muchos casos con cupones troquelados, que los tenedores guardaban en sus casas o cajas de seguridad. Este era el método más frecuente hasta principios de los 80'. Luego con la posibilidad de llevar el control y contabilidad en soporte digital (escriturales), la mayoría de las emisiones adoptaron este formato debido a que facilita muchísimo la seguridad, trazabilidad y principalmente la liquidez.

-Todo valor negociable debe tener determinadas características:

-Derechos de créditos homogéneos y fungibles.

-Emitidos o agrupados en serie.

-Susceptibles de tráfico generalizado e impersonal.

La Ley de Mercado de Capitales (LMC) en Argentina enumera algunos valores negociables:

-Acciones

-Cuotapartes Fondos Comunes de Inversión (FCI)

-Bonos

-Obligaciones negociables (ON)

-Títulos de deuda o CP de Fideicomisos

-Pagarés

-Cheques de pago diferido

Los valores negociables pueden diferenciarse según el tipo de obligación (deuda o participación accionaria o de resultado) o el plazo. No es lo mismo una acción que un bono; tampoco es lo mismo una deuda de corto plazo (menor a un año), que de largo plazo (mayor a 10 años). Si bien en capítulos posteriores analizaremos cada instrumento, lo importante es saber que una empresa tiene distintas opciones para conseguir fondos, lo cual dependerá de la capacidad, respaldo, necesidades financieras y contexto económico para determinar cuál es la mejor alternativa y la suficientemente atractiva para que un inversor quiera financiar.

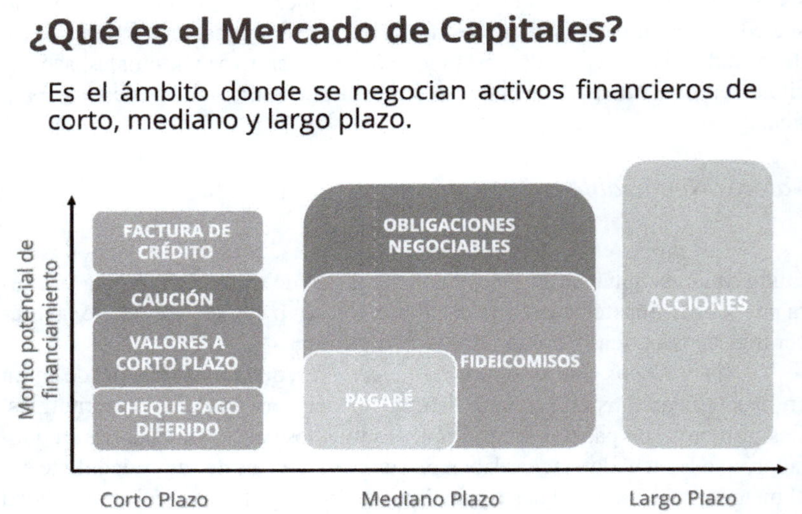

Fuente: Elaboración propia.

Oferta pública (y privada)

Todo emisor que realice colocaciones de valores negociables al público en general (sectores o grupos determinados) debe contar con autorización previa de la CNV. Regla fundamental.

Si una empresa pretende realizar difusión de su propuesta publicando en medios masivos de comunicación (diarios, web, etcétera) para llegar al mayor público inversor, tiene que cumplir requisitos previos que determina el Organismo. Una empresa no puede colocar un aviso de suscripción de acciones sin autorización previa; y si así lo hiciera, estaría realizando una oferta pública irregular, exponiéndose a acciones judiciales administrativas y penales.

¿Significa esto que para todo se requiere autorización de la CNV? No. Al contrario, la mayoría de las operaciones de deuda y/o capitales se realizan en el ámbito de la oferta privada, lo cual no resulta irregular.

Suponga que los autores de este libro decidieran constituir una S.A. y lo invitaran directamente a usted, querido lector, a un evento privado donde se enseñaran las bondades de nuestro proyecto. ¿Qué tendría de irregular? Nada. Distinto sería si realizáramos en la web una campaña invitando al público en general, potenciales clientes a los que no conocemos ni identificamos. Pero si nosotros contactamos directamente amigos, clientes, gente relacionada con nosotros, para ser parte de este emprendimiento y que participen del capital social o nos presten dinero, no estamos haciendo oferta pública, sino que resultan propuestas direccionadas. Es oferta privada cuando los valores se ofrecen en forma personalizada, y donde la información suele ser más puntual; presume la existencia de una vinculación comercial y/o social previa entre las partes y las negociaciones se dan en ese ámbito.

Resumiendo. Si el emisor pretende llegar con su propuesta al público, sea "doña Rosa" o fondos de inversión, utilizando medios de difusión, requiere autorización de la CNV porque es oferta pública (regular en este caso). Si no lo hace, está incumpliendo la normativa y se considera una oferta pública irregular. La oferta privada, si no entra en conflicto con las limitaciones de la oferta pública, no tiene nada de irregular y es perfectamente legal.

Agentes de Mercado

Los agentes cumplen un rol protagónico: sin ellos no hay desarrollo de mercado. Como las funciones son complejas, así como sus responsabilidades y requisitos, están divididos en distintas categorías, siendo las más relevantes:

Agente Productor (AP): Persona física o jurídica que cumple funciones de promoción, asesoramiento y difusión de valores negociables estando vinculados a otros agentes, como AN, AAGI o ALyC ya que el AP deriva clientes a estos agentes y obtiene un fee por las operaciones realizadas. Es el tradicional asesor financiero que trabaja en forma independiente.

Agente Asesores Globales de Inversión (AAGI): Persona jurídica que asesora sobre inversiones, gestiona órdenes y realiza actividades de administración de carteras, tanto local como internacional.

Agente de Negociación (AN): Persona jurídica que actúa como intermediario de valores negociables, ingresando las operaciones al mercado y operando tanto en el mercado primario como en el secundario.

Agente Liquidación y Compensación (ALyC): La nueva denominación de las conocidas ex "Sociedades de Bolsa". Personas jurídicas que intervienen en la liquidación y compensación de valores negociables; son quienes reciben y custodian el dinero y títulos de los comitentes[4]. Al igual que un AN, cursan órdenes de sus comitentes en los sistemas de mercado autorizados, entre otros servicios. El AN y el AlyC tienen que ser miembros al menos de un mercado de valores para operar. Cada mercado pone sus reglas y condiciones para así negociar títulos valores y demás instrumentos habilitados.

Agente Calificadora de Riesgo: Entidades que determinan la probabilidad de default de un valor negociable, y pueden hacerlo sobre cualquiera de estos que esté bajo régimen de oferta pública o no. Entre las ACR se encuentran universidades públicas autorizadas por la CNV para prestar este servicio.

Agente de Depósito Colectivo (ADC): Entidades registradas que reciben por parte del emisor depósitos colectivos de valores negociables, donde se custodian dichos valores[5].

Mercado: S.A autorizadas por la CNV cuyo objetivo es organizar las operaciones de valores negociables que cuenten con oferta pública por parte de los agentes miembros (ALyC y AN principalmente).

Cámaras Compensadoras (CC): Son las encargadas de liquidar y compensar operaciones asumiendo la función de contraparte central. En algunos casos el mismo mercado puede actuar también como CC.

Agente de Custodia, Registro y Pago: Son entidades autorizadas a prestar el servicio de registración en un sistema electrónico de representación de valores negociables mediante anotaciones en cuenta. Además, pueden prestar los servicios de custodia y transferencia de valores negociables y pago de dichos valores.

Agentes de Productos de Inversión Colectiva: Abarca actividades de administración, custodia, colocación y distribución de productos de Fideicomisos o Fondos Comunes de Inversión (Sociedad Gerentes y Sociedad Depositaria).

---

[4] Los AN, AAGI y AP tienen prohibido recibir o entregar dinero o títulos valores de sus clientes. Existen distintas subcategorías de ALyC, como Propia o Integral, pero no es nuestro objetivo entrar en tantos detalles.

[5] Para que se entienda bien. Cuando una empresa hace OP de acciones, estas quedan registradas en el ADC, en este caso Caja de Valores S.A. CV tiene ALyC como clientes, de quienes "cuelgan" los comitentes (o *sub* comitentes, es decir los inversores). CV tiene identificado cada cliente de la ALyC, y aloca los títulos valores en función de compras y ventas realizadas. Lleva el registro global de todas las tenencias.

El siguiente gráfico conforma el ecosistema de agentes. El AP, AN, ALyC y Sociedad Gerente de FCI tienen funciones más comerciales: buscan y desarrollan clientes que demanden servicios de mercado. Los mercados, ADC, y CC, etc., brindan el soporte para que los primeros presten servicios en forma eficiente y transparente.

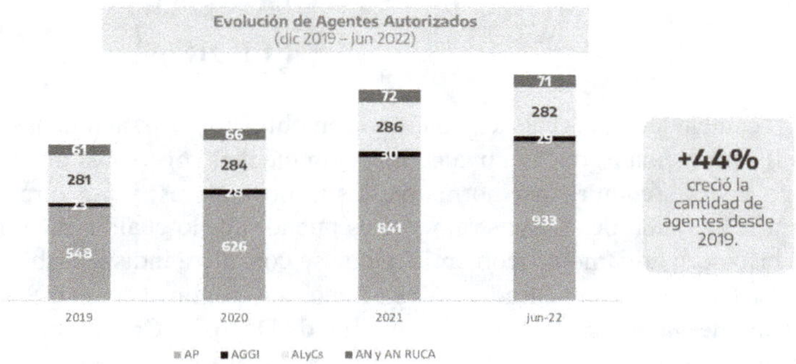

Fuente: CNV. Informe de Gestión 2022.

Con nombre y apellido

Para que no resulten abstractas las categorías mencionadas, citemos algunos ejemplos.

En mercados se destacan Bolsas y Mercados Argentinos S.A (ByMA), Matba Rofex S.A., Mercado Abierto Electrónico S.A (MAE) y Mercado Argentino de Valores S.A (MAV). Simplificando, podemos decir que ByMA se especializa en la negociación acciones y bonos, Matba-Rofex en instrumentos Derivados, MAE en bonos y MAV en instrumentos pyme.

Las Calificadoras de Riesgo se dividen en privadas y de universidades públicas. En el primer grupo figuran S&P, Moodys y Fitch[6], entre otras. En el otro, Universidad de Tres de Febrero, de San Martín y del Centro de la provincia de Buenos Aires.

[6] En Argentina trabaja con la afiliada argentina FIX SCR S.A.

MOODY'S

FitchRatings

STANDARD
&POOR'S

Técnicamente, las calificaciones no son obligatorias para muchas emisiones. El problema es que sin una calificación muchos inversores institucionales no podrían adquirir por normativa los títulos valores; y por otro lado, llamaría la atención de si el instrumento es bueno. Por lo cual, si bien no es obligatorio normativamente, comercialmente se considera indispensable.

En Cámaras Compensadoras destacamos a Argentina Clearing S.A, así como Caja de Valores S.A es el único Agente de Depósito Colectivo. Ambas entidades también se desempeñan como Agente de Custodia, Registro y Pago.

Agentes de Liquidación y Compensación: Existen más de 300 ALyC entre sus distintas subcategorías, tal vez demasiados agentes para el tamaño de nuestro mercado. Por citar algunos ejemplos: Adcap, Puente, Criteria, Inviu, SBS, Balanz, Allaria Ledesma, entre una larga y dinámica lista.

Agentes Productores, Agentes de Negociación y AAGI: Existen gran cantidad, principalmente de los primeros. Es importante saber quién es quién; que el asesor esté registrado; que los AN, AlyC y AAGI sean solventes; que tengan soporte tecnológico y operativo acorde; y que sean miembros de varios mercados para tener mayor acceso y variedad de inversiones.

En la página de la CNV hay información pública de todos los agentes. Se pueden consultar balances, registros de idóneas, responsables de relaciones con el público inversor, información relevante, etc. Todos los agentes están obligados a subir cierta información periódica y obligatoriamente, que suele ser de libre acceso al público. Esto ayuda a la transparencia y a que un cliente pueda averiguar información relevante sobre la situación de su agente.

La idoneidad

Desde la sanción de la nueva Ley en Mercado de Capitales en 2012, quienes tengan contacto con el público inversor y que desarrollen actividades de difusión, promoción y asesoramiento en materia de mercado de capitales, tienen que estar inscriptos en el Registro público de Idóneo de la CNV.

Para obtener la idoneidad hay que aprobar un examen ante el organismo, entre otros requisitos. Sin esta certificación, toda actividad vinculada es irregular y puede recibir sanciones.

La idoneidad tiene muchas ventajas para el profesional, entre las que se destacan:

•Puede firmar convenios comerciales con otros agentes, como AlyC, AN y AAGI, y recibir un porcentaje de las comisiones generadas por los clientes referenciados. Previamente, hay que registrarse como “agente productor persona física”. Lo interesante es que el convenio se informa a la CNV a través de la Autopista de Información, lo cual brinda mayor seguridad. También puede cobrar a sus clientes servicios profesionales por asesoramiento financiero.

•Cobertura Legal: Puede desempeñarse profesional y legalmente puesto que tiene cobertura legal. Si no estuviera registrado y realiza asesoramiento financiero, un cliente damnificado o no conforme puede denunciarlo ante la CNV, quien instruirá un sumario para investigar el caso.

•Marketing: Puede hacer difusión pública de sus servicios. Utilizar redes sociales y demás herramientas de marketing para ofrecer los servicios de asesoramiento.

Si su aspiración es trabajar profesionalmente en la industria, obtener la idoneidad debería ser su primer objetivo, puesto que así tendrá cobertura legal por su actividad y podrá registrarse como agente productor, firmar convenios de referenciamiento con AlyC y realizar difusión pública de sus servicios. Si busca asesoramiento, primero verifique que su asesor esté inscripto en el Registro de idoneidad… ¡Hay demasiados ventajeros en esta industria! Si usted está estudiando para administrar su propia cartera, simplemente olvide estos párrafos.

El objetivo de la idoneidad es fijar un mínimo de conocimiento en los participantes del mercado. ¿Alcanza para ser un buen asesor? Categóricamente NO. Pero es un buen (y obligatorio) punto de partida. El examen tiene un sesgo normativo, de poca utilidad para el trabajo diario del asesor. Este libro es un excelente complemento para una formación más integral dado que brinda las herramientas indispensables en instrumentos de inversión y financiamiento.

Mercado Primario y Mercado Secundario

La operatividad del mercado en general se divide en dos, primario y secundario. El mercado primario es donde se realizan emisiones y colocaciones de los títulos valores. En esta etapa, el emisor entra en contacto con el inversor, generando una operación con efectos contables y contractuales. Por ejemplo, una empresa emite deuda, contablemente le ingresa dinero en caja por el lado de los activos y como contrapartida en el pasivo tiene una obligación de pago futuro.

El mercado secundario cotiza el instrumento colocado en el mercado primario, donde el inversor acude para negociar (vender o comprar). Es un mercado de "liquidez", entendido como la capacidad de cambiar un activo por dinero, fijando el precio del instrumento intercambiado.

Todo valor negociable que se opera, primero pasa por el mercado primario. Lo que se negocia posteriormente son los títulos que el inversor original vendió en el mercado secundario.

El siguiente diagrama refleja el funcionamiento en ambos mercados, primario y secundario. En el primero hay emisión de nuevos valores negociables de parte de las unidades deficitarias, y una colocación de los ahorristas o inversores que tienen superávit económico. En este proceso se encuentra el financiamiento genuino, la colocación de fondos frescos que recibe el emisor a cambio de los valores negociables.

Finalizada la colocación primaria, los inversores pueden decidir desprenderse de esos valores negociables y otros inversores expresar interés en adquirirlos. Entonces se desarrolla el mercado secundario, donde los títulos valores se negocian entre compradores y vendedores. Nótese que el emisor no tiene participación, él fue el emisor original de esos valores negociables que posteriormente se negocian entre particulares.

La operatoria en el mercado secundario no afecta su financiamiento porque el emisor recibió el dinero fresco en la colocación primaria. Por eso decimos que el mercado secundario es un mercado de liquidez, entendido como la facilidad que tiene un inversor de convertir su tenencia en dinero; donde se comercializan los títulos emitidos con anterioridad. Cuando en el informativo o diario leemos sobre variaciones de precios, ese es mercado secundario. Cuando leemos un informe sobre resultado de nuevas colocaciones o emisiones, es mercado primario.

Regímenes de cotización

Para estimular la mayor participación de emisores en tanto grandes como pequeñas empresas, la CNV dispone de un régimen general y de regímenes especiales. El primero es muy flexible, aunque exigente en materia de información y control, utilizado por empresas grandes y medianas que cuentan con una adecuada estructura administrativa. Los regímenes especiales están destinados a incentivar la participación de pymes o sectores específicos, flexibilizando la carga administrativa y costos.

A modo de ejemplo, en el régimen general una empresa que emite deuda (denominada Obligación Negociables, ON) tiene que presentar balances trimestrales auditados y bajo normas NIIF[7]; en el régimen pyme, la presentación es anual y por normas contables locales.

Los regímenes especiales facilitan mucho las emisiones pymes. Años atrás era impensable la emisión de una ON pyme: resultaba un beneficio reservado para grandes empresas. Hoy es tan frecuente, que incluso sus costos de fondeos son más competitivos que los obtenidos por grandes empresas, gracias a un marco normativo que obliga a aseguradoras y fondos dedicados a demandar constantemente instrumentos emitidos por pymes bajo oferta pública. En el capítulo sobre *Financiamiento a Empresas* detallaremos regímenes e instrumentos.

El presente cuadro resume el ecosistema del mercado, con distribución y cantidad de participantes.

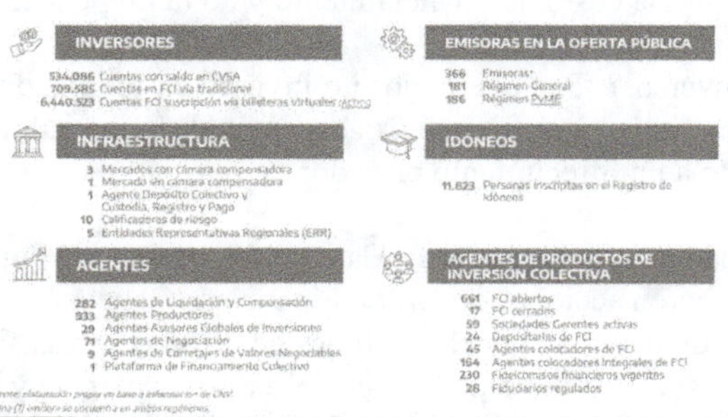

[7] Normas contables internacionales.

Corolario. La CNV es el Gran Hermano del mercado. Por sus sistemas de comunicación fluye toda la información de agentes, mercado, emisores, operaciones, etc. Su objetivo primordial es cuidar al pequeño inversor, por eso establece normas y procedimientos en pos de una mayor transparencia y así sentar las bases de un mercado en crecimiento.

¿Vale la pena?

Una empresa puede preguntarse si vale la pena tanto esfuerzo y tiempo para realizar una emisión a través del mercado de capitales. ¿No es más fácil ir al banco y pedir dinero prestado? Si bien en el capítulo de Financiamiento detallaremos distintos instrumentos muy superadores a los bancarios, podemos adelantar algunos conceptos generales, aunque igual de importantes:

•Mayor facilidad de acceso al crédito y en condiciones más ventajosas: El costo de emitir deuda será menor, y la posibilidad de encontrar capital de riesgo para nuevos proyectos, mayor. Por ejemplo, por hacer oferta pública de deuda, no se paga IVA sobre los intereses de una obligación negociable (según determinadas condiciones que establece la ley de Obligaciones Nacionales), y existen regímenes especiales para pymes, en condiciones muy ventajosas.

•Reputación y publicidad: cotizar en el mercado es una forma de publicidad gratuita que expone a la empresa al público en general; tener emisiones es sinónimo de status empresarial. En el caso de acciones, si el lector conoce empresas como Acindar, Aluar, Techint, etc., no es por adquirir directamente sus productos industriales, sino principalmente por la exposición que tienen en medios de comunicación al tener acciones con cotización.

•No dependencia del sistema bancario: los bancos son muy discrecionales a la hora de otorgar líneas crediticias comerciales; también muchas veces son forzados por normas o incentivos, donde es preferible prestar al BCRA o al Estado, por sobre el sector privado. En el mercado de capitales eso no ocurre. Ante una crisis, por ejemplo, los bancos reducen su exposición cortando líneas, lo cual resulta menos probable en el mercado de capitales, donde los ajustes se dan vía costo de financiamiento y no tanto por monto.

¿Y el inversor? ¡Por qué mejor no invierte en un plazo fijo bancario! El inversor tiene importantes ventajas adquiriendo títulos valores con oferta pública respecto a un ofrecimiento privado:

•Transparencia y seguridad: Hay varios aspectos. Por ejemplo: 1. Cuando se adquieren acciones de Grupo Financiero Galicia en el mercado, se tiene la certeza de haber adquirido acciones de dicha empresa sin posibilidad de falsificaciones; 2. El precio de la operación es transparente y puede ser verificado por el comprador; 3. Para cotizar y/o realizar la oferta pública inicial, la empresa se somete a una serie de auditorías y exigentes requisitos administrativos e informáticos para garantizar el seguimiento y estado de situación de la empresa por parte de cualquier inversor o interesado.

•Liquidez: Si se adquieren acciones de una empresa sin cotización pública, existe la posibilidad de no poder deshacer su participación, debiendo en muchos casos dedicarse a la extensa y costosa tarea de encontrar un comprador. En una empresa que cotiza, dependiendo el grado de liquidez de la misma en el mercado, ese riesgo prácticamente no existe para inversores individuales: siempre habrá un comprador interesado.

•Acceso a información de la empresa: En forma rápida y económica, dado que los emisores están obligados a informar al público en general toda información relevante.

•Más opciones de inversión: Para todos los gustos: corto, mediano o largo plazo, tasa fija o variable, pesos o dólares, garantizado o no garantizado, de mayor o menor riesgo. Solo para citar algunos instrumentos: bonos, ON, acciones, fideicomisos, fondos de inversión abiertos y cerrados, cauciones, pase, cheques avalados o sin garantía, pagaré, facturas de crédito, futuros y opciones, etc.

Querido lector, en los próximos capítulos esperamos descubra un nuevo y apasionante mundo lleno de oportunidades y desafíos. Las finanzas están en constante movimiento y nos atraviesan por todos lados, por eso es muy importante entenderlas, conocerlas, y por qué no, sacarle provecho.

Material Multimedia

En www.phronencial.com/finanzasinteligentes encontrará material complementario y específico de este capítulo: ejemplos, ejercicios, aplicaciones, uso de calculadoras, búsqueda de información, videos, planillas, PDF y presentaciones.

Puede acceder desde la plataforma de Phronencial, o directamente al material del capítulo desde el siguiente QR:

Recomendamos registrarse en la plataforma utilizando el usuario y clave inicial que le proporcionamos en las primeras páginas, y que es único para el titular original del libro.

De esta manera podrá acceder al material complementario. Pero lo más importante, es que con la correcta identificación lo contactaremos para los encuentros (virtuales y/o presenciales) que realizamos para abordar distintos tópicos financieros y de mercado.

Análisis fundamental de acciones

Introducción

¿Alguna vez se preguntó por qué una persona decide ser dueña de un negocio? Si no lo hizo, este es el momento adecuado. Así que le pregunto de otra manera. ¿Por qué compraría una empresa? Seguramente porque dicha compañía genera dinero. Si genera pérdidas, ¿la compraría? Posiblemente no, a menos que crea que puede producir muy buenos beneficios en un futuro.

Ahora le pregunto, ¿cuánto pagaría por tener una inversión que desde este momento hasta dentro de un año le genere 1.000 dólares? Si bien el número puede variar, lo que es seguro es que sería menor a esos 1.000 dólares: no tiene sentido invertir mil para en un año recibir simplemente esa misma cantidad de dinero.

Si el precio promedio de dicha inversión fuese de 10 dólares, pero de repente pasase a costar tan solo 10 centavos de dólar, ¿la compraría igualmente? Si su respuesta es sí, usted está en el libro correcto. Si su respuesta fue no, entonces puede que lo suyo sea más el análisis técnico. ¿Por qué? Lo descubrirá en el transcurso de las secciones.

Mi nombre es Ariel, y soy experto en análisis fundamental de acciones. Mi objetivo con esta sección del libro no es solamente explicar por qué a mi modo de ver el análisis fundamental es superior al técnico, ya que ambos resultan útiles. Por ende, mi objetivo es que usted pueda analizar una empresa desde un punto de vista fundamental, evaluando todas las áreas necesarias.

¿Qué es el análisis fundamental?

El análisis fundamental de acciones es un método para calcular el valor intrínseco de una compañía. Pero vayamos por partes.

¿Qué es el valor intrínseco? Dicho de manera sencilla, es el precio al que debería cotizar, según el análisis realizado, una empresa. Si sus acciones cuestan 10, pero deberían costar (valor intrínseco) 25, entonces sería una oportunidad de ganar un 150% sobre el capital invertido. Fácil, ¿cierto?

Así que ahora definamos de una manera más sencilla qué es el análisis fundamental: es una manera de saber cuánto deberíamos pagar por las acciones de una empresa.

El proceso consiste en determinar cuánto vale la compañía en sí, para luego dividir ese número entre la cantidad de acciones en circulación. Veámoslo con un ejemplo.

El intrínseco de una empresa es de 1.000 dólares y tiene 500 acciones en circulación. Entonces el precio de cada una debería ser de 2. ¿Por qué? Porque esas 500 acciones sumadas tienen que llegar a valer 1.000 dólares según el análisis, por ende debemos dividir los 1.000 entre las 500 acciones, lo que es igual a 2. Si al momento de analizar la empresa sus acciones cuestan 1, entonces deberíamos comprar. Si por el contrario costasen más de 2 dólares, esperaríamos o *shortearíamos*, es decir, invertiríamos a la baja.

¿Por qué ser analista fundamental?

Los mejores inversores de la historia son analistas fundamentales. Inversores tales como Charlie Munger, quien posee un patrimonio de más de dos mil millones de dólares; o Warren Buffett, considerado por muchos el mejor inversor de todos los tiempos, con más de 109 mil millones de dólares de patrimonio. Asimismo, Peter Lynch, uno de los mejores gestores de fondos de inversión de todos los tiempos, al igual que Ray Dalio, entre muchos otros. Si me preguntaran si conozco a alguien que haya llegado a esas cifras *tradeando*, la realidad es que no.

No estoy en contra del análisis técnico, sino de sus gurús. Incluso yo mismo realizo análisis técnico a pesar de no haberme profesionalizado en el campo, pero es solo como complemento de un análisis profundo del negocio que estoy comprando. Y siempre recuerdo que una acción no es una cotización simplemente o un precio que sube y baja al azar, es una empresa, es un negocio.

Puede que una acción hoy baje de precio porque eso lo determina la oferta y demanda producida en el día. Por ejemplo, podría darse el caso de que un millonario poseedor de una enorme cantidad de acciones en circulación de una empresa determinada decida vender la totalidad de su porción de la compañía. En ese momento, el precio se desplomaría por la enorme oferta producida.

Lógicamente las ballenas (denominación en el mercado a quienes poseen una gran cantidad de activos, como muchos bitcoins, acciones de Coca-Cola, etcétera) no venden todas sus posesiones en un mismo momento; sino que lo hacen de a poco para no tirar hacia abajo el precio del activo que están operando. Pero el ejemplo anterior era simplemente para, valga la redundancia, ejemplificar por qué un día aleatorio puede corregir el precio.

En definitiva, y volviendo al punto: ser analista fundamental es lo correcto para todo aquél que le guste usar la lógica y el sentido común, sumados a la matemática. Además del hecho de ser un inversor de largo plazo que no está buscando mirar a diario gráficos de cotizaciones; sino que más bien prefiere comprar y mantener, independientemente de lo que ocurra en breves lapsos de tiempo.

Estados contables: Balance

En este momento empieza la teoría. Le puedo decir con confianza que será capaz de entenderla perfectamente a pesar de no tener ningún tipo de conocimiento previo en el tema. Pero es necesario el enfoque, así que vamos con ello.

He de aclarar que no soy contador, por lo que usted tampoco necesita serlo para entender estos conceptos. A su vez, hablaré solo acerca de lo realmente necesario para entender lo que un analista fundamental necesita entender. No entraré en detalles de aspectos que sean prescindibles.

Primero veremos qué es una hoja de balance. Es simplemente un papel en el que veremos qué posee la empresa en términos de dinero y cómo lo financió, o dicho más sencillo aún, cómo consiguió el dinero para tener lo que tiene.

En este punto, aparece el activo. El activo de una empresa es el total de los bienes y derechos que posee, así como las sumas que le adeudan otras personas. En el balance contable, el activo se divide en dos grandes grupos: el activo corriente y el activo no corriente. Pero ¿qué significa todo esto? Dicho de manera sencilla, el activo de una compañía es todo aquello que sea dinero, o sea capaz de convertirse en dinero, como el efectivo en caja o saldo en la cuenta bancaria. Ambas cosas son dinero, por lo que están dentro del activo. Aunque esta parte del balance no se refiere únicamente al dinero como tal, sino, como se mencionó antes, también hace referencia a todo aquello que pueda venderse, como inventario o maquinaria. Ninguna de estas dos cosas resultan dinero como tal, sin embargo, la empresa puede vender tanto sus máquinas como sus productos y de esta forma "convertirlos" en dinero.

Una vez que sabemos qué tiene la empresa (activo) debemos saber cómo lo financió. Es decir, cómo consiguió el dinero para tener lo que tiene, lo cual se consigue de dos formas: una es el pasivo, y la otra el patrimonio.

Se denomina pasivo de una empresa a la suma de todas las deudas y obligaciones que tiene dicha compañía. Esto incluye todos los préstamos que ha tomado, las cuentas por pagar, los impuestos que debe y cualquier otra obligación financiera. ¿Entonces sería correcto decir que el pasivo es toda la deuda que tiene la empresa? En términos contables, no. Si bien identificar al pasivo como deuda es la forma más fácil de entenderlo, y en un nivel inicial considero válido comprenderlo de esa forma, desde un punto de vista contable no es correcto. Sin embargo, con fines educativos iniciales, podríamos decir que el pasivo es todo aquél dinero que la empresa debe pagar, lo que muchos llamarían "deuda". Por lo que si una compañía toma un crédito bancario, ésta estaría consiguiendo dinero para, por ejemplo, comprar maquinaria. De esta forma, la maquinaria es activo, pero si nos preguntamos de qué forma lo consiguió, no fue dinero que la empresa ganó vendiendo productos o servicios, sino que tomó deuda; lo que significa que es dinero que tarde o temprano deberá devolver.

Pero como probablemente sepas, tomar dinero prestado no es la única forma de conseguir recursos. Y es allí donde aparece el patrimonio.

El patrimonio de una empresa es el conjunto de bienes y derechos que pertenecen a la misma y que sirven para su desarrollo y funcionamiento. Se trata de un elemento clave para el correcto funcionamiento de la organización, ya que representa el capital que posee y que le permitirá seguir realizando su actividad. Dicho de forma mucho más sencilla y resumida, el patrimonio es el dinero que la empresa consiguió vendiendo acciones o el dinero que pusieron sus creadores (capital social), vendiendo sus productos o servicios (ganancias retenidas), entre otros. Pero, a efectos educativos para el análisis fundamental, podríamos entender el patrimonio como la forma de financiarse a través de la venta de acciones.

Hagamos una pequeña pausa para comprender lo que viene más adelante. Según el artículo denominado "El pensamiento lógico-abstracto como sustento para potenciar los procesos cognitivos en la educación" escrito por Lilian Mercedes Jaramillo Naranjo de la Universidad Tecnológica Equinoccial en Ecuador: "Asimismo lo relevante está cuando las personas captan la información en forma significativa y comunican a otro grupo de personas para que a su vez lo multipliquen a varios sujetos formando un tejido social de comprensiones constructivistas para el mundo de la vida. Por ello, en este proceso de pensar se involucra a la inteligencia, el aprendizaje y la memoria, atributos que conllevarán a un mejor entendimiento de comprensiones conceptuales". En resumen y dicho fácilmente: pensar, razonar, e interpretar de forma lógica lo que estás aprendiendo en este libro no solo te ayudará a retener mejor la información, sino a entenderla realmente.

Por lo que ahora, volviendo a lo nuestro, pensemos un poco juntos. Si el activo nos dice qué posee la empresa y por otro lado el pasivo junto con el patrimonio nos indican de qué forma consiguió eso que posee, entonces ¿qué fórmula matemática podríamos usar para representar esto? Mi sugerencia es que previo a ver la respuesta, lo piense, así sea que le resulte muy obvio o muy difícil.

$$\text{Activo} = \text{Pasivo} + \text{Patrimonio Neto}$$

Es muy importante que recuerde esto. No hablo de la fórmula como tal, sino de por qué se compone de esta manera.

Ayuda memoria:

• El activo es qué tiene una empresa (maquinaria, inventario, dinero en el banco, terrenos, inmuebles, entre otros).

• El pasivo es "la deuda" que posee una empresa (con proveedores, bancos, etcétera).

• El patrimonio es el capital de los accionistas.

Ahora veámoslo con un ejemplo:

La empresa Inverarg tiene un terreno que cuesta 1.000 dólares, un auto que cuesta 200 dólares, es proveedora de otra empresa la cual le debe 50 dólares, y finalmente tiene en su cuenta bancaria 250 dólares. En total, esta compañía posee U$D 1.500 de activo.

Ahora ¿Cómo financió todo esto?

•Tomó 700 dólares en un préstamo bancario;

• Y vendió acciones por 800 dólares en total.

De este modo, Inverarg tiene un activo de 1.500 dólares, de los cuales 700 son pasivos (deuda) y 800 son patrimonio (capital de accionistas).

A continuación, veamos el balance general o balance *sheet* de Tarjeta Naranja en el cierre de ejercicio (31 de diciembre para esta empresa) del año 2021. Como podrá ver, este estado contable se encuentra en inglés, siendo que es una compañía argentina. Esto nos enseña que el familiarizarnos con la terminología en inglés nos será de bastante utilidad a futuro.

Es por ello que tendrá a continuación la traducción de los puntos más importantes que fue descubriendo recientemente.

1. Activo = *Assets*
2. Activo corriente = *Current asset*
3. Activo no corriente = *Non-Current asset*
4. Pasivo = *Liability* / Pasivos = *Liabilities*
5. Patrimonio = *Equity*

No se asuste con todos los demás términos que no logre comprender, ya que como le comenté unas secciones atrás, en este libro solo tocaremos los puntos básicos para realizar un análisis fundamental.

Balance Sheet
For the periods ended December 31, 2021 and December 31, 2020
Expressed in thousands of constant Argentine Pesos at period-end

	12.31.2021	12.31.2020		12.31.2021	12.31.2020
	In Thousands of AR$			In Thousands of AR$	
ASSETS			**LIABILITIES**		
CURRENT ASSETS			**CURRENT LIABILITIES**		
Cash and Cash Equivalents	5;465,231	4,066,741	Trade and Other Payables	96,368,748	82,586,410
Investments	12,487	-	Borrowings	39,324,482	20,533,040
Receivables from Trade	173,000,378	131,928,650	Employee Benefit Obligations	1,484,160	2,299,856
Other Receivables	1,058,310	577,507	Current Tax Liabilities	3,790,175	2,842,488
			Other Liabilities	2,767,381	219,102
			Income Tax Provision	3,478,634	1,795,865
Total Current Assets	**179,536,406**	**136,574,898**	**Total Current Liabilities**	**147,213,580**	**110,276,761**
NON-CURRENT ASSETS			**NON-CURRENT LIABILITIES**		
Receivables from Trade	2,463,527	754,415	Borrowings	5,443,048	4,595,100
Investments	AR$ 1,000	-	Other Liabilities	17,767	18,134
Other Receivables	8,990	11,632	Provisions	163,559	218,953
Deferred Tax Assets	2,179,105	4,578,622			
Investments Accounted for Using the Equity Method	68,038	10,937			
Property, Plant and Equipment	6,185,855	7,257,441			
Intangible Assets	1,628,019	1,923,956			
Total Non-current Assets	**12,534,534**	**14,537,003**	**Total Non-current Liabilities**	**5,624,374**	**4,832,187**
			Total Liabilities	**152,837,954**	**115,108,948**
			EQUITY	**39,232,986**	**36,002,953**
Total Assets	**192,070.940**	**151,111,901**	**Total Liabilities and Equity**	**192,070.940**	**151,111,901**

Estados contables: Estado de resultados

Vamos ahora con el segundo estado contable: el estado de resultados. Este estado contable, también conocido como el "estado de ganancias y pérdidas" o "estado de ingresos y gastos", es un informe financiero que resume los ingresos y las salidas de dinero de una empresa durante un período determinado de tiempo. Lo que nos muestra, dicho de manera resumida, es: cuánto dinero ingresó, qué ocurrió con él, y cuánto dinero finalmente quedó para la empresa de eso que ingresó. Lo cual no siempre resultará en ganancias, ya que si el dinero que salió es mayor al que recibió la empresa en determinado periodo de tiempo, el estado de resultados indicará pérdida de dinero.

Este estado contable se compone de resta tras resta. Comenzamos primero con los ingresos que generó la compañía por ventas. En el caso de Inverarg, imaginemos que vendió 1.000 dólares en capacitaciones. Pero eso no significa que la empresa ya haya logrado ganar esa cantidad, sino que primero hay que restarle los costes para producir esa venta. Imaginemos que fue simplemente marketing y para ello se usaron 100 dólares.

De este modo llegamos al resultado bruto, es decir, el ingreso por venta menos los costes. Por lo que la fórmula de este valor se resumiría en:

$$\text{Resultado bruto} = \text{Ingreso} - \text{Coste}$$

También se puede encontrar este valor con el nombre "ingreso bruto" o "beneficio bruto", lo cual considero que no es del todo correcto, dado que si el coste es superior al ingreso, el resultado de la resta dará un valor negativo. Por lo que si la empresa perdió dinero, no sería correcto llamarle a esa pérdida "beneficio bruto" por cuestiones lógicas.

Sigamos con nuestro ejemplo. Esos 900 dólares que nos quedan como resultado de tener unos ingresos de 1.000 y unos costes de 100, aún no son ganancia, ya que todavía hay que pagarles a los empleados. Este gasto es de 150 dólares, por lo que Inverarg pasa a tener un beneficio operativo de 750, resultado de restarle 150 (gastos) al beneficio bruto de 900 dólares.

Beneficio operativo (EBITDA) = Beneficio bruto – Gastos

Ahora, para Inverarg haber grabado el curso que produjo estas ventas, se necesitó comprar una computadora. Con el correr del tiempo ésta se gasta hasta que finalmente queda sin uso. Ese es el concepto de depreciaciones y amortizaciones. La diferencia entre un concepto y el otro no es necesaria entenderla para un analista fundamental, tal vez sí para un contador. Para el caso, basta con entender que ambos cumplen la misma función pero para distintas partes del activo. Por lo que, entenderemos como depreciaciones y amortizaciones a una reducción del valor de un activo por su uso o desgaste a lo largo de un periodo de tiempo.

Supondremos que la computadora comprada por la compañía se deprecia y por ello el valor de nuestro activo total baja 30 dólares; por lo que a nuestro beneficio operativo debemos restarle esta pérdida, que si bien no es una salida de efectivo (es decir, no estamos pagando nada) sí se contabiliza como tal. Por ello, la fórmula matemática quedaría de la siguiente forma:

Beneficio antes de impuestos (EBIT) = beneficio operativo – (depreciaciones y amortizaciones)

Antes de continuar, volvamos a pensar juntos. Como posiblemente sepa, las empresas deben pagar impuestos dependiendo del nivel de ganancias que tengan. A partir de ciertos montos de ganancias, deberán pagar más. Por ello pongamos el siguiente ejemplo, aclarando que los valores utilizados no serán reales, sino que son solo a efectos educativos:

Si una empresa genera menos de 100 dólares de ganancia, deberá pagar un 10% de la misma, pero si esta supera los 100 dólares, entonces el impuesto subirá a un 15%. Inverarg tiene un ingreso de 200, unos costes de 20 y unos gastos de 30, por lo que el beneficio hasta el momento es de 150. Por superar los 100 dólares de ganancia, la empresa debería pagar un 15% de impuestos. Sin embargo, la organización decide poner en su estado de resultados en concepto de depreciaciones y amortizaciones una reducción de 51 dólares por parte de sus ganancias. Lo que dejaría a Inverarg con una ganancia de 99 dólares, por lo que ahora solo deberá pagar un 10% de impuestos.

Este ejemplo sirve para comprender cómo las empresas pueden modificar sutilmente y legalmente estos estados contables, haciendo ver cifras mucho mayores o menores a las reales, dependiendo lo que necesiten para su beneficio en el momento. ¿Y por qué le cuento esto? Porque puede ocurrir que vea un estado de resultados desfavorable para una empresa, pero debe saber que esos datos son fácilmente manipulables. Si bien nos interesan mucho estos valores, siempre debemos saber que pueden no ser tan reales como aparentan.

De momento, volvamos al ejemplo original y sigamos con el estado de resultados que estábamos construyendo. Hasta el momento, llegamos al beneficio antes de impuestos, también llamado EBIT. Finalmente, nos queda el pago de intereses e impuestos para llegar al resultado final, conocido como resultado neto: la ganancia o pérdida que genera la empresa. Su fórmula es la siguiente:

Beneficio neto = Beneficios antes de impuestos – (intereses e impuestos)

Es importante que tome nota del proceso: cómo se llega desde el ingreso que genera una compañía y cuáles son todos los valores que se le descuentan, hasta finalmente llegar a la ganancia (o pérdida) neta. En próximas secciones, evaluaremos el EBIT y el EBITDA más en profundidad, ya que son métricas muy utilizadas en el mundo del análisis fundamental de acciones.

Ahora que ya conoce el estado contable completo, resumiré el proceso completo para simplificarlo lo más posible y que pueda anotarlo de este modo. También, verá entre paréntesis el nombre en inglés de cada uno de estos apartados.

Ingresos o ventas (revenues / net operating revenue)
-Costos
= Resultado bruto (*gross profit*)
-Gastos
= Resultado operativo (*operating income*)
-Depreciaciones y amortizaciones
= Resultado antes de impuestos (*income before taxes*)
-Impuestos e intereses
= Resultado neto (*net income / consolidated net income*)

A continuación, podrá ver el estado de resultados o income statement, también llamado Consolidated Statements of Income de Coca-Cola Company de septiembre del año 2022; donde verá resaltado en negrita los puntos más importantes que conoció previamente. Net Operating Revenues, Gross Profit, Operating Income, Income Before Taxes, Net Income.

THE COCA-COLA COMPANY AND SUBSIDIARIES
Consolidated Statements of Income
(In millions except per share data)

	Three Months Ended		
	September 30, 2022	October 1, 2021	% Change
Net Operating Revenues	$ 11,063	$ 10,042	10
Cost of goods sold	4,566	3,977	15
Gross Profit	6,497	6,065	7
Selling, general and administrative expenses	3,279	3,122	5
Other operating charges	130	45	190
Operating Income	3,088	2,898	7
Interest income	128	68	87
Interest expense	198	210	(6)
Equity income (loss) — net	479	455	5
Other income (loss) — net	(53)	(127)	59
Income Before Income Taxes	3,444	3,084	12
Income taxes	622	609	2
Consolidated Net Income	2,822	2,475	14
Less: Net income (loss) attributable to noncontrolling interests	(3)	4	—
Net Income Attributable to Shareowners of The Coca-Cola Company	$ 2,825	$ 2,471	14
Basic Net Income Per Share[1]	$ 0.65	$ 0.57	14
Diluted Net Income Per Share[1]	$ 0.65	$ 0.57	14
Average Shares Outstanding	4,325	4,318	0
Effect of dilutive securities	21	26	(15)
Average Shares Outstanding Assuming Dilution	4,346	4,344	0

Note: Certain growth rates may not recalculate using the rounded dollar amounts provided.

[1] Calculated based on net income attributable to shareowners of The Coca-Cola Company.

No necesitará realizar estos cálculos, ni tampoco saber la definición específica de cada uno de los valores que se restan de las ventas iniciales. Pero sí será necesario que conozca el procedimiento y qué representa cada uno de distintos resultados o beneficios que generan las empresas.

Estados contables: Estado de flujo de efectivo

El tercer y último estado contable del que vamos a hablar es el de flujo de efectivo. Éste es un documento que presenta una visión general de los ingresos y egresos de efectivo de una empresa durante un período determinado. El estado de flujo de efectivo también muestra cómo los cambios en el balance de efectivo afectan el estado de resultados de la empresa. Este estado contable nos muestra todo el dinero que ingresa y egresa a la compañía en cierto rango temporal, que suele ser trimestral o anual.

Dentro de él encontraremos tres flujos de efectivo principales.

-CFO: Cash Flow from Operations o flujo de caja operativo. Es el flujo de efectivo generado por las actividades operativas de una empresa. Se calcula restando el efectivo utilizado en las actividades de inversión y financiación al efectivo generado por las actividades de explotación. Para un analista principiante, éste posiblemente sea el único relevante de los tres. Los demás podrían ser obviados en un inicio debido a que los ratios con los que comienza un analista no los utilizan en sus fórmulas.

-CFF: Cash Flow from Financing (*activities*). Es el flujo de efectivo generado por las actividades de financiación de la empresa. Estas actividades incluyen la emisión de deuda y la venta de acciones. Este es el flujo de caja de financiación. Aquí veremos los flujos de caja netos que son utilizados para el financiamiento de la compañía.

-CFI: Cash Flow from Investments. Es el flujo de efectivo que se genera a partir de las inversiones realizadas por una empresa. Este flujo de efectivo se utiliza para financiar las actividades de la misma. Como bien lo dice su nombre, es el movimiento de dinero que se produce a raíz de las inversiones de la organización.

Como siempre, no necesitaremos calcular ninguno de ellos. Con conocer qué son será suficiente de momento.

Ahora, pasemos a ver el estado de flujo de efectivo de Apple en el cuarto trimestre del año 2022. Encontrará los tres aspectos clave ya mencionados (Investing, Financing, Operating), y como ya sabe, toda la información que desconoce, no será necesaria cuando solo queremos dar los primeros pasos en el análisis fundamental de acciones.

Apple Inc.

CONSOLIDATED STATEMENTS OF CASH FLOWS
(In millions)

	Years ended		
	September 24, 2022	September 25, 2021	September 26, 2020
Cash, cash equivalents and restricted cash, beginning balances	$ 35,929	$ 39,789	$ 50,224
Operating activities:			
Net income	99,803	94,680	57,411
Adjustments to reconcile net income to cash generated by operating activities:			
Depreciation and amortization	11,104	11,284	11,056
Share-based compensation expense	9,038	7,906	6,829
Deferred income tax expense/(benefit)	895	(4,774)	(215)
Other	111	(147)	(97)
Changes in operating assets and liabilities:			
Accounts receivable, net	(1,823)	(10,125)	6,917
Inventories	1,484	(2,642)	(127)
Vendor non-trade receivables	(7,520)	(3,903)	1,553
Other current and non-current assets	(6,499)	(8,042)	(9,588)
Accounts payable	9,448	12,326	(4,062)
Deferred revenue	478	1,676	2,081
Other current and non-current liabilities	5,632	5,799	8,916
Cash generated by operating activities	122,151	104,038	80,674
Investing activities:			
Purchases of marketable securities	(76,923)	(109,558)	(114,938)
Proceeds from maturities of marketable securities	29,917	59,023	69,918
Proceeds from sales of marketable securities	37,446	47,460	50,473
Payments for acquisition of property, plant and equipment	(10,708)	(11,085)	(7,309)
Payments made in connection with business acquisitions, net	(306)	(33)	(1,524)
Other	(1,780)	(352)	(909)
Cash used in investing activities	(22,354)	(14,545)	(4,289)
Financing activities:			
Payments for taxes related to net share settlement of equity awards	(6,223)	(6,556)	(3,634)
Payments for dividends and dividend equivalents	(14,841)	(14,467)	(14,081)
Repurchases of common stock	(89,402)	(85,971)	(72,358)
Proceeds from issuance of term debt, net	5,465	20,393	16,091
Repayments of term debt	(9,543)	(8,750)	(12,629)
Proceeds from/(Repayments of) commercial paper, net	3,955	1,022	(963)
Other	(160)	976	754
Cash used in financing activities	(110,749)	(93,353)	(86,820)
Decrease in cash, cash equivalents and restricted cash	(10,952)	(3,860)	(10,435)
Cash, cash equivalents and restricted cash, ending balances	$ 24,977	$ 35,929	$ 39,789
Supplemental cash flow disclosure:			
Cash paid for income taxes, net	$ 19,573	$ 25,385	$ 9,501
Cash paid for interest	$ 2,865	$ 2,687	$ 3,002

See accompanying Notes to Consolidated Financial Statements.

¿Qué busca el analista fundamental?

En este punto posiblemente ya sepa que como futuro analista fundamental necesitará entender el negocio subyacente a la acción analizada. Es por este motivo que resulta imperativo conocer los cinco aspectos fundamentales de una empresa. Primero serán mencionados y brevemente explicados, y luego, a lo largo de este libro, iremos detallándolos uno a uno.

Liquidez

La liquidez de una compañía hace referencia a la capacidad de pago de deudas en el corto plazo, es decir, dentro de los 12 próximos meses. De todos modos, no basta con conocer la definición de liquidez, sino que es igual o tal vez aún más importante saber por qué es importante analizarla.

Primeramente veremos el concepto de liquidez. El ejemplo más claro y real es el del depósito a plazo fijo. Esta inversión consiste en darle nuestro dinero al banco por un periodo de tiempo determinado, para que al cumplirse el plazo previamente pactado, nos hagamos de un interés. Por lo general, el plazo fijo tradicional en Argentina es de 30 días.

Imaginemos que un ahorrista tiene 10.000 pesos y quiere invertirlos en un plazo fijo. Haciendo esta inversión, en 30 días él recibiría estos 10.000 pesos, con un interés de 100 pesos, por ejemplo. En definitiva, tendría 10.100 pesos. Sin embargo, en el transcurso de ese periodo, el inversor no puede hacer uso de este dinero. Es decir, es suyo, pero no puede utilizarlo. Si al pasar 15 días desde el momento de colocación del plazo fijo, esta persona tuviera la necesidad de gastar 7.000 de esos 10.000 pesos para el pago de una deuda, no podría hacerlo. ¿Por qué si él tiene 10.000? Porque ese dinero, si bien es suyo, no puede ser utilizado por él hasta cumplirse el plazo de los 30 días.

Eso es la falta de liquidez. En nuestro ejemplo, el ahorrista posee el dinero suficiente como para cubrir su deuda y además posee un excedente. Desafortunadamente, ese dinero no es líquido, lo que significa que no puede pagar sus deudas de corto plazo.

Habiendo entendido el concepto de liquidez, veamos ahora qué sucede cuando relacionamos la liquidez con las deudas. Es decir, por qué es importante analizar esto. En este caso el inversor no pudo pagar su deuda, pero extrapolando el ejemplo a empresas, los riesgos son mayores.

Imaginemos que Coca-Cola tiene 10 botellas para vender, y cada una al precio de un dólar. Nosotros creemos que es perfectamente capaz de vender las 10 botellas a un dólar cada una. Esto significa que posee 10 dólares de activo corriente. A esto le sumamos que en su cuenta de banco tiene 30 dólares más. Si esta compañía debiera 20 dólares no sería un problema, ya que tiene un total de 40, y tan solo debe 20.

Es exactamente eso lo que medimos cuando evaluamos la liquidez de una empresa. Si sus activos corrientes son capaces de afrontar sus pasivos en el corto plazo.

Solvencia

Si entendió la liquidez entonces entenderá muy fácilmente el concepto de solvencia, ya que en sí el concepto es el mismo, con la diferencia que el periodo de tiempo es diferente. Es decir, hace referencia a la capacidad de pago de deudas de una empresa en el largo plazo (más de 12 meses).

En este punto entra en juego el activo total y ya no únicamente el activo corriente. Lo mismo ocurre con el pasivo total y pasivo no corriente. Esto es así porque se considera que si la empresa vende, por ejemplo, un terreno, tendrá ese capital disponible para pagar deudas. Pero no suele ser sencillo encontrar compradores para terrenos tan grandes como los que suelen usar las empresas para sus fábricas. Además, el comprador puede que necesite cambiar la infraestructura del lugar, si es que la hay, y eso dificulta la decisión de compra. Por este motivo, al no poder liquidar de forma rápida el lugar, se lo considera como activo no corriente.

Algo similar ocurre con la maquinaria, por mencionar otro ejemplo. Y en el caso del pasivo, es aún más sencillo. Pongamos el caso de una empresa que tomó deuda bancaria a cinco años, la cual veremos reflejada en el pasivo no corriente ya que la compañía tiene un plazo bastante largo para pagarla.

La solvencia es, en definitiva, uno de los aspectos fundamentales a la hora de evaluar compañías como posibilidades de inversión. Las empresas que no posean un buen nivel de liquidez, corren riesgo de quiebra. Por ello, antes de tomar cualquier decisión de inversión, es una buena idea asegurarnos de que la empresa en cuestión no se encuentre extremadamente apalancada.

Sin embargo, no debemos considerar la deuda como una problemática para todas las empresas, dado que en la medida justa, son una buena forma de impulsar el crecimiento de los negocios. Una deuda controlada permite a las sociedades de bolsa multiplicar sus recursos, tanto humanos como de maquinaria, entre otros, para así potenciar su capacidad de generar ingresos, conseguir nuevos clientes, etc.

Rentabilidad

La rentabilidad de una empresa es lo que nos dice cuán buena es para generar ganancias. Como se sabe, hay una gran distinción entre generar ingresos y ganancias. Por eso, es un punto clave a evaluar siempre que hagamos análisis fundamental de cualquier acción.

Algunos ratios son sencillos e intuitivos. Por ejemplo, evidentemente para que una empresa sea considerada rentable necesita producir beneficios.

El ratio más básico que, y que posiblemente se le venga a la cabeza, es el llamado margen neto. Tal vez no lo conozca o no se le haya ocurrido con ese nombre, pero es sencillamente cuánto del dinero que ingresa por las ventas de la compañía termina siendo beneficio neto. Es decir, cuánto del dinero que ingresó, se quedó finalmente.

Sin embargo, existen algunos ratios que no son tan fáciles de descifrar. Por ejemplo, el ROE (Return On Assets o Retorno Sobre Activos) mide las ganancias generadas en relación al patrimonio que posee la empresa. Como ya ha descubierto, al ser accionista de una empresa, formas parte de ésta, por lo que es un ratio imprescindible al analizarla. Despreocúpese si aún no lo conoce, porque pronto lo hará.

A modo de resumen, es imperativo observar la rentabilidad de nuestras empresas. No debemos de olvidar, como analistas fundamentales, que las empresas no son más que máquinas generadoras de dinero. Para que valgan más en el mercado, lo único que deben hacer es producir más efectivo. De esta forma, los accionistas la verán como una buena posibilidad de inversión, aumentará la demanda, y esto producirá finalmente la suba de los precios.

Valuación

De nada sirve encontrar una empresa que sea capaz de pagar todas sus deudas con su efectivo, que sus activos no corrientes tripliquen el valor de sus pasivos a largo plazo, incluso que sea altamente rentable y con unos márgenes espectaculares. Siempre y cuando se encuentre "cara", no nos servirá como inversión.

El primer ejemplo que se me viene a la cabeza es el de Tesla, empresa realmente muy prometedora. No obstante, desde 2012 hasta 2019, generó pérdidas de más de seis mil millones de dólares. Por lo que, luego de unos cuantos años de generar pérdidas, en 2020 por fin tuvo un año de resultados netos positivos. Su precio se disparó tanto que alcanzó un PER (*Price/Earning Ratio*) extremadamente alto, convirtiéndose así en una burbuja. Si bien detallaré este ratio más adelante, basta con aclarar que si uno compraba una acción de Tesla en su ATH (*All Time High*, es decir, máximo precio histórico), estaba pagando 1.600 dólares por cada un dólar que la empresa generaba de beneficios por acción al año. Dicho en otras palabras, la empresa tardaría 1.600 años en generar esos 1.600 dólares que habría invertido. En definitiva, la valuación es el aspecto más importante de todos. Esto no significa que sea el único que debamos observar, ya que una empresa puede aparentar ser barata y finalmente terminar haciendo referencia a la frase "lo barato sale caro". Una forma sencilla de entender este concepto es observando empresas con una valoración extraordinariamente baja. Sin embargo, debemos plantearnos de qué forma se llegó a esa valuación. Por ejemplo, si simplemente la comparamos con su promedio histórico y está en baja, esto indefectiblemente dará como resultado del análisis una empresa por debajo de su valor intrínseco.

Habiendo dicho esto, ¿qué es la valuación? Este concepto es el que todo analista fundamental busca responder cuando evalúa una compañía. La valoración de una empresa nos indica si la misma está cara o barata respecto al valor intrínseco que tiene. Es decir, si cuesta más, o menos de lo que debería.

Una acción que cotiza a 50.000 dólares puede ser barata si su valor intrínseco fuera de 100.000; mientras que; una que cotiza a dos dólares podría ser cara si debería cotizar a uno. Como ves, el número que indica el precio actual no es en sí mismo lo que determina si se encuentra cara o barata, sino que lo hace el valor que debería tener, el precio al que debería estar siendo cotizada en los mercados.

Cuando vemos una empresa cuyo valor intrínseco es superior a la cotización del momento, diremos que está subvaluada. Poniéndolo en palabras más sencillas, si nuestro análisis dice que el precio actual aún es bajo, entonces la acción estará subvaluada. En caso de ser así, habríamos hallado una oportunidad de compra.

Por el contrario, si el valor intrínseco es inferior a la cotización de mercado al momento de realizar el análisis, entonces dicha acción resultará "cara", es decir, sobrevaluada. Lo que podría ser una señal de venta, o simplemente de paciencia, con el fin esperar que los números se acomoden para recién en ese entonces dar la entrada.

Eficiencia

Dejé para el final la eficiencia debido a que en muchas ocasiones la omito al hacer mis análisis. ¿Entonces por qué la explico? Porque hay ciertos momentos en que sí me resulta de interés evaluarla en ciertas compañías. El análisis tiene que contar con algunas características específicas que paso a detallar, pero primero, ¿a qué nos referimos cuando hablamos de eficiencia?

La eficiencia evalúa la calidad del uso de recursos de la empresa para lograr el objetivo más básico de cualquier organización empresarial, generar ventas. Es decir, cuán buena es usando sus activos, renovando su inventario, etcétera. En resumen, cuán buena es generando ingresos. Es importante destacar que en la eficiencia hablamos de ventas, no de ganancias. Ahí radica la diferencia entre eficiencia y rentabilidad.

¿Por qué puedo llegar a omitir el hecho de analizar la capacidad que tiene una empresa de explotar sus recursos para generar ingresos? Porque yo considero que si una empresa es capaz de pagar sus deudas, ésta no dependerá de generar ventas, por lo que si le va mal en este aspecto y no consigue vender, no quebraría. De este modo, mi capital tiene cierto nivel de resguardo. Por otra parte, si se encuentra subvaluada, faltaría confirmar que sea rentable para dar mi entrada. Como se observa, la eficiencia se podría dejar de lado, y es lo que hago. No obstante, esto solo me lo permito en los casos de análisis superficial de las compañías, dado que la liquidez y/o solvencia pueden ser factores irrelevantes a largo plazo si las empresas no son capaces de conseguir vender sus productos o servicios. Lo mismo ocurre con la rentabilidad: los márgenes pueden ser espectaculares pero para que existan y se mantengan en el tiempo, la empresa deberá contar imperativamente con un ingreso recurrente.

¿Cuándo y por qué la analizo en un análisis *express*? Cuando descubro una empresa que se encuentra subvaluada, pero no es solvente. En este punto me pregunto a mí mismo: ¿cómo hará para pagar sus deudas? Y la respuesta está en ver si la compañía genera ventas y se queda con una buena ganancia de ellas. Dicho como un analista fundamental, sería: evalúo si es eficiente y rentable. Ahora, dicho en palabras más sencillas y de forma directa, si una empresa no puede pagar sus deudas con lo que tiene (activo), entonces sí o sí necesito mirar la eficiencia, en conjunto con la rentabilidad.

Estos son los cinco puntos principales que busco cuando estoy analizando una empresa. Aunque suelen ser cuatro porque como usted ya sabe, la eficiencia no está siempre presente. Igualmente, existen otras áreas que se pueden analizar. Y de hecho lo hago, como por ejemplo analizar al equipo directivo, las proyecciones a futuro que ellos mismos realizan, el cumplimiento de dichas proyecciones, etcétera. A su vez, realizo mis propias proyecciones, valuaciones en relación al flujo de caja que nos generaría el pago de dividendos, entre otras. Pero en este libro nos centraremos en los primeros cinco, ya que son los que yo aprendí al iniciarme en este mundo del análisis fundamental y los que considero imprescindibles para cualquier analista.

De hecho, el análisis fundamental lo recomiendo incluso para los analistas técnicos. Recordemos que realizar un tipo de análisis no limita a conocer el otro. Y el complemento es lo que hace que el resultado final sea más provechoso. Por lo que si llegó hasta este punto y nunca ha hecho un análisis fundamental, siga leyendo. No se arrepentirá.

¿Por dónde empezar?

El punto de partida es dónde encontrar la información para realizar el análisis fundamental de una acción. Existen cientos de webs que nos brindan información. Con el paso del tiempo, posiblemente descargue los estados contables desde la web de la SEC y leas el FORM 10-k en detalle, o tal vez lo haga desde el Investor Relations de la compañía que desee analizar, aunque eso no será necesario aún. Este libro busca simplificar las cosas e ir completamente desde cero, así que arranquemos por lo fácil.

Para encontrar toda la información necesaria sobre los ratios que veremos más adelante usaremos Wallmine. La plataforma es gratuita (al menos al nivel que nosotros la necesitaremos para estos primeros pasos) y está en inglés. Sin embargo, no es necesario que sepas hablar el idioma para familiarizarte con la plataforma. Aunque si he de recalcar que es una gran ventaja acostumbrarse a la terminología del análisis fundamental en inglés, ya que la mayoría de webs de este estilo están en este idioma. Además, la principal bolsa mundial es la de Estados Unidos, por lo que si quiere analizar directamente empresas de allí, encontrará todo el contenido evidentemente en inglés.

Para esta sección del curso, utilizaremos Wallmine y no otras porque con ella nos alcanzará para todo lo que necesitaremos hacer. Pero le sugiero que con el paso del tiempo busque otras y vea qué ventajas le ofrecen. Por ejemplo, Investing es una excelente web que nos permite hacer tanto análisis técnico como fundamental, y nos brindará algunos ratios claves que Wallmine no. En mi caso personal, la web que más utilizo es Morningstar, pero desafortunadamente debido a un reciente cambio en la plataforma, pasó a ser de contenido pago el que necesitaríamos en nuestro análisis, y veo más acorde que pueda comenzar sin tener que pagar.

También existe Finviz, por ejemplo. Allí encontraremos el beta de una acción, ratio que no se encuentra ni en Investing, Morningstar, pero sí en Wallmine. Aclaro esto para que vea que hay mucha información allí fuera, solo es cuestión de buscarla.

No explicaré el paso a paso sobre cómo se utiliza cada una de las webs ya que en cuanto reciban una actualización dejarían este libro obsoleto, como ocurrió con Morningstar hace unos meses. Por ello mi recomendación es que busque en internet cómo se usan y le aseguro que aprenderá a hacerlo rápidamente. Sin embargo, son realmente muy intuitivas y fáciles de usar en líneas generales. Además, suelen compartir herramientas básicas por lo que no le será mucho problema adaptarse.

Detengámonos en este punto. Hasta ahora ha conocido los distintos estados contables, los aspectos fundamentales a la hora de analizar una empresa, y donde puede encontrar la información que le servirá para realizar su análisis. Lo que queda entonces, es conocer qué ratios utilizar y en qué momentos nos serán de más ayuda.

Liquidez

No elegí la liquidez como el primer aspecto a analizar por casualidad. Es un área primordial a observar de una compañía. El por qué de esto es sencillo: si una empresa puede tener problemas con sus deudas en el corto plazo, eso afectará a sus acciones de forma negativa directamente. Por lo que la liquidez podría ser uno de los principales factores a la hora de determinar si estamos en un momento propicio para comprar una acción.

Para empezar, quiero que conozca el más sencillo, pero no por eso menos útil, ratio de liquidez. Este es el *current ratio* o, en español, ratio corriente. Es uno de los ratios más comúnmente utilizados a la hora de evaluar la liquidez. Lo primero será conocer la forma de obtenerlo:

Current ratio = activos corrientes / pasivos corrientes

Para entender en profundidad este indicador, repasemos un poco los estados contables. O más precisamente, el balance. Los activos representan qué tiene una compañía, y sus pasivos nos dicen cuánto debe. Si hablamos de "corriente" sabemos que nos referimos a un corto plazo, que en análisis fundamental hace referencia a máximo un año.

Por lo que el ratio en cuestión nos dice si lo que tiene (activo) es más que lo que debe (pasivo). De este modo sabremos si sus activos más líquidos pueden cubrir sus pasivos de corto plazo, y, así, la empresa puede evitar problemas de liquidez. Dicho de otra forma, nos permite darnos una idea de si la empresa puede llegar a quebrar en los próximos 12 meses o no. Lo único que nos queda referente a esto, es ponerlo en práctica. Veamos por ejemplo el balance de PepsiCo del año 2021.

	2021	2020
ASSETS		
Current Assets		
Cash and cash equivalents	$ **5,596**	$ 8,185
Short-term investments	**392**	1,366
Accounts and notes receivable, net	**8,680**	8,404
Inventories	**4,347**	4,172
Prepaid expenses and other current assets	**980**	874
Assets held for sale	**1,788**	—
Total Current Assets	**21,783**	23,001
Property, Plant and Equipment, net	**22,407**	21,369
Amortizable Intangible Assets, net	**1,538**	1,703
Goodwill	**18,381**	18,757
Other Indefinite-Lived Intangible Assets	**17,127**	17,612
Investments in Noncontrolled Affiliates	**2,627**	2,792
Deferred Income Taxes	**4,310**	4,372
Other Assets	**4,204**	3,312
Total Assets	$ **92,377**	$ 92,918
LIABILITIES AND EQUITY		
Current Liabilities		
Short-term debt obligations	$ **4,308**	$ 3,780
Accounts payable and other current liabilities	**21,159**	19,592
Liabilities held for sale	**753**	—
Total Current Liabilities	**26,220**	23,372
Long-Term Debt Obligations	**36,026**	40,370
Deferred Income Taxes	**4,826**	4,284
Other Liabilities	**9,154**	11,340
Total Liabilities	**76,226**	79,366
Commitments and contingencies		
PepsiCo Common Shareholders' Equity		
Common stock, par value $1^{2}/_{3}$¢ per share (authorized 3,600 shares; issued, net of repurchased common stock at par value: 1,383 and 1,380 shares, respectively)	**23**	23
Capital in excess of par value	**4,001**	3,910
Retained earnings	**65,165**	63,443
Accumulated other comprehensive loss	**(14,898)**	(15,476)
Repurchased common stock, in excess of par value (484 and 487 shares, respectively)	**(38,248)**	(38,446)
Total PepsiCo Common Shareholders' Equity	**16,043**	13,454
Noncontrolling interests	**108**	98
Total Equity	**16,151**	13,552
Total Liabilities and Equity	$ **92,377**	$ 92,918

Como podemos apreciar, los activos corrientes totales *(total current assets)* son de 21.783 (el valor está expresado en millones de dólares), mientras que, los pasivos corrientes totales (*total current liabilities*) son de: 26.220.

Si hacemos la división de 21.783 / 26.220, obtenemos como resultado 0,83 aproximadamente. Este valor se interpreta de la siguiente forma: por cada un dólar que la empresa debe en el corto plazo, tiene 0.83 dólares.

Antes de continuar, piénselo de la siguiente forma: si un amigo o familiar le pidiera dinero prestado, ¿se lo daría sabiendo que si junta todo su dinero tiene 8.300 dólares pero le debe al banco 10.000? Si su respuesta es sí, entonces PepsiCo podría ser una posibilidad de inversión si solo midiéramos su liquidez. Pero, si su respuesta fue no, entonces podría ir descartando esta acción de su lista de posibilidades.

Terminamos con el *current ratio*, y para avanzar al siguiente indicador detengámonos a pensar un segundo… ¿El *current ratio* está preparado para un posible escenario negativo? Para definir esto, veamos qué se contempla dentro del activo corriente. Al igual que lo hicimos recientemente, utilizaremos el balance de PepsiCo del 2021.

Consolidated Balance Sheet
PepsiCo, Inc. and Subsidiaries
December 25, 2021 and December 26, 2020
(in millions except per share amounts)

ASSETS	
Current Assets	
Cash and cash equivalents	$
Short-term investments	
Accounts and notes receivable, net	
Inventories	
Prepaid expenses and other current assets	
Assets held for sale	
Total Current Assets	
Property, Plant and Equipment, net	
Amortizable Intangible Assets, net	
Goodwill	
Other Indefinite-Lived Intangible Assets	
Investments in Noncontrolled Affiliates	
Deferred Income Taxes	
Other Assets	
Total Assets	$

Como podemos apreciar, dentro del balance nos encontramos como cuarto ítem *inventories* o inventarios en español. El inventario no es más que el producto que tiene disponible para vender la empresa como tal. PepsiCo es una famosa fabricante de bebidas gasificadas, por lo que su inventario, serán las típicas botellas de Pepsi que probablemente alguna vez haya probado.

Pero ahora ¿a qué viene todo esto? Sabemos que el *current ratio* divide "lo que tiene" la empresa (activo) entre "lo que debe" (pasivo) en el corto plazo. Pero ¿qué ocurre si, en un escenario altamente desfavorable y pesimista, la empresa no es capaz de vender absolutamente nada de su inventario? En este caso, al ser una bebida, es un producto barato y que difícilmente no se venda al menos una parte del inventario. Por otra parte, un fabricante de automóviles, no la tendrá tan fácil en una época de crisis económica, por ejemplo. Por lo que, para algunos casos de análisis, es muy útil dejar de lado el inventario en nuestra ecuación para asegurarnos de que aún en un escenario negativo, la empresa seguiría sin tener problemas de liquidez.

En definitiva, el *current ratio* da por sentado que la empresa será capaz de vender el inventario que posee para transformarlo en dinero en efectivo y así poder pagar sus deudas de corto plazo. ¿Pero qué ocurre si no lo vende? Para eso utilizaremos otro ratio, el llamado *quick ratio*. Su traducción es ratio rápido o razón rápida. Su fórmula es:

Quick ratio = (activo corriente – inventario) / pasivo corriente

Como puede apreciar, la única diferencia con el *current ratio* es que esta vez estamos evaluando si la empresa a pesar de no poder vender su inventario, sigue siendo líquida. Es un cálculo un poco más estricto, y nos permite evaluar una situación un poco más pesimista. Como analistas siempre es importante proyectar distintos escenarios.

Si seguimos con nuestro ejemplo de PepsiCo, veremos que su inventario era en aquel momento de 4.347 dólares. La fórmula en ese caso nos quedaría:

Quick ratio = 21.783 - 4.347 / 26.220 = 0,66

La forma de interpretarlo es prácticamente idéntica a la del *current ratio*. Esto significa que la empresa solo tenía 0,66 dólares por cada un dólar que debía pagar en los próximos meses. Sin embargo, en este caso estamos suponiendo que la empresa no logrará vender nada de su inventario. Si bien esto es un caso extremo, como analistas debemos considerar todos los escenarios posibles para prevenir situaciones que no nos imaginamos, como una guerra, una pandemia, etcétera. En definitiva, el *quick ratio* es una forma de exigir más a la compañía que estamos analizando. Al ser un filtro más difícil de pasar, solo nos estaremos quedando con un grupo más cualificado de empresas.

Aun así, este no es el ratio más exigente. Existe el llamado *cash ratio* o ratio de efectivo (en español también lo puede encontrar como test ácido). ¿Qué es este ratio? Bien, dentro del activo corriente además de tener el dinero en efectivo y el inventario (entre otros) tenemos las deudas por cobrar, por ejemplo. ¿Pero qué sucedería si no le pagan a la compañía dicha deuda? Ese dinero que está siendo considerado como propio, no existiría. Esto podría llegar a provocar que la empresa enfrente problemas de liquidez, dado que se daba por hecho que recibiría un capital que finalmente no llegó.

Por este motivo, para proyectar uno de los peores se suele utilizar el *cash ratio*. Cuya fórmula es:

Cash ratio = (efectivo + equivalentes de efectivo) / pasivo corriente

Utilizando el mismo balance que hemos estado analizando, hagamos el ejemplo práctico.

Consolidated Balance Sheet
PepsiCo, Inc. and Subsidiaries
December 25, 2021 and December 26, 2020
(in millions except per share amounts)

	2021	2020
ASSETS		
Current Assets		
Cash and cash equivalents	**$ 5,596**	$ 8,185
Short-term investments	**392**	1,366
Accounts and notes receivable, net	**8,680**	8,404
Inventories	**4,347**	4,172
Prepaid expenses and other current assets	**980**	874
Assets held for sale	**1,788**	—
Total Current Assets	**21,783**	23,001
Property, Plant and Equipment, net	**22,407**	21,369
Amortizable Intangible Assets, net	**1,538**	1,703
Goodwill	**18,381**	18,757
Other Indefinite-Lived Intangible Assets	**17,127**	17,612
Investments in Noncontrolled Affiliates	**2,627**	2,792
Deferred Income Taxes	**4,310**	4,372
Other Assets	**4,204**	3,312
Total Assets	**$ 92,377**	$ 92,918

Como podemos ver, en la sección *cash and cash equivalents* vemos un valor de 5.596, mientras que por la parte de los pasivos corrientes (*current liabilities*) seguiremos utilizando el mismo valor de 26.220. El resultado de aplicar la fórmula nos da un resultado de 0,21.

¿Esto es bueno o malo? ¿Qué significa ese 0,21 que obtuvimos como resultado? Realmente es un ratio poco esperanzador. Lo que esto significa es que la empresa tiene 21 centavos de dólar en efectivo y sus equivalentes por cada un dólar que debe. En base a esto, vemos que es muy poco probable que en un escenario pesimista, la empresa sea capaz de pagar sus deudas de corto plazo.

En síntesis.

Debe: un dólar;

Tiene: 0,21 dólares.

Como podemos ver, no es una situación favorable. ¿Qué valor sería el indicado? No hay una respuesta exacta, ya que si la hubiera, no necesitaríamos comprender los ratios como tal. Bastaría con ingresar a la web, buscar ese número mágico, y que éste nos dijera que la empresa es líquida.

En mi caso busco empresas que tengan un *cash ratio* de al menos 0,85. Esto significa que su efectivo al momento de publicarse el estado contable es capaz de cubrir casi por completo su deuda de corto plazo. Ese pequeño faltante de dinero, puede ser cubierto por sus ventas del inventario o por el pago de deudas a su favor.

Ya que estamos hablando de números ¿Cuáles serían los valores indicados para el *current ratio* y *quick ratio*? Nuevamente la misma respuesta, no hay un valor específico que sea el correcto.

En mi caso, busco que el quick ratio sea al menos de 0,95 para garantizarme en cierto punto que la empresa podrá cumplir con sus obligaciones en los próximos meses. Si esto es así, el current ratio hasta podría llegar a omitirlo. Esto es porque ya sé que la empresa es suficientemente líquida.

Sin embargo, existen ocasiones en las que la empresa es buena, pero no tiene un quick ratio ni un cash ratio llamativos. En esos casos sí me baso en el current ratio. Lo que busco de él es que sea de al menos 1,2. Esto significa que la empresa tiene un veinte por ciento más de activo corriente respecto al pasivo corriente. Pero esto no es suficiente, ya que si llega a este valor, igualmente será necesario pasar la evaluación de eficiencia. De este modo me "aseguro" que podrá liquidar ese inventario. En caso contrario, descarto la empresa como posibilidad de inversión.

No me cansaré de repetirlo, y espero que no se canse de leerlo: no hay números fijos e inamovibles. He invertido en empresas que no eran líquidas. Hay mucho más que investigar, por lo que siempre es bueno sacar sus propias conclusiones, y adaptar los valores a su propio método de análisis. La forma en que le puede sacar más provecho a este libro, no es copiando los valores que busco de las empresas y quedarse con ellos, sino repasar e interpretar cada ratio estudiado para tomar sus propias conclusiones y realizar sus propios análisis.

Eficiencia

Como ya sabe, si una empresa no cumple con los requisitos mínimos de liquidez, pasaremos a evaluar la eficiencia de la misma. Como en todos los aspectos fundamentales a analizar, existe una gran variedad de ratios posibles a utilizar. Sin embargo, yo suelo observar solo dos, o uno dependiendo el modelo de negocio de la empresa.

El principal ratio que busco analizar en casi todos los casos es el *inventory turnover* o rotación del inventario en español, acompañado por el *days inventory* o días de inventario. Este segundo nos indica casi lo mismo que el primero, solo que con una pequeña diferencia que vamos a ver a continuación.

Comencemos por la rotación del inventario. Este ratio nos indica cuántas veces la empresa es capaz de (valga la redundancia) rotar su inventario. El término de "rotar el inventario" significa tener la capacidad de, con las ventas generadas (de ese inventario), comprar otro nuevamente. Es decir, vender la cantidad de productos necesarios como para reponerlos todos nuevamente.

Antes de continuar, dejemos bien en claro qué es el inventario. Piense en algún kiosco o almacén que haya cerca de su casa. Como es lógico, vende una gran variedad de productos, cada uno con su respectivo precio. Bien, todo esto que el negocio vende, es el inventario. Sin embargo, cuando nos referimos al inventario de las empresas, lo que queremos saber es a cuánto dinero equivale toda esa cantidad de productos que dispone actualmente para la venta. Si en el kiosco cercano a su casa hay 100 caramelos, y cada uno cuesta dos dólares, entonces el inventario de ese kiosco es de 200 dólares.

Habiendo entendido este concepto, continuemos. Hay más de un método para calcular este ratio y todos deberían llevarnos al mismo resultado. Pero como recordará, las webs nos los dan calculados, por lo que la que yo usaré para nuestro ejemplo, es la que veo más fácil para explicar qué muestra el resultado que nos arroja la fórmula.

Inventory turnover = costo de ventas / inventario promedio

El costo de ventas, o también llamado costo de los bienes vendidos (en inglés *cost of goods sales*, COGS, o *cost of sales*) lo podremos obtener del estado de resultados. En este caso vemos que el de PepsiCo fue de 37.075 en el 2021, y se encuentra justo debajo del *net revenue.*

Consolidated Statement of Income
PepsiCo, Inc. and Subsidiaries
Fiscal years ended December 25, 2021, December 26, 2020 and December 28, 2019
(in millions except per share amounts)

	2021	2020	2019
Net Revenue	**$ 79,474**	$ 70,372	$ 67,161
Cost of sales	**37,075**	31,797	30,132
Gross profit	**42,399**	38,575	37,029
Selling, general and administrative expenses	**31,237**	28,495	26,738
Operating Profit	**11,162**	10,080	10,291
Other pension and retiree medical benefits income/(expense)	**522**	117	(44)
Net interest expense and other	**(1,863)**	(1,128)	(935)
Income before income taxes	**9,821**	9,069	9,312
Provision for income taxes	**2,142**	1,894	1,959
Net income	**7,679**	7,175	7,353
Less: Net income attributable to noncontrolling interests	**61**	55	39
Net Income Attributable to PepsiCo	**$ 7,618**	$ 7,120	$ 7,314
Net Income Attributable to PepsiCo per Common Share			
Basic	**$ 5.51**	$ 5.14	$ 5.23
Diluted	**$ 5.49**	$ 5.12	$ 5.20
Weighted-average common shares outstanding			
Basic	**1,382**	1,385	1,399
Diluted	**1,389**	1,392	1,407

See accompanying notes to the consolidated financial statements.

La parte que nos resta conocer de la fórmula para poder realizar el cálculo es el inventario promedio, valor que se obtiene al promediar el inventario al inicio y al final del periodo. Es decir, simplemente sumamos el inventario al inicio y al final del periodo, y los dividimos por dos. Estos dos valores los obtenemos del estado de balance. Dentro de los activos corrientes, encontramos la sección inventario, o en inglés, *inventory*. En el caso de PepsiCo fue de 4,347 en 2021 y de 4,172 en 2020. De este modo, si los sumamos obtenemos un total de 8.519, que al dividirlo en dos nos da como resultado 4.259,5. Podríamos redondear en 4.260.

	2021	2020
ASSETS		
Current Assets		
Cash and cash equivalents	$ **5,596**	$ 8,185
Short-term investments	**392**	1,366
Accounts and notes receivable, net	**8,680**	8,404
Inventories	**4,347**	4,172
Prepaid expenses and other current assets	**980**	874
Assets held for sale	**1,788**	—
Total Current Assets	**21,783**	23,001
Property, Plant and Equipment, net	**22,407**	21,369
Amortizable Intangible Assets, net	**1,538**	1,703
Goodwill	**18,381**	18,757
Other Indefinite-Lived Intangible Assets	**17,127**	17,612
Investments in Noncontrolled Affiliates	**2,627**	2,792
Deferred Income Taxes	**4,310**	4,372
Other Assets	**4,204**	3,312
Total Assets	$ **92,377**	$ 92,918
LIABILITIES AND EQUITY		
Current Liabilities		
Short-term debt obligations	$ **4,308**	$ 3,780
Accounts payable and other current liabilities	**21,159**	19,592
Liabilities held for sale	**753**	—
Total Current Liabilities	**26,220**	23,372
Long-Term Debt Obligations	**36,026**	40,370
Deferred Income Taxes	**4,826**	4,284
Other Liabilities	**9,154**	11,340
Total Liabilities	**76,226**	79,366
Commitments and contingencies		
PepsiCo Common Shareholders' Equity		
Common stock, par value $1^{2}/_{3}$¢ per share (authorized 3,600 shares; issued, net of repurchased common stock at par value: 1,383 and 1,380 shares, respectively)	**23**	23
Capital in excess of par value	**4,001**	3,910
Retained earnings	**65,165**	63,443
Accumulated other comprehensive loss	**(14,898)**	(15,476)
Repurchased common stock, in excess of par value (484 and 487 shares, respectively)	**(38,248)**	(38,446)
Total PepsiCo Common Shareholders' Equity	**16,043**	13,454
Noncontrolling interests	**108**	98
Total Equity	**16,151**	13,552
Total Liabilities and Equity	$ **92,377**	$ 92,918

Habiendo obtenido del COGS y el *average inventory*, podemos aplicar la fórmula.

Inventory turnover = costo de ventas / inventario promedio = 37.075 / 4.260 = 8,7

Lo que este valor nos indica es la cantidad de veces que la empresa es capaz de rotar el inventario en un periodo de tiempo determinado, lo cual medimos en función de las ventas y del coste de ese inventario.

En definitiva y resumen, el *intentory turnover* nos dice cuántas veces la empresa podría vender la totalidad de su inventario y recomprarlo en un plazo de tiempo determinado. Esto suele ser anual, aunque también podemos calcularlo de forma trimestral o semestral.

El hecho de que este valor nos haya dado como resultado 8,7 significa que la empresa es capaz de rotar su inventario 8,7 veces por año. Para saber cada cuántos días podría renovar sus productos en base al resultado obtenido, es tan sencillo como dividir la cantidad de días del año entre el *inventory turnover*. En este ejemplo hipotético sería: 365/8,7 = 41,9. Lo que significa que cada 41,9 (42 redondeando) días se rota el inventario.

Y esa justamente es la fórmula del *days inventory*:

Days inventory = 365 (días del año) / *inventory turnover*

Entonces, volvamos al inicio para entender la importancia de este ratio. Para ello, usaremos el ejemplo de la empresa que venimos analizando, PepsiCo. Hasta ahora, los datos obtenidos han sido:

Current ratio: 0,83.
Quick ratio: 0,66.
Cash ratio: 0,21.

Desde el comienzo vemos que no es una empresa líquida, dado que el total de sus activos corrientes no alcanza para pagar sus pasivos corrientes. En un principio, esto podría llegar a ser motivo de descarte de una empresa, pero imaginemos que decidimos seguir analizando.

En este punto recurrimos al *inventory turnover*, el cual ya sabemos que es de 8,7. Esto significa que la empresa puede rotar su inventario un poco más de ocho veces al año, casi nueve. Sin embargo, redondeamos el valor para abajo para ser conservadores y decimos que solo son ocho veces. De esta forma podríamos llegar a considerar que casi con certeza la empresa tendrá unas ventas equivalentes a ocho veces su inventario actual (porque lo venderá, renovará, y volverá a hacer el mismo proceso). De esta forma, aumentan en gran medida las posibilidades de que PepsiCo finalmente pueda cubrir sus pasivos corrientes.

Si logró interpretar correctamente el párrafo anterior, ha entendido por qué es tan importante el *inventory turnover* cuando vemos que una empresa no es lo suficientemente líquida. Si no lo logró entender, simplemente vuelva a releer esta sección dado que es un aspecto realmente importante.

Si bien este ratio es extremadamente útil en muchas ocasiones, no lo es en todas. Se preguntará por qué, y la respuesta es sencilla: no todas las empresas cuentan con inventario. ¿Cómo es esto posible? Pongamos el ejemplo de una empresa desarrolladora de software. Como ya sabe, el inventario es la cantidad de productos que la empresa tiene, multiplicado por el precio de cada uno. Sin embargo, las empresas que hacen programación no tienen productos físicos como tal para realizar este cálculo. Entonces, ¿qué hacemos en estos casos? ¿Cómo se evalúa la eficiencia de una empresa sin inventario? Bueno, una manera en la que yo lo hago es a través de la rotación del activo o *assets turnover*. La fórmula de este ratio es:

Assets turnover = ventas / activos
Assets turnover = ventas / activos promedios

Al igual que ocurre con el *inventory turnover*, existen varias fórmulas para llegar al mismo resultado, y hay otras que lo varían ligeramente. Por otra parte, la forma de interpretarlo es casi idéntica a la rotación del inventario. Lo que estamos midiendo con este indicador es cuántas veces las ventas cubren los activos de la empresa.

Con esta información, seremos capaces de determinar cuán buena es la compañía para generar ingresos. ¿Por qué? Partimos de la base de que el activo es todo el dinero que posee la empresa. Una parte en maquinaria, inversiones, efectivo, inmuebles y más, pero termina siendo capital. Por lo que, si evaluamos cuántas veces la empresa logra de forma anual generar ingresos iguales al capital que posee, podremos determinar si es buena o no realizando ventas.

A mayor sea el ratio, más cantidad de veces las ventas cubren los activos. Si ambos valores fueran iguales, por lógica, el resultado sería uno. Esto significa que la empresa sería suficientemente eficiente como para conseguir que sus ventas cubran sus activos totales una vez.

Si antes no existía un valor correcto para el resultado de los ratios, en este caso es aún más difícil determinar uno. ¿Cuánto más grande debería ser el ingreso generado respecto al dinero que se posee? Evidentemente, es imposible decir un número perfecto para cualquier caso.

Como siempre en el análisis fundamental, dependerá de varios factores. Primero, para detectar un buen *assets turnover*, podríamos comprarlo con su competencia. Es tan sencillo como buscar empresas del mismo sector o la misma industria, y evaluar su rotación de activos. No se quede con una o dos, le sugiero un mínimo de tres empresas competidoras (y un máximo de cinco para no perder tanto tiempo filtrando).

Otro método igual de efectivo pero más sencillo sería comparándolo con su promedio histórico. No necesita calcular el promedio específico (aunque sería mejor si lo hiciera, dado que conocería con mayor precisión los datos), pero alcanza con verlo a ojo. Veámoslo con un ejemplo: si extraemos los datos de los estados contables de PepsiCo como lo hemos venido haciendo, obtenemos:

Del estado de resultados, unas ventas (*net revenue*) en el año 2021 de 79.474 (los números están en millones de dólares).

Por otra parte, de la hoja de balance, vemos unos activos totales de 92.377.

En este punto, podemos llevar a cabo nuestra fórmula:

Assets turnover = ventas / activo = 79.474 / 92.377 = 0.86

En ese mismo año, Coca Cola tuvo un *assets turnover* de 0,46. Esto significa que la eficiencia de PepsiCo (su capacidad de generar ventas) estaba cercana a duplicar la de uno de sus principales competidores. De esta misma forma, podríamos llevar a cabo el análisis con otras empresas de su industria.

Solvencia

Cuando comience a evaluar la solvencia de una empresa, significa que ya pasó la prueba de liquidez, o al menos la de eficiencia. De una u otra forma, ya sabrá que la compañía que esté analizando no tiene grandes probabilidades de tener problemas de quiebra en el corto plazo. Una vez hecho esto, toca evaluar si será capaz de pagar sus deudas en el largo plazo, que es posiblemente más importante aún.

El motivo es sencillo de entender, y es que como analistas fundamentales buscamos empresas para invertir a largo plazo. De este modo, vamos a necesitar cierto nivel de certeza sobre la capacidad de prosperar y no quebrar durante varios años; y, para llegar a esto, utilizamos la solvencia.

Analizar una acción es similar a construir una casa con cartas.

Sabemos que para seguir construyendo hacia arriba, necesitaremos poner más naipes en la base y que así sean capaces de sostener a los de arriba. La liquidez y solvencia, es decir, la capacidad de pago de deudas en cualquier plazo, son justamente esas cartas en la base de la torre de naipes. Si se cae una carta de abajo se derrumba toda la construcción, con las empresas pasa lo mismo. Si una empresa por más rentable que sea o barata que se encuentre no puede pagar sus deudas, funde.

Es por ello que los analistas fundamentales nos tomamos el tiempo de determinar la solvencia de una empresa, y en mi caso, utilizo principalmente dos ratios: *debt equity* (ratio deuda-patrimonio) y *financial leverage* (apalancamiento financiero).

Comencemos explicando el *debt equity* (D/E), un ratio que no puede faltar en un análisis.

Este ratio compara la deuda que tiene la empresa en el largo plazo con el patrimonio, es decir, con el capital de los accionistas, ganancias retenidas, etcétera. Su fórmula es:

Debt equity = pasivo / patrimonio

Lo que buscamos entender con este indicador es cuánto del capital que posee la empresa (activo) fue financiado por deuda y cuanto por patrimonio. Por ejemplo, una empresa tiene un pasivo total de 600 dólares, y un patrimonio de 400, por lo que el activo total es de 1.000. ¿Cuánto es su D/E?

Debt equity = 600 / 400 = 1,5

El resultado de 1,5 significa que la deuda supera un por 0,5 (lo que es equivalente al 50 por ciento) al patrimonio. Esto para un analista fundamental se traduce como una empresa relativamente riesgosa, porque está financiada principalmente por deuda. Lo que busca un analista del D/E ratio es que sea lo menor posible, de este modo, la empresa no tendrá tanta deuda proporcionalmente hablando, lo que reduce el riesgo de quiebra.

Ahora un consejo: busque entender por qué es importante cada ratio, y qué le indica. La manera más fácil de comprenderlo es a través de imaginar que el dinero con el que compraría la acción es en realidad capital que le pide algún familiar para un emprendimiento personal. Por ejemplo, si un primo le pide dinero para desarrollar su negocio, posiblemente lo primero que pienses es ¿cómo puedo garantizar que me devolverá el dinero? Allí comienza el análisis fundamental, a partir de ciertas preguntas como: ¿Cuánto dinero tengo que invertir? ¿Cuántos meses tardaría en devolverme la inversión inicial? ¿Cómo puedo estar seguro de que podrá pagarme?, entre otras.

Entonces ¿cómo puede servir esto para entender el *debt equity*? Muy fácil, si su primo tiene un emprendimiento en el cual vende relojes y todos los relojes los pagó con un préstamo del banco, no sería lo mismo que si los hubiera pagado con sus ahorros. ¿Por qué? Porque en el primer caso se verá obligado a vender para poder cubrir su deuda más los intereses. En cambio, en la segunda opción, aunque no vendiera nada, no tendría problemas. ¿Dónde se sentiría más cómodo invirtiendo? Lógicamente, en la empresa que tenga menor cantidad de deudas, es decir, que esté principalmente financiada por patrimonio. Dicho de otra forma, la empresa que tenga un ratio D/E más bajo, porque eso significaría que el *equity* (patrimonio) es mayor que la deuda (*debt*).

Volvamos en este punto a nuestro ejemplo de PepsiCo, haciendo una importante aclaración. Existen distintas formas de calcular este ratio (la fórmula varía) y eso intensifica la exigencia sobre la empresa. Es decir, dependiendo de qué fórmula elijamos, estaremos poniendo una prueba más difícil para la organización que estemos analizando.

La fórmula tradicional y más básica es la que ya hemos visto:

Debt equity = pasivo total / patrimonio

La otra opción, es:

Debt equity = deuda de largo plazo / patrimonio

¿Qué las diferencia? La deuda de largo plazo es parte del pasivo total, esto significa que si utilizamos esta última fórmula, no estaríamos contrastando todo lo que la empresa debe pagar, sino solamente la parte que realmente es deuda del largo plazo. En cambio, utilizando la primera fórmula, el resultado tendrá en cuenta el pasivo corriente, impuestos, entre otros.

Veamos ambos ejemplos para PepsiCo en el cierre del año 2021. Si utilizamos la primera fórmula:

Debt equity = pasivo total (*total liabilities*) / patrimonio (*total equity*) = 76.226 / 16.151 = 4.7

Desde la web de Macrotrends, podemos ver que nuestro resultado es correcto:

2021-12-31	$76.23B	$16.15B	4.72
2021-09-30	$77.26B	$15.99B	4.83
2021-06-30	$76.99B	$15.40B	5.00
2021-03-31	$77.17B	$14.05B	5.49
2020-12-31	$79.37B	$13.55B	5.86
2020-09-30	$78.45B	$13.60B	5.77
2020-06-30	$76.94B	$12.59B	6.11
2020-03-31	$71.50B	$13.56B	5.27
2019-12-31	$63.68B	$14.87B	4.28
2019-09-30	$63.22B	$14.22B	4.45
2019-06-30	$61.05B	$14.04B	4.35
2019-03-31	$61.17B	$14.30B	4.28
2018-12-31	$63.05B	$14.60B	4.32
2018-09-30	$63.24B	$10.39B	6.09

Sin embargo, si nos dirigimos a Morningstar y observamos la sección del *debt/equity* ratio, observamos que el resultado es de 2,25.

Key Statistics Overview | Growth | Operating and Efficiency | **Financial Health** | Cash Flow — Export Data

Liquidity/Financial Health	2012-12	2013-12	2014-12	2015-12	2016-12	2017-12	2018-12	2019-12	2020-12	2021-12	Latest Qtr
Current Ratio	1.10	1.24	1.14	1.31	1.28	1.51	0.99	0.86	0.98	0.83	0.92
Quick Ratio	0.80	0.93	0.85	1.05	1.08	1.29	0.73	0.66	0.77	0.56	0.68
Financial Leverage	3.35	3.20	4.05	5.86	6.71	7.36	5.35	5.31	6.91	5.76	4.98
Debt/Equity	1.06	1.00	1.37	2.46	2.72	3.12	1.95	1.97	3.00	2.25	1.90
Book Value/Share	14.41	14.55	15.48	9.27	8.80	9.33	7.30	10.16	9.77	11.48	13.45

USD | As of Sep 30, 2022

Para esto, utilizamos la segunda fórmula:

Debt equity = deudas de largo plazo (*long-term debt obligations*) / patrimonio (*total equity*) = 36.026 / 16.151 = 2,2

Como ya sabe, todos estos datos los obtenemos del balance general de la empresa, el cual tiene nuevamente este estado contable:

	2021	2020
ASSETS		
Current Assets		
Cash and cash equivalents	$ 5,596	$ 8,185
Short-term investments	392	1,366
Accounts and notes receivable, net	8,680	8,404
Inventories	4,347	4,172
Prepaid expenses and other current assets	980	874
Assets held for sale	1,788	—
Total Current Assets	21,783	23,001
Property, Plant and Equipment, net	22,407	21,369
Amortizable Intangible Assets, net	1,538	1,703
Goodwill	18,381	18,757
Other Indefinite-Lived Intangible Assets	17,127	17,612
Investments in Noncontrolled Affiliates	2,627	2,792
Deferred Income Taxes	4,310	4,372
Other Assets	4,204	3,312
Total Assets	$ 92,377	$ 92,918
LIABILITIES AND EQUITY		
Current Liabilities		
Short-term debt obligations	$ 4,308	$ 3,780
Accounts payable and other current liabilities	21,159	19,592
Liabilities held for sale	753	—
Total Current Liabilities	26,220	23,372
Long-Term Debt Obligations	36,026	40,370
Deferred Income Taxes	4,826	4,284
Other Liabilities	9,154	11,340
Total Liabilities	76,226	79,366
Commitments and contingencies		
PepsiCo Common Shareholders' Equity		
Common stock, par value 1²/₃¢ per share (authorized 3,600 shares; issued, net of repurchased common stock at par value: 1,383 and 1,380 shares, respectively)	23	23
Capital in excess of par value	4,001	3,910
Retained earnings	65,165	63,443
Accumulated other comprehensive loss	(14,898)	(15,476)
Repurchased common stock, in excess of par value (484 and 487 shares, respectively)	(38,248)	(38,446)
Total PepsiCo Common Shareholders' Equity	16,043	13,454
Noncontrolling interests	108	98
Total Equity	16,151	13,552
Total Liabilities and Equity	$ 92,377	$ 92,918

Ahora, ¿qué valores debemos buscar de este ratio? Como ya sabe, no hay un valor determinado que esté bien o mal. Un buen ratio D/E sería menor o igual a 0,5 utilizando la fórmula de deuda a largo plazo, pero ahora lo más importante… ¿Por qué? Bien, por simple matemática. Si el resultado de la división (deuda entre patrimonio) es igual a 0,5, significa que el divisor (patrimonio) es el doble que el dividendo (deuda). En el caso de emplear la otra fórmula, buscaremos valores que dupliquen el valor visto anteriormente. En este caso, el doble de 0,5. Para hacer todo esto más fácil, utilicemos un ejemplo.

Si una empresa tiene una deuda de 10 millones de dólares, y un activo de 30 millones, significa que tiene 20 millones de dólares en patrimonio. Si calculamos el ratio debt / equity, obtenemos el resultado de (10 millones dividido 20 millones) 0,5. En definitiva, cualquier número que dividamos por su doble, dará como resultado 0,5.

Por otra parte, ¿qué fórmula debemos usar? Usualmente no haremos nosotros mismos los cálculos, sino que los obtendremos de una u otra web. Sin embargo, una buena práctica es utilizar siempre la primera fórmula, para de esta forma exigir más a nuestra compañía. Por si aún no comprende el por qué, es sencillo. Recuerde que a mayor sea el resultado, peor será para la empresa, porque significa que tiene más porcentaje de su activo financiado por deuda.

El segundo número que podríamos buscar en caso de que la empresa no cumpla con el requisito de tener un D/E menor a 0.5, es el valor de 1. ¿Qué significa esto? que la deuda de largo plazo y el patrimonio son iguales (para que el resultado de una división sea igual a uno, tanto el divisor como el dividendo deben ser iguales). Sabiendo que nuestra fórmula menos exigente utilizará aproximadamente el doble de valor, buscaríamos un *debt equity* menor a dos.

Finalmente, ¿qué ocurre si el valor es mayor a uno? Primeramente depende de por cuanto lo supere. Por ejemplo, si el resultado es de 1.1, la diferencia sería mínima, y podríamos considerarlo válido. Por el contrario, si el resultado fuera de dos, significaría que la deuda es el doble que el patrimonio, y esto podría traer consigo un gran riesgo. Sin embargo, hay algunos tipos de empresas en los que se ve más a menudo un D/E de dos o incluso superior, y esto no es malo. Una empresa que se encuentra en crecimiento necesita mucho dinero para financiarse, y si no encuentra la forma de atraer accionistas necesitará tomar deuda. Esto ocurre muchas veces con el sector tecnológico, por ello no debemos estar cerrados a simplemente ver si un ratio es menor o igual a ciertos valores, sino hacer un análisis en profundidad para entender si es bueno o malo que una empresa tenga cierto D/E. Esto mismo ocurre con todos los demás ratios.

Vamos al siguiente indicador, el *financial leverage* o apalancamiento financiero. Este ratio se encarga de comparar el activo de la compañía con el patrimonio.

Su forma de interpretación es muy similar a la del D/E, y su uso también lo es.

Veamos primero la fórmula:

Financial leverage = activo / patrimonio

Lo que se mide con este ratio, como su nombre lo indica, es cuán apalancada está la empresa. A más grande sea el resultado, equivale a que será mayor el activo en relación al patrimonio, lo que significa que, por descarte, el pasivo será también más grande. Por ende, el objetivo del analista fundamental será buscar empresas que tengan el menor apalancamiento posible para así reducir el riesgo de quiebra. A más deuda, más probable es que quiebre, por lo que a más apalancamiento, más riesgo.

El valor que suelo buscar en este ratio es menor a 2.5 en la mayoría de empresas. Sin embargo, dependiendo del sector al que se dedique una compañía, este valor puede variar. Por ejemplo, las empresas tecnológicas al igual que ocurre con el D/E, suelen verse en la situación de tener que tomar más deuda para poder seguir creciendo, al menos al inicio. En este tipo de negocios el valor que acepto puede ser hasta un 3.5 aproximadamente, o incluso cuatro.

Por otra parte, podemos pensar qué ocurre si el *financial leverage* es demasiado bajo, ¿esto sería bueno o malo? En principio es una buena noticia, dado que entendemos que la empresa tiene altos niveles de solvencia, lo que implicaría un bajo riesgo. Sin embargo, la deuda no necesariamente tiene por qué ser mala, y es normal que las empresas busquen algo de financiamiento extra para continuar creciendo. Usualmente, las empresas más grandes y consolidadas suelen tomar menos deuda porque es difícil seguir creciendo, mientras que las nuevas hacen justamente lo opuesto.

En base a esto, entendemos que un *financial leverage* extremadamente bajo no tiene por qué ser algo positivo, dado que implica que la empresa no está buscando expandirse, o al menos no tanto como podría hacerlo apalancándose un poco más. Esto podemos verlo con un *financial leverage* menor a 0,5.

Volviendo a PepsiCo del 2021, si dividimos su activo total entre su patrimonio, obtendríamos un *financial leverage* de 5,7

Financial leverage = activo / patrimonio = 92377 / 16.151 = 5,7

Al igual que los demás ratios, hay distintas fórmulas a utilizar. Algunos analistas, solo utilizan el activo no corriente, dado que consideran innecesario tomar en cuenta el pasivo corriente porque éste se mide con la liquidez de la empresa. No en todos los balances podemos ver el activo no corriente reflejado como tal, pero podemos calcularlo muy sencillamente restando activo total menos activo corriente. Por lo tanto, la fórmula sería:

Activo no corriente = activo total - activo corriente = 92.377 - 21.783 = 70.594

Financial leverage = activo no corriente / patrimonio = 70.594 / 16.151 = 4,3

Conociendo ya los dos principales ratios de solvencia de este método de análisis fundamental de empresas, he de aclarar algo importante: si encuentro una empresa que me parezca una excelente oportunidad de inversión, pero tiene un apalancamiento gigantesco y un ratio *debt equity* de las mismas dimensiones, puede que igualmente termine comprando sus acciones. ¿Por qué? porque estos datos no son excluyentes, veámoslo con un ejemplo de la vida real.

Encontrar una empresa buena para invertir tiene similitudes con buscar pareja. Una pareja tiene que tener ciertas características que te agraden, y una empresa tiene que tener ratios que lo hagan. Si conoce a la persona ideal que cumple con los requisitos que está buscando, eso no significa que sea perfecta. Tal vez sea una persona agradable, comprensiva, compañera, inteligente, pero no tenga la mejor actitud, o tenga como toda persona sus días buenos y malos. Esto no haría necesariamente que te dejara de importar, e inclusive posiblemente le darías lugar a conocerla un poco más.

Con las empresas ocurre exactamente lo mismo: si en mi análisis encuentro una compañía cuyos ratios de liquidez, eficiencia, rentabilidad y valuación están bien; sus ventas crecen cada año más en todos los continentes; no deja de invertir en desarrollo e investigación; tiene márgenes superiores a su competencia; está claramente diferenciada; y es un negocio con fuertes barreras de entrada, posiblemente invierta en ella por más que esté fuertemente apalancada.

Volviendo al ejemplo de la pareja en relación a una inversión, también debemos saber que no hay garantías de que las cosas sigan de la misma manera. Las personas con el paso del tiempo cambiamos para bien o para mal, y las compañías hacen lo mismo. Puede que esa persona deje de tener tanta energía así como puede ocurrir que una empresa baje sus ventas. Con esto quiero decir que no tenemos garantías de ganancias a pesar de que la empresa cumpla con los valores que buscamos en sus ratios.

Rentabildiad

Invertir en una empresa sin haber analizado su rentabilidad es equivalente a aceptar un trabajo sin saber cuánto te pagarán. Es algo que podría salir muy bien o terriblemente mal. Como es lógico, la rentabilidad de la empresa nos indicará cuán buena es para generar beneficios y ya no solo ingresos como lo hace la eficiencia. Sin embargo, el objetivo que tendremos al buscar una empresa rentable no será solo evaluar su capacidad de generar ganancias, sino también entender por qué como analistas fundamentales esto nos importa tanto.

Las acciones son equivalentes a una porción de torta, pero de una empresa. Ser poseedores de una acción significa que somos propietarios de dicha parte. Esto significa que por cada dólar que genere la empresa como ganancia, nosotros estaremos ganando una parte de dicho dólar. Es por esto que es tan importante encontrar empresas rentables: el analista fundamental busca máquinas generadoras de dinero. Una empresa, vista desde el punto de vista de un analista fundamental, no es más que una caja negra donde se ingresa un billete con la esperanza de que genere otro igual en el menor tiempo posible de forma indefinida. Una de las maneras de buscar esto es a través de lo que se conoce como margen neto.

El margen neto es simplemente la cantidad de dólares con los que una compañía se queda después de haber descontado todos los egresos de dinero, depreciaciones, y amortizaciones. Su fórmula es sencilla e intuitiva:

Margen neto = beneficio neto / ventas

Consolidated Statement of Income
PepsiCo, Inc. and Subsidiaries
Fiscal years ended December 25, 2021, December 26, 2020 and December 28, 2019
(in millions except per share amounts)

	2021	2020	2019
Net Revenue	**$ 79,474**	$ 70,372	$ 67,161
Cost of sales	**37,075**	31,797	30,132
Gross profit	**42,399**	38,575	37,029
Selling, general and administrative expenses	**31,237**	28,495	26,738
Operating Profit	**11,162**	10,080	10,291
Other pension and retiree medical benefits income/(expense)	**522**	117	(44)
Net interest expense and other	**(1,863)**	(1,128)	(935)
Income before income taxes	**9,821**	9,069	9,312
Provision for income taxes	**2,142**	1,894	1,959
Net income	**7,679**	7,175	7,353
Less: Net income attributable to noncontrolling interests	**61**	55	39
Net Income Attributable to PepsiCo	**$ 7,618**	$ 7,120	$ 7,314
Net Income Attributable to PepsiCo per Common Share			
Basic	**$ 5.51**	$ 5.14	$ 5.23
Diluted	**$ 5.49**	$ 5.12	$ 5.20
Weighted-average common shares outstanding			
Basic	**1,382**	1,385	1,399
Diluted	**1,389**	1,392	1,407

Net income	**$ 7,679**	$ 7,175	$ 7,353
Other comprehensive income/(loss), net of taxes:			
Net currency translation adjustment	**(369)**	(650)	628
Net change on cash flow hedges	**155**	7	(90)
Net pension and retiree medical adjustments	**770**	(532)	283
Other	**22**	(1)	(2)
	578	(1,176)	819
Comprehensive income	**8,257**	5,999	8,172
Less: Comprehensive income attributable to noncontrolling interests	**61**	55	39
Comprehensive Income Attributable to PepsiCo	**$ 8,196**	$ 5,944	$ 8,133

El resultado de dividir en este caso el resultado neto (*net income*) entre las ventas (*net revenue*) nos da como resultado 0,09. Sin embargo, este ratio suele ser utilizado en forma de porcentaje, por lo que deberemos multiplicar este resultado por 100. El resultado final es de nueve. Esto se interpreta como que de cada 100 dólares que ingresan a la empresa (PepsiCo en este caso), nueve dólares se quedan como ganancia después de haber pagado a los empleados, servicios, intereses, impuestos, etc., y de descontar las depreciaciones y amortizaciones.

Este ratio no puede faltar en casi ningún análisis. Lo más interesante es que es uno de los pocos ratios que pueden ser valores negativos. Es decir, si el resultado neto es negativo, el margen también lo será por consecuencia. Por ejemplo, un margen neto o en inglés *net margin* de -7, significa que por cada 100 dólares que ingresaron a la empresa en el periodo analizado, ésta ha perdido siete dólares.

El margen neto o *net margin* nos permite dar un rápido vistazo a una empresa para así determinar, al menos en un nivel preliminar, cuál es su nivel de rentabilidad. Como siempre, no hay valores que sean correctos o incorrectos, sino que depende del modelo de negocio como tal. Los supermercados suelen tener ventas constantes de una gran variedad de productos (los cuales en gran porcentaje no son fabricados por ellos), y al ser productos de consumo frecuente, compiten contra todos los otros negocios que venden lo mismo. De esta forma, la pelea no es tanto por la calidad, sino por el precio, lo que hace necesario la baja de los mismos. Por consiguiente, el margen neto termina siendo bajo. Un claro ejemplo de esto es Walmart, una de las empresas más grandes del mundo, pero que en los últimos 10 años no ha superado el 4% de margen neto.

Por otra parte, las compañías tecnológicas suelen tener márgenes muchísimo más elevados. Por ejemplo, una empresa que no tenga inventario ahorra mucho dinero dado que no tiene que invertir en un espacio físico y su mantenimiento. Además, no tiene desperdicio ya que sus productos, al ser virtuales, no tienen fecha de caducidad (al menos en su mayoría). Un claro ejemplo de ello es Google, una líder en lo que a la industria tecnológica se refiere, que logra mantener sus márgenes superiores al 20% casi todos los años, al menos en la última década. Otra pionera en la industria es META, anteriormente conocida como Facebook, cuyos márgenes han sido más volátiles, pero el promedio de los últimos cinco años es de aproximadamente el 35%.

En base a esto, podemos darnos cuenta de que no se trata tanto del valor como tal. Un 5% no es necesariamente malo, sino que depende de la industria, el mercado y el rubro al que se dedique la organización analizada. Sin embargo, en este punto puede surgir la duda de cómo puede saberse qué valores buscar en la empresa que estoy analizando: la forma más sencilla de hacer esto es a través de analizar a su competencia. Si analizamos PepsiCo siguiendo nuestro ejemplo, podríamos compararla con Coca-Cola, una empresa similar. Y lo mismo podemos hacer con cualquier organización que estemos examinando.

Valuación

Este es posiblemente el punto más importante de todos. Sin embargo, para ser capaces de evaluarlo correctamente, necesitaremos saber evaluar los cuatro aspectos anteriores, y es por este motivo que se explica como último aspecto fundamental.

Como ya sabe, el objetivo del analista fundamental es calcular el valor intrínseco de las empresas. Esto significa que trataremos de averiguar cuánto deberían costar en el mercado las acciones de dicha compañía. Si el valor es superior al precio actual, entonces las acciones están subvaluadas, lo que indicaría que el precio debería subir hasta alcanzar el valor correspondiente. En el caso opuesto, si el precio es superior al valor, significa que la empresa está sobrevaluada, por lo que debería bajar su precio.

Existen diversos métodos que los analistas utilizamos para calcular el valor de las empresas. Algunos de ellos podrían ser el descuento de flujo de caja libre (*free cash flow*, FCF) o el método por dividendos. Sin embargo, el más abarcativo y funcional para la mayoría de compañías es el método de valoración por múltiplos. Además, es el más fácil de entender para el analista que está comenzando, por lo que es el que veremos a continuación.

El análisis consistirá en comparar los ratios de la empresa analizada con sus ratios en años anteriores y con los actuales de su competencia o su industria. Es decir, mediremos la calidad de la empresa en términos relativos, lo que significa que determinaremos si está cara o barata comparándola con otros valores.

El ratio posiblemente más famoso del análisis fundamental de acciones, es el PER o *price to earnings ratio*, o *price / earnings*. En cualquier caso, en lo que consiste este ratio es en comparar el precio actual de una acción con las ganancias que ésta ha generado en el último año para sus acciones.

Su fórmula es:

PER = precio actual / BPA

El BPA que encontramos en la fórmula, significa beneficio por acción. También podemos encontrarlo en inglés como EPS (*earnings per share*). Y es, a su vez, un ratio de rentabilidad. Su fórmula es:

EPS o BPA = beneficio neto / acciones en circulación

Ambos ratios los podremos encontrar de forma muy sencilla en casi cualquier web de análisis fundamental, tales como Wallmine, Finviz, Morningstar, Investing, Yahoo Finance, entre otras.

Por ahora, centrémonos en el PER. Este ratio tiene dentro de su fórmula dos valores claves: el precio actual y las ganancias que la empresa ha sido capaz de generar en el último año. Esto nos arroja un resultado que significa diversas cosas al mismo tiempo.

La primera interpretación que podemos darle al PER es la de "cuántos años tardará la empresa en generar como ganancias el dinero que hemos invertido". Utilizaremos un ejemplo ficticio para facilitar el entendimiento. La empresa X ha generado un beneficio neto de 500 dólares en el último año, y cuenta con 50 acciones en circulación. El precio actual de X es de 10 dólares. Si aplicamos la fórmula primeramente del BPA, quedaría de la siguiente manera:

EPS o BPA = beneficio neto / acciones en circulación = 500 / 50 = 10

Esto significa que por cada acción de X, la empresa ha logrado generar 10 dólares de ganancia. Ahora veamos qué ocurre cuando calculamos el PER

PER = precio / BPA = 10 / 10 = 1

Lo que esto significa es que pagaremos 10 dólares por cada acción (precio) y que X ha generado en el último año esos mismos 10 dólares que hemos pagado. En síntesis, si consideramos un escenario levemente pesimista en el cual X no logra crecer su beneficio, pero tampoco lo reduce, nos estaría generando una ganancia neta equivalente a la inversión que hemos realizado. ¿Por qué decimos que "nos generaría"? porque nosotros seríamos poseedores de una acción, y la empresa generaría 10 dólares de ganancia por cada acción, incluyendo la nuestra. En definitiva, en tan solo un año podríamos recuperar el dinero invertido.

Obviamente esto no es tan literal, dado que, que la empresa genere un BPA de 10 no significa que estaremos literalmente ganando esos 10 dólares, ya que la compañía debería dar el 100% de sus beneficios como dividendos para nosotros recibir estos 10 dólares. Sin embargo, esto no suele ocurrir y tampoco es bueno para las organizaciones. Usualmente, nos darán una pequeña porción de este total en forma de dividendos o recomprando acciones, mientras que el resto lo utilizarán para financiar su crecimiento en años futuros.

Volvamos un momento al PER del que ya hemos visto una función, la cual es ver la cantidad de años que una empresa tardaría en devolvernos el dinero que hemos invertido en ella. Veamos ahora la segunda y última que analizaremos en este caso.

Este ratio puede darnos un rápido panorama de las perspectivas de los inversores a futuro para la empresa. Dicho de forma sencilla, si el PER es elevado (por ejemplo, un PER de 50), ¿qué significa según lo aprendido previamente? Significa que la compañía tardaría muchos años (50 en nuestro ejemplo) en generar ganancias suficientes para que los inversores pudieran recuperar sus inversiones. Por ende, lo lógico es que nadie quiera esperar tantísimos años solo para recuperar su inversión. Entonces, ¿por qué hay empresas que tienen el PER tan alto? Porque los analistas esperan que sus beneficios crezcan lo suficiente en años futuros como para reducir este valor.

Expliquémoslo más en detalle ya que esto es un poco difícil de entender. Para esto, recordemos nuevamente la fórmula del ratio.

PER = precio / BPA
BPA = beneficio neto / acciones en circulación

Al ser una división, por matemática, cuanto más grande sea el divisor (BPA en este caso), más pequeño será el resultado. Por ejemplo:

PER = 100 / 5 = 20
PER = 100 / 10 = 10
PER = 100 / 100 = 1

Para estos tres ejemplos, utilizamos valores aleatorios tanto para el precio como para el BPA simplemente para demostrar que, a mayor sea el BPA, menor será el resultado de la fórmula.

Por ende, si una empresa tiene un PER de 50 no significa que los analistas estén dispuestos a esperar 50 años para recuperar su inversión, sino que esperan que los beneficios de la compañía crezcan a mayor velocidad que su precio, para así terminar reduciendo el PER y la recuperación de su inversión.

Finalmente, para concluir con el análisis del PER, debemos saber que como todo en matemática, este valor también tenderá a volver a su media, es decir, a su promedio. Esto significa que si el ratio en cuestión se ve fuertemente reducido, tarde o temprano volverá a subir.

Lo mismo ocurre en caso opuesto: si se eleva muy por encima de su media, deberá bajar en algún momento. Para que esto último ocurra, pueden pasar tres cosas.

- Que su precio caiga: esto reduciría la primera parte de la fórmula, lo cual daría como resultado un número menor.
- Que su beneficio por acción crezca: lo cual también reduciría el resultado final, dado que el divisor sería mayor.
- Que ocurran las dos anteriores.

Estos datos son claves de entender a la hora de hacer análisis fundamental de empresas. Si encontramos una empresa con un PER extremadamente elevado, como por ejemplo de 1000, es enormemente probable que estemos en frente de una burbuja, lo cual en muchos casos es evidentemente una señal de venta de la acción.

Como ya sabe, el PER es probablemente el ratio de valuación más famoso. Sin embargo, no es el único que hay. Existen decenas de indicadores de este estilo cuyas fórmulas suelen ser muy similares entre sí. El P/S es un claro ejemplo de ello, la forma de calcularlo es:

P/S = precio / ventas por acción.
Ventas por acción = ventas / acciones en circulación.

Obviamente, el resultado de este ratio siempre será menor al del PER, debido a que las ventas por acción (divisor) siempre serán superiores al beneficio neto de la compañía. Aun así, esto no le quita peso al indicador.

Otro ratio similar que podemos hallar es el PCF, cuya fórmula es, como siempre, muy similar a la de los demás ratios de valoración.

PCF = precio / *cash flow* por operaciones por acción.
Cash flow por acción = *cash flow* por operaciones / acciones en circulación.

Al igual que ocurre con los demás ratios, no es necesario calcularlos ya que las webs nos los dan calculados, pero es importante entenderlos. La principal diferencia entre este ratio y el PER, es desde un punto de vista contable. Recordemos siempre que el beneficio neto (el cual se utiliza en la fórmula del *price to earnings ratio*), tiene en cuenta depreciaciones y amortizaciones. Estos dos valores no son una salida de dinero en efectivo de la empresa, sino más bien una deducción de los beneficios desde un punto de vista impositivo. Por ende, el PCF es un poco más certero a la hora de calcular las ganancias por acción reales que la compañía ha generado.

Como logrará ver, hay una amplia variedad de ratios que podríamos analizar y utilizar para calcular el valor intrínseco de las empresas, pero lo más interesante es el cómo hacerlo. La mayoría de analistas utilizamos herramientas como Excel para esta labor, por lo que puede acompañarse de ella. Ahora sí, procedamos a la valoración por múltiplos.

Este tipo de análisis consiste en comparar el ratio actual de la empresa que está siendo analizada con respecto a ese mismo ratio de otra empresa o de su industria. A su vez, este ratio actual de la empresa en cuestión podría ser comparado con el mismo ratio de la misma empresa, solo que en años anteriores.

El funcionamiento es el siguiente: imaginemos que analizaremos la empresa A, que será un banco. Sus competidores son B,C y D, otros bancos.

- Empresa A: PER = 5;
- Empresa B: PER = 6;
- Empresa C: PER = 10;
- Empresa D: PER = 9.

Ahora debemos promediar estos valores. Para ello los sumaremos (5+6+10+9), y en este caso obtenemos como resultado 30, valor que debe ser dividido entre la cantidad de empresas. En este caso estamos utilizando cuatro, por lo que el cálculo sería 30/4, lo que nos da como resultado 7,5.

En base a esto, vemos que el PER promedio de los bancos analizados es de 7,5. Por ende, observamos que los inversores están dispuestos a pagar 7,5 veces las ganancias por acción en este sector (al menos en promedio). Teniendo esta información, deberemos calcular cuánto debería crecer o decrecer el precio de la empresa A para llegar a ese PER de 7,5 veces ganancias.

La fórmula para esto es sencillamente una regla de tres simple, y el resultado obtenido será un valor porcentual:

Crecimiento esperado PER = [(PER promedio x 100) / PER de la empresa analizada] - 100

Crecimiento esperado PER = [(7,5 x 100) / 5 - 100] = 50

Esto significa que la empresa A debería crecer un 50% su PER para igualar al de sus competidores. Por lo que, suponiendo que sus ganancias se mantengan estables, su precio debería ser quien suba ese 50%. Ahora, lo último que nos quedaría hacer como analistas es al precio de la acción de la empresa A, sumarle su 50% para determinar su valor intrínseco.

Si las acciones de esta empresa cotizaran a 200 dólares cada una, deberíamos sumar 200 + 100, dado que 100 es el 50% de 200. Finalmente, llegaríamos a un valor intrínseco de 300 para la empresa A.

Ahora, utilicemos un cálculo real. Desde la web de Wallmine, pueden compararse cuatro bancos reales. JP Morgan, Bank of America, Wells Fargo, y Citigroup.

Los valores del P/E ratio (otra forma de llamarle la PER) son:

- JPM: 11,47
- BAC: 11,49
- WFC: 11,63
- C: 6,47

Si sumamos estos valores obtenemos como resultado 41,06. Al dividirlo por cuatro para obtener el promedio llegamos a 10,265. Dicho valor es el PER promedio de los cuatro bancos analizados; cálculo que puede realizarse con la cantidad de empresas que el analista elija. Para los ejemplos citados utilizamos cuatro, aunque pueden ser más o menos sin problemas. Sin embargo, no se suelen utilizar menos de tres para obtener un promedio más realista.

Imaginemos que la empresa que estamos analizando es Citigroup, cuyo *ticker* es C. Esta empresa tiene 6,47 de PER. Utilicemos entonces la fórmula para ver cuánto debería crecer o decrecer su PER para estar en el promedio.

Crecimiento esperado PER = [(PER promedio x 100) / PER de la empresa analizada] - 100

Crecimiento esperado PER = [(10,265 x 100) / 6,47] - 100 = 58,655

No es necesario ser tan exactos con los decimales, por lo que redondearemos en este caso en 58%. Esto significa que el precio de C deberá crecer un 58% por ciento. En este momento, cada acción de este banco cuesta alrededor de 47 dólares, por lo que el valor intrínseco en base al método de valoración por múltiplos utilizando el ratio PER es de 47 más su 58% (27,26); lo que nos da como resultado 74,26 (47+ 27, 26).

Sin embargo, como analistas no nos guiaremos por un único ratio favorable para una empresa, sino que utilizaremos varios de ellos. Por ejemplo, este mismo cálculo lo podríamos aplicar con el PCF, PS, PBV, etcétera. Tras hacerlo, obtendríamos diferentes posibles valores intrínsecos, los cuales promediaríamos. Veamos el ejemplo de esto mismo para la empresa A que analizamos (ficticiamente) con anterioridad.

El valor intrínseco de A, en base al ratio PER, había sido de 300. Imaginemos que en base al PS el intrínseco es de 250, y en base al PCF es de 325. Por lo que debemos promediar estos tres valores (sumarlos y dividirlos por 3), obteniendo como resultado aproximadamente 219. Este sería un valor intrínseco más exacto que utilizando un único ratio.

Esta es una de las metodologías más utilizadas para calcular el valor intrínseco a través del método de valoración por múltiplos. No obstante, no es la única. El cálculo del valor intrínseco medido en base a la historia de una compañía, es enormemente eficaz y a su vez muy usado por los analistas. Este cálculo consiste sencillamente en tomar un ratio de valuación de empresas (como por ejemplo el PER), y comprar el actual de la empresa con el promedio de los últimos años. Por norma general, se utiliza el promedio de los últimos cinco años.

Continuando con el ejemplo de la empresa A, habíamos visto previamente que cotiza a un PER de cinco, analizado también a sus competidores. Hasta el momento, no hemos visto su PER promedio de los últimos cinco años. Para el ejemplo, digamos que este es de ocho. El cálculo del valor intrínseco es exactamente el mismo que con el promedio de sus competidores.

Crecimiento esperado PER = [(PER histórico x 100) / PER de la empresa analizada] - 100

Crecimiento esperado PER = [(8 x 100) / 5] - 100 = 60

Como podemos ver, se espera un crecimiento del 60% del PER actual de la empresa A. Lo único que faltaría hacer es calcular su valor intrínseco sumando a su precio actual este 60%. Previamente, habíamos mencionado que para nuestro ejemplo diríamos que las acciones de A cotizan a 200 dólares. Esto significa que si a 200 le sumamos su 60 por ciento obtenemos como resultado 320 dólares, el cual sería el valor intrínseco en primera instancia.

Al igual que ocurría previamente cuando comparábamos la empresa con sus competidores, en este caso también podremos usar más de un ratio de valuación para luego promediarlos. Por ejemplo, calcular el intrínseco en base al PER, al PS, PCF, y PBV. Posterior a esto, promediar esos cuatro resultados para llegar a un número lo más exacto posible, o al menos, al más parejo.

Análisis en profundidad

En este punto, usted ya es capaz de leer y comprender los estados contables de las empresas; de evaluar su nivel de liquidez y solvencia; de medir su capacidad de generar ingresos; y de generar ganancias. A todo esto se le suma el factor más importante que es el cálculo del valor intrínseco; en este caso, en base a la valoración por múltiplos.

Aun así, la teoría solo es un pequeño porcentaje de lo requerido, ya que lo más útil viene con la práctica. Es importante que comprenda en profundidad qué significa cada ratio. Incluso llegará el punto en el que tal vez solo recuerde la fórmula debido a que entenderá lo que le indica el ratio que esté mirando.

Ninguno de los valores que ha estado conociendo sirve si es evaluado de forma individual. Además, tenga en cuenta que es imposible tener un 100% de efectividad a la hora de calcular un intrínseco dado que está proyectando a futuro, un futuro el cual es imprevisible; e incluso pueden ocurrir hechos que estén por fuera completamente de lo que uno puede evaluar como analista. En definitiva, esto significa que no bastará con analizar el PER de una compañía, ni tampoco será suficiente complementarlo con el análisis de los demás ratios de valoración. Si esto no fuera así, bastaría con ver estos indicadores y no serían necesarios los de liquidez, solvencia, eficiencia y rentabilidad.

Lo más importante que debe hacer un analista fundamental es entender los números del negocio y cuál es su modelo. Es decir, comprender cuánto gana, cuánto gasta, etc.; así como también por qué gana, por qué gasta.

Con los pasos vistos hasta el momento, usted ya es capaz de realizar el análisis de la primera parte, los números de la empresa. Para poder analizar el negocio que subyace a los números analizados hasta el momento, basta con leer las cartas de los directivos hacia los accionistas, buscar información de la compañía en internet, ver su historia, y ahondar todo lo posible en los datos como sea posible.

Lo que siempre debe recordar, es que comprar acciones de una empresa es muy similar a prestarle dinero a un amigo o familiar para que comience su propio emprendimiento (salvando las distancias, obviamente). Si alguien de confianza le pidiera ese dinero, lo primero que se preguntaría probablemente sea si confía en esa persona, lo que sería similar a estudiar el CEO de la empresa. Luego, quizá usted se pregunte si tiene muchas deudas, lo que hace referencia a la liquidez y solvencia. Posteriormente puede que se cuestione las formas en las que planea generar ingresos, es decir, eficiencia para las ventas y rentabilidad para las ganancias. Y por último, el tiempo que le tomaría recuperar el dinero que le prestó según las ganancias que esta persona espera recibir, algo similar al ratio PER.

Todos estos paralelismos son simplemente para que usted entienda las similitudes que tienen el invertir en el negocio de un amigo, y el hacerlo en una empresa que cotiza en bolsa. Siempre recuerde que los negocios son máquinas generadoras de dinero. A más genera, más vale. Por lo que, si una empresa está "correctamente valuada" pero tiene un negocio muy sólido y creciente, puede también ser una gran oportunidad de inversión. No todo debe estar necesariamente subvaluado, el objetivo de encontrar ese tipo de empresas es simplemente ganar lo más posible asumiendo menores riesgos.

Empresas bono

En principio no existe una categoría específicamente creada con el nombre de "empresas bono". Este término fue acuñado para englobar a aquellas compañías en las cuales un inversor no tomaba la decisión de comprar acciones por la posible suba de su precio, sino por el pago periódico de dividendos. Es decir, eligiendo la acción con un modelo similar al de renta fija, y no tanto al de renta variable como se acostumbra. Obviamente, se espera una ganancia también por la suba del precio, dado que no tendría sentido asumir un riesgo de volatilidad para un activo que se busca que sea de renta fija con intereses que rondan el 3% en general.

Un ejemplo muy claro de empresa bono es Coca-Cola. Un negocio histórico, con una volatilidad baja y un crecimiento sostenido a lo largo de los años. Casi en cualquier periodo que se analice de los últimos 20 (o más) años, Coca-Cola se ha mantenido como un negocio líder, siendo altamente eficiente y rentable, con buenos niveles de liquidez y solvencia. Sin embargo, no es una acción que otorgue unas rentabilidades extraordinarias, sino que más bien, tiene un leve crecimiento acompañado de una buena retribución a sus accionistas.

Entendiendo esto, analicemos Coca-Cola pero ya no enfocándonos en los cinco aspectos estudiados previamente, sino viéndolo desde el ángulo de generación de flujo de dinero para el accionista, es decir, para con nosotros.

Para comenzar con el análisis debemos conocer algunos términos imprescindibles. El primero de ellos es el dividendo. Un dividendo no es más que el reparto de ganancias que la empresa decide otorgar a sus accionistas. Es decir, cuando un inversor adquiere acciones se hace literalmente dueño de una parte del negocio. Por ende, éste tendrá el derecho a recibir un porcentaje de las ganancias equivalente al porcentaje de acciones que posea.

Sin embargo, las empresas no tienen obligación de pagar dividendos, por lo que no hay garantías de que lo vayan a hacer. Por ejemplo, las empresas que se encuentran en pleno crecimiento y expansión, no suelen repartir dividendos, dado que deciden reinvertir sus ganancias en ellas mismas para así seguir creciendo y, de esta forma, que siga subiendo el precio de sus acciones. En definitiva, no es mejor ni peor que una empresa pague o no dividendos. Lo realmente importante es que use de forma inteligente su dinero, enfocándose en mantener sólido el negocio, y bien recompensados a sus accionistas. Otra forma de retribuirlos es a través de la recompra de acciones, pero no ahondaremos en detalles en este momento para enfocarnos en el análisis de las empresas bono.

Lo siguiente a conocer es la fecha de pago del dividendo. Es un término sencillo de entender ya que su nombre lo explica: es la fecha en la que la empresa hará el pago de dividendos a sus accionistas. Se debe recordar esto para entender lo que viene a continuación, que es la fecha de ex-dividendo. Esta fecha hace referencia al día en que necesitamos tener la acción para posteriormente recibir el dividendo. La forma más sencilla de entender esto es con un ejemplo real.

Una fecha de ex-dividendo de Coca-Cola fue el 30 de noviembre del año 2022. Sin embargo, en ese día no se le pagó a ningún accionista porque lógicamente no era el momento. La fecha de pago fue el 15 de diciembre de ese mismo año, es decir, casi dos semanas después.

A continuación debemos conocer el tipo o periodicidad del pago de dividendos. En otras palabras, con qué frecuencia la empresa reparte ganancias a sus accionistas. Esto se suele hacer de forma trimestral, pero cada compañía elige la cadencia.

Algunas pueden pagar de manera semestral, anualmente, etcétera.

Por último, al menos en esta introducción, mencionaré el *yield*. El *yield* no es más que el porcentaje de ganancias que reflejan para los accionistas ese pago de dividendos medido de forma anualizada. Es algo equivalente al interés que pagan los cupones de un bono: por ejemplo, si un bono ofrece un 3% de rendimiento anual, sería equivalente a un *yield* de 3% de una acción.

KO Dividends

Dividend Insights

Ex-Dividend Date	Dividend	Type	Payment Date	Yield
Nov 30, 2022	0.44	3M	Dec 15, 2022	2.82%
Sep 15, 2022	0.44	3M	Oct 03, 2022	2.90%
Jun 14, 2022	0.44	3M	Jul 01, 2022	2.87%
Mar 14, 2022	0.44	3M	Apr 01, 2022	3.04%
Nov 30, 2021	0.42	3M	Dec 15, 2021	3.08%
Sep 14, 2021	0.42	3M	Oct 01, 2021	3.00%

Imagen obtenida de investing.com.

En esta imagen, si observamos la primera fila, podemos ver la fecha de ex-dividendo mencionada previamente para Coca-Cola, del 30 de noviembre del 2022. En la columna posterior hacia la derecha, el dividendo como tal de 0,44 dólares por acción. Posteriormente el tipo, en este caso pagado de forma trimestral (3M). Luego la fecha de pago o *payment date*, el 15 de diciembre del 2022. Por último, en la columna de la derecha se encuentra el *yield*. Para la primera columna es de 2.82%, lo que significa que analizando este dividendo, ese sería el interés que recibiría el accionista.

Analizar estos aspectos es fundamental para conocer cómo se maneja la empresa respecto al pago de sus dividendos, y también para saber si resulta interesante como empresa bono o no. Hay grandes empresas con dividendos insignificantes para esta metodología. Por ejemplo, Apple. Es un excelente negocio, líder, sólido, revolucionario, rentable, eficiente, solvente, líquido, pero con unos dividendos muy bajos. Su *yield* resulta poco atractivo, por lo que podría ser una buena oportunidad de inversión, pero no desde el punto de vista de una empresa bono.

Por lo que, una vez revisados estos puntos, conociendo la periodicidad en que la compañía realiza el pago de dividendos y sabiendo si su *yield* es atractivo o no, se debe revisar el *payout ratio*. Comencemos por sus fórmulas:

Payout ratio = dividends per share / EPS

Payout ratio = total dividends / net income

En cualquiera de los dos casos se llegaría al mismo resultado. En sí, este indicador nos dirá cuánto del beneficio obtenido por la empresa se está destinando al pago de dividendos. Evidentemente, lo más atractivo sería un *yield* muy alto, con un *payout ratio* muy bajo. Esto significa que a la empresa no le estaría costando pagar esos dividendos e incluso los podría aumentar sin mucho problema.

Por ejemplo, Coca-Cola tiene un *payout ratio* cercano al 75%. Esto significa que de sus beneficios netos totales utiliza tres cuartos para pagar dividendos, lo que deja a la empresa con un 25% de sus ganancias para reinvertir en sí misma, comprar acciones, entre otros. Esto es un factor positivo para Coca-Cola dado que la compañía tiene la posibilidad de incrementar su dividendo si lo desea, ya que sus márgenes se lo siguen permitiendo. En cambio, hay empresas cuyo *payout ratio* superan el 100%, lo que significa que para pagar ese jugoso dividendo que ofrecen están sacando dinero de su propio bolsillo, por lo que no resultaría muy atractivo ni seguro desde el punto de vista del analista fundamental.

Con todo esto, podemos hacer un análisis bastante completo de una empresa bono. Si bien se puede ahondar más (principalmente haciendo un descuento de flujo de fondos y calculando el valor intrínseco de la acción), para esto es necesario un poco más de conocimiento de matemática financiera.

Por el momento y en un nivel base, debemos revisar los aspectos vistos previamente, sumando uno más: el beta. La fórmula del beta de una acción es bastante compleja e innecesaria para el caso. No es un ratio que se calcule a raíz de los estados contables, sino del comportamiento del precio de la acción en relación a algún índice.

El coeficiente beta (β) de una acción mide la volatilidad de la misma. Dicho de modo resumido, es una comparación entre las variaciones de precio de la acción analizada en relación al mercado. Si bien es un valor que se expresa en términos nominales, lo podemos pasar a porcentaje para entenderlo mejor. Este dato lo podemos obtener fácilmente de la web Finviz, e incluso desde Wallmine.

Veámoslo con un ejemplo para entenderlo mejor. Si el beta de una acción es de uno, significa que su volatilidad es equivalente a la del mercado. Expresado en términos porcentuales, significaría que es 100% igual. Por otra parte, un beta de 0,5 se traduce como que la acción varía su precio a la mitad de lo que lo hace el mercado. Es decir, cuando el mercado cae un 10%, o sube un 10%, la acción analizada sólo subirá o caerá un 5%. En porcentaje, este 0,5 de beta sería un 50% e indicaría que la acción varía su precio un 50% menos de lo que lo hace el mercado. Por último, un beta superior a uno, por ejemplo el de 1,2, muestra que la volatilidad de la compañía supera la del mercado. De esta forma, cuando el mercado sube un 10%, la empresa sube un 12%.

Con este último ratio podemos llegar a conclusiones rápidas y concretas sobre si valdría o no la pena invertir en una empresa bono.

Vamos a un ejemplo práctico analizando por ejemplo AT&T, *ticker*: T.

Lo primero que nos interesa para evaluar la posibilidad de invertir o no en una empresa de este estilo es ver su *dividend yield*. Esto es por un motivo lógico, y es que si el retorno de la inversión no es atractivo, entonces no tendría sentido dedicar tiempo al análisis como tal.

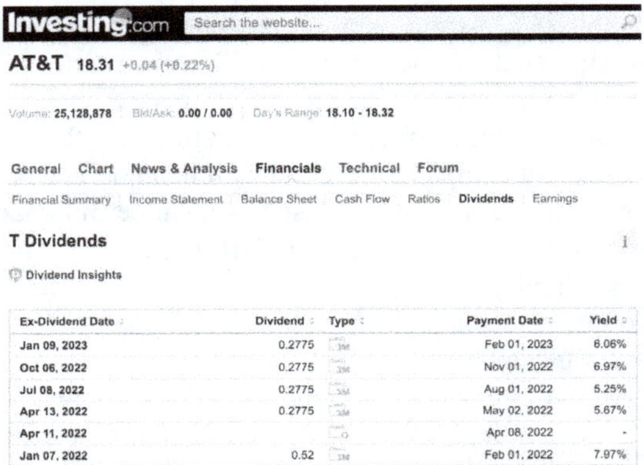
Investing.com Search the website...

AT&T 18.31 +0.04 (+0.22%)

Volume: 25,128,878 Bid/Ask: 0.00 / 0.00 Day's Range: 18.10 - 18.32

General Chart News & Analysis Financials Technical Forum

Financial Summary Income Statement Balance Sheet Cash Flow Ratios Dividends Earnings

T Dividends

Dividend Insights

Ex-Dividend Date	Dividend	Type	Payment Date	Yield
Jan 09, 2023	0.2775		Feb 01, 2023	6.06%
Oct 06, 2022	0.2775		Nov 01, 2022	6.97%
Jul 08, 2022	0.2775		Aug 01, 2022	5.25%
Apr 13, 2022	0.2775		May 02, 2022	5.67%
Apr 11, 2022			Apr 08, 2022	-
Jan 07, 2022	0.52		Feb 01, 2022	7.97%

Como podemos ver, al momento de escribir estas líneas AT&T tiene*yield* que ronda el 6%. Un retorno de esta magnitud en dólares de forma anual resulta bastante atractivo, por lo que tenemos razones para continuar con nuestro análisis. Sin embargo, el *yield* es tal vez demasiado deseable, por lo que nos interesa saber si la empresa será capaz de seguir pagando dividendos de esta forma. Para esto decidimos analizar su *payout ratio*.

Wallmine calcula un *payout ratio* de 49% para AT&T, lo que significa que la empresa tiene aún un 51% de sus beneficios para reinvertir en sí misma, ya sea en su crecimiento en algún mercado en particular, o en I+D (investigación y desarrollo), o simplemente recomprar acciones. Sea lo que sea en lo que decida gastar, tiene la posibilidad de hacerlo, y destina menos de la mitad de sus ganancias a pagar dividendos.

A continuación, observaremos el beta de la compañía. Cada analista elige el beta con el que se siente cómodo dependiendo obviamente del tipo de la empresa analizada. En este caso, al estar en búsqueda de una empresa bono me gustaría un beta bajo, ya que no estoy buscando unas fuertes subas del precio como ganancia, sino más bien el pago de dividendos. En la web de Wallmine observamos que el beta de T es de 0,49. En otras palabras, su volatilidad es menor a la mitad de la del mercado. En definitiva, es una empresa conservadora, dado que si el mercado cae (como lo ha venido haciendo) esta empresa no debería caer tanto.

Desde ya podemos observar que es una buena empresa bono, al menos vista desde el punto de vista del pago de dividendos. Sin embargo, todavía nos falta información para definir si invertiríamos o no en esta acción. Por lo que, posterior al análisis de los dividendos, procederíamos a ver el comportamiento del precio de sus acciones. Esto no desde un aspecto de analista técnico, sino más bien para hacer caso a la frase "no agarres un cuchillo mientras está cayendo".

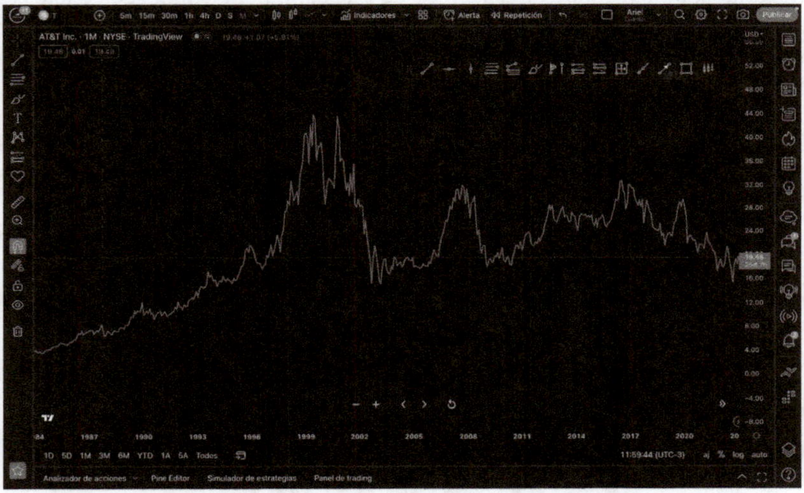

Imagen obtenida de Tradingview.

A diferencia de otros gráficos de precios, en este caso vemos que AT&T no tiene una clara tendencia alcista. Por el contrario, desde alrededor del año 2000 alcanzó su máximo precio histórico, y a partir de aquel momento comenzó una fuerte baja. Posteriormente y hasta la actualidad el precio parece estar lateralizando. Esto claramente no es una buena noticia, pero tampoco es del todo negativa. Si consideramos a AT&T como un bono (ya que es una empresa de este tipo), el precio no nos interesa tanto siempre y cuando éste no caiga, y es el caso. El precio se mantiene, mientras nos paga dividendos de forma periódica con un *yield* bastante elevado.

Con todo esto analizado, solo queda revisar los aspectos estudiados previamente como liquidez, solvencia, eficiencia y rentabilidad. La valuación no resulta prioritaria en este caso dado que nuestro foco está puesto en el pago de dividendos. En esta ocasión no realizaremos tal análisis ya que esto es meramente un ejemplo, pero si la compañía alcanzara nuestras expectativas de los aspectos fundamentales básicos (y ya hemos visto que es buena empresa), entonces podríamos tomar una decisión de inversión a largo plazo.

Material Multimedia

En www.phronencial.com/finanzasinteligentes encontrará material complementario y específico de este capítulo: ejemplos, ejercicios, aplicaciones, uso de calculadoras, búsqueda de información, videos, planillas, PDF y presentaciones.

Puede acceder desde la plataforma de Phronencial, o directamente al material del capítulo desde el siguiente QR:

Recomendamos registrarse en la plataforma utilizando el usuario y clave inicial que le proporcionamos en las primeras páginas, y que es único para el titular original del libro.

De esta manera podrá acceder al material complementario. Pero lo más importante, es que con la correcta identificación lo contactaremos para los encuentros (virtuales y/o presenciales) que realizamos para abordar distintos tópicos financieros y de mercado.

Análisis técnico

Eficiencia de mercado

Un mercado opera de manera eficiente cuando los precios de los activos incorporan toda la información existente hasta ese momento, logrando así una correcta valuación. A medida que ingresa nueva información al mercado, los inversores ajustan sus modelos de valuación y reflejan nuevos valores. Esta información tiene que ser accesible de forma económica y para todos los participantes de manera simultánea.

Así surge la teoría del *random walk*, donde los precios futuros no siguen ningún patrón debido a que toda nueva información es asimilada por el mercado en forma automática, y su ingreso es totalmente aleatorio e impredecible. Que un activo tenga una clara tendencia alcista no es motivo para suponer que el día de mañana tenga más probabilidad de subir de precio que de bajar.

El precio de un activo hoy es función exclusivamente de la información existente, y no de su tendencia. El día de mañana tiene las mismas probabilidades de subir, bajar o mantener el precio, ya que no hay forma de predecir cuándo se incorpora nueva información y si la misma será positiva o negativa.

Distintos trabajos de investigación han detectado diversos resultados sobre cuál es realmente el nivel de eficiencia con que operan los mercados de capitales. Así, surgieron tres niveles de eficiencia de acuerdo a los resultados obtenidos:

• Hipótesis débil de eficiencia: Evidencia la existencia de cierta dependencia o correlación de precios de un día respecto al anterior, y de determinados parámetros y ciclos en sus valores. De esta forma, hay posibilidad de obtener resultados superiores al promedio del mercado de forma sistemática, contando con las herramientas e información adecuada. Es recurrente la filtración de información pública y privada para obtener ventajas (*inside information*) y el mercado no asimila inmediatamente la incorporación de nueva información, lo cual genera una valuación no perfecta de los activos.

• Hipótesis de eficiencia intermedia: Toda la información pública está reflejada en el precio actual, y un inversor no podrá ganarle al mercado mediante el uso de esta información debido a que resulta accesible a todos los participantes en forma instantánea. Solo existe información privada interna de la compañía que puede generar una ventaja en los inversores que tienen acceso a ella.

• Hipótesis fuerte: No existe posibilidad de ganarle sistemáticamente al mercado. Toda la información pública y privada está incorporada al precio actual, por lo que nueva información es descontada inmediatamente sin generar margen de ventaja para algunos operadores.

Análisis técnico

Podemos definir al análisis técnico cómo el estudio de precios de un activo el cual busca encontrar patrones en su evolución histórica para predecir la tendencia que en un futuro tendrá ese activo.

Este estudio resulta muy utilizado en activos como acciones, *commodities*, divisas y criptomonedas, ya que buscan simplificar en tiempo real el comportamiento de precios.

El análisis técnico permite determinar cuándo es momento de comprar o de vender ese activo en cuestión. Su característica más particular es la de identificar tendencias y patrones, las cuales reflejan el humor de los inversores.

Comparado con un análisis fundamental, el análisis técnico nos da una mirada más firme en activos que si bien pueden estar influidos por un evento fundamental, el tiempo para determinar el impacto que éste tendrá ya puede ser descontado antes de que suceda, y es allí donde este tipo de análisis cobra relevancia.

Por ejemplo, si bien sabemos que en Argentina los tipos de cambio fluctúan y son más propensos a tener movimientos bruscos por un fundamental, con el análisis técnico podremos determinar en qué zonas de precio es donde hubo no interés y determinar hacia donde es la dirección del activo antes de que ese suceso fundamental suceda.

Si bien los métodos de evaluación del análisis fundamental son muy considerados para evaluar empresas, con el análisis técnico podemos determinar a corto plazo esas zonas de interés para cada activo.

Principios del AT:

- Los precios de un activo tienen y reflejan toda la información necesaria de éste, por lo que ya descuentan factores que puedan afectar ese día. Esto es así ya que la interacción es libre entre la oferta y la demanda. Si la oferta es mayor a la demanda el precio bajará, y viceversa.
- El AT no busca ver los factores racionales o irracionales que la oferta y la demanda puedan realizar en el activo, ya que estos factores sí pueden verse influenciados por fundamentales. Lo único que busca es determinar el comportamiento futuro de un activo.
- Los mercados tienen memoria: no se trata de simples movimientos de precios aleatorios en una gráfica; sino que el mercado evidencia los comportamientos en algunos casos repetitivos donde los inversores adoptan decisiones de compra o venta. Si la influencia por parte de los inversores es notoria en el pasado, es muy probable que esto se repita en un futuro, ya sea de una zona de interés para los inversores como también una zona donde ya no quieran participar.
- Todos los comportamientos de precios de un activo generan tendencias, las cuales son muy importantes para el AT ya que le permiten la toma de decisiones e interpretación a comportamientos futuros.

Análisis técnico vs análisis fundamental

El análisis fundamental busca por diferentes métodos de valuación el lograr encontrar el valor intrínseco de un activo o empresa, lo que determina si es caro o barato. Estos métodos de evaluación estudian las características de un negocio tales como balances, contexto sectorial y económico en general.

Por otro lado, el análisis técnico busca determinar cuándo es momento de comprar o vender, mientras que la finalidad del análisis fundamental es qué comprar o vender.

No hay uno mejor que otro: ambos son complementarios, y resultan herramientas de estudio que se utilizan en un activo para cada caso en cuestión.

Diferencias entre AT y AF

- El AT considera los precios de un activo, es decir, lo que se negocia cierto día y lo que los inversores están dispuestos a pagar por el activo de esa fecha. El AF determina el valor de una empresa para luego concluir en si es caro o barato el comprar ese activo.
- La metodología del AF es más lenta debido a que al aplicar técnicas de valuación y comprar con otras empresas, logramos llegar a ese valor intrínseco (valor que debería de tener la compañía). El AT es mucho más rápido y simplifica mucho esas técnicas, ya que solo vemos el interés o no de los inversores en el mismo precio.
- La metodología correcta a aplicar para un buen desempeño a largo plazo es sin duda el AF, por lo comentado anteriormente. El AT no nos otorga las características del negocio en cuestión.
- El AF identifica burbujas financieras, mientras que para el AT eso resulta irrelevante. Si hay alguien dispuesto a comprar el activo, aumenta su valor.
- El AT, al estar basado en precios, siempre necesita de una cotización; con el AF podemos disponer (o no) de éstos para su evaluación.

Si el inversor es más del largo plazo, efectivamente un análisis fundamental le será mucho mejor y más certero.

Por otro lado, si un inversor quiere tomar oportunidades que puedan llegar a darse en el mercado, el análisis técnico es su aliado; ya que detectando las tendencias del activo sabrá cuándo comprar y vender.

Lo que no podemos cuestionar del AF es que puede determinar si un activo está subvaluado emitiendo señales de compra, pues el análisis marcará en qué momento es conveniente hacerlo. Una acción puede estar subvaluada y seguir perdiendo valor, así como también puede resultar cara y continuar su *rally alcista*. Nunca se debe subestimar un método por sobre el otro: siempre tome lo mejor de cada una.

La práctica hace al maestro, y tanto en AF como en AT la práctica es lo qué hará de usted un mejor analista con el tiempo. Se tiene como ventaja que no requiere dinero para testear resultados, basta con seleccionar algunos activos y aplicar las técnicas correctas determinando los valores de compra y venta. Cuanto más pueda poner en práctica, más rápido y más certero será en sus análisis.

Gráficos

Los gráficos son una herramienta visual muy importante y óptima para poder entender la psicología del mercado: en él se representan las partes concretas de una operación tanto de compra como de venta. Son uno de los primeros complementos al realizar AT. Sería la principal hoja de ruta para que el analista pueda ver lo que está ocurriendo en el mercado con el activo a analizar, y así tomar una decisión en base a su análisis sobre qué debe hacer en ese momento para obtener un beneficio.

Encontramos dos tipos de gráficos: barras y velas, los cuales tienen cuatro precios en una misma barra o vela respectivamente. Asimismo, tenemos el precio de apertura: precio en el cual el activo está en ese momento de apertura de mercado o se observa en la franja de tiempo correspondiente. En cuanto al máximo y mínimo, comprende dónde se ha movido el precio, alcanzando picos (ya sean altos o bajos) en el activo. Finalmente, el cierre determina el precio final hasta el cierre de mercado o bien hasta que siga la siguiente franja de tiempo.

El gráfico de barras es uno de los más utilizados y enseña, a través de una línea principal vertical y distintas líneas secundarias menores que lo cruzan, el precio máximo y mínimo, la apertura y el cierre.

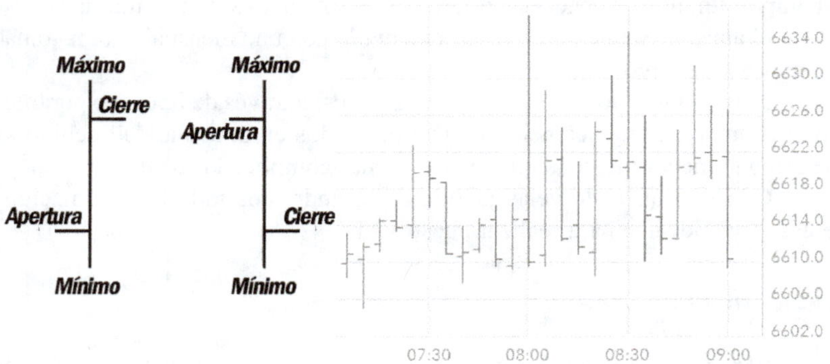

Por otro lado, tenemos el gráfico de velas japonesas. Es muy parecido al de barras, aunque en estilo visual se caracteriza por resaltar el cuerpo de distintos colores cuando el cierre de cotización es por encima del de apertura o por debajo.

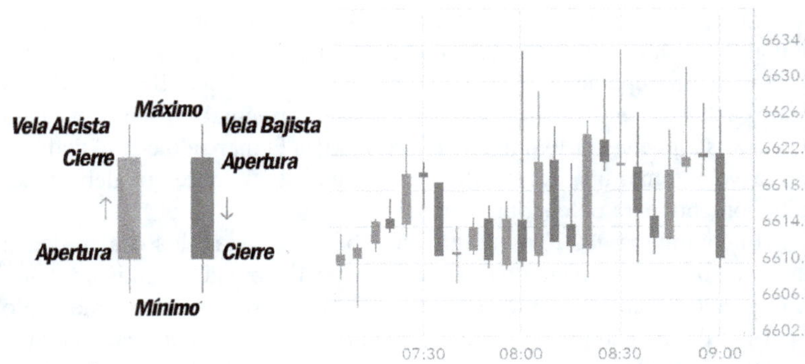

De acuerdo a la temporalidad que se analice, estos gráficos pueden cambiar. Podemos usar gráficos en temporalidades semanales, mensuales, anuales, diarias o incluso de horas o minutos: todo dependerá de la información que queramos obtener y nuestro objetivo a la hora de analizar.

De nada sirve mirar un gráfico en temporalidad anual si lo que busco es comprar un lunes y vender un miércoles, pero quizás sí sea de utilidad considerar el anual si es que deseo complementarlo con uno mensual para la toma de decisiones a largo plazo.

Existen otras dos maneras de ver gráficos: a través de líneas (o puntos) y figuras, aunque prácticamente no son utilizados en la actualidad debido a que brindan menor información y resultan más complicados de entender.

Con el gráfico de velas japonesas obtendremos toda la información necesaria y relevante para realizar nuestro AT.

Precio, tiempo y volumen

El precio y el volumen son dos variables fundamentales del AT, puesto que de ellas derivan gran parte de los indicadores.

El volumen resulta ser el más importante de todos, ya que otorga (o quita) consistencia al movimiento de precios, ayuda a confirmar la confección de alguna figura de comportamiento, y es importante para anticipar cambios de tendencia.

Señales fundamentales de la relación cotización-volumen:

- Compra
  - Aumento de precio con volumen creciente: Existe interés por parte de los inversores y el precio seguirá subiendo, hay predisposición de comprar a valores mayores.

  - Baja de precio con volumen decreciente: Los inversores no tienen interés en vender. La baja es transitoria, y la tendencia del precio puede revertirse.

- Venta
  - El precio baja con alto volumen: Mucho interés de vender y la tendencia persistirá, hay predisposición a aceptar precios inferiores.

  - El precio sube con bajo volumen: Los inversores no creen que la tendencia sea sostenible; no convalida la suba de precios.

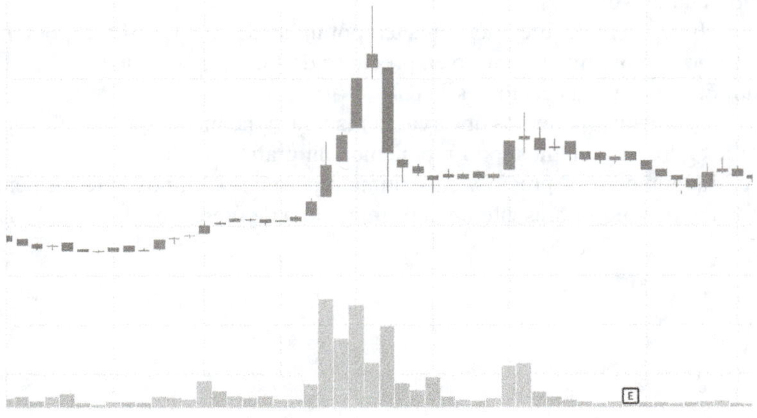

El gráfico nos enseña cómo el volumen empieza a incrementarse de manera gradual y cómo cada precio en la vela supera a la anterior; hasta un punto donde el volumen comprado cae muy por debajo con respecto a niveles anteriores. Posteriormente, observamos la manera en la que el volumen de venta incrementa y el precio en la vela empieza a caer.

Tanto el precio como el volumen tienen la ventaja de ser precisos. Se accede de forma inmediata, por lo cual los *traders* pueden utilizarlo en tiempo real minuto a minuto en caso de ser necesario.

Si usted desea tener una tabla que pueda ayudarle a entender mejor este proceso, puede observarlo a continuación.

Volumen	Precio	Tendencia
Incrementa	Incrementa	Alcista Clara, con Fortaleza
Baja	Incrementa	Posible fin de Tendencia Alcista
Baja	Baja	Bajista clara, con firmeza
Incrementa	Baja	Posible fin de tendencia bajista

Las cotizaciones y el volumen están ligados, así como también el tiempo de ambos: el ver un gráfico de temporalidad menor y tener una suba/baja en el volumen junto con el precio, puede tener resultados en una temporada mayor.

El siguiente gráfico tiene una temporalidad de una hora. En él podemos ver cómo el movimiento brusco en precio se da siempre al comienzo del mercado. En este caso, la acción es TGLT.

Asimismo, podemos observar la manera en la que luego el volumen va decreciendo. Si juntamos todo y ponemos un gráfico de diario, veremos que en el día aumentó su precio y su volumen; pero como vimos anteriormente, ese aumento solo se presentó en la primera hora de mercado.

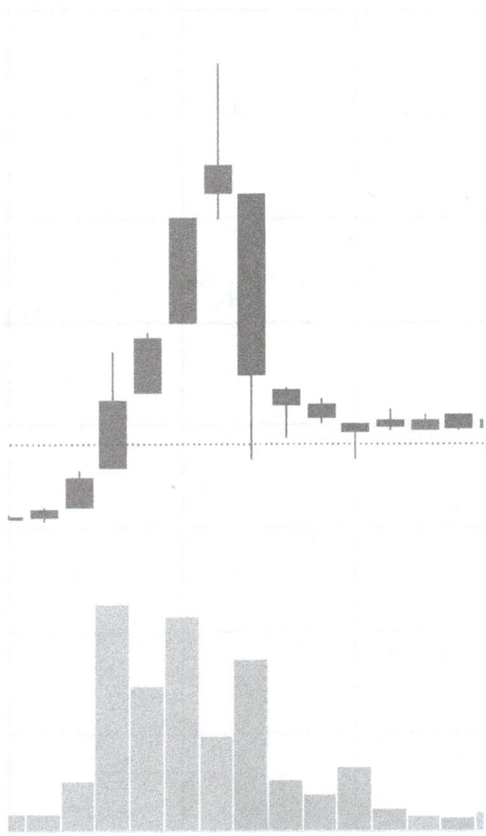

Gráfico TGLT Temporalidad 1H Gráfico TGLT Temporalidad D

Soportes y resistencias

Cuando hablamos de soportes y resistencias estamos hablando de zonas donde figuró el precio en algún momento, bien por factor psicológico o especulativo respectivamente. Estas zonas pueden marcar cambios de expectativas si todos los participantes del mercado así lo creen, puesto que no hay algo fundamental que lo haga cambiar de parecer.

Conociendo estos parámetros, podemos determinar el interés general del mercado en valores de referencia importantes. En muchos libros se lo presenta con líneas y se cree que son valores absolutos, aunque esto no resulta así.

Por ejemplo, el precio de un activo puede valer $2, luego subir y llegar a $8 para a continuación volver a bajar. Esta situación no determina que el precio de soporte sea $2. Por eso mismo, hablamos de zonas donde se encuentra un freno a la suba o la baja, en donde hay fuerte concentración de oferta o demanda generando un piso a la baja del precio de un activo o un techo a la suba.

Comencemos con lo simple para luego pasar a lo complejo.

Cuando hablamos de soportes en AT nos referimos a un determinado valor de demanda suficiente para contener el descenso de precios, e inclusive para generar el inicio de una suba. Cuando un soporte es perforado, es porque la oferta de títulos supera a la demanda y la cotización desciende por debajo del soporte. Generalmente, el descenso de precios se acelera al quebrarse las expectativas.

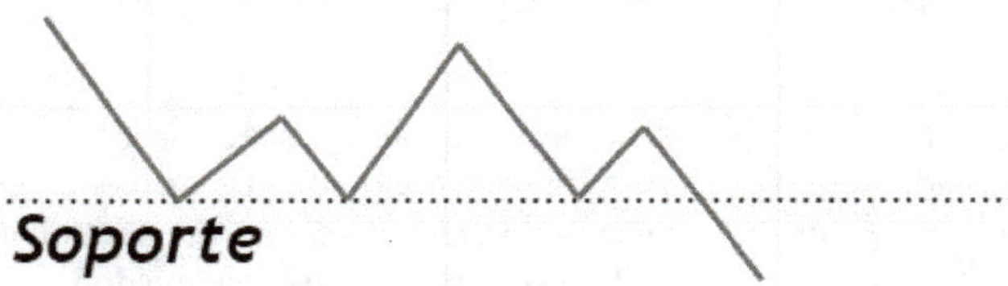

Por otro lado, las resistencias representan lo contrario. Se concentra una gran cantidad de oferta de títulos para limitar la suba de precios, incluso capaz de generar el inicio de una baja. Cuando una resistencia se denomina como perforada, significa que la demanda superó a la oferta de títulos y la cotización quebró la resistencia, acelerando la suba de precios.

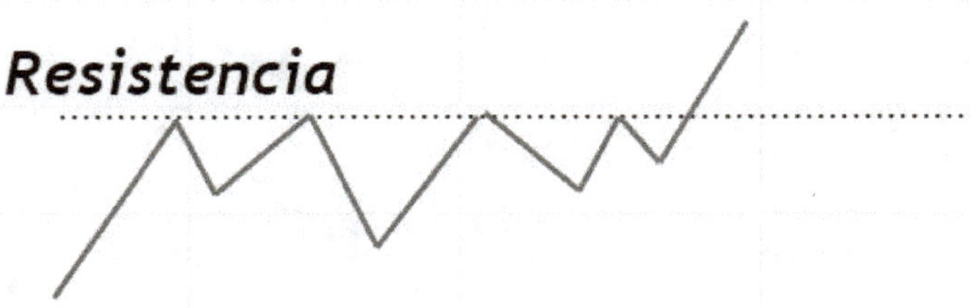

Para que se forme un soporte o una resistencia, debe existir un elevado volumen de operaciones a un determinado nivel de precios en al menos dos momentos; pero para dar mayor crédito se recomiendan al menos tres puntos.

Mientras más operaciones se realicen en esos niveles, más solidario se considera el soporte o resistencia, haciendo que más operadores lo tomen cómo referencia. No necesariamente son valores exactos, acuérdese qué al principio hablamos de zonas.

Para afirmar que se ha perforado una resistencia o soporte, el volumen operado tiene que incrementarse a ese precio. Es frecuente que un activo perfore su nivel levemente pero sin volumen suficiente, para volver posteriormente a los valores previos. Pero si es perforado con elevado volumen, lo que antes era una resistencia puede convertirse luego en un soporte; y viceversa.

Por lo tanto, resulta muy importante identificar las zonas tanto de soporte como de resistencia, ya que pueden mostrarnos señales de un cambio de tendencia. Por ejemplo, en el gráfico se observa cómo la zona de resistencia lleva el precio a la zona de soporte, hasta que éste rompe la zona de resistencia nuevamente y sigue subiendo.

En ese momento, lo que antes era una resistencia ahora se tendría que considerar como una zona de soporte. Claramente, el activo ha definido bien esa zona dos veces, y luego de atacar por tercera vez la zona de resistencia vuelve a romper al alza. Algo que se debe tener en cuenta es que, cuanto más se ataque la zona, esta irá perdiendo fuerza ya sea como soporte o como resistencia.

La primera lectura que todo analista técnico debe hacer es la búsqueda de soportes y resistencias.

¿Tiene algo de profecía autocumplida? Por ejemplo, ¿cuál es la razón por la cual los precios se disparan cuando una resistencia es perforada? Simplemente que los operadores tienen órdenes de compra automáticas a valores levemente superiores a la resistencia, para que una vez perforada tome posición en el activo y así beneficiarse del potencial *rally alcista.* Si son muchos los operadores que tienen órdenes precargadas, es probable que ello (auto) ocurra. También es cierto que al romperse determinadas expectativas (por ejemplo, suponer que un activo no superaría determinado valor), el inversor se apresurará a comprarlo, impulsando la demanda.

Líneas de tendencia

Se denomina línea de tendencia o directriz a la recta que mejor se adapta a la evolución de precios. No necesariamente es una línea horizontal, sino que suele tener una pendiente positiva o negativa. Como toda recta, requiere al menos dos puntos para trazarse, aunque se recomienda que existan al menos tres puntos.

Así como vimos que los soportes y resistencias tienen zonas, se puede trazar una paralela a la directriz para identificar mejor esas tendencias.

Las líneas de tendencia se clasifican en:

- Alcista: La línea se construye uniendo puntos ascendentes. Se comporta como un soporte. También puede ser una resistencia que fije un límite creciente a la suba de precios.

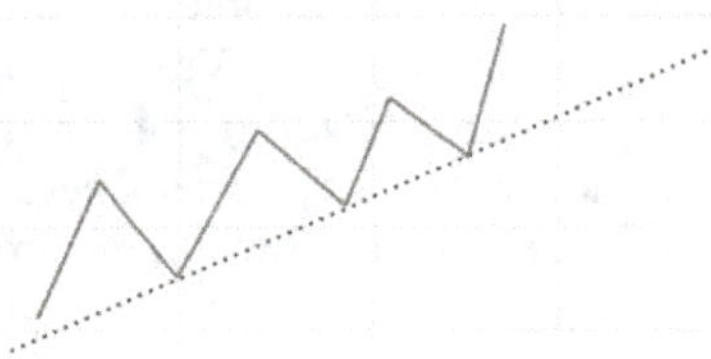

- Bajista: La línea se construye uniendo puntos descendentes. Se comporta como si fuera un soporte decreciente, y también puede representar una resistencia que reduce en forma descendente las correcciones de precios.

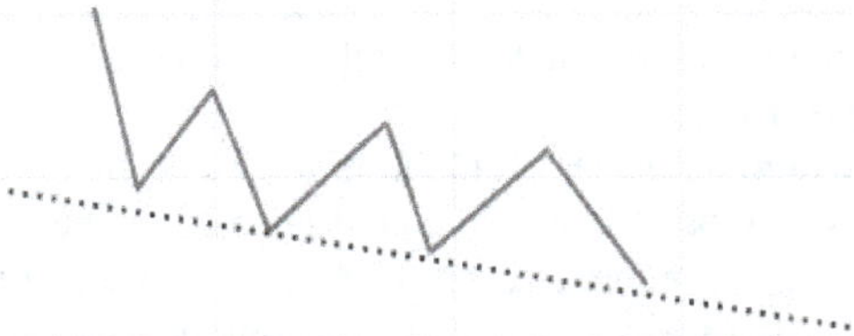

Veamos este ejemplo con la empresa.

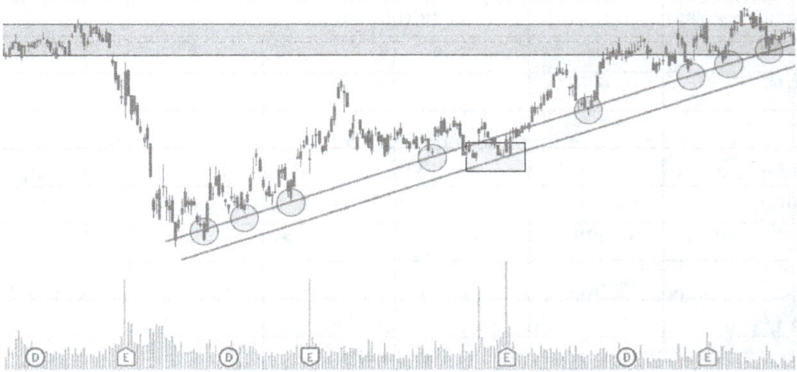

Lo que podemos ver es la primera línea de tendencia o directriz alcista. La misma, al principio tiene tres puntos (círculos azules), lo que determina una tendencia alcista firme.

Luego, observamos cómo el precio entra en un rango, es decir, descansa después de su subida anterior. Vuelve a poner a prueba la directriz una vez más tocándola, pero esta vez sí logra romperla. A simple vista, se podría pensar que la tendencia se ha quebrado, pero no es cierto. No basta con solo perforar una línea. Lo que vemos en el cuadro naranja es que el precio vuelve a estar en un rango y esos mínimos no son crecientes. Es por eso que trazamos otra línea paralela para identificar si el precio también puede ir en esa dirección. Como vemos, el volumen no es suficiente y el precio retoma la tendencia hacia la primera línea de tendencia, volviéndola a respetar *en* cada círculo azul.

Lo que le quiero dejar en claro, querido lector, es que el precio es escurridizo y no siempre llegará perfectamente a esa línea que trazamos, aunque no necesariamente tiene que ser un cambio de tendencia como tal.

Al igual que los soportes y resistencias, el volumen es muy importante, principalmente cuando se produce una ruptura de la tendencia. Tiene que existir un volumen significativo de operaciones (si es creciente, mejor). De lo contrario, la ruptura puede revertirse y acelerar la tendencia en sentido contrario. A diferencia de los soportes y resistencias, la ruptura (con volumen) puede significar un cambio de tendencia de largo plazo del activo. Por eso, identificar las tendencias es una de las tareas más importantes y complejas para un analista.

Veamos ahora otro ejemplo con la misma empresa.

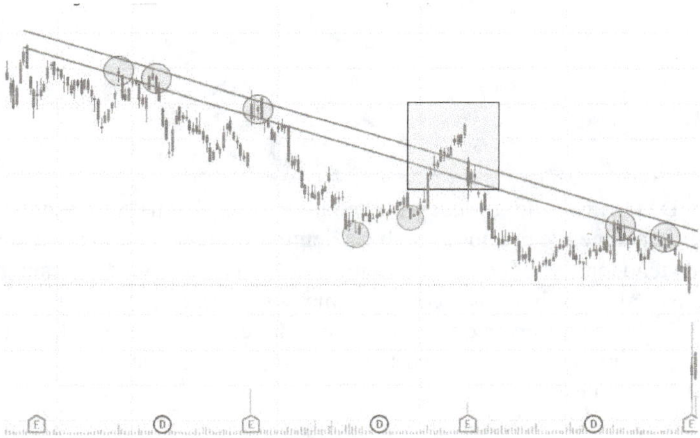

En este caso, podemos apreciar como la tendencia es claramente bajista. Se observa la manera en la que nuestra primera línea de tendencia (la más cercana a las velas) tiene algunos contactos, aunque al no resultar del todo precisos, se agregó una segunda directriz para reforzar. Observamos que tenemos los tres puntos conectados y no hay debilidad en el movimiento.

Hasta el punto donde tenemos un mínimo de precios creciente respecto al anterior (círculos rojos), el precio comienza a subir rompiendo las directrices, pero aun así no es capaz de cambiar de tendencia y luego cae.

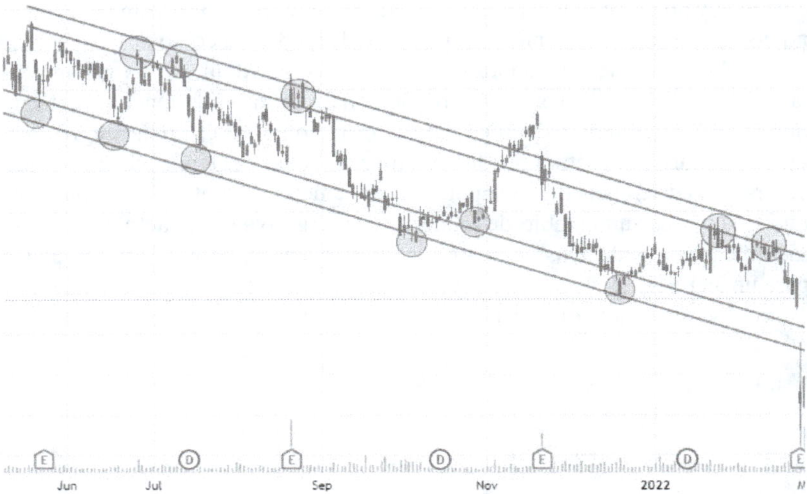

De las líneas de tendencia surgen los canales, lo cual se presenta cuando las variaciones de precios se realizan dentro de un rango, estableciendo una línea de tendencia y otra paralela a la misma. Los canales pueden generarse en tendencias alcistas, bajistas o con movimientos laterales.

Podemos observar que en las líneas de tendencia verdes, los círculos rojos conectan el precio de igual manera, lo que lleva a la formación de un canal bajista en este caso.

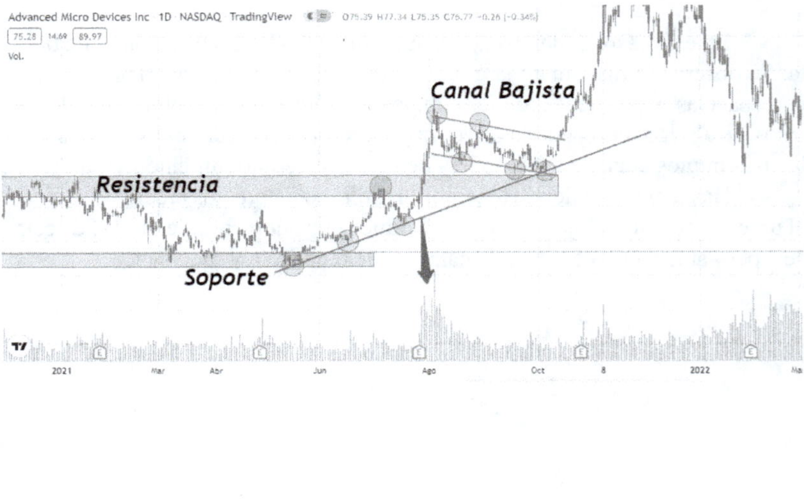

Vamos con un ejemplo un poco más completo, en donde el activo es la acción de AMD.

Uniendo todo lo que vimos hasta el momento vemos cómo el precio encuentra una zona de resistencia clara la cual no puede romper. Luego, vemos cómo el precio cae y empieza a formar su zona de soporte. Perfecto, ya identificamos las primeras zonas del precio, lo siguiente es ver si podemos ver la tendencia. Para ello, trazamos la línea de tendencia, en este caso alcista. Lo que podemos observar es que tiene dos puntos azules y que vuelve a reconocer la zona de resistencia. Al generar el tercer punto, vemos de qué manera el precio empieza a subir y vemos también un aumento en el volumen (flecha azul), lo que da cómo consecuencia la ruptura de la zona de soporte.

El precio no sube indefinidamente, por lo que, cuando ese volumen se agota, empieza a caer. Podemos ver cómo se forma un canal con líneas verdes y con dos puntos rojos tanto arriba como abajo. Lo interesante es que el tercer punto (verde) está casi o muy cerca de la zona de resistencia, y lo que rompimos anteriormente con fuerza ahora pasa a ser un soporte. Además, agregamos que nuestra línea de tendencia azul también cruza por esa zona, lo que nos da como resultado una continuación de la tendencia alcista.

Este gráfico no sólo muestra todo lo que vimos anteriormente, sino que también es un gráfico sano: todo se dio en orden, y el precio tuvo su periodo de descanso para luego seguir subiendo.

Es muy importante todo lo que vimos anteriormente ya que es el pilar del AT, en el cual podemos apoyarnos para proyectar el precio.

Medias móviles

Las medias móviles son un promedio matemático que suaviza la curva de precios y genera una curvilínea. Se utiliza para visualizar mejor la tendencia que en la forma directa ya que, por la alta volatilidad de precios, no resulta tan sencillo de vislumbrar. No confirma instantáneamente cambios de tendencia, sino que lo hace una vez ya producidos. Las operaciones de AT utilizan dos medias móviles dentro del mismo gráfico: una media móvil (corta) de pocas sesiones, y otra media móvil (larga) de mayor cantidad de sesiones.

La señal de compra se produce cuando la media móvil corta cruza de abajo hacia arriba a la media móvil larga. La señal de venta es al revés: cuando la media móvil corta cruza a la larga de arriba hacia abajo.

Su utilizan al menos tres tipos de medias móviles:

• Media móvil simple: Media aritmética de n cantidad de días con la particularidad de que los datos se van actualizando a medida que pasan los días con las últimas cotizaciones, eliminando las primeras; de ahí su movilidad.

• Media móvil ponderada: Aplica una ponderación mayor a los últimos días por ser los más representativos de los precios actuales.

• Media Móvil Exponencial: Reacciona más rápidamente a los cambios de precios recientes debido al hecho de que suma los importes de cierre del periodo actual al periodo anterior, dando así más peso a los últimos periodos de precio.

Una media móvil corta guarda mucha sensibilidad con las cotizaciones actuales, conformando una línea que sigue muy de cerca la curva de precios. En cambio, la media móvil larga tiene un mayor rezago y no está tan correlacionada a las últimas cotizaciones, por ello se determina en una curva suave con una tendencia más definida.

La cantidad de días que compone cada media móvil depende de cada operador y del nivel de fiabilidad que quiera utilizar. Por ejemplo, utilizar siete días para la corta y 20 días para la larga está bien. En realidad, depende de las preferencias de cada operador y de la calidad de la señal que recibe. Si se utilizan dos medias móviles muy estrechas de tiempo, se generan mayor cantidad de señales para comprar o vender, muchas de las cuales serán erróneas. Si la distancia entre las medias móviles es muy amplia, las señales de compra o venta serán más esporádicas y efectivas, pero se emitirán mucho tiempo después de alcanzar valores máximos o mínimos.

Veamos algunos ejemplos con el *SP500.*

Como podemos observar en la gráfica, tenemos una media móvil exponencial de 50 periodos y otra de 200. Cuando la roja de 50 periodos cruza de abajo hacia arriba, en la de 200 se produce el cruce, el cual se conoce como cruce dorado, dándonos una señal de que el precio podría empezar una tendencia alcista o señal de compra.

Las EMAS también pueden ser usadas como soportes o resistencias, ya que el precio suele respetar la EMA (media móvil exponencial) de 200 periodos en el primer cruce, dado que la tendencia es claramente alcista.

Más adelante vemos cómo la EMA de 50 cruza de arriba hacia abajo la EMA de 200, lo que indica el cruce de la muerte, dando por resultado una tendencia bajista o venta.

Veamos otro ejemplo dejando estas medias móviles pero agregando dos más que resulten con mayor velocidad.

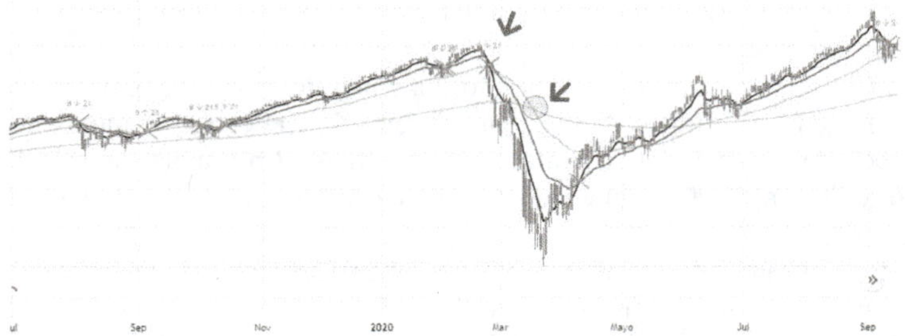

Lo que vemos en el círculo azul es el cruce de la muerte anterior entre la EMA de 50 que cruzaba desde arriba hacia abajo la EMA de 200, lo que nos indicaría una señal de venta. Sin embargo, podemos ver que esa señal es tardía ya que el precio baja mucho antes hasta darnos la señal. Ahora bien, agregando dos medias móviles más rápidas la cosa cambia. Vemos en la flecha que se produce un cruce: en este caso la EMA de ocho periodos cruza por debajo de la EMA de 21, y esta señal de venta resulta mucho más certera que la anterior. Pero claro, el resultado también es obvio. Podemos ver que hay múltiples cruces de estas EMAS indicando compra y venta pero que no llegan a ningún lado. Esto se da porque a periodos muy cortos, más señales falsas vamos a tener; aunque a periodos más largos más tardía es dicha señal. No hay medias móviles mejores que otras o que se adelanten al precio. Se entiende que no son más que herramientas que siguen y se mueven en función de los valores en los precios. Dependerá de cada analista el usar su mejor configuración en base al activo y técnica de análisis.

Principios de las medias móviles:

- Es una herramienta de seguimiento de tendencias.
- Su mejor funcionamiento es durante períodos de tendencias pronunciadas.
- Su uso principal es generar señales de compraventa a favor de la tendencia subyacente.
- Nos facilitan graficar soportes o resistencias en temporalidades pequeñas.

Figuras

Dentro de todo el conjunto de las herramientas y métodos para realizar el análisis técnico encontramos uno muy particular llamado *chartism*.

El chartismo consiste en el estudio de los gráficos de precios en líneas y figuras geométricas. Este método no es exclusivo ni excluyente: puede ser utilizado en conjunto con otras herramientas que vimos anteriormente.

Como sabemos los precios se mueven en base a tendencias, y los comportamientos de los mismos resultan ser repetitivos. En base a esas premisas también se fundamenta el Chartismo. Dicho esto tenemos las siguientes figuras.

Triángulos y rectángulos: Son formaciones de equilibrio temporal que invariablemente se rompen. No marcan cambios de tendencia, aunque la ruptura puede potenciar la tendencia actual o revertirla. Lo importante es saber cuándo se llega al punto en que algo sucederá, para así tomar las precauciones necesarias.

Los rectángulos son figuras de consolidación que se forman con dos líneas paralelas entre dos máximos y dos mínimos en las cotizaciones. La señal de compra o venta se genera al perforar los extremos significativamente (3% o más). El volumen disminuye durante la formación, y sube al romper los soportes o resistencias del rectángulo.

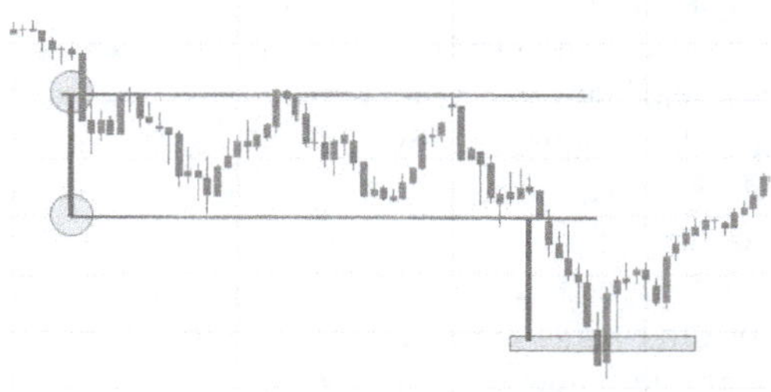

Para determinar el % de dirección del precio podemos hacerlo marcando la parte más alta y la más baja (círculos azules), para luego trasladar esa línea a la parte del rompimiento del rectángulo. Esto no da los objetivos posibles del precio.

Los triángulos tienen la misma interpretación, solo que invariablemente se generará una ruptura; es cuestión de tiempo. En su formación hay una puja constante entre oferentes y demandantes que impulsan las cotizaciones, y la fuerza relativa de cada uno determina la forma del triángulo:

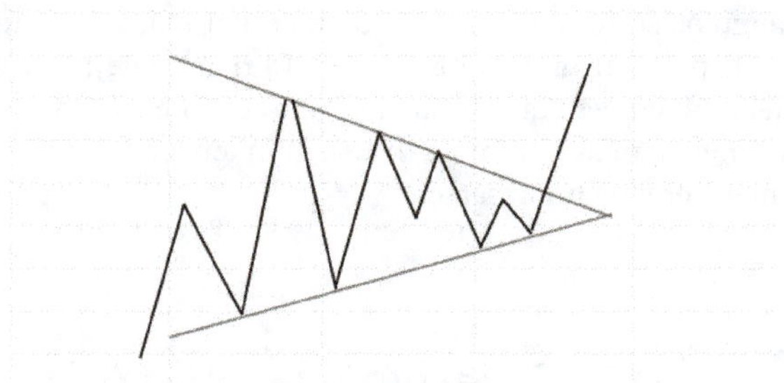

Simétrico: La oferta y demanda ganan posiciones en forma constante. No hay forma de predecir la tendencia posterior a la ruptura.

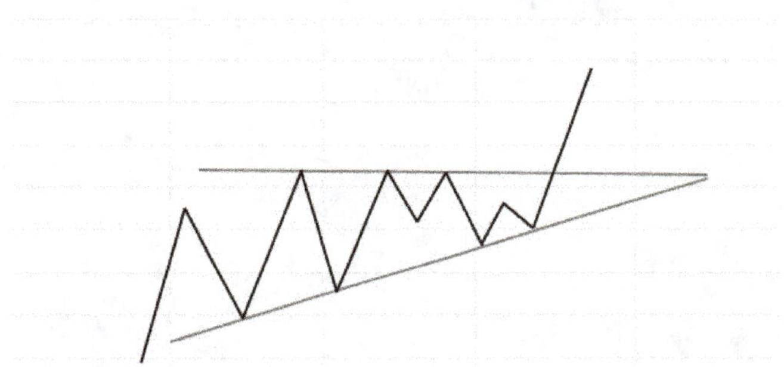

Ascendente: La oferta permanece constante en un determinado precio y la demanda gana terreno hasta que la bifurcación perfora una de las bandas, generalmente la superior.

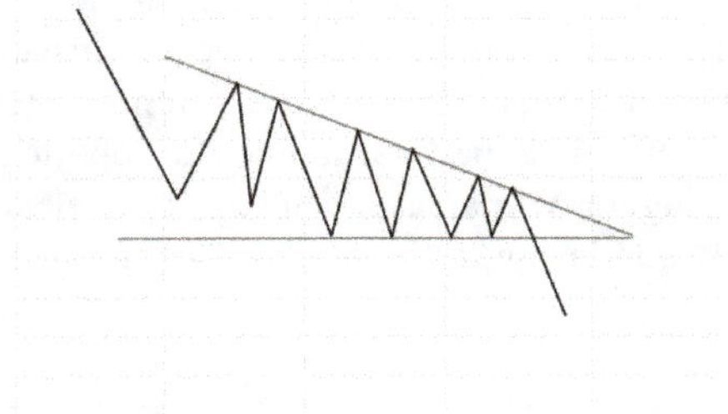

Descendente: La demanda permanece constante a un determinado precio, y la presión vendedora gana posiciones hasta que el triángulo se rompe, generalmente con tendencia bajista.

Los triángulos se forman con un volumen normal, que se incrementa momento antes de perforar uno de los límites. El tiempo de formación varía dependiendo del momento en que se analice, pero en la mayoría de los casos, cuando son perforados, marca el inicio de una gran tendencia, aunque a veces pueden tardar más tiempo en formarse.

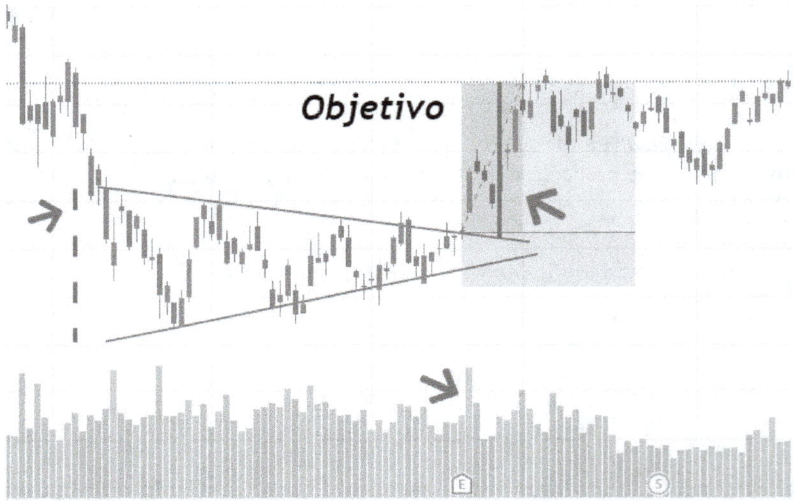

En el siguiente gráfico se puede observar cómo, al trazar el triángulo y al final del mismo, hay un aumento en el volumen que provoca una ruptura del precio con fuerza. En ese momento, podemos considerar la posibilidad de realizar una compra con un objetivo basado en la base del triángulo (línea violeta punteada) y extenderla hasta la parte final del triángulo. Esto nos dará como resultado una buena compra en este caso.

- Formación doble piso o doble suelo, también conocidos como M y W: Son figuras de cambio de tendencia. Constan de dos picos (M) y valles (W). El volumen disminuye durante la gestación del segundo tramo y aumenta al perforar la línea de soporte (M) o de resistencia (W). La figura M marca un cambio de tendencia alcista a bajista, mientras que la figura W marca un cambio de tendencia bajista a alcista.

En este ejemplo podemos ver cómo se forma el patrón W de cambio de tendencia, donde pasamos de una tendencia bajista a alcista. Además, antes de romper la zona de resistencia, observamos un retroceso que valida la zona como soporte, para luego continuar al alza.

- Patrón hombro cabeza hombro: Es una figura que a pesar de la complejidad en su diagrama, es recurrente en el análisis chartista. Se forma a través de tres fases:

- Hombro izquierdo: La cotización y el volumen aumenta hasta alcanzar el nuevo máximo, con un posterior leve descenso en volumen y precios. Así completa el hombro izquierdo.
- Cabeza: La cotización sube hasta un nuevo máximo. El volumen sigue alto pero inferior al hombro izquierdo. La baja se frena al nivel del hombro izquierdo (nivel conocido como línea de cuello).
- Hombro derecho: Nuevo aumento de precios con escaso volumen que solo alcanza las cotizaciones máximas del hombro izquierdo. Al reducir los precios, el volumen aumenta exponencialmente al llegar a la línea de cuello, a partir del cual se define la nueva tendencia.

También se detecta esta figura pero en forma invertida, con parámetros de comportamiento precio-volumen similares a la tradicional.

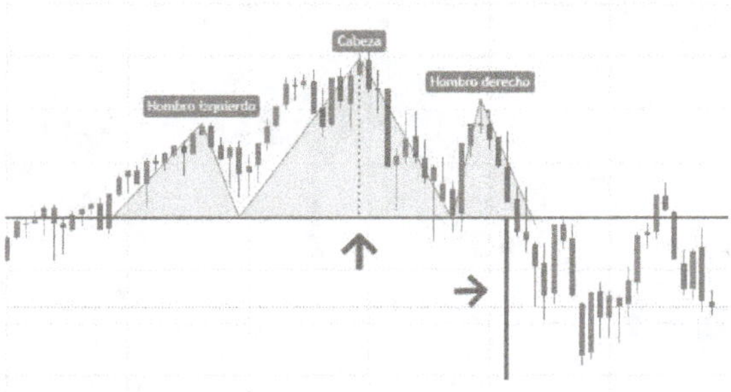

Como se observa en el gráfico, las condiciones anteriormente vistas logran cumplirse. Para determinar el objetivo, se traza una línea desde la punta de la cabeza a la base y se extiende la misma hasta que logre romperla.

- Taza con asa (cup and handle): No es una figura frecuente, y su formación demora mucho tiempo, incluso años. Es una figura de cambio de tendencia bajista a alcista, que se produce en forma poco violenta. En esta figura, la tendencia bajista va perdiendo peso y llega a un momento de estancamiento lateral con bajos niveles de cotización. El inicio de la fase alcista se efectúa paulatinamente y luego de manera pronunciada. Es una de las denominadas "figuras de acumulación".

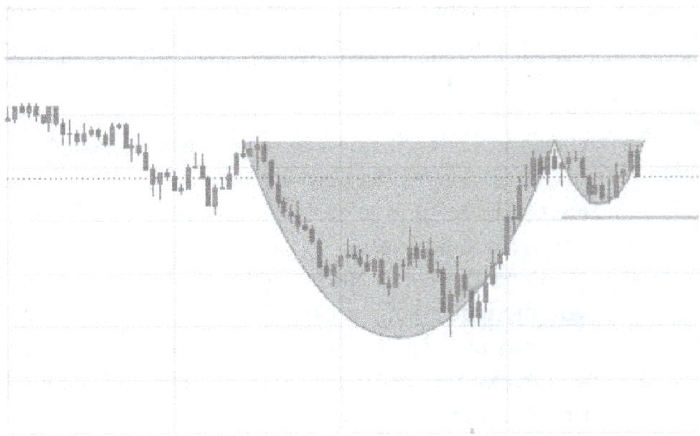

- El diamante: Es una figura de cambio de tendencia alcista a bajista. Es difícil de identificar, y sus consecuencias son bajas abruptas.

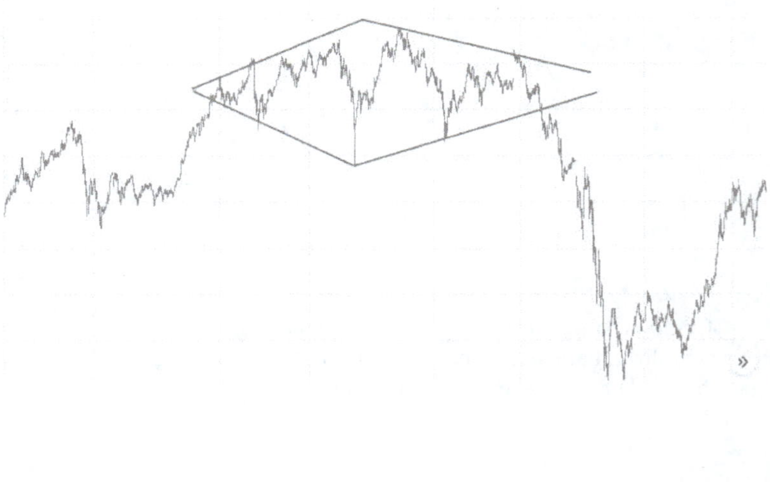

Osciladores

Un oscilador es una representación gráfica de fórmulas matemáticas que integran distintos datos, como el precio, volumen, diferenciales, cantidad de operaciones, medias móviles, etc., con el fin de estimar la fuerza o velocidad con que se mueve un activo o índice. La mayoría de los osciladores generan señales de sobrecompra o sobreventa, sugiriendo tomar una posición inversa.

Características generales:

- Son indicadores de contratendencia.
- Funcionan mejor en periodos de movimiento lateral.
- Permiten anticipar los cambios en las tendencias.

El objetivo de este libro no es desarrollar matemáticamente cada oscilador, ya que los graficadores realizan esto de forma automática y no es necesario hacer cálculos manuales. Lo importante es comprender la utilidad y las señales que cada oscilador genera.

Un oscilador no se utiliza de forma aislada, sino en conjunto con otros osciladores, de acuerdo a las preferencias de cada analista. Existen osciladores para todos los gustos, usos y costumbres. Hoy en día, hay varios software que ofrecen muchas alternativas, y también los mismos analistas crean sus propias versiones de los mismos. Como toda herramienta, esta utiliza parámetros del volumen y del precio, y si bien puede permitir anticipar en algunos casos cambios de tendencia, no son infalibles. El precio es el que dirige esta orquesta y nada le gana. Si el precio no se mueve con volumen, lo más probable es que los indicadores también nos den información de indecisión. Pero vamos a estudiar los osciladores más conocidos.

-*Momentum*: Oscilador básico, aunque no por ello menos efectivo. Mide la variación existente entre el precio de hoy y el precio de hace *n* períodos atrás. Matemáticamente, se resume en:

$$M_n = P_n - P_{n-1}$$

Donde P_n es el último precio, P_{n-1} es el cierre de hace *n* días. Por ejemplo, para calcular el *Momentum* de orden 10, se resta al precio de hoy el precio de hace 10 días y, haciendo esto para cada uno de los precios de la serie, se consigue la representación gráfica. El valor obtenido, que puede ser negativo o positivo, se grafica en torno a cero. Si las cotizaciones suben y el *momentum* es positivo pero declinante, es señal de sobrecompra, y hay que tomar precauciones porque puede haber una corrección de precios. Se compra cuando el oscilador es creciente y se vende cuando es decreciente.

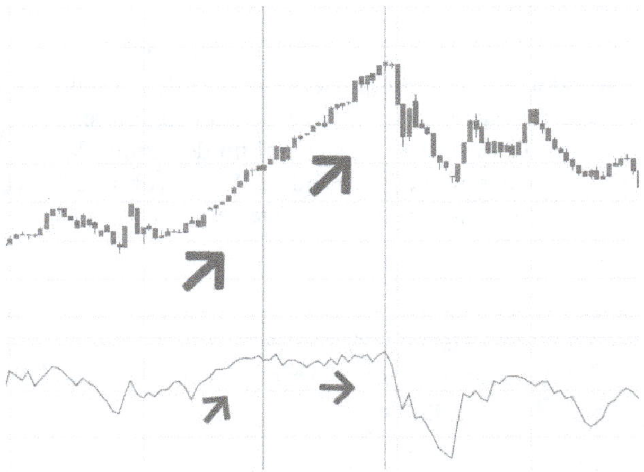

Como se puede observar en el gráfico, el precio tiene fuerza y el momento lo demuestra (como se indica en las dos primeras flechas azules). Sin embargo, después de pasar la primera línea vertical, se puede ver que el precio sigue subiendo, pero el *momentum* comienza a lateralizarse y, al estar alto, estamos en una zona de sobrecompra. Esto termina en una corrección del precio. Debemos pensar en el precio como si fuera una escalera; a medida que subimos, nos vamos quedando sin energía hasta el punto en el que ya no podemos subir con la misma fuerza con la que veníamos. El *momentum* busca determinar esas pérdidas de energía.

- *Relative Strength Index* (RSI - Índice Relativo de Fuerza): Compara la fuerza relativa de las ganancias en las cotizaciones por encima del cierre de la jornada anterior, con las pérdidas de los días en que el valor cierra por debajo del precio del cierre anterior. Mide la velocidad y fuerza con que se mueven las cotizaciones, tratando de anticipar futuros movimientos. Está comprendido en un rango entre 0% y 100% y los analistas ponen bandas internas entre 30% y 70% a partir de las cuales, si son perforadas, se interpretan como señales de compra o venta.

- Cuando el RSI supera el 70% el activo está sobrevalorado.
- Cuando supera el 30% está subvaluado.
- Cuando las cotizaciones se mueven en un sentido y el RSI en otro, es señal de un posible cambio en la tendencia.
- Un RSI del 50% significa que el promedio de alzas y bajas tiene la misma fuerza relativa y están equilibradas. No hay tendencia definida.

Observe la correlación entre las señales de sobrecompra y sobreventa en Microsoft. Si hubiera respetado los parámetros extremos, vendiendo al llegar a 70 y comprando en 30, tendría un buen negocio.

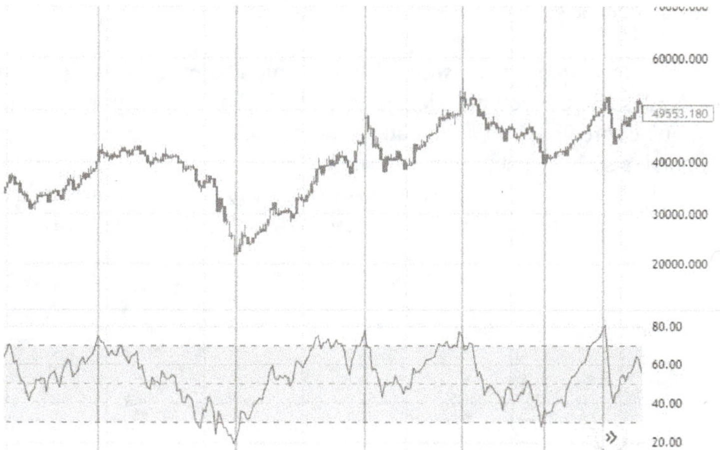

- Osciladores de medias móviles *(moving average convergence divergence* - MACD*):* Uno de los osciladores predilectos de muchos analistas. Utilizado para detectar posibles cambios de tendencia, surge de la diferencia de una media móvil corta y otra larga, con las siguientes interpretaciones:

- El indicador es igual a cero en su punto de corte:
- Si pasa de negativo a positivo es señal de compra;
- Si pasa de positivo a negativo es señal de venta;
- Cuando el indicador alcanza su valor extremo superior, significa que está sobrecomprado;
- Cuando el indicador alcanza su valor extremo inferior, significa que está sobrevendido.

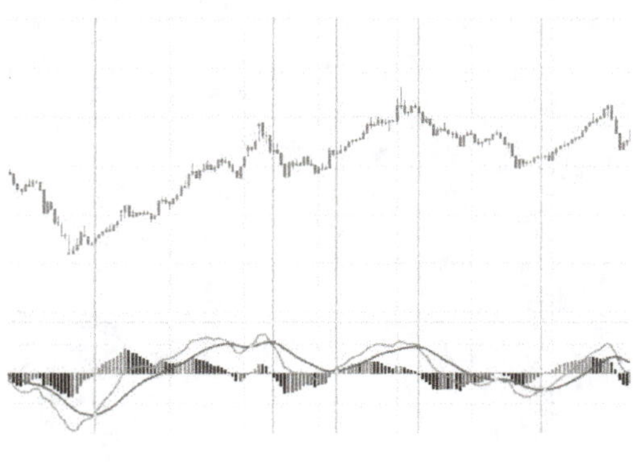

Algo a tener en cuenta en este indicador es que lleva en su cálculo medias móviles, y las entradas pueden estar retrasadas. Por defecto, el indicador MACD tiene una configuración de longitud rápida 12, longitud lenta 26 y señal de 9. En este caso, posee una configuración de 8, 21, 14. Cada analista es libre de adecuar su configuración a su parámetro ideal.

- Estocástico (*stochastics*): Mide el impulso en el precio para identificar señales de sobrecompra y sobreventa. Se basa en la teoría de que a medida que el precio de un activo aumenta (baja), el precio de cierre tiende a aproximarse a su límite superior (inferior).

El indicador está comprendido en 0% y 100%. Cuando supera el 80% es señal de sobrecompra, y si está por debajo de 20%, señal de sobreventa.

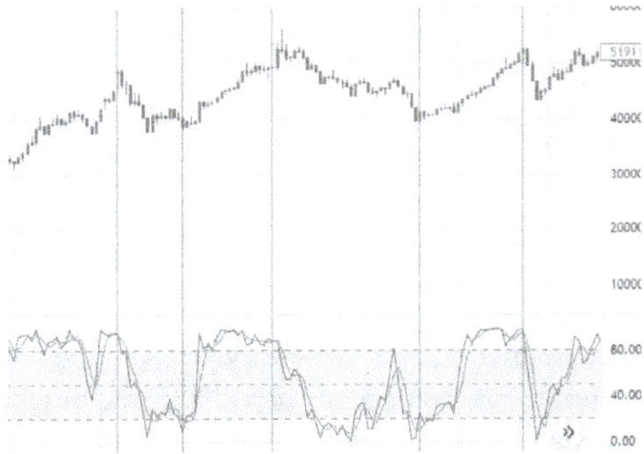

- Bandas de *Bollinger*: calcula el desvío estándar una o más veces respecto a su valor diario. Las bandas identifican desviaciones en las cotizaciones que sean significativas respecto de la tendencia de la media móvil, y si las cotizaciones permanecen en el límite o fuera de la banda superior o inferior, es de esperar que la tendencia continúe. Como en el caso de MACD, también cuenta con medias móviles en su cálculo.

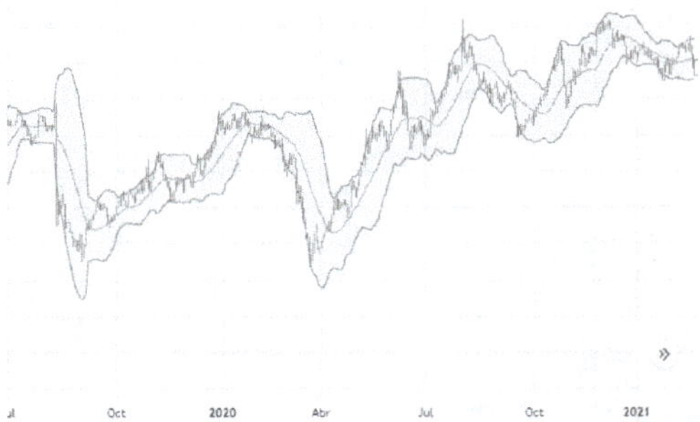

- *On Balance Volume* (OBV): es un indicador básico pero muy utilizado. Partiendo de un volumen relativamente alto, se suma el volumen de la jornada si el precio de cierre supera al del día anterior, y se resta en caso contrario. Así se repite cada jornada, y la unión de los puntos genera el gráfico interpretativo:

- Si dentro de una tendencia alcista cada máximo es acompañado por un máximo en el OBV, la tendencia se considera sólida.
- Si la tendencia es alcista pero el volumen no se correlaciona con el aumento, se espera un cambio de tendencia.

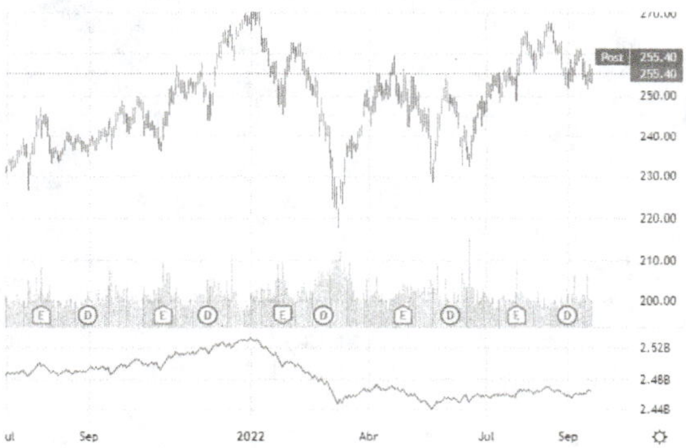

Divergencias

Las divergencias se producen cuando la tendencia de un oscilador es contraria a la tendencia en la cotización del subyacente. La consecuencia de esta divergencia por lo general es un cambio en la tendencia del subyacente. Tenemos dos tipos de divergencias alcistas y divergencias bajistas. Cada divergencia tiene, a su vez, tres formas de mostrar la fuerza o certeza de la misma. Las podemos clasificar en fuertes, neutrales o débiles.

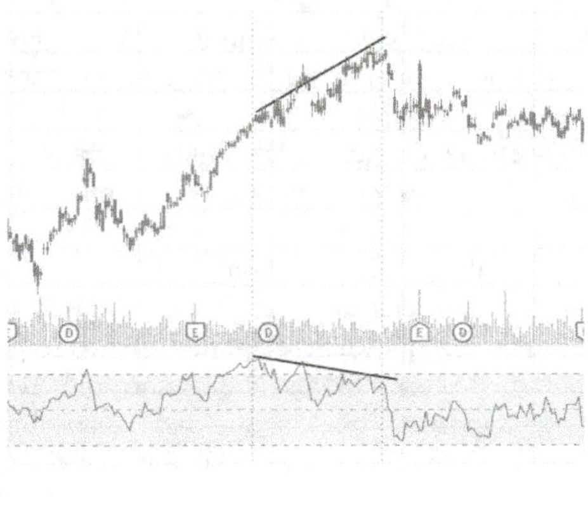

A simple vista, podemos observar la divergencia bajista, donde el precio sube y el indicador (en este caso RSI) hace máximos cada vez más pequeños. Para clasificar las divergencias tomaremos en cuenta el siguiente cuadro.

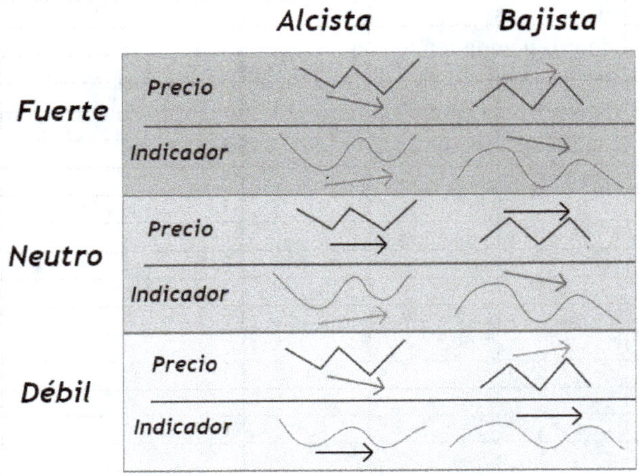

Secuencia de estudio

Para este punto ya conocemos las herramientas para poder realizar un análisis técnico. Con el tiempo cada analista optará por cambiar estas herramientas y ajustar también el marco de tiempo a analizar. Sin embargo, debemos tener criterio a la hora de realizar nuestro análisis técnico, y es por ello que seguiremos resumiendo la secuencia (o pasos críticos) que debemos aplicar en nuestros estudios.

Primeramente, determine la existencia de tendencias mediante el uso de soportes, resistencias, canales, etc. Identifique movimientos primarios (de largo plazo) y secundarios (plazo menor). Analice el comportamiento del volumen.

Luego asegúrese la existencia de figuras (triángulos, M, W, cabeza-hombro, soperas, diamantes, etc.) que puedan significar un cambio de tendencia.

Prosiga con medias móviles. Son indicadores (sintetizado en el MACD) muy útiles que dan señales claras de cambios de tendencia.

Finalmente, una vez que tiene el gráfico lleno de líneas, cálculos, y posibles figuras; aplique los osciladores. Nunca uno sólo: al menos dos o tres. No pierda la cordura cuando las señales entre distintos osciladores puedan ser distintas, ni se exalte cuando todos generen las mismas.

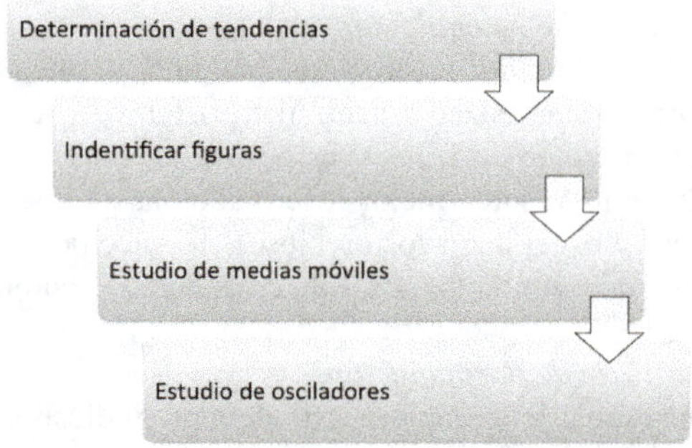

Estos pasos darán fiabilidad, confianza y orden para no desviarse a la hora de analizar.

Recuerde que para adoptar el AT como herramienta de análisis solamente debe practicar. No hay ningún otro secreto. Es normal equivocarse o que el precio haga algo distinto a nuestro análisis, depende de nosotros como analistas el identificar en qué fallamos y siempre volar las probabilidades a nuestro favor. Nada le gana al precio, y este se mueve libre por el gráfico. Las estrategias perfectas no existen, pero como analistas podemos eliminar mucho de ese ruido para más exactos a la hora de hacer nuestros análisis.

Teoría del señor Dow

El señor Charles Dow, creador de los conocidos índices de acciones norteamericanos y editor del periódico The Wall Street Journal, fue uno de los pioneros del AT. Tras un amplio estudio sobre el comportamiento de las acciones que integran el índice Dow Jones, fijó los siguientes principios.

Los mercados tienen tres tendencias:

-Tendencias primarias: Movimientos que suelen durar un año o más y que significan una variación del 20% aproximadamente en los precios del mercado.

-Tendencias secundarias: Reacciones intermedias opuestas a la tendencia primaria que duran entre tres semanas y algunos meses. Corrigen entre 1/2 y 1/3 el movimiento primario.

-Tendencias terciarias: Pequeñas fluctuaciones dentro de la tendencia secundaria, con una duración entre seis días y tres semanas.

De acuerdo al perfil del inversor, hay que evaluar sobre qué tendencia operar. Con un horizonte de largo plazo, focalizarse en las tendencias primarias; con un horizonte de corto-mediano plazo, en tendencias secundarias; el especulador optará por tendencias terciarias.

Se identifican tres fases de la tendencia.

- *Fase de acumulación.*

Hay inversores mejor informados que piensan que el mercado tiene potencial de subida y comienzan a acumular posiciones. A nivel económico y de mercado, el ambiente en general es pesimista. Estas posiciones se van acumulando por los inversores mejor informados hasta que la demanda comienza a presionar y hacer subir los precios. Esto hace pensar al resto de los inversores que estos movimientos son solo considerados como rebotes en una tendencia bajista.

- *Fase de participación.*

Comienza una leve mejora en algunos indicadores económicos y las empresas mejoran levemente sus resultados. La demanda crece y los seguidores de la tendencia se dan cuenta que se ha producido un cambio en la tendencia principal. De a poco, van comportándose al mercado tomando progresivamente más posiciones del lado de la compra, lo que ofrece como resultado movimientos amplios.

- *Fase de distribución.*

La euforia ha comenzado con grandes subas, incremento de volumen operado y el ingreso de inversores ingenuos, atraídos por la posibilidad de fáciles ganancias. Los inversores iniciales comienzan a vender sus posiciones efectuadas en la fase de acumulación a la espera de un ajuste de precios, y las mismas son absorbidas por los últimos inversores que se incorporaron al movimiento.

Graficadores

Las herramientas y el software para realizar el análisis técnico se encuentran en los graficadores. Uno de los más populares hoy en día es Tradingview, plataforma para que usted pueda realizar todos sus análisis técnicos.

Tradigview cuenta con un plan gratuito y otro de pago que brinda extras como alertas de precios, aunque la versión gratuita nos resultará más que suficiente para realizar nuestro análisis. Además, permite crear listas para poder agrupar nuestros activos y así separar mejor lo que estamos analizando (criptomonedas, *commodities*, acciones o divisas).

En secciones posteriores veremos cómo funciona la plataforma y también algunos agregados para que usted pueda exprimir al máximo todo lo aprendido para realizar su análisis técnico.

Material Multimedia

En www.phronencial.com/finanzasinteligentes encontrará material complementario y específico de este capítulo: ejemplos, ejercicios, aplicaciones, uso de calculadoras, búsqueda de información, videos, planillas, PDF y presentaciones.

Puede acceder desde la plataforma de Phronencial, o directamente al material del capítulo desde el siguiente QR:

Recomendamos registrarse en la plataforma utilizando el usuario y clave inicial que le proporcionamos en las primeras páginas, y que es único para el titular original del libro.

De esta manera podrá acceder al material complementario. Pero lo más importante, es que con la correcta identificación lo contactaremos para los encuentros (virtuales y/o presenciales) que realizamos para abordar distintos tópicos financieros y de mercado.

Instrumentos de renta fija

Ventajas de invertir en instrumentos de renta fija

Empecemos por el final. Invertir en instrumentos de renta fija tiene riesgos, pero también importantes ventajas y resulta fundamental conocerlas para tomar decisiones achicando el margen de error. Estas son algunas de las ventajas:

Desde el punto de vista de la caja: Genera certidumbre respecto de los flujos de fondos a cobrar.

Desde el punto de vista del riesgo: Invertir en bonos de países o empresas solventes disminuye el riesgo global de la cartera.

Posibilita el armado de estrategias de monedas: Si un inversor considera que una moneda se fortalecerá respecto de otra, podemos comprar un bono en esa moneda.

Permite tomar deuda: Esto significa que podemos pedir dinero prestado (ya sea en el mercado de capitales o en el sector bancario) entregando nuestros bonos en garantía. Si esperamos que una moneda local se deprecie contra el dólar, conviene comprar un bono nominado en dólares, pedir un préstamo en moneda local entregando nuestro bono en garantías y comprar otro activo en dólares. De esta manera, nuestros activos quedan posicionados en dólares mientras que nuestra deuda queda posicionada en la moneda que se espera que se devalúe.

Permite obtener liquidez de corto plazo: Al entregar bonos como garantía, es posible obtener cauciones tomadoras (que se explicarán más adelante) y obtener liquidez a plazos que van desde un día hasta 120 días, sin tener que pasar por un largo proceso de calificación crediticia, como el que se requiere para obtener un préstamo bancario tradicional. Otra ventaja de estos activos es que el aforo que se toma suele ser del 90% del valor del título, en comparación con los aforos del 50% / 60% que se suelen tomar para los instrumentos de renta variable.

A nivel impositivo: En la mayoría de los países, suelen tener una menor carga impositiva respecto de otros activos financieros.

Sirven de garantías para operar en el mercado de futuros: Si un inversor desea comprar futuros, puede entregar estos títulos en garantía por la operación.

Fechas clave de la historia económica mundial

24 de octubre de 1929: Crack bursátil. Se extendió hasta julio de 1932, momento en que tocó el mínimo. Se rompieron todos los patrones monetarios provocando un importante deterioro del comercio mundial, dando lugar a la aparición de regímenes totalitarios en Europa.

De esta crisis, el mercado aprendió una importante lección de la mano de Henry Ford y el mismísimo JP Morgan Jr. Dado que el precio de las acciones había caído demasiado, ambas firmas pidieron autorización para poder recomprar sus propias acciones. En una época en donde circulaba muy poca información de las empresas, que los dueños quieran comprar sus acciones era la mejor señal para los inversores. Qué mejor que el dueño para saber si la empresa resultaba cara o barata.

Recién en 1954 el índice Dow Jones recuperó los niveles previos a la crisis.

15 de agosto de 1971: El presidente Richard Nixon da por finalizado el acuerdo de Bretton Woods, al declarar la inconvertibilidad del dólar estadounidense en oro. A partir de esta fecha, los bancos centrales emiten dinero sin respaldo, generando picos inflacionarios durante los primeros años de este nuevo esquema monetario mundial que se extiende hasta la actualidad.

16 de octubre de 1973: Crisis del petróleo. Miembros de la OPEP decidieron subir el precio del barril de petróleo un 17% a USD 3,65 y redujeron la producción un 25%.

Marzo de 1980: La inflación en EE. UU. toca el 14,8%. El presidente de la Reserva Federal de los EE. UU., Paul Volcker, decide subir la tasa de referencia hasta el 20% para contenerla. Este brusco movimiento al alza en las tasas provocó que varias empresas (e incluso países) entraran en default, afectando directamente a Argentina y varios países de la región.

19 de octubre de 1987: Conocido como "el viernes negro", el índice Dow Jones cayó 22,6%, generando la mayor caída de su historia. Se perdieron las ganancias de los índices de cinco años en un solo día. Hacía solo dos meses que Alan Greenspan había sido nombrado como presidente de la Reserva Federal de EE. UU. En ese momento, la guerra entre Irán e Irak generaba problemas en el abastecimiento de petróleo a nivel mundial, había una alta inflación, problemas en el mercado hipotecario y los inversores veían con malos ojos el déficit comercial récord de EE. UU.

Marzo de 2000: Crisis de las Punto com. Entre el año 1995 y el 2000, este índice subió un 400%. Tomando desde máximos de marzo de 2000 a octubre de 2002, el índice Nasdaq cayó un 78%. Los analistas sostenían que había exceso de empresas en un sector que consideraban que no tendrían futuro. En la actualidad, las empresas sobrevivientes de esa caída, son las empresas con mayor capitalización bursátil del mercado.

15 de septiembre de 2008: La quiebra de Lehman Brothers es considerada la más importante en la historia de los EE. UU. Fundada en el año 1850, llegó a ser el cuarto banco de inversión más grande de dicho país. Empujó al gobierno de los EE. UU a dar un rescate de 700.000 millones de dólares al sector bancario.

12 de enero de 2009: Se produce la primera transacción de bitcoin a USD 0,00076. La primera cripto nace como una respuesta a la crisis del 2008, teniendo como objetivo ser considerada como medio de pago y reserva de valor.

13 de marzo de 2020: El presidente Donald Trump declara la pandemia como consecuencia del virus del coronavirus. Entre el día 12 de enero y el 1 de febrero, el índice Dow Jones retrocedió 23%.

¿Por qué debemos entender el funcionamiento de las políticas monetarias y fiscales?

A la hora de tratar de predecir la evolución de los activos de renta fija y variable en los mercados internacionales, debemos tener presente que las decisiones que toman los individuos están influidas por las decisiones de política monetaria que toman los bancos centrales y por las medidas fiscales que toman los gobiernos.

Si un banco central ofrece una tasa de interés que no lo cubre de la inflación, ¿qué haría un inversor?

Si un banco central emite moneda sin respaldo, y por encima de la preferencia de los individuos, ¿qué podría pasar con el valor de esa moneda?

Si los individuos perciben que el gasto público se acelera y genera déficit, ¿qué puede llegar a pasar con el precio de los bienes?

Si la economía tiene frenos a las exportaciones, ¿qué decisión tomaría el gerente de una empresa?

Entonces, es fundamental entender que estas políticas tienen un impacto directo en la valuación de todos los activos.

Impacto de las medidas tomadas por los Tesoros Nacionales

Los Tesoros Nacionales o Ministerios de Economía, tienen la potestad para llevar a cabo tres tipos de políticas fiscales que impactan directamente en los mercados:

1- Emitir deuda. La misma puede ser en moneda local o en moneda fuerte.
2- Subir o bajar impuestos.
3- Prohibición de venta de activos en descubierto.

La emisión de deuda en países desarrollados suele tener escasa relevancia en el valor de los activos financieros, puesto que se realiza a fin de pagar los compromisos del Estado. En algunos casos como en EE. UU., existen restricciones legales debido a que cuenta con un tope de deuda creado en el año 1917 y modificado durante los años 1939 y 1941.

Cuando un país desarrollado anuncia algún programa de estímulo económico, los activos de renta variable tienden a subir, pero estas medidas no necesariamente tienen el mismo impacto en los activos de renta fija.

La prohibición de activos en descubierto es una medida de excepción que se ha tomado cuando las autoridades regulatorias consideran que hay demasiados inversores apostando a la venta en descubierto, una estrategia bajista que genera importantes bajas en los activos de renta variable. Esta prohibición de venta de activos en descubierto, obliga a todos los inversores vendidos a cubrir sus posiciones abiertas, impulsando al alza a los precios de los activos de renta variable y con gran velocidad, además de ser una medida que genera subas de varios días. De todas las señales de compra que nos puede dar el mercado, la prohibición de venta de activos en descubierto es una de las señales más contundentes que podemos obtener.

Un caso particular se dio durante la presidencia de Donald Trump, cuando EE. UU. impuso subas en los aranceles a productos provenientes de China, lo cual generó tensiones entre ambos países.

En el caso de países en desarrollo, la emisión de deuda no genera un impacto significativo en los activos de renta fija y variable. En el caso de Argentina, puede ser tomado como una señal de confianza de los inversores externos al país, y tanto bonos como acciones (en especial bancarias) tienden a subir en el corto plazo.

Cuando un país en vías de desarrollo aumenta sus impuestos suele tener un impacto negativo en los activos de renta variable, pero tienden a tener un impacto positivo en el precio de los bonos soberanos ya que se considera que mejora la posición fiscal del país.

Impacto de las políticas monetarias de los Bancos Centrales en los mercados

En los países desarrollados:

- Una baja en las tasas de referencia suele impulsar los activos de renta fija y variable porque los inversores suponen que la economía necesita de estímulos monetarios, lo que favorece la apreciación de los activos en general.

- Una suba en las tasas de referencia suele provocar caídas en los activos de renta fija y variable, porque los inversores suponen que la economía o la inflación se han recalentado y se necesita enfriar.

- La emisión de dinero para compra de activos locales suele impulsar con fuerza los precios de los activos de renta fija y variable.

En países en vías de desarrollo:

- Un aumento en las tasas de referencia suele atraer inversores a vender sus monedas fuertes y adquirir la moneda doméstica, con el objetivo de realizar colocaciones a plazo en la moneda local, apostando a que la tasa de interés del país en cuestión será mayor que la devaluación de la moneda doméstica. A esta operación se la conoce como carry trade. Estas medidas estimulan la apreciación de la moneda doméstica generando efecto riqueza en la población, pero que también resta competitividad al sector exportador. Un caso de estudio que se recomienda analizar es Brasil en el período 2003 – 2011, a lo largo de la presidencia de Luis Inácio Lula da Silva. En dicho momento, la tasa Selic resultó positiva y la más alta en términos reales de la región, con el agregado de que se puede investigar la reacción de este modelo de tasas positivas ante un escenario de crisis mundial, como fue la crisis del año 2008.

- Una baja en las tasas de referencia desincentiva la operatoria de carry trade, lo que puede generar una devaluación de la moneda doméstica si los inversores suponen que la devaluación de la moneda doméstica será mayor a la tasa de interés.

- La emisión de moneda doméstica no suele generar grandes cambios en el precio de los activos de renta fija y variable, pero en países como Argentina, tiende a generar presiones devaluatorias de la moneda doméstica.

Historia de los cambios de tasas de referencia de la FED

1980 - Paul Volcker: En marzo de 1980, la inflación llegó a un máximo de 14,8%. Volcker, quien había asumido el cargo solo siete meses antes, subió las tasas de referencia desde el 11,2% hasta el 20% en junio de 1981. El rendimiento de los *US Treasuries* de 10 años, tocó su máximo de 15,82% en septiembre de 1981. Una vez más, podemos distinguir que el rendimiento de los *US Treasuries* está vinculado con la tasa de referencia de la Reserva

Federal, pero que no se mueven en forma lineal. Teniendo en cuenta que para el año 1983 la inflación ya era menor al 3%, podemos inferir que los períodos en los que el rendimiento de los *US Treasuries* es negativo contra inflación es corto, y también, terminan siendo oportunidades de mediano y largo plazo.

2003 - Alan Greenspan: Luego del ataque a las Torres Gemelas, la economía de EE. UU. entró en una fuerte recesión porque los consumidores temían que hubiera una guerra. El impacto en los mercados fue tan importante, que los años 2001 y 2002 son el único caso en donde se dieron caídas en los índices bursátiles de más del 10% en años consecutivos. Ante este escenario complejo, Greenspan baja la tasa de referencia al 1,25%, igualando el mínimo histórico de 1945, año en que finalizó la Segunda Guerra Mundial.

En el año 2003 los indicadores económicos eran buenos y Greenspan decide subir la tasa de referencia hasta llegar en el año 2005, al 5,25%. Dado que la mayoría de los préstamos hipotecarios de esa época se otorgaban con los primeros dos años de tasa fija y a partir del año tres pasaba a tasa variable, varios analistas consideran a este movimiento de suba de tasas como la principal causa de la crisis hipotecaria que se desencadenó a fines del año 2007, que llegó a su punto máximo con la quiebra de Lehman Brothers en septiembre de 2008. Este evento llevó al índice Dow Jones a tocar los 6585 puntos en marzo de 2009.

En el período 2003/2005, el rendimiento de los *US Treasuries* a 10 años osciló entre el 3,5% y el 4,5%. En este escenario de suba en la tasa de referencia, podemos observar que no tuvo un impacto significativo sobre el precio de los *US Treasuries*.

2009 - Ben Bernanke: Arrancó su gestión en 2006, con un problema creciente en el mercado de deuda hipotecaria. Cuando la crisis de hipotecas *subprime* aflora a fines de 2007, pocos imaginaban la gravedad de la situación.

Cuando quebró Lehman Brothers, Bernanke trabajó junto con el presidente George W. Bush y con el secretario del Tesoro Henry Paulson, en la Ley de Estabilización Económica de Emergencia para proteger al sistema financiero estadounidense. Esta ley implicó un préstamo de unos 700.000 millones de dólares para realizar el salvataje al sistema financiero más importante de la historia.

Con la asunción de Barak Obama a la presidencia de los EE. UU., los mercados reaccionaron a la baja, lo que llevó a Bernanke a tomar medidas tendientes a estabilizar los mercados e impulsar la economía mundial.

Si bien bajó las tasas de referencia a 0,25% en un año, como esa medida no fue suficiente, lanzó programas de Estímulo Cuantitativo, conocidos como Q1, Q2 y Q3, con los que emitió 1,3 billones de dólares para comprar *US Treasuries* y deuda hipotecaria.

También lanzó los programas Twist 1 y 2, que consistía en comprar *US Treasuries* de largo plazo, entregando en pago *US Treasuries* de corto plazo.

Esta emisión monetaria sin precedentes sirvió para que sucedieran dos hechos históricos.

1- Permitió que el gobierno de EE. UU. duplicara su deuda pública en menos de cuatro años, en un contexto de baja en los rendimientos de los *US Treasuries*.
2- Sentó las bases monetarias para que se diera en los mercados de renta variable de EE. UU. el ciclo alcista más prolongado de la historia, el cual duró 12 años y recién llegó a su fin con la pandemia del 2020.

2022 - Jerome Powell: Al inicio de la pandemia a principios de 2020 y bajo la presidencia de Donald Trump, se dedicó a crear dinero para comprar deuda estadounidense y activos de renta variable, con el objeto de inyectar liquidez al mercado y de mantener el precio de las acciones. La emisión monetaria record, casi 10 veces más grande que la emisión hecha por Bernanke, fue replicada por los bancos centrales, pero tal como lo explican los libros de texto de economía monetaria, la inflación se disparó a máximos de los últimos 40 años a nivel mundial.

En una segunda etapa, a partir de 2022, realizó una fuerte suba en las tasas de referencia de 0,25% a 5%, con el objetivo de frenar la inflación, que en EE. UU. llegó al 8,7% anual a mediados de 2022. Esta fue la primera vez en la historia que, durante el año 2022, los tenedores de *US Treasuries* perdieron cerca del 14% del valor de los bonos. Los mercados de renta variable cerraron con caídas de entre el 10% y el 35%, un suceso no habitual.

¿Tendrán los mercados un nuevo ciclo alcista de 10 años como consecuencia de la emisión monetaria de 2022-21? Es probable.

Detalles a tener en cuenta a la hora de realizar comparaciones

Los analistas tienden a buscar eventos similares para tratar de modelizar las conductas de los inversores. En otro ámbito, el análisis técnico se basa en el supuesto de que el mercado tiene memoria y reacciona parecido ante situaciones similares.

Las comparaciones tienden a ser positivas, siempre que se tengan en cuenta algunos detalles:

1-Los escenarios macroeconómicos tienden a ser cada vez más complejos. En la crisis del 2008, el gobierno de EE. UU. otorgó un préstamo al sistema financiero y se quedó con porcentajes accionarios de empresas del sector, en donde se destaca el haberse quedado con el 33% del paquete accionario de Citigroup y el 88% del paquete accionario de la empresa de reaseguros AIG. En la caída de las bolsas mundiales del 2020, la Reserva

Federal de EE. UU. salió a comprar deuda soberana y privada, así como también acciones de empresas tecnológicas para defender el precio por miedo a que alguna potencia pudiera apropiarse de la tecnología. Siempre hay que estar preparado para algo nuevo.

2-Teniendo en cuenta que la salida de EE. UU. del patrón oro sucedió en agosto de 1971 (y debido a que fue un cambio monetario a nivel mundial), es aconsejable tomar esa fecha como punto de partida de cualquier análisis.

3-La velocidad de los movimientos, tanto alcistas como bajistas, son cada vez más violentos. El índice Dow Jones tardó 25 años para recuperarse de la caída del año 1929, pero solo unos meses en recuperarse de la caída del 2020.

4-Crisis es sinónimo de oportunidad, pero todas las crisis tienen algo que las distingue. Los inversores tienden a reaccionar distinto. Hasta la suba de tasas de 2022, los *US Treasuries* eran considerados como activos libres de riesgo, pero ese año los bonos tuvieron un comportamiento similar a los instrumentos de renta variable. Algo similar ocurrió con el oro. Desde la visión tradicional, si un inversor vende un activo porque considera que va a caer el inversor pasaría su tenencia a dólares, para luego comprar *US Treasuries* u oro. Hasta el día de hoy, los analistas siguen analizando cómo adelantarse a estos cambios de hábitos. Desde nuestra visión, los inversores pueden comprar *US Treasuries*, oro o mantener la liquidez en dólares, por lo que resulta aconsejable estudiar la reacción de los grandes bancos ante el aumento de los depósitos.

5-Si estamos analizando un país emergente, se debe tener presente si estamos ante un escenario de entrada o salida de capitales de la región y del país en donde estamos realizando la inversión. Si los capitales abandonan el país, bonos y acciones locales tenderán a bajar de precio.

Evolución e impacto inflacionario en el precio del oro

El oro es considerado como un activo de refugio, al punto tal, que los principales tenedores de este metal son los principales bancos centrales del planeta. Este activo también compitió históricamente contra los bonos, teniendo dos desventajas:

-No paga intereses: en períodos de subas de tasas de referencia, los inversores se retiren de este activo.

-Tiene un alto costo de almacenamiento, algo parcialmente solucionable si se invierte en ETF.

Sus principales fluctuaciones fueron:

-Cuando EE. UU. abandonó el patrón oro en agosto de 1971, la onza costaba USD 38.

-Durante la crisis del año 1980, en enero, llegó a cotizar en USD 850.

-En medio del viernes negro de octubre de 1987, llegó a cotizar en USD 500.

-En marzo de 2008, llega por primera vez a los USD 1.000.

-A principios de 2011, llega a los USD 1.910.

-A principios de 2015, toca los USD 1.085.

-En pandemia, llega a los USD 2.090.

Definiciones y clasificación

• Amortización de capital: Es el pago que realiza el emisor de la deuda para cancelar total o parcialmente el capital adeudado.

Cupón de interés: Es el derecho al cobro de intereses de una deuda. Se denomina cupón porque originariamente los bonos eran cartulares y tenían en sus extremos cupones que podían cortarse de la lámina original para ser presentado ante el agente de pago. Comúnmente se alude al cupón de interés, aunque también existen cupones de amortización de capital.

• Prospecto de emisión: Es un documento legal confeccionado por el emisor y aprobado por la CNV donde se detallan las condiciones legales, derechos, obligaciones y aspectos financieros por la deuda.

• Flujos de fondos: Hace referencia al pago que realiza el emisor de deuda, ya sea en concepto de cupón de interés y/o amortización de capital. Es decir, engloba todo concepto de pago que recibe el inversor, sin importar si es por interés o capital; es el dinero que recibe por el bono del cual es titular.

Los bonos o títulos de deuda son activos que prometen un flujo futuro compuesto por amortización de capital e intereses, cuyos detalles técnicos y legales se detallan en el prospecto de emisión. Se los llama también "instrumentos de renta fija" porque el pago del interés está asociado al de un préstamo, o sea, de una renta fija (aunque el interés pueda ser una suma fija o variable). Quien adquiere un bono tiene el derecho a percibir una serie de flujos futuros de dinero en fechas establecidas, y ese flujo de fondos, como se verá, es lo que le otorga valor al instrumento.

De acuerdo al vencimiento y la naturaleza del emisor, los títulos de deuda pueden clasificase según:

- *La naturaleza del emisor:*

•Bonos privados: Deuda emitida por una sociedad anónima (empresa, banco o cooperativa) denominados a continuación.

1-Obligaciones Negociables (ON): Cuando tiene vencimiento superior a un año. El tiempo promedio de este tipo de bono es de tres a siete años.

2-Valores de Corto Plazo (VCP): Deuda emitida con vencimiento inferior a un año. No suelen presentar garantías, y se cancelan con un solo pago al vencimiento.

•Bonos públicos: Deuda emitida por el Estado nacional, provincial y municipal, así como por los organismos que dependen de ellos, como por ejemplo el Banco Central.

- *El plazo de vencimiento:*

• Bonos cortos: si el vencimiento es inferior a un año.

• Bonos medianos: si el vencimiento es entre uno y 10 años.

• Bonos largos: si el vencimiento es superior a los 10 años.

Esta clasificación es relativa porque lo que es considerado mediano plazo para una economía puede ser el largo para otra. Por ejemplo, en plena crisis Argentina de 2002, con *default* generalizado y reciente devaluación, hablar de un horizonte de dos años era hacer futurología, era el largo plazo porque ¡no había capacidad de pronosticar la evolución económica de los próximos meses! Tampoco varió demasiado en años siguientes…

- *La amortización del capital:*

•Bonos cupón cero: Abonan el valor nominal al vencimiento y no tienen intereses explícitos (el cupón es $0). Si se emiten láminas por un valor de $100, ese será el monto que pagará el emisor al vencimiento, sin interés explícito alguno. La ganancia para el inversor es adquirir el título por debajo de su valor nominal, cuya rentabilidad (interés implícito) es la diferencia entre el precio de compra y el valor nominal, si mantiene el título hasta el vencimiento. Por lo general, los bonos cupón cero son de corto plazo y se utilizan para financiar capital de trabajo o problemas transitorios de liquidez, a través de la emisión de valores de corto plazo en el caso de empresas, o títulos especiales por parte del sector público. Puede asemejarse a la venta de un cheque bancario: tiene un valor nominal, no tiene interés explícito, paga al vencimiento y es de corto plazo (365 días máximo). Quien compra el cheque adelanta plata por un monto inferior al nominado en el cheque.

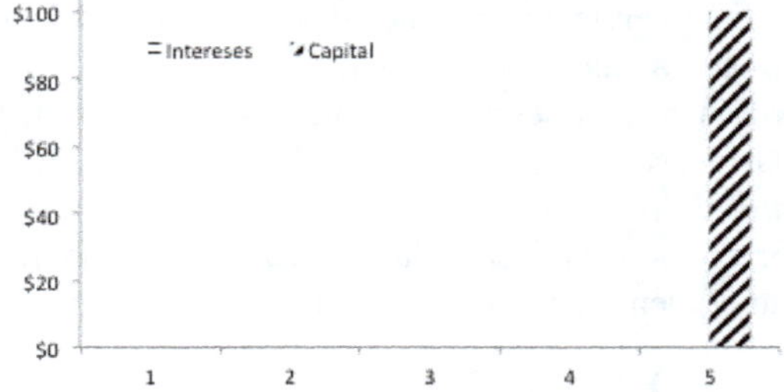

•Bonos bullet: Abonan intereses en forma periódica y amortizan el capital íntegramente al vencimiento. Es un mecanismo utilizado en obligaciones negociables y en algunos bonos públicos. Este sistema es equivalente al denominado "sistema americano de amortización".

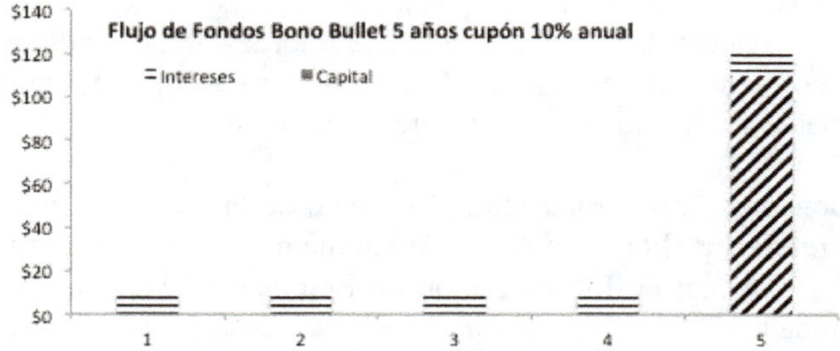

En este sistema, un banco otorga un crédito cuyos intereses se abonan regularmente, mientras que el capital se abona al vencimiento.

•Bonos de amortización programada: Combina amortización de capital e intereses en forma regular. Es el formato más utilizado en deuda pública ya que permite distribuir mejor el pago de la deuda, lo cual reduce los riesgos para el inversor. Los pagos de interés y capital, pueden (o no) coincidir en una misma fecha. En términos de flujo de fondos, es una forma acelerada de cobro respecto al bullet o cupón cero: el inversor recupera la inversión en un menor tiempo.

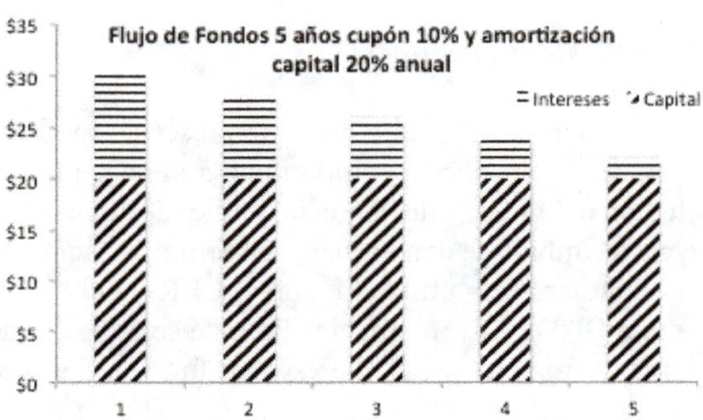

Al amortizar capital regularmente, el flujo de fondos de un bono con amortizaciones es descendente, ya que los intereses se calculan sobre el capital adeudado, que crece año a año. El gráfico muestra un ejemplo suponiendo que el pago de interés y capital se realiza en la misma fecha, lo cual necesariamente no es así, incluso es muy frecuente ver amortizaciones anuales con pagos trimestrales o semestrales de interés.

Gran parte de los bonos soberanos argentinos y muchos en Latinoamérica, tienen este tipo de amortización. En parte se debe a que el mercado les exige demostrar capacidad de pago al Estado emisor, a diferencia de los bonos emitidos por países de alta calidad crediticia, que generalmente emiten deuda con amortización al vencimiento, tipo *bullet*.

Es equivalente al "sistema alemán de amortización", donde se realizan en forma constante amortizaciones de capital con un flujo de fondos decrecientes (menor capital adeudado, menores montos de intereses).

•Bonos con capital ajustable: El monto de la deuda se ajusta por un índice de referencia. Por ejemplo, en Argentina muchos bonos se ajustan por el CER (Coeficiente de Estabilización de Referencia). En Estados Unidos, los denominados TIPS (*Treasuty Inflation Protected Securities)* ajustan por el índice de precios al consumidor. Estos bonos tienen por lo general un cupón fijo de interés, por ejemplo, del 3%, y sobre ese valor se calcula el cupón en interés tomando como base el capital *reajustado* por la inflación.

Por ejemplo, si el capital adeudado de un bono es \$85 y tiene un cupón del 3,5% pagadero anualmente, y ajusta por un índice de precios actualmente en un valor de 2,75 y que al pago del cupón anterior era de 2,50, se obtiene el siguiente cálculo:

$\$3,20 = \$83 \times (2,75 / 2,50) \times 3,5\%$

Nótese que el ajuste se realiza sobre el capital y luego se calculan los intereses. Sin el ajuste al capital, el cupón de interés hubiera sido de \$2,90 (=\$83 × 3,5%).

- *Por el cálculo de sus intereses:*

•Tasa flotante o variable*:* El cálculo de intereses se realiza en base a un índice de referencia. El emisor se compromete a abonar los intereses en función de la evolución del índice seleccionado, pudiendo sumarse un componente fijo; en este caso también se denominan tasa semifija o semivariable. En el mercado local, los índices más utilizados son el CER (equivalente a ajuste por inflación) y la tasa BADLAR. Internacionalmente se utiliza la tasa Prime. Por ejemplo, el emisor propone pagar intereses en función del promedio de los últimos 10 días de la tasa BADLAR antes de la fecha de pago, más 3% adicional. Si el promedio de la tasa referenciada es del 9,35%, el monto de intereses se calcula sobre una tasa de 12,35%, ajustado por la periodicidad del pago (si es trimestral, se divide por cuatro).

Existen otros bonos especiales cuyos cupones son variables porque presentan algunas particularidades. Por ejemplo, los "bonos estructurados" tienen cupones que están en función de otros parámetros: rendimiento de una acción o índices bursátiles, promedio de distintas tasas de interés, etc.

•Tasa fija: El emisor abona una tasa establecida en el prospecto de emisión. Que la tasa de interés sea fija no significa que el monto en dinero sea constante, ya que los cálculos se ajustan por el capital adeudado, el cual puede ir decreciendo a medida que se amortiza capital. La ventaja de un bono a tasa fija es que su flujo de fondos futuro es conocido, facilitando su valuación; en el caso de bonos a tasa variable se realizan proyecciones.

La selección del tipo de tasa (fija o flotante) es una de las variables más conflictivas, ya que las preferencias del emisor y del inversor pueden resultar contrapuestas. Por ejemplo, si la perspectiva futura es una suba general en las tasas de interés del mercado, el emisor preferirá emitir a tasa fija y el inversor adquirir títulos a tasa flotante. El emisor no solo no quiere pagar más en el futuro (cuando las tasas suban), sino tampoco asumir el riesgo financiero para su negocio, lo que puede implicar un excesivo aumento en las tasas de interés. Por estas cuestiones, muchas emisiones se realizan a tasa variable, pero fijando una tasa máxima (techo) y una tasa mínima (piso) de interés a pagar, independientemente que el índice de referencia perfore ambos valores.

Tasas de interés e índices referenciales utilizados en los bonos a tasa variable.

- Nacionales: Las emisiones públicas y privadas utilizan en sus emisiones en moneda nacional algunos de índices descriptos a continuación.

BADLAR: Tasa promedio que pagan los bancos por plazos fijos en pesos o dólares a 30–35 días por montos superiores a $1.000.000. Existe BADLAR públicos compuestos por las tasas pagadas por los bancos públicos; BADLAR privados integrados por bancos privados y BADLAR mixta (público y privado).

TM20: Tasa de interés para depósitos mayores a los $20.000.000. Al igual que la BADLAR, existe una diferenciación entre depósitos públicos y privados.

CALL: Tasa de interés a la que se prestan entre bancos con vencimiento de uno a siete días.

ENCUESTA: Elaborada por el BCRA en base a una encuesta entre bancos de Capital Federal y Gran Buenos Aires sobre la tasa de interés que pagan a los ahorristas por depósitos en caja de ahorro y a plazo fijo en pesos y en dólares.

CER (Coeficiente de Estabilización de Referencia): Utilizado por el gobierno en la refinanciación de la deuda en *default* del año 2002. Es un indicador que emula el índice de inflación minorista del INDEC.

CVS (Coeficiente de Variación Salarial): Índice que se utiliza en algunos títulos nacionales y provinciales para el ajuste de la deuda.

- **Internacionales:** Las emisiones locales en dólares u otra moneda fuerte con cupón variable, utilizan en la mayoría de los casos:

PRIME: Promedio de tasas de interés preferencial que utilizan los bancos americanos para sus clientes, generalmente grandes compañías. Se utiliza como índice para préstamos bancarios a individuos, pago de tarjetas e hipotecarios. Guarda una alta correlación con los *Fed Funds*, que es la tasa a la cual la Reserva Federal de los Estados Unidos realiza operaciones con los bancos, y principal herramienta de política monetaria.

- *Por el lugar de emisión:*

•Eurobonos: Los Eurobonos aparecieron en 1962 como consecuencia de límites que tenían empresas americanas en emitir deuda en su propio país. Se define como deuda que se coloca fuera del país emisor, generalmente en Europa, y que es adquirido por inversores de diferentes países.

Adicionalmente, algunos estados europeos exceptúan del pago de impuestos sobre los intereses percibidos que hacen muy atractiva las emisiones fuera de las fronteras. Por ello, comenzaron a tomar deuda en mercados europeos en diversas monedas, junto con el dólar, demandada por europeos para diversificar riesgos de tipo de cambio. Tienen una particularidad: generalmente son bonos al portador, evitando así su registración, y permitiendo mantener el anonimato de los tenedores.

•Bonos extranjeros: Emitidos por empresas nacionales que buscan financiamiento en el mercado internacional, debiendo someterse a las regulaciones existentes en el país extranjero, que tienen por objeto captar inversores externos. Siempre son emitidos en la moneda del país anfitrión. Por ejemplo, los bonos emitidos en EE. UU. por empresas extranjeras se denominan bonos *yankee*; los emitidos en yenes y vendidos en Japón se llaman bonos samurai; los emitidos en el Reino Unido por empresas extranjeras se llaman bonos bulldog, y los emitidos por empresas extranjeras en España se llaman bonos matador. Finalmente, los bonos globales son un híbrido que se negocian en varios mercados.

•Bonos basura: También llamados bonos de alto rendimiento, *high yiels bonds* o *junk bond.* Tienen un elevado riesgo crediticio, con altas probabilidades de incumplimiento por parte del emisor. Técnicamente, son bonos con calificación de riesgo *not investment grade,* por debajo de BBB. Lo integran tanto empresas privadas como gobiernos.

Relación precio-rentabilidad

El precio de un bono refleja su rentabilidad. Es una relación inversa donde si el precio sube, la rentabilidad del bono baja y viceversa; al bajar el precio es porque la rentabilidad del bono sube.

Matemáticamente, esta relación se expresa de la siguiente forma:

$$P=1/r$$

Donde *P* es el precio del título y *r* en el rendimiento.

¿Cómo es esto? Si un bono que cotiza en el mercado secundario paga anualmente un cupón de interés fijo de $10 y su precio es $100, la rentabilidad es del 10%. Si por factores exógenos las tasas de interés generales aumentan, ahora un inversor sólo está dispuesto a adquirir el título si le genera una rentabilidad del 20%. ¿Qué pasaría? El cupón de $10 es inamovible, la empresa ya lo emitió y no tiene por qué pagar más de los $10 comprometidos. Entonces, lo que no ajusta por cupón de interés, lo hace por precio. El valor de cotización del bono desciende hasta los $50, donde los $10 por cupón representan una rentabilidad implícita del 20%. Piense ahora al revés, las tasas disminuyen y el inversor acepta un 5% de rentabilidad. Siguiendo el mismo razonamiento, el precio del bono subirá hasta los $200 para que los $10 de cupón signifique una rentabilidad del 5%.

Volviendo a la expresión matemática, resulta que:

$$\uparrow P=1/\downarrow r \text{ o } \downarrow P=1/\uparrow r$$

Gráficamente, la relación inversa precio-rentabilidad se representa:

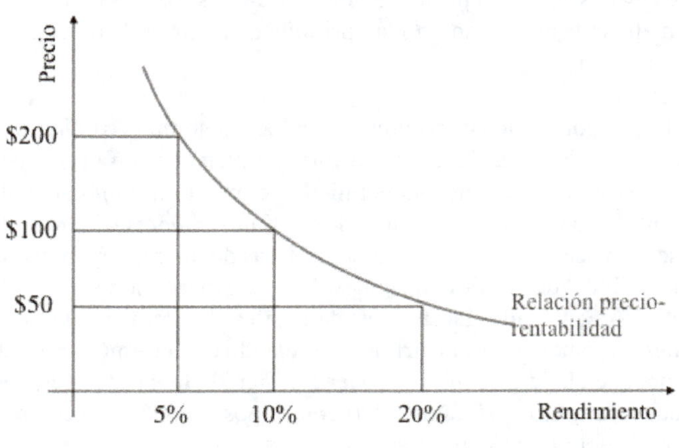

Por ejemplo, cuando el presidente de la Reserva Federal anuncia una suba de tasas, el precio de los bonos disminuye porque los inversores demandan una mayor rentabilidad para seguir invirtiendo, ya que al subir el costo de los bonos más seguros del mundo (los americanos), el resto debe ajustar. Por el contrario, cuando las tasas bajan, los bonos suben.

Para analizarlo en forma más sencilla. Suponga que compra un cheque cuyo valor es \$100 y su vencimiento en un año. Espera obtener un retorno del 20%, por lo cual paga \$83,33 (\$100/1,20), donde la diferencia de \$16,67 (=\$100-\$83,33) es la ganancia, los intereses implícitos. Al comprar el cheque, se da cuenta que necesita el dinero para cubrir otra obligación, y decide revender el cheque adquirido. Al consultar con un amigo la rentabilidad pretendida para venderle el cheque, resulta del 25%. ¿A qué precio cederá el cheque? Sencillamente a \$80 (=\$100/1,25). El inversor original perderá \$3,33 (\$83,33−80) porque el nuevo comprador pretende una rentabilidad superior. A mayor tasa de rentabilidad exigida, menor precio. Si la rentabilidad pretendida por el nuevo comprador fuera del 15% hubiera pagado por el cheque \$86,95: menor rentabilidad exigida, mayor precio. Analizando extremos, si la tasa de rentabilidad fuera cero, el precio del cheque sería \$100 (no hay ganancia); si la rentabilidad exigida fuera infinita, su valor es cero.

Con los bonos el razonamiento es el mismo. Quien adquiere un bono tiene derecho a cobrar en el futuro un flujo de fondos, y la tasa de rentabilidad que hoy se le exige a ese flujo de bonos determina el precio. Un bono, como veremos más adelante, puede interpretarse como un paquete de cheques (equivalente a los flujos de fondos) con diferentes fechas de vencimiento (el día de pago).

Cláusulas especiales

Los títulos de deuda pueden tener cláusulas especiales con el objeto de brindar un aliciente al inversor y/o la posibilidad al emisor de reducir su costo de financiamiento.

Ejemplos.

Bonos con opción de recompra: también denominado *callable bonds,* permite al emisor rescatar la deuda en forma anticipada. En el prospecto de emisión se establece esta cláusula definiendo el precio mínimo al cual todos los inversores están obligados a entregar sus títulos valores. El emisor puede interesarse en rescatar los títulos cuando las tasas de interés hayan disminuido y tenga posibilidad de emitir deuda nueva a un costo inferior.

Dato de mercado: Las normas de Basilea II permitían que los bancos comerciales incrementaran su patrimonio tomando deuda a más de 10 años, lo que se conocía en la jerga como “los Tier 1 y Tier 2”. Los bancos comerciales emitían deuda a más de 10 años, pero con la posibilidad de recomprar esta deuda a partir del quinto año, ofreciendo a los inversores, una tasa creciente a partir del sexto año. Durante mucho tiempo, los bancos mostraron el incremento de capital con estas estructuras financieras, pero, para que fuera rentable, debían llamar a los bonos, ósea recomprarlos antes del sexto año. La primera señal de stress que mostraron los bancos antes de la crisis de hipotecas del año 2008, fue que los bancos no recompraban su deuda. Las normas de Basilea III restringieron esta operatoria al punto de reducir fuertemente su implementación.

Bonos con opción de venta: Esta cláusula tiene por finalidad generar interés y seguridad entre los inversores al comprometerse el emisor a recomprar los títulos emitidos a un precio predeterminado. Es una forma de fijar un piso en el precio de cotización, ya que por debajo del mismo el negocio será comprar más barato en el mercado secundario y solicitar al emisor el precio mínimo establecido.

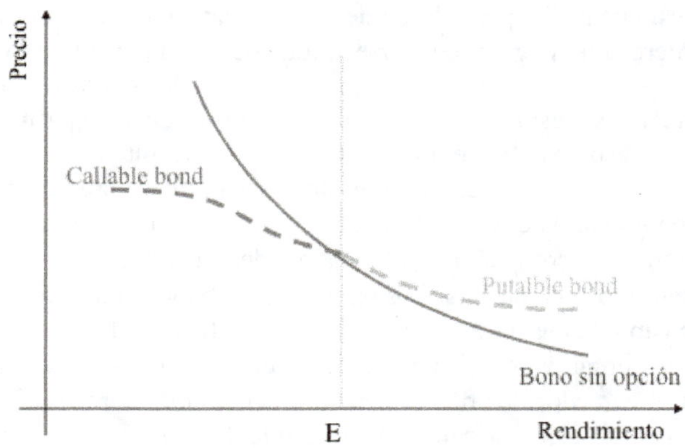

El efecto de estas cláusulas en el precio del bono es importante. Se establece una inflexibilidad hacia el alza porque a medida que baja la tasa de mercado y sube el precio de los bonos, quienes incluyan opción de recompra no subirán de la misma forma que un bono sin cláusula; dado que, a mayor precio, mayor incentivo del emisor en rescatar el título. Por el contrario, la existencia de una opción de venta permite que aumentos en las tasas de interés estos bonos resistan mejor la baja de precio que un bono sin cláusula.

Bonos convertibles

Son bonos que posibilitan su conversión en nuevas acciones del emisor. Como todo título de deuda, generan una tasa de rentabilidad, tienen un sistema de amortización establecido (generalmente *bullet*) y fecha de vencimiento. Pero como principal aditamento, el inversor tiene la opción de canjear los títulos de deuda por acciones de la empresa a un ratio de conversión predeterminado en el prospecto de emisión. Esto posibilita beneficios extraordinarios ya que el inversor solo solicitará la conversión cuando obtenga un beneficio por la suba de precio de las acciones.

Por ejemplo, siendo el VN de un título $100 y el ratio de conversión de 20 acciones por bono, la acción cotiza por encima de los $5. Al inversor le conviene tener acciones y no bonos. Si está por debajo, es preferible no ejercer la opción de conversión y mantener el título de deuda. La conversión es un derecho, no una obligación.

Al momento de emitir el bono convertible con seguridad, la acción cotiza por debajo de los $5, y el incentivo es que si la empresa evoluciona favorablemente, sus acciones aumentarán de valor, y el beneficio que puede obtener el inversor es ilimitado (tanto como suban las acciones). El inversor deja de ser acreedor y se convierte en accionista. La empresa emite nuevas acciones y las entrega al inversor a cambio de los bonos.

Por esta generosa posibilidad de obtener ganancias extraordinarias, el cupón de interés que paga el emisor es reducido. Esto permite a la empresa endeudarse a un costo muy competitivo para desarrollar sus proyectos, y distribuir ganancias si resulta favorable. Es una forma de compartir riesgos y beneficios. En caso de que la empresa no genere los resultados esperados, los bonos convertibles pueden perder valor (aumenta el riesgo crediticio), pero lo harán en menor cuantía que las acciones. Esto se debe a que en caso extremo de liquidación de la compañía, los tenedores de deuda tienen preferencia de cobro por sobre los accionistas. Los tenedores de bonos convertibles pueden reclamar un capital antes que los accionistas, mientras que los accionistas son los últimos en cobrar, y en algunos casos, pueden no recibir nada en absoluto.

Para el acreedor, los bonos tienen un cupón de interés (aunque reducido), y un capital cierto a cobrar al vencimiento. Para un accionista, si el negocio no alcanza las expectativas, la acción puede no repartir dividendos y un capital incierto a cobrar en caso de quiebra. Por eso no es un método apropiado para emitir indirectamente capital, porque en caso de no darse las condiciones necesarias, los inversores de bonos no ejercen la conversión, por lo que la empresa debería cancelar la deuda emitida al vencimiento sin haber logrado la capitalización.

Resumiendo. Si la acción cotiza por encima de $5, el precio del bono convertible se comporta igual que una acción; si cotiza por debajo de $5 el precio disminuye ya que como bono es poco atractivo por su exiguo cupón de interés.

Gráficamente:

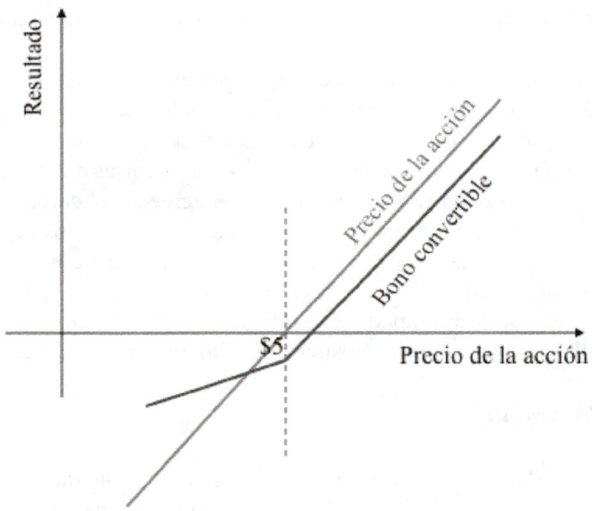

Los bonos convertibles tienen una naturaleza híbrida porque el título puede discriminarse y valuarse como un bono y una opción de compra (*call*) en forma separada. Esto genera posibilidades de arbitrajes y estrategias que se desarrollarán posteriormente.

Principales indicadores utilizados en bonos convertibles:

•Ratio de conversión: Cantidad de nuevas acciones que se recibe por cada bono convertido (ejercido). En el ejemplo utilizado, 20.

•Precio de conversión: Surge de dividir el valor nominal del bono y el ratio de conversión. En el ejemplo utilizado, $5. Por encima de este valor, conviene convertir los bonos en acciones; por debajo es preferible mantener los bonos.

•Prima de conversión: El emisor generalmente establece los ratios de conversión con una leve prima en el momento de emitir los títulos, y representa cuánto debe aumentar el precio de la acción en el momento de la emisión para que resulte indistinto convertir o no los bonos. Por ejemplo, si el precio de conversión es $5 y la acción en el momento de emisión cotiza en $4.5, la prima de conversión es 1.11 (=5/4.5). La acción debe subir 11% para alcanzar un equilibrio con el bono convertible.

Existen otros bonos especiales, menos frecuentes, pero interesantes. Por ejemplo, hay bonos canjeables (que difieren de los convertibles), que pueden cambiarse por acciones ya emitidas u otras que no son de la empresa emisora, sino de alguna empresa relacionada donde el emisor tiene un importante stock en cartera.

Otro ejemplo los constituyen los bonos extensibles o retractables, que tienen más de una fecha de vencimiento. Estos bonos dan al inversor el derecho de extender la fecha original de vencimiento (*extendible bond),* opción que posiblemente realice si se producen bajas en las tasas de interés de mercado. En cambio un *retractable bonds* otorga al acreedor el derecho a adelantar la fecha de vencimiento de la obligación. Generalmente, estos bonos son emitidos a muy largo plazo, y permite al bonista cubrirse ante una suba de tasas en el mercado. En cualquier caso, estas cláusulas especiales que benefician al bonista tienen como contraparte un cupón de interés inferior a bonos similares sin cláusulas; lo que reduce el costo de endeudamiento para el emisor.

Mercado Argentino

Los *defaults* y canjes en los que ha caído el país durante las últimas décadas provocan en el mercado de deuda local cambios permanentes.

Como reglas generales:

El BCRA emite deuda en moneda doméstica para solventar las necesidades del Tesoro Nacional.

El Ministerio de Economía emite deuda en dólares para financiar proyectos de largo plazo.

Cuando la moneda local se fortalece, públicos y privados buscan emitir deuda en dólares.

Cuando se producen salidas de capitales, el BCRA restringe a los privados la posibilidad de emitir deuda en otras monedas, dejando esta alternativa a las empresas que generan dólares por el comercio exterior.

Una situación financiera recurrente en las empresas privadas es emitir deuda en moneda extranjera cuando el país entra en una etapa de crecimiento. ¿Cuál sería el problema? Que si la economía mejora, la moneda local tiende a apreciarse, restando competitividad a las empresas locales para exportar, pero también para competir en el mercado local, elevando las probabilidades de impago. Pero si la economía no mejora y hay salida de capitales, el BCRA tiende a restringir el pago de deuda en moneda extranjera, pudiendo impulsar a situaciones de stress financiero.

Las emisiones de deuda nacional se suelen hacer en moneda extranjera, mientras que países desarrollados buscan emitir deuda en su moneda doméstica, lo cual reduce drásticamente el riesgo de *default.*

La deuda nacional se suele emitir bajo ley argentina y bajo leyes extranjeras como New York, Luxemburgo, Bruselas, Gran Bretaña, etc. Los bonos emitidos bajo ley extranjera tienden a tener mejores cotizaciones que sus pares emitidos bajo ley local. Los fallos contra la Argentina en tribunales de New York de 2012 y los tres fallos de la Suprema Corte de Justicia son los principales causantes de estas diferencias de precios.

Historia de los defaults de la Argentina

Argentina cayó ocho veces en *default* durante los últimos 200 años. En esta lista, no se incluyen los defaults con organismos multilaterales de crédito.

Año 1827: El país tardó solo 11 años para entrar en default desde la declaración de la Independencia en 1816. En ese entonces, Argentina pidió préstamos a Inglaterra para financiar la guerra contra España.

Año 1890: El presidente Julio Argentino Roca había pedido un préstamo para desarrollar ferrocarriles y modernizar Buenos Aires.

Año 1951: Finales del primer mandato presidencial de Juan Domingo Perón. El país había disfrutado años de gloria post guerra entre 1946 y 1949.

Pero una alta inflación y una mala cosecha impulsaron el *default* y un importante ajuste durante el año 1952.

Año 1956: Ya derrocado Perón, el país volvió a incumplir con sus obligaciones.

Año 1982: Durante el Gobierno Militar, como consecuencia de la suba de tasas realizada por el presidente de la Reserva Federal Paul Volcker, la mayoría de los países de la región no pudieron cumplir con sus obligaciones. El primero en declarar el default fue México, y para el año 1983, dieciséis países de América habían incumplido con sus obligaciones. Argentina dejó de pagar su deuda en medio del conflicto bélico con Inglaterra, que fue el primer país en no pagarle la deuda.

Año 1989: El país acumulaba dos planes de estabilización fallidos: el Plan Austral y el Plan Primavera. Carlos Saúl Menem había asumido la presidencia con un mal comienzo, el cual terminó en la hiperinflación del año 1990.

Año 2001: El presidente Adolfo Rodríguez Saá declaró el default en el Congreso Nacional. Desde la crisis del Tequila en 1995, seguida por la crisis de los tigres asiáticos en 1997 y la crisis brasileña en 1998, varios países llevaron a cabo devaluaciones competitivas que provocaron una recesión en Argentina. En aquel momento, Argentina tenía un régimen de convertibilidad establecido por ley, lo que contribuyó al deterioro de las cifras del gobierno a partir de 1998. De muy poco sirvió el blindaje del año 2000 otorgado por el Fondo Monetario Internacional y el "megacanje" del año 2001.

Año 2014: El país había logrado reestructurar el 93% de su deuda en default del año 2001 a través de los canjes realizados en 2005 y 2010. Sin embargo, había algunos litigios pendientes en varios tribunales internacionales. En 2012, el juez Thomas Griesa, del Estado de Nueva York, emitió un fallo en contra de Argentina que obligaba al país a pagar el total de la deuda a los holdouts, a pesar de la existencia de la cláusula Rights Upon Future Offers (RUFO), también conocida como la cláusula tapón. Esta cláusula obligaba al país a pagar a los acreedores que aceptaron participar en los canjes de 2005 y 2010 cualquier mejora que se hiciera a otros acreedores que no habían participado hasta el 1 de enero de 2015. En otras palabras, el fallo del juez Griessa obligaría al país a pagar el 100% la deuda en default del año 2001. Al no poder cumplir con la sentencia, el país cayó en default por octava vez en su historia.

Mercado de bonos argentinos: Estrategia de los grandes fondos

Muchos pequeños inversores buscan la forma de ganar dinero en el mercado de renta fija en países que no son grado de inversión sin demasiado éxito. Sin embargo, los inversores institucionales extranjeros suelen sacar importantes ganancias. ¿En qué fallan los minoristas?

Analicemos la estrategia de los grandes fondos. Ellos invierten con una visión de largo plazo, pero aprovechan las caídas para promediar las bajas y subas para vender por encima de su costo. Argentina tiene un largo historial de impagos, lo cual da la posibilidad de modelizar estas situaciones. Es sabido que:

-Cuando la paridad técnica de los bonos se unifica, es porque los inversores valúan los bonos pensando en un *default*. Esto se debe a que, cuando se produce un canje, se realiza por paridad técnica. Que esto suceda no significa que se vaya a consumar el *default*, pero sí que lo están incluyendo en la valuación de los bonos.

-Para enfrentar un canje en forma exitosa, el costo de los bonos no debe superar el 50% de su paridad.

-Desde un evento de *default*, se calculan unos tres años para que suceda un canje.

-Los bonos emitidos bajo ley New York son considerados más seguros que los bonos emitidos en ley argentina. Es común que exista un diferencial entre estos bonos, y cuando éste se reduce a la mínima expresión, los inversores suelen pasar a ley New York sin importar en qué situación se encuentre el país.

-Los fondos extranjeros suelen trabajar en equipo, por lo que es importante leer sus informes mientras tenemos bonos argentinos en cartera.

-El mercado de capitales es el lugar en donde la gente ansiosa pierde su dinero con la gente paciente.

Mercado Internacional

Por la magnitud de su economía y la importancia de su moneda como valor de refugio internacional, los Estados Unidos tienen el mayor mercado de deuda pública mundial. No solo el propio gobierno emite frecuentemente deuda para financiar sus gastos, sino que empresas de todo el mundo acuden a este mercado para financiar sus proyectos.

Los bonos públicos norteamericanos se clasifican de acuerdo a su vencimiento en:

•*Treasury-Bills* (billetes)*:* Deuda de corto plazo con vencimiento a tres meses, seis meses y un año. Son tipo cupón cero y valor nominal de u$s1.000. Tienen la particularidad de que su cotización no es por precio sino por descuento anualizado, utilizando el año bancario de 360 días:

Descuento bancario= (360/t)*(Descuento/Nominal)

El precio de compra se obtiene sencillamente de restar el descuento al valor nominal:

Precio=Nominal-Descuento

El rendimiento se calcula de la siguiente forma:

Rendimiento= (360/t)*(Descuento/Precio)

•*Treasury-Notes* (notas): Deuda de mediano plazo con vencimiento de dos, tres, cinco, siete y hasta 10 años. Por lo general, son bonos tipo *bullet*, pagan semestralmente cupón de interés, y se negocian por precio.

•*Treasury-Bonds* (bonos): Deuda de largo plazo, con emisiones de hasta 30 años. Al igual que los *treasury-notes*, son bonos tipo *bullet* que pagan semestralmente cupón de interés y se negocian por precio.

Todos estos bonos se licitan por precio, a excepción de los T-Bills que lo hacen por rendimiento. Sus cupones de interés son fijos y no tienen garantías más que la propia confianza en el gobierno norteamericano.

•TIPS (*Treasury inflation pretection securities):* son T-Notes ajustables por la inflación del país americano. Comenzaron a emitirse en 1987, y el nominal del bono se indexa al índice de precios. Por ejemplo, si la inflación es del 5%, el valor nominal del bono pasa de U$S 100 a U$S 105, y el cupón de interés resultante aumenta. Los intereses se pagan semestralmente según el siguiente cálculo:

Cupón=Nominal Reajustado*Tasa cupón2

•STRIPS (Separate Trading of Registeres Interest and Principal): Los bonos cupón cero tienen la ventaja que al no pagar cupones de interés, su rendimiento no tiene riesgo de reinversión. Como el gobierno americano solo emite bonos cupón cero para los T-Bills y no a plazos mayores al año, a principio de la década del 80 los bancos Merril Lynch y Salomón Brothers armaron un bono sintético integrado por T-Notes y T-Bonds, que emitían certificados cupón cero sobre los pagos que realizan los títulos dentro del fondo. Por ejemplo, un T-Bonds VN U$S 1.000 con cupón semestral del 4% y que vence en 30 años, se sintetiza como equivalente a 60 bonos cupón cero de VN U$S 40 con vencimiento en cada pago del cupón de interés del bono original; y un último cupón cero que vence en 30 años a un VN de U$S 1.000 en concepto de amortización. Esta resulta ser una forma de adquirir bonos cupón cero del gobierno americano. Ante la gran demanda de este instrumento, posteriormente el Tesoro norteamericano comenzó su propio programa de STRIPS. En los años noventa, Francia, Alemania y Reino Unido siguieron los mismos pasos con sus emisiones de deuda.

El precio de los bonos en EE. UU. se expresa en fracciones de treintaidosavos; y en el caso de los STRIPS, se expresan en sesenta y cuatro avos. Por ejemplo, un bono que cotiza en U$S 100-08 es equivalente a U$S 100 8/32, e igual a U$S 100,25 en nuestro sistema decimal.

Quien tenga interés en adquirir bonos del tesoro americano, puede hacerlo en forma directa a través del site www.treasurydirect.gov, donde hay información complementaria, estadística y la posibilidad de participar en las subastas de títulos.

Europa es el segundo emisor de deuda a nivel mundial. La referencia obligada para cualquier inversor europeo son los bonos del Gobierno alemán, donde se destacan las emisiones de *schatze* (bono a dos años), el *bobl* (a cinco años), el bund (o *bundesschatzbriefe*, bono a 10 años, el más líquido y principal referente) y el *buxl* (a 30 años de vencimiento).

•Bonos perpetuos: El Gobierno británico emite desde 1751 bonos a perpetuidad (denominados *consol*), que pagan cupones perpetuamente y nunca amortizan el capital. El emisor paga un cupón fijo en concepto de interés, y el precio se calcula aplicando la tasa de rentabilidad demandada por el inversor:

Precio= Cupón/Rentabilidad

Por ejemplo, si el cupón anual es de $40 y la rentabilidad exigida del 10%, el precio de un bono perpetuo es de $400.

Los bonos a perpetuidad no fueron utilizados solo por gobiernos de países desarrollados, sino también por empresas privadas de gran reconocimiento, incluso latinoamericanas. Su emisión coincide en momentos donde las tasas de interés están relativamente bajas, y dado que los gobiernos y empresas están constantemente endeudados, nada mejor que tomar deuda sin vencimiento a una buena tasa de interés. Los bancos más importantes utilizan este tipo de emisiones frecuentemente.

Estos bonos, a pesar de su perpetuidad, pueden ser rescatados por el emisor, generalmente respetando su valor par y sin quita, aunque al tener una tasa de cupón relativamente baja difícilmente el emisor tenga incentivos para recomprarlos.

Argentina *forever*...

Aunque su historial crediticio la condena, la Argentina ha tenido también sus bonos perpetuos, aunque con una salvedad: su colocación fue compulsiva, como pago de deudas a proveedores de las empresas estatales ferroviarias.

Así, en octubre de 1991 y con miras a la privatización, se emitieron los ferrobonos (*ticker*: FERB1), que fueron títulos sin vencimiento de capital que pagaban un cupón variable de interés en dólares a tasa Libor 180 días. El monto emitido fue de U$S 6.162.166.

Bonos corporativos

El mercado internacional de deuda corporativa o privada es muy importante. Las empresas recurren constantemente para financiar sus proyectos o necesidades de largo plazo ya que constituye muchas veces una mejor alternativa al crédito bancario. Dado que una empresa puede quebrar y desaparecer (a diferencia de un Estado que es imposible que desaparezca), las garantías son muy importantes al determinar el nivel de riesgo asociado con un instrumento financiero, ya que las empresas no tienen el mismo nivel de respaldo que los países.

•Bonos de titulación: La empresa emite un bono que tiene como respaldo un flujo de fondos. Se estructura generalmente a través de un fideicomiso que resguarda de cualquier contingencia el flujo de dinero cedido por el emisor, como ser: cuentas a cobrar, préstamos personales, hipotecas, etc. Un ejemplo de la flexibilidad de este instrumento como garantía de la deuda emitida, lo constituyen los bonos del *rock and roll:* artistas de la talla de David Bowie, James Brown y grupos como Iron Maiden, emitieron deuda cediendo los pagos futuros de sus derechos musicales.

•Bonos hipotecarios: Utilizados principalmente por bancos y financieras que securitizan el flujo de fondos proveniente de los créditos hipotecarios otorgados, tienen una gran aceptación por la garantía (la hipoteca) que subyace al crédito.

•Bonos *leasing:* Tienen como garantía los contratos de alquiler de un activo crediticio en *leasing*.

Covenants

Son cláusulas de protección que se detallan en el prospecto de emisión para emisiones privadas, con el objetivo de brindar mayor seguridad al inversor al reducir el margen de acción que tiene el emisor y que pueda generar riesgos adicionales.

Los *covenants* están formados por indicadores financieros y económicos referidos a:

•Reducir o no ampliar el pago de dividendos.

•Nivel de endeudamiento máximo, o tener que reunir ciertos requisitos para emitir nueva deuda.

•Preferencias en caso de renegociación de deuda.

También hay restricciones operativas o sobre el negocio del deudor:

•Limitar la venta y otorgamiento de activos de la compañía como garantía para otras operaciones financieras o comerciales.

•Limitaciones en las actividades comerciales actuales (no incurrir en actividades de mayor riesgo), fusiones o cambios de control accionario, incursión en nuevos negocios, etcétera.

Los *covenants* no son muy frecuentes y restrictivos en las emisiones de bonos, principalmente si son empresas de primer nivel o bancos. Sí lo son en empresas con mayor riesgo o cuando reciben importantes créditos por parte de una entidad bancaria que tiene capacidad de imponer sus condiciones al ser una relación directa uno a uno. Además, los bancos tienen estructura para monitorear, auditar y tomar decisiones en forma inmediata cuando algunas condiciones no se están respetando o corren riesgo de incumplirse.

En pocas palabras, los *covenants* tienen por objeto proteger al inversor preservando la capacidad de pago de la empresa, y limitando otros riesgos inherentes a la capacidad de generación de flujo de fondos. Tampoco es un corsé fijo inamovible. Por ejemplo, ante una oportunidad de negocio para la compañía se requiere modificar una de las cláusulas estipuladas, en donde puede convocarse a una asamblea de obligacionistas (acreedores) para proponer su modificación.

Definiciones técnicas

Valor Nominal (VN): Es el valor facial del título, monto inicial de deuda reconocido por el deudor en la emisión. Por lo general la nominación mínima por bono es $1, $100 o $1.000.

Monto en circulación: También denominado *outstanding.* Se calcula restando al monto de emisión original todas las amortizaciones de capital, rescates anticipados y las tenencias del emisor del mismo título. En caso de existir nuevas emisiones de la misma serie, se suman. El monto de circulación es una aproximación al nivel de liquidez que tiene un título, ya que si es elevado, seguramente exista un mayor volumen de operaciones que si el monto en circulación es bajo.

Vencimiento: Fecha pactada en las condiciones de emisión cuando el emisor cancela absolutamente toda la deuda (capital e intereses). El vencimiento, por lo general, se expresa en días si es de corto plazo, o en años si es de mediano y largo plazo. Resulta más cómodo decir que un bono vence en 65 días que en 0,178 años; o que el bono vence dentro de 7,5 años que en 2.735 días.

Valor Residual (VR): Porción del título que aún no ha sido cancelado. Un bono en el momento inicial tiene un VN y VR coincidente, y en la medida que el deudor amortiza capital el valor residual se reduce; por eso mismo el VR está comprendido entre 0% y 100% (también suele expresarse en moneda).

VR = VN - Amortización Acumulada

El VR es muy importante porque sobre él se calcula el monto de interés a pagar. Por ejemplo, suponiendo un bono con amortización del 20% cada año, irá reduciendo el capital adeudado en forma progresiva, hasta cancelar toda la deuda.

Un bono inicia su vida adeudando el 100% del capital y finaliza cuando se ha cancelado completamente la obligación. Las amortizaciones pueden coincidir (o no) con el pago de cupón por intereses; incluso los intereses pueden llegar a pagarse con mayor frecuencia (por ejemplo, semestralmente) y las amortizaciones con una menor periodicidad (por ejemplo, anualmente). La frecuencia de pago depende de distintos factores que se analizarán más adelante, como la *duration* y la capacidad del emisor en generar flujos de fondos disponibles.

Intereses Corridos (IC): Son intereses devengados pero aún no acreditados, desde el pago del cupón anterior hasta el momento actual. Se calcula teniendo en cuenta el VR, la tasa de interés del cupón, y los días transcurridos desde el pago del último cupón de interés. Por ejemplo, si el bono paga intereses semestralmente el 31 de diciembre y el 31 de junio de cada año; hoy es 30 de marzo, han transcurrido 90 días desde el pago del último cupón y restan otros 90 días para acreditar en la cuenta del acreedor el próximo cupón. Si bien aún no dispone de los intereses a acreditarse en el futuro (lo hará el 31 de junio), tiene derechos sobre el monto devengado hasta la actualidad.

Su cálculo es muy simple: se multiplica el valor residual por la tasa del cupón del bono, y por la proporción de días transcurridos desde el pago del último cupón:

IC=VR*Tasa%cupón*(días transcurridos/días del año).

Días año: Puede ser 360 o 365, calendario comercial o civil respectivamente, definido en el prospecto de emisión.

Tasa % cupón: Tasa de interés que paga el cupón, generalmente anual, suponiendo que el denominador es 360 o 365. Si el cupón es semestral, es equivalente utilizar tasa cupón/2 y en el denominador 180 días.

En el momento de inicio de cada período de renta el IC no tiene valor, y en la fecha de pago alcanza su máximo valor equivalente al monto del cupón.

Por ejemplo, pasados 65 días del pago del cupón anual del 10% de un bono cuyo VR es $50, los intereses corridos se calculan:

IC = $50*10%*(65/360) = $0.90

Si el pago es semestral se obtiene el mismo resultado ajustando la tasa (en vez de anual en forma semestral) y el denominador:

IC = $50*5%*(65/180) = $0.90

$0.90 representa la cantidad de intereses correspondientes a una fecha determinada, sobre un total de $5 que serán pagados al vencimiento del cupón. Los IC se calculan sobre el VR y no sobre el VN. Respecto a la cantidad de días en el año, o la forma de calcular la proporción de tiempo, se especifica en el prospecto de emisión.

Valor Técnico (VT): Representa el valor teórico que debería tener el bono en un momento determinado sin tener en cuenta las condiciones del mercado. También se define como el precio que el emisor tendría que pagar por rescatar el título antes del vencimiento. El VT es muy utilizado como criterio de valuación con fines contables, como alternativa a la (volátil) cotización del título.

Se calcula sumando el valor residual y los intereses corridos.

VT = VR ($) + IC

Siguiendo el ejemplo anterior:

$50.90 = $50 + $0.90

Puede interpretarse como el valor de rescate en un momento determinado. Cuando el emisor entra en default, o simplemente decide retirar títulos del mercado, debe fijarse un valor justo; siguiendo el ejemplo \$50.90 es la deuda neta y actual que tiene el emisor. Por eso el VT es uno de los indicadores más importantes, y resulta de mucha utilidad para valuaciones contables, armado de estrategias, canje de deuda, etc.

Paridad Técnica: Es la relación entre la cotización del título y su valor técnico, expresada generalmente en términos porcentuales.

Paridad Técnica %=Precio del bono en el mercado/Valor Técnico

Refleja la apreciación del mercado respecto a su valor técnico. Si la cotización es superior a su VT, significa que el bono es valorado por el mercado. En estos casos se define que el bono cotiza "sobre la par" o "con premio", e implica que la tasa de rentabilidad es inferior a la tasa del cupón (al tener un mayor precio, el rendimiento es menor). Cuando la paridad es inferior al 100% el bono cotiza "bajo la par" o "con descuento", y es un indicador de que el mercado no valora mucho el bono y que la rentabilidad actual que exige es superior a la rentabilidad del cupón. Si la cotización es igual al valor técnico, el bono cotiza a la par.

Considerando el bono del ejemplo anterior con un VT de \$50,90 y suponiendo distintas cotizaciones, se obtiene:

Precio del bono	Valor Técnico	Paridad (%)	Paridad (%)
52,40	\$50,90	102,95%	>100% = Sobre la par
50,90	\$50,90	100%	A la par
48,65	\$50,90	95,58%	<100% = Bajo la par

La única excepción son los bonos cupón cero, que al no tener intereses explícitos y un valor residual siempre del 100% (igual al VN) hasta el vencimiento, irremediablemente cotizan bajo la par.

La paridad es útil para el análisis de series históricas porque permite la comparación de cotizaciones a lo largo del tiempo, evitando que los intereses corridos y los cortes de cupón distorsionen las tendencias implícitas en los precios. También resulta importantísima para el armado de estrategias.

Convenciones

Se utilizan al menos cuatro convenciones para calcular los intereses:

-Real/Real: También conocido como Actual/actual. El interés es el cociente entre la cantidad real de días transcurridos desde el pago del último cupón y la cantidad real de días durante el período.

Ejemplo. Bono con valor residual de \$100 y cupón del 10% pagadero el 1° de marzo y el 1° de septiembre; la fecha de cálculo es al 18 de julio. Entre el 1° de marzo y el 18 de julio hay 139 días (reales), y en el período un total de 184 días (también reales). Siendo el pago del próximo cupón de \$5, los intereses se calculan:

139/184*\$5=\$3,78

Esta convención se utiliza por ejemplo para los bonos del Tesoro de los EE. UU.

Si el cálculo es anual y el año bisiesto, se utiliza 366 días en el denominador.

-30/360: Todos los meses tienen 30 días y el año 360.

En el ejemplo anterior, entre el 1° de marzo y el 1° de septiembre hay 180 días (y no 184), y entre el 1° de marzo y el 18 de julio hay 4 meses de 30 días más 18 días adicionales, 138 días en total (a diferencia de 139 de la convención Real/Real). Cálculo:

138/180*\$5=\$3,83

Esta convención se utiliza para bonos corporativos y municipales de los EE. UU.

-Real/360: El año tiene 360 días, y el interés ganado se calcula por el cociente entre la cantidad real de días transcurridos y 360.

139/360*\$10=\$3,86=(139/184)*\$5

Se utiliza para cálculos en el mercado monetario americano. Bajo esta forma, los intereses ganados durante un año completo es 365/360 veces el tipo de interés publicado.

-Real/365: El año tiene 365 días, y el interés ganado se calcula por el cociente entre la cantidad real de días transcurridos y 365.

(139/365)*\$5=\$3,81

Esta convención no considera los años bisiestos.

Conclusión. Hay cuatro alternativas distintas para calcular los intereses. ¿Cuál utilizar? Sencillamente la especificada en el prospecto de emisión.

Cotizaciones

Los bonos pueden operar bajo modalidad limpia o sucia. La diferencia radica en que el precio limpio (*clean*) no incluye en la cotización los intereses corridos, mientras que el precio sucio (*dirty* o *full*) sí los incluye. En la mayoría de los mercados externos, los títulos cotizan bajo la modalidad limpia, donde la cotización refleja el precio del bono sin considerar los intereses corridos, pero que igual son pagados por el comprador al realizar la transacción: lo que se negocia es el precio del valor residual, no los intereses corridos.

En ambos casos, la erogación total que hace el comprador es la misma. La ventaja de cotizar limpio es que no afecta la trayectoria del precio puro del título, al no verse distorsionado por la acumulación de intereses devengados o cuando se pagan cupones.

En Argentina los principales bonos cotizan en BYMA y MAE. El precio de los bonos se muestra, cotiza y contabiliza con la modalidad *dirty* y por su valor nominal, dispuesto dentro de la Ley 26831 de Mercado de Capitales.

Medidas de Rendimiento

Si adquiere un bono considerando solo la paridad y asumiendo que los de menor paridad (los más baratos) tienen mayor rentabilidad, está cometiendo un error. Como se verá más adelante, el precio de un bono se relaciona con la tasa de rentabilidad exigida por el mercado y la tasa ofrecida por el cupón. Un bono puede cotizar sobre la par y también ofrecer un rendimiento superior a un bono que está cotizando bajo la par. Por eso es importante conocer distintas formas de calcular la rentabilidad de un bono.

Hay que aclarar que la rentabilidad final que obtiene un inversor que compra y vende bonos en forma regular solo conoce su rendimiento *ex-post.* No hay forma de estimar medidas de rendimiento para operaciones de *trading*, pero es útil para conocer el potencial relativo que puede tener un bono (por ejemplo rankeándolos por alguna medida de rendimiento); aunque no resulta muy fiable para el corto plazo.

Rendimiento descontado: O *discount yield*, es una medida de rendimiento que se utiliza para bonos cupón cero de corto plazo, y que relaciona el precio con descuento del bono adquirido con su valor nominal que alcanzará el vencimiento.

Rendimiento Descontado=((VN-PB)/VN)*(365/T)

PB = Precio del Bono adquirido en el mercado secundario o en licitación primaria.

VN = Valor Nominal.

T= cantidad de días restante hasta el vencimiento del bono.

Rendimiento de la inversión: O *investment yield*. Al igual que el rendimiento descontado, se utiliza para bonos cupón cero pero considera la rentabilidad a partir del precio de compra del bono (PB) y no de su valor nominal (VN).

Rendimiento de la inversión (%)=((VN-PB)/PB)*(365/T)

Ejemplo para ambas medidas de rendimiento: el Banco Central licita una letra a 180, 270 y 365 días; aplicando una tasa de descuento del 10%, los resultados se resumen en el siguiente cuadro.

Tasa de descuento	Días vto.	Precio bono	Rendimiento de la inversión	Rendimiento descontado
10%	180	$95,41	9,76%	9,31%
10%	270	$93,20	9,88%	9,20%
10%	365	$90,91	10%	9,09%

Conclusiones.

•El rendimiento descontado siempre es inferior al rendimiento de la inversión (RI) porque la base del cálculo es el VN y no el precio de adquisición.

•Siendo la tasa de descuento un factor compuesto, únicamente si el plazo es 365 el RI es equivalente. Si los plazos son menores, el RI es inferior a la tasa de descuento.

Renta anual: O *coupon yield* es el rendimiento que surge de dividir la suma de los cupones dentro de los próximos 365 días por el VN; se expresa en términos anuales.

Renta Anual= cupón de interés ($)/VN($)

Rendimiento Corriente: O *current yield,* relaciona el próximo cupón de interés a cobrar con el precio de mercado del bono, excluyendo los intereses corridos.

Rendimiento corriente=(VR%*i%)/(Cotización bono $-Intereses corrientes $)

=Cupones a cobrar en un año/Precio clean del bono.

Al tomar el precio actual del bono, el rendimiento corriente puede ser muy distinto a la tasa del cupón, dependiendo si está sobre o bajo la par. Por ejemplo, en un bono *bullet* que paga 10% de cupón anual y vence en 5 años, el rendimiento corriente varía de acuerdo al precio del bono. Si el precio está bajo la par, el rendimiento corriente es superior a la tasa del cupón; si el precio está a la par, el rendimiento corriente es igual a la tasa del cupón; y si el precio está sobre la par el rendimiento corriente es menor a la tasa del cupón.

Su cálculo tiene dos restricciones:

1. No contempla la reinversión de los intereses cobrados. En ese sentido es asimilable a la fórmula de interés simple, donde el inversor recoge los intereses regularmente y no los reinvierte.

2. Adolece de un concepto muy importante al no contemplar la ganancia o pérdida de capital si el inversor adquiere el bono bajo o sobre la par, lo cual es un factor importante si tiene por objetivo mantener el bono hasta el vencimiento. Por ejemplo, si adquiere un bono al 105% de paridad y lo mantiene hasta el final independientemente de la ganancia por los intereses percibidos, habrá una pérdida por tenencia ya que al vencimiento el emisor paga el 100%, con la consiguiente pérdida del 5%.

El rendimiento corriente es una buena aproximación de rentabilidad para quien desea invertir en bonos a un plazo relativamente corto, y no mantenerlo hasta el vencimiento. Quien adquiere un bono porque le interesa el rendimiento por el cobro de los cupones de interés exclusivamente, acude a este indicador como primera referencia.

PARIDAD < 100%	Rendimiento corriente (%) > Renta anual (%)
PARIDAD = 100%	Rendimiento corriente (%) = Renta anual (%)
PARIDAD > 100%	Rendimiento corriente (%) < Renta anual (%)

En EE. UU. se lo utiliza debido a que muchos bonos son tipo *bullet* y con vencimiento a largo plazo, por lo cual sí resulta una buena aproximación al rendimiento. En Argentina poca es su utilidad.

Tasa Interna de Retorno (TIR) o *Yield to Maturity* (YTM): Representa la rentabilidad total que tiene el inversor, contemplando todos los cupones y la ganancia o pérdida de capital, si se mantiene hasta el vencimiento.

Técnicamente es la tasa que iguala el valor presente de los flujos futuros (intereses + amortizaciones parciales) con el precio actual del bono:

$$0=-PB+FF_1/(1+d/m)^1+FF_2/(1+d/m)^2+FF_3/(1+d/m)^3+...+FF_n/(1+d/m)^n$$

PB = Precio del Bono. Es negativo porque su compra implica una erogación;

FF = Flujo de Fondos compuesto por capital más intereses;

d= es la tasa de descuento aplicada a los flujos de fondos;

m= cantidad de pagos anuales.

La tasa "d" que hace que la suma de todos los flujos de fondos actualizados sea igual que el precio del bono, se denomina TIR.

Con esto también deducimos que "d", tasa de descuento y TIR son equivalentes; se utilizan indistintamente.

Cabe aclarar que la TIR no es representativa como medida de rendimiento cuando el bono se vende antes de su vencimiento, ya que ofrece una medida de retorno *al* vencimiento. En estos casos es preferible utilizar la siguiente fórmula:

$$\text{Rentabilidad}=(\text{Precio}_{\text{venta}}-\text{Precio}_{\text{compra}}+\text{intereses}_{\text{cobrado}})/\text{Precio}_{\text{compra}}$$

Una debilidad en el cálculo de la TIR es el supuesto que los flujos de fondos son reinvertidos a la misma tasa, algo que no siempre es posible cumplir. Por ejemplo, si un bono tiene una TIR del 30% y paga mensualmente cupones de interés, para alcanzar esa rentabilidad los flujos de fondos deben invertirse al 30% hasta el vencimiento del bono. ¿Qué ocurre si no es posible? Si los flujos se reinvierten a una tasa menor, la TIR real será inferior al 30%; si los flujos se reinvierten a una tasa mayor, la TIR será superior al 30%.

Otro supuesto importante de la TIR es que el título se mantiene hasta el vencimiento, algo que no siempre es posible por distintas circunstancias: necesidad de liquidez, nuevas y mejores alternativas de inversión, balanceos de carteras, etc.

Corolario, la rentabilidad real se conoce con exactitud *ex-post* y no antes, dado que no se tiene certeza de muchas variables.

Para calcular la TIR es recomendable acudir a una planilla Excel:

•TIR tradicional: Excel permite calcular la tasa interna de retorno simplemente fijando el flujo de fondos en las celdas.

Sintaxis: =TIR (matriz que contiene los flujos de fondos; 0)

"La matriz que contiene…" la primer celda es el precio del bono con signo negativo ya que implica un egreso de caja; luego todo el flujo de fondo compuesto por los cupones y amortizaciones son de signos positivos porque es un ingreso de caja.

•TIR modificada: Permite fijar una tasa de reinversión de los flujos de fondos. Por ejemplo, para adoptar una posición conservadora puede utilizarse una tasa libre de riesgo. Esto permite calcular un piso de rentabilidad, asumiendo que en el peor de los casos será difícil no encontrar una alternativa que rinda más que la tasa libre de riesgo, por lo general muy baja.

Sintaxis: = TIRM (matriz que contiene los flujos de fondos; 0; tasa de reinversión)

•TIR no periódica: El cálculo de la TIR supone pagos en períodos regulares (años, semestres, meses), lo cual puede resultar restrictivo, principalmente cuando hay pagos de intereses y capital en distintas fechas. Esto puede llevar a un resultado erróneo si se utilizara la fórmula original. Para solucionar esta restricción se utiliza en Excel la función TIR.NO.PERIODICA, donde además del flujo de fondos se ingresan las fechas correspondientes. En el ejemplo utilizado, suponga que el tiempo 0 en realidad es el 15 de septiembre de 2010; los pagos de cupones son el último día hábil del año, y la amortización el 18 de febrero de 2015. Otro ejemplo es con los cupones semestrales, que no siempre se pagan exactamente a los 180 días por ser feriados, fin de semana, etc.

Flujo de Fondos						
TIR.N.Per	8/17/10	12/31/10	12/31/12	12/31/13	12/31/14	1/15/15
9,6%	-$105	$10	$10	$10	$10	$110
11.0%	-$100	$10	$10	$10	$10	$110
8,3%	-$110	$10	$10	$10	$10	$110

La TIR no periódica es la mejor manera para calcular rendimientos porque es más flexible en el tratamiento de fechas y días.

Sintaxis: =TIR.NO.PER (matriz que contiene los flujos de fondos; matriz que contiene las fechas; 0)

Valuación

El precio de un bono, al igual que el de cualquier activo financiero, se define como el valor presente de los futuros flujos de fondos esperados de dicho instrumento, descontados a una determinada tasa de rentabilidad. Por lo tanto, para valuar el precio de un bono se requieren dos elementos:

-El flujo de fondos (FF) esperado. En el caso de los bonos, es el flujo de intereses (renta) y la devolución del capital (amortización).

-La tasa de descuento "*d*" apropiada. En el caso de los bonos, resulta de la investigación de la tasa de rendimiento ofrecida por bonos comparables en el mercado u otros activos (plazo fijo, por ejemplo). Por bonos comparables, hacemos referencia a bonos de la misma calidad crediticia y del mismo plazo promedio (en realidad con la misma *duration*, término que se desarrolla en la próxima sección).

Precio y rendimiento son antagónicos. Ya se describió la relación inversa entre el precio del bono y su rentabilidad: una mayor tasa de rendimiento significa un menor precio para el título; y viceversa.

El caso más sencillo es la valuación de un bono cupón cero, que al tener un único flujo de fondos, su precio es fácil de obtener:

$$P=FF/(1+d)^n$$

"n" se expresa en años dado que la tasa "d" también está expresada en años.

Sensibilidades

¿Por qué todos los bonos no varían en la misma proporción ante cambios en los mercados? Porque cada título es único en sus características: el tiempo faltante para su cancelación o próximo pago de cupón, la tasa del cupón explícito del bono, y la tasa de interés que se utiliza para calcular su precio, varía en cada título. Es difícil encontrar dos bonos exactamente iguales, no solo por las características citadas, sino porque las garantías, calificaciones de riesgo, calidad de emisor, liquidez y muchas otras variables los hacen únicos.

Corolario de las secciones anteriores pueden inferirse algunas propiedades esenciales que afectan el precio de un bono:

- Sensibilidad del precio a la tasa de interés.
- Sensibilidad del precio al tiempo.
- Sensibilidad del precio a la tasa del cupón.
- Sensibilidad del precio a la frecuencia en el pago del cupón.

Precio vs tasa de interés: Es el efecto más directo e importante de todos. Se define que el precio de un bono es la suma de los flujos de fondos actualizados por una tasa de descuento que representa el rendimiento. Matemáticamente, implica que si el denominador (tasa de descuento) aumenta, el precio del bono disminuirá; y viceversa.

$$P=FF/(1+d)^n$$

Siendo los flujos de fondos (FF) conocidos y que prácticamente no divergen, una variación en la tasa de descuento impacta únicamente en el precio, requisito para mantener la igualdad en la ecuación.

Entonces, para que el precio aumente, el denominador tiene que reducirse. Uno depende el otro: precio versus tasa de interés.

La tasa de interés empleada para calcular el precio de un bono es la principal variable que justifica la volatilidad del título. Es el riesgo más importante y directo al que se enfrenta un inversor cuando las tasas de interés de mercado varían.

Precio vs tiempo: Es común pensar que a largo plazo (el tiempo al vencimiento) el nivel de incertidumbre es mayor, y por este motivo los precios de los bonos son más sensibles ante cambios en las tasas de interés. A mayor plazo, mayor riesgo, y esto justifica más volatilidad de precios.

Si bien hay mayor incertidumbre a un plazo superior, y efectivamente debe compensarse con una mayor tasa de rendimiento al inversor, la volatilidad del precio en función del tiempo es una cuestión netamente matemática. Suponga dos bonos tipo *bullet* con cupón del 10%, misma TIR actual, pero uno con vencimiento a un año y otro a 10 años… ¿Cómo se calcula el cambio en el precio ante una variación de 100bp (1%) en la TIR?

El siguiente cuadro resume los resultados.

Tasa requerida	**Precio Bono 1 año**	**Precio Bono 10 años.**
9%	**$100.92**	**$106.42**
10%	$100.00	$100.00
11%	**$99.10**	**$94.11**

El bono a un año tiene variaciones inferiores al 1%, de $100 a $100,92 o $99,10; el bono a 10 años tiene variaciones del 6% promedio. No se ha modificado más que la tasa de descuento (TIR) para ambos bonos, no se ha incorporado ninguna prima de riesgo para el bono de mayor vencimiento.

Bono *bullet* a 1 año							
		Tasa de descuento: 9%		Tasa de descuento: 10%		Tasa de descuento: 11%	
Años	Flujo de fondos	Factor descuento 1/(1+d)	Precio actual	Factor descuento 1/(1+d)	Precio actual	Factor descuento 1/(1+d)	Precio actual
1	$110	0.92	$100.92	0.91	$100.00	0.90	$99.10
		Precio:	***$100.92***		***$100***		***$99.10***

Bono *bullet* a 10 años							
		Tasa de descuento: 9%		Tasa de descuento: 10%		Tasa de descuento: 11%	
Años	Flujo de fon-dos	Factor de descuento 1/(1+d)	Precio actual	Factor de descuento 1/(1+d)	Precio actual	Factor de descuento 1/(1+d)	Precio actual
1	$10	0.92	$9.17	0.91	$9.09	0.90	$9.01
2	$10	0.84	$8.42	0.83	$8.26	0.81	$8.12
3	$10	0.77	$7.72	0.75	$7.51	0.73	$7.31
4	$10	0.71	$7.08	0.68	$6.83	0.66	$6.59
5	$10	0.65	$6.50	0.62	$6.21	0.59	$5.93
6	$10	0.60	$5.96	0.56	$5.64	0.53	$5.35
7	$10	0.55	$5.47	0.51	$5.13	0.48	$4.82
8	$10	0.50	$5.02	0.47	$4.67	0.43	$4.34
9	$10	0.46	$4.60	0.42	$4.24	0.39	$3.91
10	$110	0.42	$46.47	0.39	$42.41	0.35	$38.74
		Precio:	***$106.42***		***$100.00***		***$94.11***

El bono a un año tiene un flujo de fondos cercano en el tiempo, y el castigo que sufre su único pago en términos de valor descontado es menor que el de 10 años. Esto tiene que ver con el valor tiempo del dinero y el efecto compuesto en la actualización de los flujos de fondos, donde a mayor plazo el descuento es más que proporcional. Claramente, la incertidumbre por el futuro incierto no está en ninguna variable.

Los flujos de fondos y la tasa de descuento son constantes. La sensibilidad del precio del bono al tiempo es una cuestión matemática.

Esta propiedad del bono es el fundamento del riesgo de tasa de interés ya que las tasas de referencia en el mercado varían constantemente, algunas veces en forma racional (nueva información económica) y otras simplemente adolece a operaciones especulativas.

Precio vs tasa de cupón: A mayor tasa de cupón, menor sensibilidad del bono. Para un título con un cupón de interés bajo o inexistente (caso cupón cero), su precio se fundamenta principalmente por la amortización del capital, y será muy sensible a la tasa de descuento.

El siguiente cuadro resume la variación en el precio de un bono *bullet* con cupón del 10% y vencimiento en 5 años, respecto a un bono cupón cero con mismo vencimiento.

El primero varía su precio menos de un 4% promedio ante cambios de un punto porcentual en la tasa de descuento empleada; el cupón cero varía más de 4,5% promedio su precio. Mismo vencimiento, pero distintos cupones.

A mayor cupón, menor sensibilidad a variaciones de tasa.

Tasa requerida	**Precio bono cupón 10%**	**Bonos Cupón cero**
9%	**$103.89**	**$64.99**
10%	**$100.00**	**$62.09**
11%	**$96.30**	**$59.35**

Los cupones amortiguan los efectos de cambio en la tasa de interés porque los flujos de fondos son mayores y más frecuentes, y sufren menos un aumento en la tasa de interés en términos absolutos.

Bono cupón cero							
		Tasa de descuento: 9%		Tasa de descuento: 10%		Tasa de descuento: 11%	
Años	Flujo de fondos	Factor descuento 1/(1+d)	Precio actual	Factor descuento 1/(1+d)	Precio actual	Factor descuento 1/(1+d)	Precio actual
5	$100	0.65	$64.99	0.62	$62.09	0.59	$59.35
		Precio:	***$64.99***		***$62.09***		***$59.35***

Bono *bullet* a 5 años							
		Tasa de descuento: 9%		Tasa de descuento: 10%		Tasa de descuento: 11%	
Años	Flujo de fondos	Factor de descuento 1/(1+d)	Precio actual	Factor de descuento 1/(1+d)	Precio actual	Factor de descuento 1/(1+d)	Precio actual
1	$10	0.92	$9.17	0.91	$9.09	0.90	$9.01
2	$10	0.84	$8.42	0.83	$8.26	0.81	$8.12
3	$10	0.77	$7.72	0.75	$7.51	0.73	$7.31
4	$10	0.71	$7.08	0.68	$6.83	0.66	$6.59
5	$110	0.65	$71.49	0.62	$68.30	0.59	$65.28
		Precio:	***$103.89***		***$100.00***		***$96.30***

Precio vs frecuencia de pago: Por las mismas razones esgrimidas en las propiedades anteriores, un bono que paga con mayor frecuencia tiene menor volatilidad que un bono que paga en forma más espaciada. Nuevamente el efecto del descuento compuesto en función del tiempo hace su trabajo; no hay ninguna otra razón.

Los siguientes cuadros muestran la sensibilidad ante cambios en la tasa de interés de dos bonos con mismo vencimiento y tasa anual de cupón, solo que uno paga semestralmente y otro en forma anual. La sensibilidad no es muy marcada como en los casos anteriores (diferencial menor al 1%), pero igual es una propiedad que siempre debe considerarse.

Bono *bullet* a cinco años, cupón del 10% con pagos anuales.							
		Tasa de descuento: 9%		Tasa de descuento: 10%		Tasa de descuento: 11%	
Tiempo (años)	Flujo de fondos	Factor descuento 1/(1+d)	Precio actual	Factor descuento 1/(1+d)	Precio actual	Factor descuento 1/(1+d)	Precio actual
1	$10	0.92	$9.17	0.91	$9.09	0.90	$9.01
2	$10	0.84	$8.42	0.83	$8.26	0.81	$8.12
3	$10	0.77	$7.72	0.75	$7.51	0.73	$7.31
4	$10	0.71	$7.08	0.68	$6.83	0.66	$6.59
5	$110	0.65	$71.49	0.62	$68.30	0.59	$65.28
		Precio:	***$103.89***		***$100.00***		***$96.30***

Bono *bullet* a cinco años, cupón del 10% con pagos semestrales.							
		Tasa de descuento: 9%		Tasa de descuento: 10%		Tasa de descuento: 11%	
Tiempo (años)	Flujo de fondos	Factor de descuento 1/(1+d)	Precio actual	Factor de descuento 1/(1+d)	Precio actual	Factor de descuento 1/(1+d)	Precio actual
0.5	$5	0.96	$4.79	0.95	$4.77	0.95	$4.75
1	$5	0.92	$4.59	0.91	$4.55	0.90	$4.50
1.5	$5	0.88	$4.39	0.87	$4.33	0.86	$4.28
2	$5	0.84	$4.21	0.83	$4.13	0.81	$4.06
2.5	$5	0.81	$4.03	0.79	$3.94	0.77	$3.85
3	$5	0.77	$3.86	0.75	$3.76	0.73	$3.66
3.5	$5	0.74	$3.70	0.72	$3.58	0.69	$3.47
4	$5	0.71	$3.54	0.68	$3.42	0.66	$3.29
4.5	$5	0.68	$3.39	0.65	$3.26	0.63	$3.13
5	$105	0.65	$68.24	0.62	$65.20	0.59	$62.31
		Precio:	***$104.75***		***$100.93***		***$97.29***

Bonos a tasa variable

Hay que realizar algunas aclaraciones importantes respecto a la valuación de un bono con tasa variable ante variaciones en las tasas de interés. Intuitivamente un inversor pensará que por tener un cupón variable, las modificaciones en las tasas de interés no afectan el precio del bono porque los flujos de fondos se ajustan a la nueva realidad del mercado.

Esto es parcialmente (in)correcto, por varias razones:

•Tasa de referencia del mercado: Que el bono sea a tasa variable no significa que el índice de referencia utilizado para calcular el pago del cupón o ajuste del capital refleje las preferencias o tasas de referencia del mercado. Por ejemplo, Argentina tiene emitidos mayormente bonos en pesos a tasa variable por CER (índice de inflación) y BADLAR. El primero es un indicador desestimado por el mercado, que utiliza el segundo como referencia. Entonces, la variación de este último se utiliza para ajustar los precios de los bonos nacionales, incluidos los que se ajustan por CER. Corolario: los bonos que no ven afectados sus precios ante variaciones en las tasas de mercado, tienen como condición necesaria (no suficiente) que el *benchmark* del bono sea el mismo que utiliza el mercado. Caso contrario está expuesto a variaciones en precios, incluso como un bono a tasa fija.

•Velocidad de ajuste en el cupón: Si ante una variación en la tasa del mercado el monto del pago del próximo cupón variable ya está definido, el precio se verá afectado. Por ejemplo, los bonos en pesos que ajustan por BADLAR calculan el monto del próximo cupón por el promedio de la tasa operada días antes del pago del cupón.

La consecuencia en la velocidad de ajuste del cupón a la nueva realidad tiene un efecto parcial: al realizar el pago del próximo cupón, el precio del bono volverá a su valor par, por consiguiente, el efecto en el precio es temporal. Es importante aclarar esto porque el efecto es limitado: en caso de aumento de tasa ante un cupón que ha sido calculado con una tasa anterior, solo se ajusta ese importe porque los cupones siguientes ya reflejarán la nueva realidad del mercado.

Ejemplo. El siguiente gráfico muestra un bono *bullet* a tasa variable, emitido años atrás y que pagó en el momento 0 el cupón anual de interés. En ese momento la tasa de referencia era de 8%, que se utiliza para determinar el monto del próximo pago; pero inmediatamente después por razones de mercado la tasa de referencia se ajusta al 12%. El precio del bono que inicialmente era de $100 (cotizaba a la par) debe recalcularse porque el monto del próximo cupón es inferior a lo demandado por el mercado, por eso el precio del bono baja a $96,42 transitoriamente hasta que se pague el próximo cupón (ajustado a la nueva tasa de referencia).

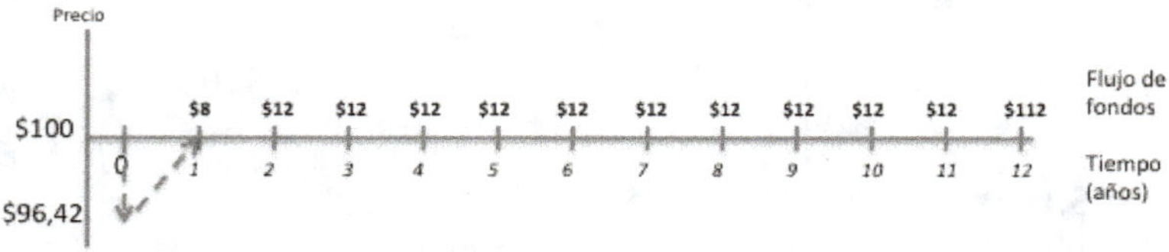

Fuente: Elaboración propia.

•Variación en la prima de riesgo: Dependiendo la calidad crediticia del emisor, la tasa a la cual se descuenta un bono a tasa variable viene dado por el índice de referencia más un spread por riesgo. Este último valor depende de factores independientes al *benchmark*, y su variación afecta el precio del bono debido a que el inversor descuenta los flujos de fondos por una tasa de rentabilidad total (*benchmark* + *spread*) y no parcial. Así, si el spread por riesgo aumenta, el monto del cupón no puede compensar esa suba porque toma como referencia el *benchmark*, y el precio bajará.

Duration

Frederick Macaulay elaboró una medida para ser utilizada como una estimación del tiempo en que, en promedio, el tenedor de un bono recupera su inversión en términos de valor presente. Notó que, aunque el vencimiento es una medida apropiada de la vida de un bono cupón cero, es ambigua para bonos con flujos de fondos regulares (*bullet* o de amortizaciones parciales), y elaboró una medida que considere los flujos de fondos anteriores al vencimiento.

Macaulay denominó *duration* al resultado obtenido. Matemáticamente:

$$\text{Duration} = (\sum FF^{*}n/(1+TIR)^{n})/\text{Precio del bono}$$

Donde,

FF= Flujo de Fondos; TIR= Tasa Interna de Retorno o descuento; n = tiempo restante para el cobro del próximo FF.

Esta fórmula puede resultar complicada para quienes tienen cierta aversión matemática, pero es sencilla de desagregar para entender su funcionamiento. Suponga un bono cuyo vencimiento es de tres años, paga cupón anual del 10% y el mercado exige una rentabilidad (TIR) del 12% (por consiguiente cotiza bajo la par). El primer paso es obtener el precio del título sumando el valor actual de cada uno de sus cupones (estamos resolviendo el numerador de la fórmula):

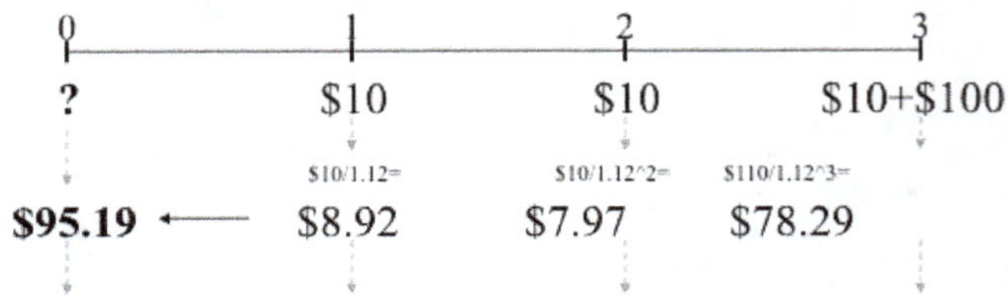

Luego se calcula qué porcentaje sobre el precio del título representa el valor actual de cada flujo de fondos (cupones de interés más amortización):

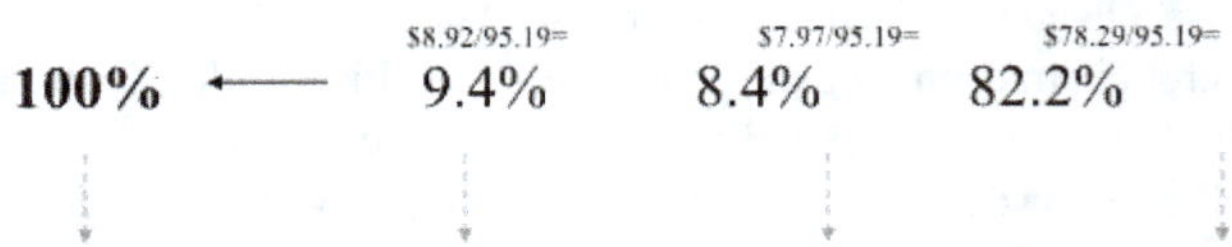

Por último, se pondera cada porcentaje del flujo de fondos por el momento en el cual se hace efectivo. Es decir, el cupón más cercano tiene una mayor ponderación que otro igual con fecha posterior. La suma de los valores resultantes representa la *duration:*

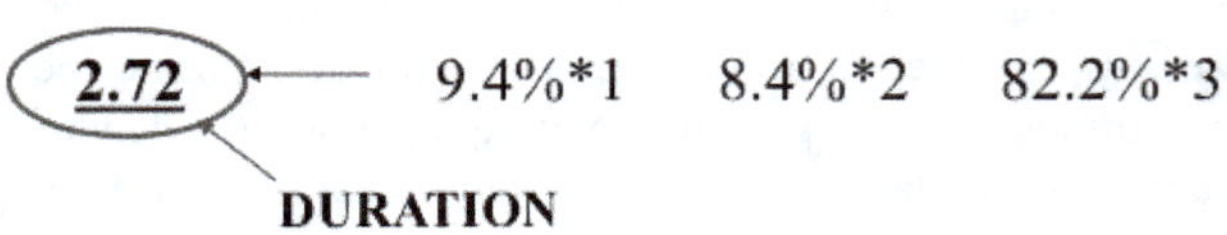

Aplicando directamente la fórmula, se obtiene:

$$Duration=(\$10*1/(1+0,12)^1+\$10*2/(1+0,12)^2+\$10*3/(1+0,12)^3)/\$95,19=2,72$$

Este resultado tiene distintas interpretaciones, todas correctas:

1. Es el tiempo (medido en años) que resta para que el inversor recupere la inversión en términos de valor presente: 2.72 años es el período de tiempo en que la inversión tarda en madurar, donde el inversor ha recuperado el capital invertido y la rentabilidad esperada, si las condiciones de mercado se mantienen constantes.
2. Representa el plazo de vida de un bono cupón cero equivalente. Un bono *bullet* con *duration* de 2.72 años es equivalente a un bono cupón cero que vence en 2.72 años.

Ejemplo. Bono *bullet* a 5 años con cupón anual del 14% al primer año y del 13.5% los restantes, y rendimiento exigido (TIR) del 10%, ¿cuál es su *duration?:*

- La columna (1) del siguiente cuadro expresa el tiempo en años. Se utilizan números enteros para facilitar el ejercicio, pero por lo general son fracciones: si el primer cupón venciera en 100 días, sería 0,2739 (=100/365).

- En la segunda columna están los montos de los cupones de renta y amortización, que representa todo el flujo de fondos.

- En la tercer columna se saca el valor actual de cada flujo con una tasa de descuento del 10% (ejemplo: para el tercer año será $\$13.5/1.10^3=\$10.14$), y su sumatoria es el precio del bono. Al ser la tasa de descuento inferior a la tasa de los cupones, el precio estará sobre la par.

- La cuarta columna calcula el porcentaje que representa cada valor actual sobre el precio del bono (ejemplo: para el tercer año es $10.14/$113.72=9%), cuya suma siempre es 100% (caso contrario hay un error de cálculo).

- La quinta y última columna surge de multiplicar la cuarta por la primera. Asigna una ponderación de los flujos de fondos en función del tiempo, y la sumatoria representa la *duration.*

Tiempo (1)	Cupón (2)	Valor actual Flujo de fondos (3)	% sobre precio del bono (4)	(4) * (1)
1	$14.00	$12.73	11.19%	0.11
2	$13.50	$11.16	9.81%	0.20
3	$13.50	$10.14	8.92%	0.27
4	$13.50	$9.22	8.11%	0.32
5	$113.50	$70.47	61.97%	3.10
	Precio Bono:	***$113.72***	***DURATION:***	***4.00***

La *duration* resulta ser de cuatro años: es el tiempo promedio en que debe mantenerse la inversión para recuperar el capital original con la rentabilidad esperada en ese momento.

Ahora comparemos con un bono cupón cero cuyo vencimiento es en cuatro años, con una TIR también del 10%, ¿cuál es su *duration?*

Tiempo (1)	Cupón (2)	Valor actual Flujo de fondos (3)	% sobre precio del bono (4)	(4) * (1)
4	$0.00	$68.30	100.00%	4.00

La *duration* resulta ser también de cuatro años, igual que el tiempo de vencimiento del bono. Si se modifica la tasa de interés del cupón del ejercicio anterior por el 8% la *duration* será de 4.28.

Tiempo (1)	Cupón (2)	Valor actual Flujo de fondos (3)	% sobre precio del bono (4)	(4) * (1)
1	$8.00	$7.27	7.87%	0.08
2	$8.00	$6.61	7.15%	0.14
3	$8.00	$6.01	6.50%	0.20
4	$8.00	$5.46	5.91%	0.24
5	$108.00	$67.06	72.56%	3.63
	Precio Bono:	***$92.42***	***DURATION:***	***4.28***

El efecto de una baja en el cupón significa que la *duration* se incrementa, lo cual tiene sentido porque al ser menores los flujos de fondos intermedios respecto del capital, la inversión necesita más tiempo para madurar.

Es sumamente importante que quede claro el concepto de *duration.* Se definió como el "período de tiempo en el que el inversor recupera el capital invertido en términos de valor presente". En otras palabras, esta definición dice que en X tiempo el inversor debería recuperar la inversión realizada (pago del bono) y la tasa de rentabilidad implícita (TIR). Para verificar esta definición se utiliza el ejercicio anterior, donde se invierte $113.72 con TIR del 10% y *duration* de cuatro años. Entonces según la definición, al finalizar dicho período debe tenerse $166.49 (=$113.72*1.10^4), una ganancia neta de $52.77. Recuerde que la TIR supone que los flujos de fondos son reinvertidos a la misma tasa, por lo cual considerando los cupones de renta y reinvirtiéndolos 10%, se obtiene lo expresado en el siguiente cuadro.

Tiempo	Cupón	Flujo de fondo reinvertido
1	$14.00	$18.63
2	$13.50	$16.34
3	$13.50	$14.85
4	$13.50	$13.50
	Suma:	***$63.32***

Por ejemplo, los $14 recibidos el primer año y reinvertidos en tres períodos adicionales equivale a $18.63 (=$14*1.103). La sumatoria es $63.32, compuesto exclusivamente por cupones de interés y reinversión. Alcanzado el cuarto año, resta el último flujo de fondos de $113.50 que se percibe dentro de un año y cuyo valor actual es de $103.18 (=$113.5/1.10). Entonces, al cuarto año el inversor tendrá $63.32 más $103,18 de valor del bono, equivalente a $166,49.

También puede verificarse otra definición de la *duration*: la de ser equivalente a un bono cupón cero. Si el inversor adquiere un bono cupón cero que tiene un valor nominal de $166,49 con vencimiento a cuatro años y TIR del 10%, ¿qué precio debería pagar? Al haber un único flujo de fondos dentro de cuatro años, su cálculo resulta muy sencillo:

$$\$166{,}59/1{,}10^4=\$113{,}72$$

Otra utilidad muy importante de la *duration* es que permite comparar bonos con múltiples características en cuanto a tasa del cupón, amortización de capital y renta. Es una forma de encuadrar bonos para realizar comparaciones en cuanto a riesgo y rentabilidad.

Duration modificada

De la *duration* deriva otra importante función, y es la de ser una aproximación a la volatilidad de un bono, denominado *duration* modificada (DM). Su cálculo es simple:

$$DM=Duration/(1+TIR)$$

Con la *duration* modificada puede predecirse razonablemente cambios porcentuales en el precio del bono ante variaciones en la tasa de interés. La *duration* modificada marca cuánto varía el precio del bono (en términos porcentuales) ante una modificación de 100 bp (1%) en la tasa de interés.

Gráficamente:

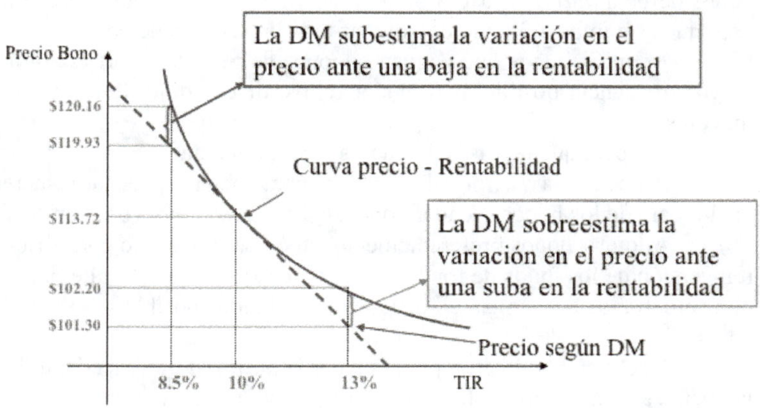

Fuente: Elaboración propia.

Esta falencia no quita méritos ni utilidad a la DM. Es un indicador muy útil y sencillo para comparar potenciales riesgos entre distintas alternativas de inversión en bonos. No es exacta, pero para períodos relativamente estables de los mercados financieros, es bastante precisa. Para contextos de alta volatilidad, pierde algo de precisión, pero no en valores que le resten méritos y utilidad.

La *duration* y la DM tienen una relación directa, y hablar de ellas como medida de riesgo resulta indistinto ya que su ventaja es que condensan en un solo número la volatilidad de un título que está en función de la tasa de cupón, el nivel de la tasa de interés y el vencimiento. En la mayoría de los informes de *research* pueden encontrarse uno u otro indicador; su interpretación muchas veces es indistinta.

Limitaciones de la *duration* modificada:

-No es un buen indicador cuando se esperan cambios importantes en las tasas de interés.

-La DM estima cambios porcentuales simétricos en los precios, lo cual es incorrecto de acuerdo a la curvatura de cada título.

-Asume cambios paralelos en la curva de rendimiento, subestimando subas de precios o sobreestimando bajas.

Tiene una importante limitación: la relación precio/rentabilidad de un bono no es necesariamente una relación lineal, sino más bien una curvilínea convexa, lo cual hace que la DM no sea precisa. Estas falencias se solucionan con la *convexity*, tema que se analiza posteriormente.

Si espera que las tasas de interés suban, tiene que:

-Reducir la *duration* de la cartera: Vender bonos de alta *duration* por bonos de baja *duration*; así la pérdida de valor de la cartera será menor, en caso que esté imposibilitado de liquidar toda la posición de bonos.

-Adquirir bonos que paguen cupones de renta y amortización con la mayor frecuencia posible, para poder reinvertir ese flujo de fondos a tasas mayores.

Si espera que las tasas de interés bajen, tiene que:

-Aumentar la *duration* de la cartera para que la baja de tasas incremente el precio de los bonos. Vender bonos de baja *duration* y comprar de alta.

-Adquirir bonos preferentemente cupón cero, para no correr riesgo de reinversión de los flujos de fondos a tasas menores; si no hay alternativas cupón cero, bonos que tengan el menor flujo de fondos posible.

Excel tiene la función para obtener la *duration* modificada, utilizando la misma sintaxis (pero distinta función) que la *duration:*

MDURATION (settlement, maturity, coupon, yld, frequency, basis)

Otra forma de obtener la volatilidad de un bono es calculando el desvío *standard* de sus precios. A fin de cuentas, la volatilidad de un bono se mide por la variación en la cotización y no por la volatilidad en la tasa de interés. La forma tradicional de calcularlo es utilizando precios históricos, y con la ayuda de Excel (función *desvest*) se resuelve rápidamente. Para calcular una volatilidad más actualizada, puede ponderar las últimas cotizaciones respecto a las más antiguas.

Una dificultad que se plantea en estos cálculos es como ajustar la cotización ante pagos de renta y/o amortización que generan variaciones de precio pero que no tienen nada que ver con la volatilidad del bono. Por lo general, las bases de datos están expresadas a precios corrientes y no a precios ajustados. Por ejemplo, un título que ayer cotizaba a $93 puede hoy hacerlo a $83 simplemente porque amortizó $10 de capital, y no porque las perspectivas o riesgos del título se modificaran. El cambio de precio es por una razón técnica y no de mercado.

En resumidas cuentas, el precio del mercado ex cupón es igual a:

Precio Ex (P_t) = Precio anterior (P_{t-1}) - Pago cupón (C)

Para que el precio ex cupón y todas las cotizaciones siguientes (que tendrán otros pagos de cupones) se ajusten en la misma proporción y así toda la serie pueda ser comparable, hay que ajustarlo a un coeficiente (CA) según la siguiente fórmula:

$$CA=P_t/Pt_{-1}=P_{t-1}-CP_{t-1}$$

El resultado, que siempre será menor a uno, se va multiplicando en la serie de datos.

La duration de una cartera

Si el inversor adquiere o tiene en cartera una diversidad de bonos con distintos tipos de amortización, cupones y vencimiento… ¿Cómo calcular la *duration* total? Una forma que puede resultar ardua es juntar todos sus flujos de fondos como si se tratara de un único bono, y calcular la *duration* tal cual se ejemplificó.

Una forma más sencilla es calcular el promedio ponderado de las *duration* de cada bono que integra la cartera. El siguiente cuadro ejemplifica el concepto.

Bono	Duration	Cant. nominal	Precio	Valor	Participación	Duration ponderada
A	2.34	3500	$98.31	$344,085	14.57%	0.34
B	2.44	2000	$105.02	$210,040	8.89%	0.22
C	1.65	6000	$110.63	$663,780	28.10%	0.46
D	8.22	10000	$102.96	$1,029,600	43.59%	3.58
E	3.33	1300	$88.00	$114,400	4.84%	0.16
				$2,361,905	*100%*	***4.77***

La *duration* ponderada se obtiene simplemente multiplicando la participación de cada bono por su *duration*. La suma representa la *duration* de la cartera.

En términos generales, la cartera del ejemplo es relativamente agresiva: tiene globalmente un nivel de volatilidad importante. Pero analizado en detalle, gran parte de esa volatilidad está originada por el bono D, que además de tener una *duration* elevada (8.22) tienen una participación alta dentro de la cartera (43,59%). Si se elimina ese título, la *duration* de la cartera se reduce a 2,10, menos de la mitad. Por eso al evaluar la *duration* de una cartera de bonos, si bien el valor obtenido es correcto, hay que mirar con mayor detalle qué clase de activos componen la cartera y tal vez con pequeños cambios pueda adecuarse mejor la relación riesgo-rentabilidad pretendida por el inversor. El mismo método puede aplicarse con la *duration* modificada y las conclusiones son equivalentes.

Curvas de rendimiento

También conocidas como Estructura Temporal de Tasas de Interés (ETTI) o *yield curve.* Sirve para visualizar en un gráfico las distintas combinaciones de TIR y *duration* (o DM) que tienen diferentes bonos con misma calificación de riesgo. Es práctico para analizar el efecto del tiempo sobre el rendimiento, armar estrategias e identificar arbitrajes.

El siguiente gráfico muestra distintas combinaciones de TIR y *duration* de bonos. La curva de rendimiento, que es una regresión matemática logarítmica de segundo orden, minimiza las distancias que existen entre los bonos.

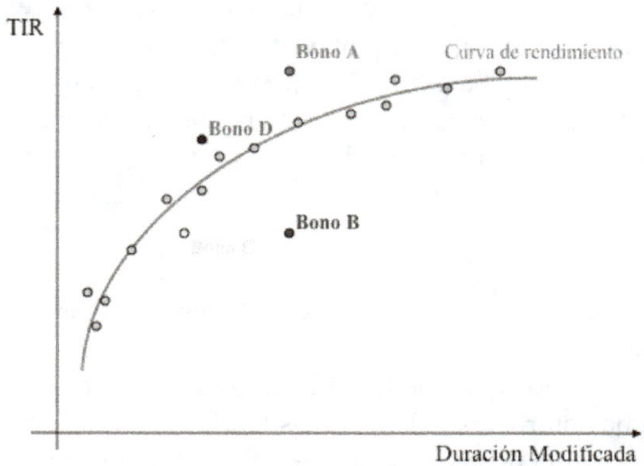

Suponga que un inversor tiene el bono B. ¿Es la mejor alternativa? Definitivamente la respuesta es NO, es la peor de todas. La razón es sencilla:

•Si está cómodo con ese nivel de volatilidad (DM), conviene adquirir el bono A porque tiene una TIR superior.

•Si no está cómodo con ese nivel de *duration*, conviene adquirir el bono D que tiene una DM inferior y una TIR mayor. El bono C también es una alternativa porque tiene una DM menor, pero su TIR es inferior al bono D, por ende siempre es preferible D a C.

De lo anterior se deduce:

•Los bonos B y C están caros: Al tener una TIR baja es porque su precio es alto (relación inversa precio-rentabilidad).

•En general, los bonos que están por debajo de la curva de rendimiento son relativamente caros.

•Si un inversor pretende adquirir bonos, tiene que considerar solo aquellos que estén por encima de la curva de rendimiento. Si bien esto no garantiza que el precio no disminuya ante un contexto de mercado adverso, con el tiempo debería hacerlo en menor proporción que otros bonos similares, dado que su precio hoy es relativamente más bajo que el resto.

¿Es preferible el bono D o el A? Eso depende del perfil de riesgo del inversor. Ambos bonos son una buena alternativa, pero el A tiene mayor riesgo que el bono D, aunque también una mayor TIR. La elección dependerá del nivel de aversión al riesgo que tenga el inversor: optará por el bono D si es conservador, o por el bono A si busca una posición más agresiva.

Es frecuente dividir la curva de rendimiento en "tramos" cortos, medios y largos. Si bien no hay una determinación técnica, se refiere al "tramo corto" de la curva a los bonos que tengan una *duration* inferior a los dos años; el "tramo medio" entre dos y cinco años de *duration* y el "tramo largo" para los bonos con una *duration* superior a cinco años. Esta jerga es muy utilizada entre los operadores porque cuando se habla de estrategias genéricas, como ser "salir del tramo largo" (vender bonos de alta *duration*) y "entrar el tramo corto" (comprar bonos de baja *duration*) porque se espera un alza en los tipos de interés que impactará en el mercado de bonos en general, y como se ha visto, su efecto es menor con bonos de baja *duration*.

La pendiente que habla

Las curvas de rendimiento pueden adoptar distintas pendientes: normal, plana e invertida.

La interpretación que puede realizarse del porqué de cada una de ellas no está exenta de controversia. Hay varias teorías que tratan de interpretar el porqué de la estructura de tasas de interés; cuáles son los motivos por los que las tasas de corto plazo son inferiores a las tasas de largo plazo; y viceversa. A continuación se resumen algunas de las principales hipótesis.

Hipótesis...	¿Qué interpreta de la pendiente de la curva de rendimientos?
De las proyecciones económicas	Para economías desarrolladas (sin riesgo crediticio), muestra las expectativas económicas. - Una pendiente positiva significa expectativa de crecimiento económico: la autoridad monetaria aumentará las tasas de interés para que no se generen presiones inflacionarias. - Una pendiente negativa significa expectativa de recesión: la autoridad monetaria deberá disminuir las tasas de interés para incentivar el crecimiento.
	Para economías subdesarrolladas (con riesgo crediticio), muestra las expectativas de riesgo: - Una pendiente positiva significa que el mercado estima menores riesgos de pago presente que en el futuro. - Una pendiente negativa significa probabilidad de *default* en el corto plazo.
De las Expectativas	Una estructura creciente significa que las tasas futuras serán superiores a las actuales; por el contrario, tasas decrecientes significa que el mercado está esperando una disminución de tasas respecto a los valores actuales.
De la preferencia por la liquidez	Hay inversores más o menos adversos al riesgo, que prefieren invertir en el corto o largo plazo, respectivamente; y los títulos de largo plazo deben ofrecer un "premio", caso contrario todos preferirían bonos cortos. Ese "premio" se denomina preferencia por la liquidez, ya que la mayoría siempre preferirá la seguridad del corto plazo, a la incertidumbre del largo.
De la prima por inflación	Los bonos de largo plazo deben ofrecer un incentivo por la incertidumbre de la tasa de inflación futura, ya que no se conoce con certeza. Si la pendiente es negativa, es porque las expectativas futuras son de una disminución en la tasa de inflación.

La evidencia empírica demuestra que, desde el año 1927 a la fecha, la estructura temporal de tasas de interés de los *US Treasuries* tomó pendiente negativa ocho veces, anticipando los ciclos recesivos de ese país.

Cuando analizamos este suceso en países emergentes, entendemos que tomar una pendiente negativa no es un predictor de un ciclo recesivo, sino que los inversores evalúan a los bonos soberanos para una entrada en *default*. Esto es porque los países que realizan canjes de deuda, lo hacen por paridad técnica. Para que la paridad técnica de un bono corto sea igual a la de un bono largo, el precio del bono corto debe caer mucho más que el precio del bono largo, generando el cambio de pendiente de la curva. No significa que ese país vaya a entrar en *default,* pero sí que lo están valuando de esa forma.

Riesgos

Invertir en bonos conlleva una gran variedad de riesgos que deben considerarse antes de operar instrumentos de renta fija. Algunos riesgos ponderan más que otros, dependiendo la economía, emisor, volatilidad general del mercado, etc. En forma directa se identifican los siguientes riesgos:

•Riesgo de tasa de interés: Es la variable más importante para aquellos inversores que no planean mantener el bono hasta el vencimiento. Si la tasa aumenta, el precio del bono disminuye; y viceversa.

•Riesgo de reinversión: Es el riesgo que asume el inversor cuando al percibir el flujo de fondos, la tasa de interés es inferior a la rentabilidad del bono. La TIR presupone que los flujos se reinvierten a la misma tasa, pero generalmente no se cumple. Este riesgo no es válido para bonos cupón cero (pagan el capital e interés implícito al vencimiento), porque al no haber flujo de fondos intermedios, no hay nada que reinvertir.

•Riesgo de rescate anticipado: Tema analizado al principio del capítulo. Es una posibilidad en caso que las tasas de interés bajen y el emisor se vea tentado a rescatar una deuda relativamente cara para emitir deuda más barata. Este hecho produce dos perjuicios al inversor: 1. Posible pérdida de capital si el rescate se realiza a un precio menor al pagado por el título; 2 riesgo de reinversión por tener que reinvertir el capital a una tasa menor.

• Riesgo por iliquidez: Es la dificultad que puede tener un inversor en encontrar contraparte en el mercado dispuesto a comprar un título a un precio adecuado. Es un factor muy importante para inversores institucionales, donde la liquidez de un activo tiene una ponderación muy importante en la decisión de inversión.

•Riesgo de devaluación: Si el inversor valúa su performance en una moneda distinta a la nacional, una devaluación tiene un impacto negativo en términos reales.

•Riesgo de inflación: Para portfolios locales, la inflación afecta la rentabilidad real del activo al licuar los flujos de fondos futuros (excepto bonos ajustables a la inflación). Si bien este riesgo debería trasladarse a la tasa de interés, no necesariamente puede compensar la suba y el inversor pierde en términos de poder adquisitivo.

• Riesgo de *default*: Posibilidad de que el emisor no cumpla con sus obligaciones. Esta probabilidad se mide a través de las calificaciones de riesgo, estableciendo distintas calidades de bonos de acuerdo a la situación financiera del emisor, garantías (si existiesen), estado del mercado y muchas otras variables. Otra forma de medir el riesgo de *default* es la evolución en los Credit Default Swaps, que se explica posteriormente.

Es importante que todos estos riesgos, en mayor o en menor medida, sintetizan en la TIR exigida por el mercado. La TIR es la variable de ajuste ante la variación de los distintos riesgos enumerados.

Calificaciones de riesgo

La volatilidad de un título es una característica inherente a su estructura: el vencimiento, sistema de amortización, tasa de cupón, rendimiento exigido y demás variables analizadas y representadas a través de la *duration* dan una aproximación a la volatilidad del bono, con el supuesto implícito que el emisor siempre pagará sus compromisos. Por eso, una cosa es el riesgo de *default*, y otra la volatilidad del título. Un bono con alta probabilidad de *default* (riesgo), no necesariamente tiene alta volatilidad si su *duration* es baja. Y viceversa, que tenga muy baja probabilidad de *default* no le exime de una alta volatilidad si la *duration* es elevada.

Las calificaciones de riesgo tienen por objeto determinar esa probabilidad de cesación de pagos, sintetizando ese riesgo en una nota o calificación. De esta forma los inversores tienen una aproximación al riesgo de cada activo.

Las "calificadoras de riesgo" realizan estudios de riesgo crediticio sobre el emisor y/o la emisión del instrumento de deuda, asignando una nota de acuerdo a la probabilidad de *default*. Pueden calificar al emisor (empresa o gobierno) y/o la emisión (bono, fideicomiso, etc.), y no necesariamente otorgar una misma calificación de riesgo, dado que un bono puede tener por ejemplo contragarantías de muy buena calidad, obteniendo el instrumento una mejor calificación que el emisor. Es común en provincias que emiten bonos con garantía coparticipación federal o regalías petroleras; o de empresas que agregan garantías hipotecarias, seguros especiales, etc. a sus emisiones. Esto se debe ya que al tener una mejor calificación de riesgo, se emite deuda a una menor tasa de interés y mayor fondeo.

Algunas aclaraciones:

•La calificación refleja una opinión respecto a la calidad crediticia de un deudor, a la totalidad de sus obligaciones o a un compromiso específico.

•No constituye recomendaciones o sugerencias de inversión.

•Son instrumentos diferenciadores de calidad crediticia.

Si bien hay bancos y sociedades de inversión que realizan sus propios análisis de riesgo, esto no es frecuente para la mayoría de los inversores porque no pueden destinar mucho tiempo y dinero en análisis. Por eso, las calificaciones de riesgo son un elemento muy importante para la selección de un bono o cualquier otro instrumento de riesgo. Incluso inversores institucionales solo pueden invertir en activos que tengan una calificación de riesgo determinada.

Las principales calificadoras de riesgo a nivel internacional son Standard and Poors (S&P), Moodys y Fich/FIX; en la Argentina se adiciona Evaluadora Latinoamericana y Profesional Rating Service. También se destaca la participación de universidades públicas, como ser: San Martín, Tres de Febrero, UBA y del Centrol. Sus *n*otas se dividen de acuerdo a la probabilidad de *default*:

Cada nota puede tener a su vez subcategorías, expresada por un signo + o -, o por números 1 al 3. Por ejemplo, A+ o A-; Aa1, Aa2 y Aa3. Para diferenciar calificaciones a nivel local de las internacionales, se complementan con referencia al país, como por ejemplo ra.AAA, AAA.ar o AAA (arg).

La calificación puede ir acompañada de una perspectiva denominada *outlook/ watch* (positivo o negativo) que significa que la nota puede modificarse en el corto plazo, generalmente a la espera de un evento o medida especial.

Para la calificación de acciones, la calificadora de riesgo evalúa la capacidad de la empresa en generar ganancias con mayor o menor seguridad. Las notas se expresan por números, siendo el uno la mejor calificación (gran capacidad de generar ganancias) y el cinco cuando no se proporciona información válida para realizar un análisis.

La calificación puede compararse a la *duration* porque sintetiza mucha información en un único y sencillo parámetro. Si la *duration* facilita la comparación de estructuras de bonos disímiles, la calificación tiene el mismo fin pero con el riesgo de *default*. Así, el bono de una empresa en Australia que tiene una misma calificación de riesgo que el bono de una empresa en Argentina, es un punto de partida importante para analizar en cuál invertir. Si la tasa del bono australiano es superior al argentino, considerando el nivel de riesgo, *a priori* debe invertirse en el australiano: mismo riesgo, mayor tasa de rentabilidad.

Credit Default Swaps

En los últimos años se popularizaron los denominados Credit Default Swap (CDS), que es un instrumento financiero para medir (y especular con) el riesgo de un país o empresa privada. El CDS es un contrato por el cual el comprador realiza una serie de pagos periódicos (denominado *spread o* prima*)* al vendedor, quien se compromete a realizar un pago en caso de *default* por parte del emisor del bono. Se mide en puntos básicos que representan el costo o prima que paga el comprador al vendedor del CDS sobre el monto asegurado.

Los CDS se crearon a principios de los 90' con fines de cobertura sobre títulos de deuda privada, pero al popularizarse como instrumento para realizar estrategias especulativas, principalmente sobre emisiones de deuda soberana, el mercado alcanzó una magnitud tan inimaginable como peligrosa. De los humildes U$S 200.000 millones operados al inicio, alcanzó U$S 500.000 a fines de la década del 90'. A partir del 2003 su uso se aceleró hasta alcanzar los U$S 65 billones (sí, leyó bien: U$S 65.000.000.000.000) en 2018, el equivalente a 1,35 veces el PBI mundial: especulación en estado puro. La crisis de varios países (como la Argentina en 2003) y principalmente la de hipotecas *subprime* de 2008 sacó del closet este instrumento.

¿Por qué se utilizó en el segundo párrafo la palabra *peligrosa*? Principalmente, porque se trata de un instrumento privado no regulado. Esto crea un mercado paralelo de ingentes operaciones que no es supervisado por ente regulador alguno, lo cual puede significar colapsos estrepitosos de la noche a la mañana por el volumen operado. El eslabón débil o carente de control es el emisor del CDS: los bancos.

Los CDS suelen compararse con seguros, pero esto no es del todo correcto porque existen diferencias importantes:

1. El emisor del CDS no está sujeto a reservas o inmovilización de capital por la posición de riesgo que asume; una aseguradora tradicional, por cada seguro que vende, debe realizar una reserva de capital.

2. No hay un ente que regule y controle la actividad. Por eso a esta industria también se la ha llamado el "mercado de las sombras", por el ingente volumen operado y poca transparencia.

3. El activo a asegurar no es un bien físico (una casa, auto, etc.) sino un papel (el bono) que otorga derechos sobre el cobro de un flujo de fondos futuro.

Sí se asemeja con el seguro en que el comprador (el asegurado) paga al vendedor (aseguradora) una prima para cubrir el riesgo si se genera el hecho contingente (el *default* en este caso); además el vendedor/emisor del CDS puede revender esta obligación a otro banco o institución que quiera tomar la posición contraria. Con las aseguradoras sucede algo similar al contratar reaseguros para trasladar parte del riesgo asumido a un tercero.

Generalmente, los vencimientos de estos instrumentos son a uno, dos, tres, cinco y 10 años, siendo el de cinco años más utilizado o líquido.

Características principales de los CDS:

•No operan en mercados regulados. Son contratos a medida de acuerdo a las necesidades de cada operador. Sus usuarios generalmente son inversores institucionales (bancos, compañías de seguro, pensión, etc.) y la contraparte (o emisor del CDS) un banco internacional.

•El subyacente puede ser cualquier bono, público o privado, sobre el cual se realiza la cobertura. Generalmente es una cartera de distintos bonos de un mismo emisor de deuda.

•Se opera como cualquier activo con fines especulativos: se trata de comprar *barato* para revender a un precio superior. Quien compra a 500bp y revenda a 700bp, gana la diferencia.

•La liquidación de la operación puede realizarse contra entrega física del activo subyacente o por diferencia de precios.

•Instrumentos privados: Los CDS son emitidos por grandes bancos internacionales en un contrato privado entre el cliente y el banco, y si estos emisores tienen problemas, el instrumento tendrá mayor riesgo (que el banco no pueda cumplir ante un *default*). Esto ocurrió durante la crisis del 2008, cuando estuvo por quebrar el sistema bancario mundial, y es en parte responsable por la abrupta suba que muestra el gráfico muy por encima del EMBI. Corolario: el alza puede vincularse al mayor riesgo del emisor y no necesariamente del país. Piense en la quiebra de Lehman Brothers…

• Iliquidez: Los CDS de algunos países o empresas no tienen mucha profundidad, y generalmente se concentran en vencimiento a 5 años. Siendo los volúmenes mínimos relevantes, la falta de liquidez se traduce también en una mayor prima.

•Cobertura: Los CDS cubren varios tipos de *default*, no solamente el técnico. Por eso la prima del CDS será algo superior.

•Los contratos de CDS por lo general no aluden a un bono específico a canjear en caso de *default*, sino a un paquete de bonos. En caso de *default* es esperable que el especulador que no tenga los bonos bajo cobertura adquiera en el mercado el bono más barato para entregar al emisor del CDS a cambio del capital del título, y así embolsar el mayor beneficio posible. Esta posibilidad se refleja en la prima del CDS.

•Ante un *default*, el emisor del CDS abona el valor técnico menos el valor de recupero. En países considerados riesgosos, los bonos suelen cotizar bajo la par, entonces el emisor tiene que cubrir un mayor valor al operado; la pérdida a la que está expuesto es mayor que la cotización normal del título.

•Como todo negocio privado entre partes, si mayor es la posibilidad de *default*, el emisor del CDS exigirá una prima mayor para aceptar el riesgo. En otras palabras, a medida que la probabilidad de *default* se incrementa, el CDS lo hará a una mayor velocidad. Por eso ante eventos especiales como una crisis financiera o política, los *spreads* de los CDS se amplían más que proporcionalmente.

La afirmación que normalmente un CDS tiene una prima superior a la de un bono (o cartera de bonos) puede deducirse de manera inversa con la siguiente pregunta: ¿Qué sucedería si el CDS tuviera una prima menor a la del bono que pretende cubrir? Simplemente existiría una posibilidad de arbitraje: se compra el bono y el CDS y la diferencia es una ganancia libre de riesgo. Esto no quita que pueda tener un diferencial marginal o levemente negativo, pero no es la situación normal.

También hay una cuestión técnica cuando se fuerza la comparación entre un CDS soberano y el EMBI del país. El EMBI tiene una *duration* propia por los bonos que integran la cartera y no tiene por qué ser igual al vencimiento del CDS.

Conclusión. El EMBI y los CDS difícilmente puedan compararse por la diferente *duration* implícita en cada instrumento.

Algo similar ocurre cuando se quieren comparar riesgos a través del EMBI de distintos países: aquellos que tienen una estructura de bonos emitidos a menor plazo, mostrarán un *spread* relativamente menor a un país que tienen títulos emitidos a mayor plazo. Simplificar el diferencial de riesgo comparando *spread* entre los CDS puede ser un (grave) error.

Por último, se vuelve a remarcar que es un contrato privado donde el riesgo es asumido por el emisor original del CDS, casi siempre un banco, pero por eso no está exento de riesgos de contraparte (¡los bancos también quiebran!). Adicionalmente, quién quiera operar este instrumento, es recomendable leer atentamente todas las cláusulas del contrato (elaborado por inteligentes y precavidos abogados), para no tener sorpresas desagradables posteriormente: es conocido el caso de un banco que vendió CDS sobre Argentina y al declararse el *default*, no honró sus obligaciones ya que el contrato incluía una cláusula (*suceso gatillo*) que lo exoneraba de la obligación en caso de abandono de la convertibilidad, el cual no estaba cubierto dentro del contrato.

Pases

En la mayoría de los mercados pueden realizarse operaciones denominadas plazo firme, que consiste en una operación de compra o venta por el cual el comprador y el vendedor se obligan irrevocablemente a cumplir una transacción en un plazo futuro fijado. En el momento de la operación las partes acuerdan los títulos involucrados, precios y vencimiento.

Sobre la operatoria de plazo firme deriva el denominado pase bursátil, que combina una operación de contado con otra a plazo firme. Específicamente, es un contrato que involucra dos operaciones simultáneas:

1. El inversor que requiere fondos vende un título (acción, bono, etc.) al precio de contado, y acuerda simultáneamente su recompra a un vencimiento posterior con la misma contraparte. Así, el inversor (devenido en deudor) logra un fondeo transitorio sin perder su posición en títulos, dado que los recibirá en el futuro.

2. La contraparte es un inversor que tiene excedentes transitorios de dinero. Compra de contado el título y acuerda simultáneamente su venta a un vencimiento posterior con la misma contraparte. De esta manera, el inversor (devenido en acreedor) logra colocar transitoriamente sus excedentes.

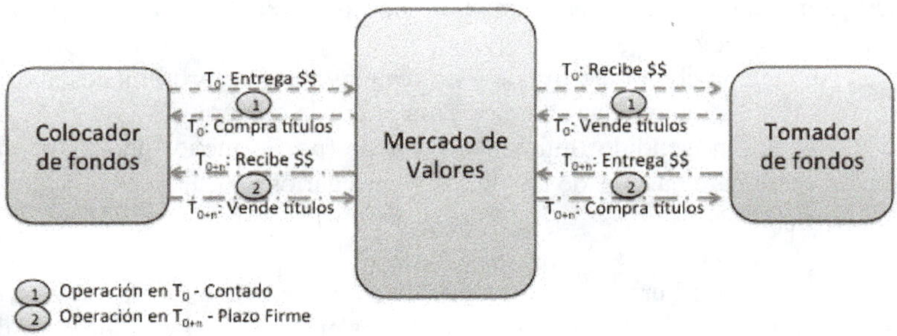

En resumen, el pase bursátil es un contrato que involucra dos compraventas. La primera es a precio de contado, basada en la cotización del día, y se registra en el momento en que se transfiere el título o especie al comprador. La segunda es una venta a plazo firme a un precio acordado. La operación puede involucrar algún aforo sobre los títulos operados para reducir el riesgo del mercado y/o del colocador de fondos.

¿Cómo se determina la tasa de interés? simplemente por la diferencia de precio de contado y el de plazo firme: el precio de venta/compra de contado es inferior al precio de compra/venta futuro. De ese diferencial, sale la ganancia para el colocador de fondos y el costo para el tomador.

El pase bursátil no es actualmente una operatoria utilizada por BYMA, dado que la caución bursátil ganó más adeptos por su facilidad operativa. En el Mercado Abierto Electrónico (MAE) sí es una operación habitual entre los bancos, ya sea para cartera propia o en representación de un cliente. El mercado no garantiza la operatoria (solo la registra) sino los agentes MAE que la realizan.

La operación de pase puede (o no) tener aforos sobre los títulos involucrados; eso es algo que deciden las partes. Si es con aforo, el tomador de fondos entrega títulos por un valor superior al dinero que recibe; el colocador de fondos recibe títulos por el monto de dinero que entregó, y la diferencia (el aforo) queda en custodia del mercado. En resumen, la operación de pase puede o no estar garantizada por un mercado, siempre hay transmisión de títulos, y puede o no requerir aforos.

Un aspecto importante y que diferencia el pase de otras operaciones similares (como la caución), es que quien vende el título deja realmente de ser su propietario aunque haya pactado su recompra en el futuro, por lo cual hay que considerar los dividendos u otros flujos de fondos que genere antes del vencimiento. El vendedor no tiene derechos sobre el título hasta el vencimiento del pase, cuando le son reintegrados; en el pase hay una transferencia de propiedad sobre la especie utilizada.

Los pases son utilizados por los operadores no solo como negocio específicamente de tasa o financiamiento, sino que tiene por correlato cubrir alguna otra posición. Ejemplo:

•Quien ha comprado títulos y no tiene el dinero (por lo menos ahora) para pagar la operación, hace un pase para cubrir la compra.

•Quien ha vendido títulos que no tiene (por lo menos ahora), puede hacer un pase para hacerse de los títulos y entregarlos.

Cauciones

La caución bursátil es muy similar a una operación de pase, con la diferencia que el precio de venta de los títulos entregados por el tomador de fondos tienen un margen de garantía (aforo) determinado por un mercado de valores (BYMA). Así se establece un límite a la cantidad de dinero que se puede obtener por este instrumento. Por ejemplo, si se establece un aforo del 25% para una especie que tiene un valor de $1, significa que los fondos que recibe el tomador es $0,75 máximo por título.

Existen también dos partes en la operación:

1. El tomador, quien entrega los títulos en garantía para percibir efectivo;

2. El colocador, que entrega el efectivo para percibir una tasa de interés por la operación. Siendo una operación bursátil, existe un mercado regulado que intermedia y garantiza la operación.

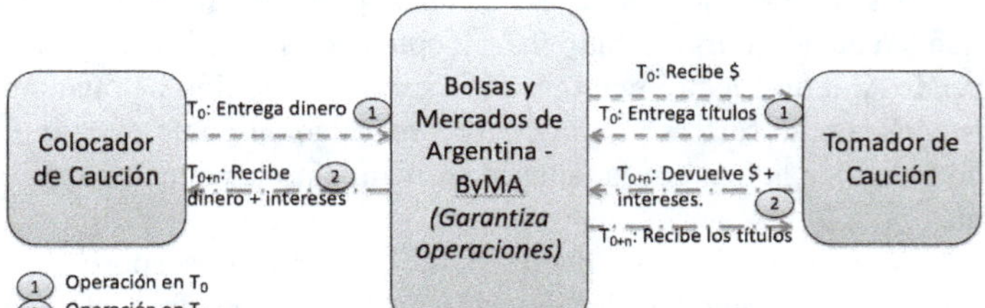

La tasa de interés implícita en la operación es la diferencia entre el precio contado y futuro que se realiza con la especie (el título). Operativamente realizar una caución es tan sencillo como comprar o vender una acción. No hay que firmar contratos de compra-venta actual o futuro, ni nada por el estilo; simplemente, y desde una computadora o por teléfono a su operador de mercado, instruye la orden para colocar o tomar fondos en caución; es un simple *click* del *mouse* o una orden verbal. Es idéntico a constituir un plazo fijo en un banco; de hecho, a esta operación se la denomina también *"el plazo fijo de la bolsa"*.

La razón de ser del aforo es que el BYMA es quien garantiza la operación (al colocador de fondos), y exige un nivel mínimo de garantía para cubrirse ante cualquier evento que modifique las condiciones de mercado, y específicamente del activo entregado. Al vencimiento, el tomador devuelve el dinero prestado más los intereses convenidos, valores que le son restituidos al colocador.

Nótese que, a diferencia de un banco que intermedia plazo y tasa de interés, aquí no hay una tasa activa o pasiva, sino una única tasa a la que se opera. No hay *spread* financiero, sí una comisión que cobra el agente a su cliente por la intermediación, y que generalmente es un porcentaje sobre los intereses (pagados o percibidos) que genera la caución.

Otra diferencia (para el tomador) respecto al pase, es que los títulos no se venden, sino que se entregan en garantía sin perder el dueño original su titularidad. Esto permite, por ejemplo, percibir los dividendos (si entregara acciones) o flujos de fondos (capital y/o interés, si fueran bonos) por los títulos en garantía; no tiene que preocuparse si el activo genera imprevistamente algún flujo de fondos.

Los períodos de colocación suelen ser muy cortos. Operativamente el tiempo mínimo es de un día y el máximo de 120 días; pero el 90% del volumen se concentra a menos de 30 días, siendo los plazos de uno y siete días los más operados. La liquidación de la operación es inmediata: en la fecha el tomador recibe el dinero, y el colocador debe depositarla; ídem al vencimiento. Se liquida en contado inmediato.

La tasa de interés, por ser una operación garantizada por el BYMA y de plazo corto, es relativamente baja; superior a una caja de ahorro, y levemente inferior a un plazo fijo. Es importante remarcar que BYMA, a diferencia de muchos bancos, nunca ha entrado en *default* o pueda tener problemas de liquidez, dado que no hace intermediación temporal. Por volumen es uno de los instrumentos más operados del mercado de capitales; la liquidación es inmediata: el mismo día que el tomador hace la caución, se deposita el importe en su cuenta comitente.

El cálculo de tasa es simple:

TNA= (((Precio Futuro/Precio Contado)-1)/ Días al vencimiento)*365

Por ejemplo, la tasa implícita promedio para las operaciones realizadas con vencimiento 11 de octubre (14 días al vencimiento) del cuadro anterior:

11,65%= ((($10.760.150/$10.712.258)-1)/14)*365

La caución es un instrumento muy utilizado entre inversores y operadores de mercado por varios motivos:

• Quienes tienen excedentes transitorios en la cuenta comitente pueden obtener una rentabilidad aceptable. Como el período mínimo de colocación es de un día, *rollea* la caución hasta definir el destino de los fondos o encontrar una oportunidad de negocio. Lo importante es que el dinero esté "trabajando" todo el tiempo, y no resignar flexibilidad para aprovechar una oportunidad de negocio.

•Para quienes tengan una situación transitoria de iliquidez, en vez de pagar una tasa de interés elevada por un descubierto bancario o deshacer la posición de títulos, entrega las especies en garantía y obtiene financiamiento barato.

•Los especuladores utilizan la caución para apalancar una posición alcista. La operación es sencilla: si espera la suba de una acción, partiendo con $100 y aforo del 20%, adquiriere la acción, entrega en garantía y percibe $80. Con ese dinero vuelve a comprar más acciones, que entrega nuevamente en garantía para percibir $64 (=$80*(1-20%)), y que vuelve a destinar a la compra de acciones… y así hasta el infinito. El problema es si la acción baja: BYMA exigirá reponer garantías por la posición tomada (que no será solo de $100, dependiendo del apalancamiento realizado) y el inversor deberá conseguir fondos para reponer las garantías o el mercado liquidará (venderá en el mercado) las acciones entregadas. En síntesis, el aforo determina indirectamente el nivel de apalancamiento para un especulador.

Arbitrajes de tasas: La caución es un instrumento de tasas de interés con un riesgo mínimo, que puede asimilarse a un plazo fijo o a cualquier otro instrumento de renta fija con máxima calidad crediticia. En determinados contextos, los inversores que poseen bonos y no desean venderlos pero buscan mejorar su rendimiento, pueden utilizar una estrategia que consiste en tomar una caución (depositando los títulos como garantía) y utilizar el dinero obtenido para invertir en un plazo fijo, un fideicomiso u otro instrumento que genere una rentabilidad superior, una vez descontados los gastos correspondientes. Así gana un *spread* de tasa. Esto es factible si la tasa de caución es inferior a otros instrumentos, situación que se genera regularmente.

Los aforos los fija cada mercado para operaciones garantizadas, y depende de la naturaleza del activo, volatilidad y liquidez. Así se establecen categorías o listas por nivel de aforo, y directamente cada título tiene un aforo específico.

Préstamo de valores

También se conoce como "alquiler de títulos". Son contratos que se realizan entre ALyC/AN, donde el colocador transfiere en forma temporal la propiedad de títulos (bonos u acciones) a un tomador, otra ALyC/AN.

Al vencimiento del tiempo pactado, el tomador está obligado de restituir los títulos, todos los flujos de fondos que los mismos hayan generado (dividendos, renta y amortización, etc.) durante la vigencia del contrato, y un monto adicional que representa el costo del alquiler, la tasa implícita de la operación.

La ALyC/AN puede realizar esta operación con cartera propia o de sus clientes, previa autorización. Al ser una operación garantizada por el mercado y por un período de tiempo muy corto (generalmente uno o dos días), la tasa de interés es reducida.

Desde el lado de la oferta de títulos, es una alternativa para un inversor que tiene una posición que sabe que no venderá en el corto plazo, y puede entregarla en alquiler para obtener una rentabilidad adicional.

No es un mercado líquido con paneles con cotizaciones. Son operaciones pre acordadas, donde el agente busca la contraparte. La utilidad de estas operaciones es variada:

•Para realizar ventas en descubierto *(short selling)*: Un especulador alquila títulos que espera que pierdan valor en el corto plazo y los vende en el mercado de contado, guardando el dinero recibido (o invierte en activos libres de riesgo). Al vencimiento del contrato de alquiler, acude al mercado para comprar los títulos a entregar: 1°. Si el precio actual es inferior al de venta, gana la diferencia. 2. Si el precio actual es superior al de venta, pierde el diferencial para adquirir los títulos. En ambos casos hay que adicionar el costo del alquiler. Para estas estrategias el inversor informa al mercado que alquila los títulos para realizar esta operatoria especulativa, y el plazo máximo autorizado es de cinco días.

•Problemas operativos: Un agente vende títulos que tiene que entregar, pero no los tiene disponibles por problemas en transferencias (no se acreditaron desde el exterior) u operaciones. Ante esta dificultad, y como está obligado en transferir los títulos vendidos, los solicita en alquiler para cumplir la obligación. Generalmente estas operaciones se realizan a un día de plazo.

•Quien tiene que entregar títulos pero que aún no tiene depositados en su cuenta (ya sea por problemas de transferencia, acreditación, etc.) puede solicitarlos en alquiler para honrar su obligación.

Acciones preferidas

La CNV diferencia a las acciones preferidas porque "otorgan una preferencia económica o dividendos de cobro preferente con respecto a las acciones ordinarias".

Las acciones preferidas pueden considerarse en realidad un híbrido porque tienen características propias de una acción, pero mucho en la práctica a un título de deuda. Características principales:

•Pagan un dividendo fijo: Principal característica que se asemeja al cupón de interés de un bono. El pago en algunos casos no es obligatorio, pero los dividendos se acumulan para pagos posteriores, deuda que el emisor debe saldar antes del pago de dividendos a accionistas comunes. Generalmente, los dividendos se definen como un porcentaje sobre el precio de la acción. Ejemplo: se emite acción preferida con valor nominal $100 y dividendo fijo del 8%, entonces paga $8 cada año en este concepto; también existe la posibilidad (menos frecuente) de atar el dividendo a una tasa o índice de referencia.

•No tienen derecho a voto en la asamblea de accionistas: Al igual que un acreedor, no participa en las decisiones de la compañía; la única salvedad es que la empresa no haya pagado los dividendos preferidos.

•No tienen fecha de vencimiento: En eso se asemejan a una acción. Sin embargo, muchas emisoras tienen la opción (*call*) para recomprar las acciones preferidas emitidas. Las acciones preferidas no son eternas, pero tampoco hay certeza de cuándo serán retiradas del mercado por su emisor. En algunos casos pueden tener 30 años como mínimo en el mercado antes de poder ser rescatadas.

•Preferencia en caso de liquidación de la sociedad: Llegando a un extremo de quiebra o liquidación de la sociedad emisora, los tenedores de acciones preferentes están subordinados a los acreedores (bonistas) pero tienen privilegios respecto a los accionistas comunes.

•Emisión de series: Pueden emitirse distintas series de acciones preferidas, serie A, B, C correspondiente a distintos períodos y con diferentes dividendos fijos.

El uso por parte de las empresas tiene una serie de ventajas o beneficios respecto a la emisión de bonos y/o acciones comunes. Hay una cuestión contable que permite reducir el ratio deuda/patrimonio neto: a pesar de tener la acción en el pago de dividendos, resulta una emisión de capital y por ende un aumento del patrimonio neto (no de los pasivos). En otras palabras, es una forma contable de reducir el apalancamiento de la empresa. Por ejemplo, durante la crisis de 2008, cuando muchos bancos y empresas estaban al borde de la quiebra, el gobierno de los EE. UU. salió a su rescate suscribiendo ingentes cantidades de acciones preferentes, para no comprometer aún más los balances que técnicamente tenían un patrimonio neto negativo.

Por estos mismos motivos, las agencias de calificación de riesgo ven con buenos ojos su utilización para mejorar los ratios y disminuir los riesgos de la compañía.

También pueden ser utilizadas como una estrategia defensiva por parte del directorio de una compañía ante la posibilidad de una compra hostil, ya que las acciones preferidas implican una ampliación del capital y así el potencial comprador debe realizar un mayor esfuerzo financiero para concretar su adquisición.

Un aspecto positivo es que la emisión no licúa la participación de los accionistas comunes; existen algunas emisiones (acciones preferenciales convertibles) donde tienen una cláusula de conversión a accionista de este tipo (igual que un bono convertible), pero no es muy frecuente.

Ahora bien, no todo es color de rosa con las acciones preferidas.

Al tener un componente fijo y varias diferencias sobre las acciones comunes, su comportamiento es muy similar a un bono: el precio baja cuando las tasas de interés suben, y aumenta cuando las tasas de interés disminuyen. Por eso es una inversión generalmente destinada a inversores con un perfil de riesgo conservador o moderado.

Tienen menor volatilidad que una acción común, pero superior a un bono. Menos que una acción porque el objetivo es generar ingresos a través del dividendo y no por variaciones de precio; mayor que un bono porque conlleva algunos riesgos adicionales.

La crisis de 2008 alteró algunos preconceptos que se tenían sobre las acciones preferidas, llevando algunas de ellas a cotizar con la misma volatilidad que una acción común. Primero, las acciones preferidas no acumulativas pueden no pagar los dividendos prometidos ante una crisis. No todas las acciones preferidas son iguales en cuanto al riesgo, debe analizarse la situación de cada emisor y su capacidad (e historia) de pago regular en los dividendos.

Por los distintos motivos esgrimidos, principalmente la mejora en los ratios de apalancamiento en los balances, los bancos utilizan mayormente este instrumento.

Calcular el valor de una acción preferida es sencillo. Primero obtenga el importe del dividendo preferente al valor par; por ejemplo, si paga 8% será \$8. Luego divida dicho importe por la tasa de rendimiento exigido; por ejemplo, si se exige un 9.5%, el precio de la acción preferida será:

$$\$84{,}21=\$8/0{,}095$$

En síntesis, el valor de una acción preferida es igual que valorar un bono a perpetuidad.

Las cotizaciones de las acciones preferidas son similares al de una acción común, sólo que para identificarla generalmente se agregan al *ticker* de la acción las letras PR (de *prefereed*) o simplemente P, dependiendo el mercado. Ejemplos de formatos: xxxPRx; xxxP, xxx/PR.

¿Puede calcularse la *duration* en acciones preferidas? Por supuesto que sí. Al tener un flujo de fondos conocido (cupón fijo) la *duration* se obtiene de la misma forma que un bono tradicional, solo que al no amortizar el principal, depende del tamaño y frecuencia (generalmente cuatrimestral) en el pago del cupón. Por esta razón la *duration* está en un rango promedio entre nueve y doce años, excepto que el emisor haya comunicado su rescate y entonces la *duration* será sensiblemente menor.

Material Multimedia

En www.phronencial.com/finanzasinteligentes encontrará material complementario y específico de este capítulo: ejemplos, ejercicios, aplicaciones, uso de calculadoras, búsqueda de información, videos, planillas, PDF y presentaciones.

Puede acceder desde la plataforma de Phronencial, o directamente al material del capítulo desde el siguiente QR:

Recomendamos registrarse en la plataforma utilizando el usuario y clave inicial que le proporcionamos en las primeras páginas, y que es único para el titular original del libro.

De esta manera podrá acceder al material complementario. Pero lo más importante, es que con la correcta identificación lo contactaremos para los encuentros (virtuales y/o presenciales) que realizamos para abordar distintos tópicos financieros y de mercado.

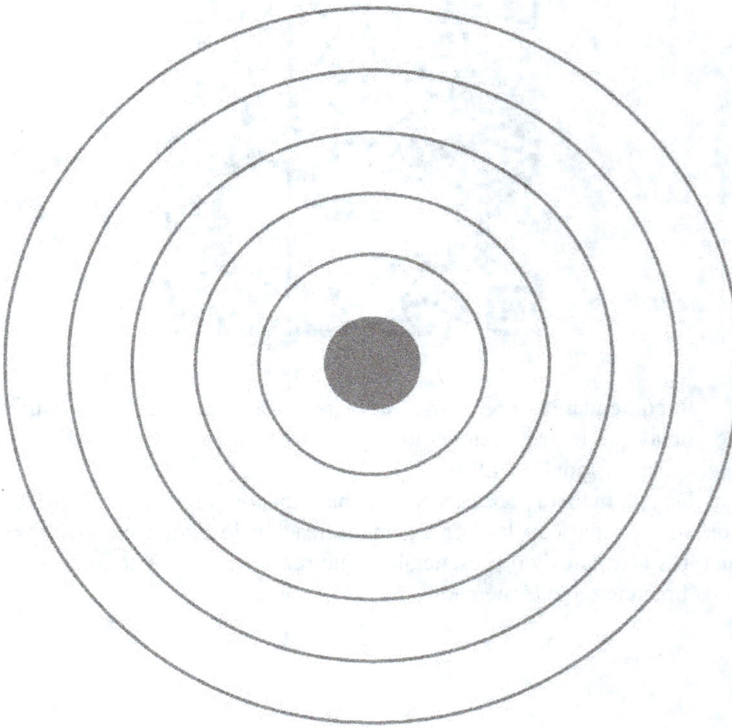

Fondos comunes de inversión

Uno de los vehículos de inversión más utilizados en el mundo son los fondos comunes de inversión (FCI). Coloquialmente, un fondo vendría a ser una gran bolsa donde inversores con intereses similares depositan su dinero para que sean invertidos en determinados activos.

De acuerdo al primer párrafo del art. 1° de la Ley 24.083 de fondos comunes de inversión en Argentina, "*se considera fondo común de inversión al patrimonio integrado por valores mobiliarios con oferta pública, metales preciosos, divisas, derechos y obligaciones derivados de operaciones de futuro y opciones, instrumentos emitidos por entidades financieras autorizadas por el Banco Central de la República Argentina y dinero, pertenecientes a diversas personas a las cuales se les reconocen derechos de copropiedad representados por cuotapartes cartulares o escriturales. Estos fondos no constituyen sociedades y carecen de personería jurídica*".

En palabras de la Cámara Argentina de fondos comunes de inversión: "*Un fondo común de inversión es un patrimonio indiviso, formado por aportes de un grupo de inversores que tienen los mismos objetivos de rentabilidad y riesgo respecto de las inversiones que realizan y delegan a un equipo de profesionales su administración*".

Estos fondos están administrados por una sociedad gerente, que dentro del marco de un reglamento de gestión decide en qué activos invertir. Las inversiones son custodiadas por una sociedad depositaria, que además controla que la sociedad gerente esté cumpliendo con el reglamento de gestión.

Funciones de cada uno de los integrantes de un FCI:

• *Sociedad gerente:* Encargada de *gerenciar* el fondo. Define las estrategias de inversión, valúa y selecciona activos, calcula el valor del fondo, lleva la contabilidad del fondo, registra operaciones, efectúa publicaciones exigidas, informa a los entes reguladores, etc. También representa judicial o extrajudicialmente a los cuotapartistas cuando los intereses del fondo puedan verse afectados.

• *Sociedad depositaria:* Responsable de custodiar los activos bajo administración de los FCI, en conjunto con la sociedad gerente. Liquida las operaciones de compra-venta del fondo, cobro de rentas y amortizaciones, dividendos, lleva un registro de los inversores (denominados cuotapartistas), recibe el dinero de suscripciones y realiza pagos. Los activos o plazos fijos que realiza la gerente deben quedar en poder de la depositaria.

Tanto la sociedad gerente como la depositaria actúan en forma independiente[8], desarrollando sus actividades en lugares físicos separados.

Tenemos la figura del Agente Colocador y Distribución de Fondos Comunes de Inversión (ACDI) autorizado por la CNV, y que con acuerdo con la SG y SD comercializa FCI. Esta actividad también puede ser realizada por las mismas SG y SD, pero en algunos casos, si no cuentan con una adecuada red comercial, tercerizan este trabajo en especialistas.

El reglamento de gestión especifica todas las características propias del fondo, así como las responsabilidades, costos y gestiones de la sociedad gerente y depositaria. Dentro del reglamento de gestión queda fijado el objetivo de inversión del fondo: los mercados en los cuales puede operar, los activos que puede incluir dentro del fondo, pautas de diversificación, límites máximos en activos, honorarios, gastos y comisiones, tiempos de pago de rescates, normas de liquidación del fondo, etc. Todo, absolutamente todo, debe estar detallado dentro del reglamento.

Legalmente es un contrato de adhesión, porque los inversores que suscriban el fondo no pueden realizar modificaciones o acuerdos extracontractuales. Justamente es un fondo común porque todos los inversores están sujetos a las mismas condiciones.

Las cuotapartes[9] es la unidad de medida de la participación que tiene el inversor dentro del fondo. Vendría a ser la parte de la bolsa que le corresponde. Cuando el inversor invierte en el fondo está suscribiendo una cantidad de cuotapartes de acuerdo a su valor del día. El valor de esa cuotaparte se calcula diariamente[10] de acuerdo a la valorización total del FCI, así el (ahora) cuotapartista puede conocer exactamente cuánto vale su posición en el fondo. Cuando el cuotapartista decida salir del fondo, estará rescatando sus cuotapartes y recibirá el dinero de acuerdo a su cantidad y precio de cierre de la cuotaparte el día del rescate.

Adicionalmente al control cruzado entre sociedad gerente y depositaria, auditores externos tienen la obligación de verificar que el fondo no haya realizado una operación fuera de los límites del reglamento de gestión. Así, los cuotapartistas tienen una opinión y control independiente sobre la gestión del fondo.

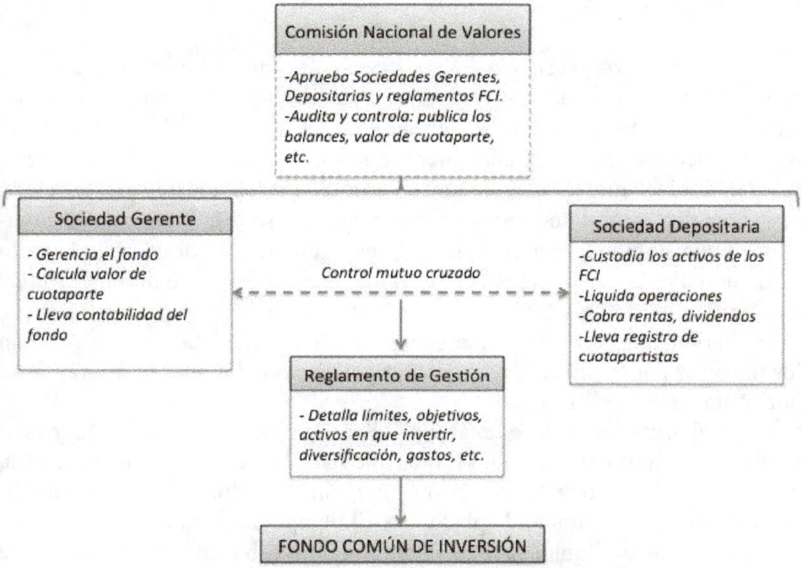

Clasificación de fondos según su constitución

• *Fondos abiertos:* Tienen un número de cuotapartes ilimitado, es decir que siempre pueden suscribirse y rescatarse. El inversor puede entrar y salir sin limitaciones. Por esta facilidad, están obligados a invertir únicamente en activos líquidos: bonos, acciones, divisas, depósitos a plazo, etc. Son los más comunes en el mercado y mueven ingentes cantidades de dinero, dado que no solo participan como cuotapartistas inversores individuales, sino también muchos inversores institucionales (fondos de pensión, compañías de seguros, etcétera). Un fondo empieza sin capital y puede ir creciendo indefinidamente en la medida que sus activos se revalúen y se sumen una mayor cantidad de cuotapartistas. No tienen una fecha de liquidación del fondo.

• *Fondos cerrados:* Significa que su número de cuotapartes es fijo y se establece en el momento de la emisión. Para poder salir del fondo debe conseguirse otro inversor interesado en comprar la cuotaparte. El objetivo de inversión es mucho más amplio, pudiendo invertir en activos poco líquidos (como propiedades), proyectos de economía real (por ejemplo, sembrar un campo) o negocios más complejos. El fondo inicia con una cantidad de dinero que es la que suscriben los inversores en el momento de lanzamiento del fondo, y luego el fondo no puede ampliarse. Tienen fecha de liquidación generalmente asociada a la madurez de sus inversiones.

Clasificación de fondos según sus activos

• *Fondos de plazo fijo y de mercado de dinero:* Invierten gran parte de sus fondos en plazos fijos, cauciones o valores de muy corto plazo. Su objetivo es lograr una rentabilidad similar a un plazo fijo, con la ventaja que el rescate puede realizarse en cualquier momento. Es muy utilizado por empresas o individuos que no quieren tener su dinero ocioso en la cuenta bancaria, pero tampoco están interesados en realizar un plazo fijo o cualquier otra inversión que signifique inmovilizar su dinero, aunque sea por un período corto de tiempo. Por lo general el rescate es inmediato, en el mismo día (FCI *monay market*, T_0) o 24 horas (FCI plazo fijo, T_1)[11]. El valor de la cuotaparte crece poco diariamente, pero en forma constante y en la medida que se devengan los intereses por las inversiones realizadas. Priman la liquidez y seguridad; su horizonte de inversión es corto.

• *Fondos de bonos o renta fija*[12]*:* Son inversiones que tienen un riesgo implícito porque el precio de los bonos fluctúa. El valor de la cuotaparte varía en función del precio de los bonos que integran el fondo. Es decir, su volatilidad es superior a un fondo de plazo fijo. El tiempo de rescate es de 48 horas, tiempo normal de liquidación de cualquier activo bursátil. El horizonte de inversión es superior, de mediano o largo plazo, de acuerdo a que si los bonos son de corto, mediano o largo plazo. La rentabilidad buscada es superior a un plazo fijo.

• *Fondos de acciones o renta variable:* Quien invierte en estos fondos sabe que tendrá alta volatilidad y deberá tener un horizonte de inversión de largo plazo si quiere una madurez de sus inversiones. Invertir en acciones significa participar del riesgo financiero y del negocio de la empresa, lo cual puede resultar incierto, y se refleja en la volatilidad del precio de sus acciones. Estos fondos esperan ganar principalmente por la apreciación en el precio de las acciones y no por los dividendos que devengan. El tiempo de rescate es de 48 horas, tiempo general de liquidación de cualquier activo bursátil, y su objetivo es tener una rentabilidad superior a bonos de largo plazo.

• *Fondos mixtos:* La sociedad gerente y administradores de los fondos de plazo fijo, bonos o acciones, no pueden invertir en otras clases que los estipulados en el reglamento de gestión. Si el fondo es de acciones, no puede invertirse en plazos fijos y viceversa: los perfiles de riesgo y rentabilidad son diametralmente opuestos. Esa limitación tiene una desventaja: ¿qué pasa, por ejemplo, si las perspectivas del mercado de renta variable son sombrías? La

---

[11]T representa el tiempo de liquidación y el subíndice la fecha. Por ejemplo, 0 es acreditación inmediata, uno igual a 24 horas, dos a 48.

[12]El término "renta fija" es sinónimo de bonos públicos o privados que devengan una renta, aunque sea con cupones variables. La "renta fija" se determina cuando el titular del bono lo mantiene hasta el vencimiento, cobrando la renta (o intereses) estipulados por el emisor del bono.

sociedad gerente está convencida de que las acciones bajarán, pero no puede invertir en otros activos que no sean acciones; pues carecen de cierta flexibilidad operativa. En cambio, los fondos mixtos pueden invertir en cualquier clase de activos: plazos fijos, bonos (corto, mediano o de largo plazo), públicos o privados, en monedas, acciones, etc. Tiene la flexibilidad de moverse de acuerdo a sus perspectivas de mercado y activos, lo cual si bien es una gran ventaja también permite analizar la *performance* del administrador. Su horizonte de inversión es mediano-largo plazo y con un objetivo de rentabilidad promedio entre acciones y bonos, aunque por su flexibilidad es difícil tener algún indicador de referencia. Tiempo de rescate 48 horas.

Una ventaja adicional que tienen los fondos de bonos y acciones es que pueden realizar operaciones de *trading*: comprar y vender (o mejor dicho suscribir y rescatar), cuotapartes del fondo como si fuera una acción o bono. Si un inversor quiere invertir en el Merval puede comprar todas las acciones que lo compone con su respectiva ponderación, o adquirir cuotapartes de un fondo de acciones que tenga por objetivo replicar el rendimiento del Merval. Con seguridad, la segunda opción resultará más económica y operativamente más sencilla que la primera.

Respecto al horizonte de inversión, nada garantiza que la inversión pueda alcanzar los objetivos si cumple los tiempos sugeridos. Por ejemplo, si invierte en un fondo de renta fija con un horizonte de inversión de dos o tres años, dado que invierte en bonos de corto plazo cuyo vencimiento es en promedio inferior al horizonte sugerido, eso no garantiza la rentabilidad final de la inversión. El fondo continuamente está invirtiendo en bonos, así que por más que pasen dos o tres años desde que el inversor suscribió, la cartera actual del fondo estará sujeta a la volatilidad del mercado y ante una baja pronunciada puede licuar los beneficios cosechados. La probabilidad de que esto ocurra dependerá justamente de la volatilidad de los activos que compone el fondo; por ello el mayor horizonte sugerido está vinculado directamente con el riesgo de las inversiones.

Los FCI pueden clasificarse de acuerdo a la moneda en que invierten (dólares o pesos), destino geográfico de inversión (local-internacional) o por el tipo de administración que tiene el fondo.

• *Administración pasiva:* El fondo tiene por objeto emular un índice, por ejemplo el MERVAL. Entonces, su cartera tendrá los mismos activos y ponderación, sin sufrir modificaciones sino hasta que el índice de referencia lo haga.

• *Administración activa:* Buscan maximizar los resultados mediante operaciones constantes dentro de los activos en los cuales pueden invertir.

Ventajas de invertir en FCI

• *Diversificación:* La diversificación es uno de los principales conceptos para reducir riesgos innecesarios. Pero diversificar no es simple ni barato. Si el inversor tiene solo U$S 100 difícilmente pueda invertir en más de un activo. Pero en un fondo es distinto, dado que su volumen le permite diversificar instrumentos y así el cuotapartista que haya invertido U$S 100 será parte de un fondo que sí está diversificado. En la Argentina, los fondos abiertos no pueden tener más de un 20% de sus inversiones en instrumentos de un mismo emisor, excepto bonos del Estado.

• *Administración profesional:* Invertir en un FCI es delegar en un tercero profesional la decisión en qué invertir, dentro del Reglamento de Gestión. Si el inversor ni tiene conocimientos financieros o no puede dedicarles tiempo a sus inversiones, participar de un FCI es una buena elección.

• *Liquidez:* Los fondos están muy restringidos en invertir en activos que tengan liquidez dado que, por lo general, los cuotapartistas pueden rescatar sus fondos cuando quieran.

• *Acceso a mercados e instrumentos:* Por una cuestión de escala, los FCI pueden acceder a mercados e instrumentos que a un inversor pequeño o individual se le dificultaría.

• *Información diaria:* El valor de las cuotapartes se publica diariamente en medios especializados, páginas web, etc. Basta con conocer el valor de la cuotaparte del fondo que tiene el inversor para saber su valoración total.

• *Montos mínimos reducidos:* La mayoría de los fondos permiten una suscripción mínima reducida. Son vehículos de inversión generalmente pensados para inversores minoristas, por eso las restricciones son pocas. Las operaciones de suscripción y rescate son muy sencillas, incluso pueden realizarse a través de la web.

• *Regulación:* Para que un fondo opere tiene que estar aprobado por la Comisión Nacional de Valores, además de los controles mutuos que tiene la sociedad gerente y depositaria. La CNV supervisa y controla la actividad de los fondos. Además, cada FCI tiene balances y auditorías propias.

¿Cómo valuar la performance de un FCI?

Es muy común en las publicidades de fondos de inversión mostrar un cuadro de evolución del precio de la cuotaparte para mostrar la "excelente" rentabilidad del fondo. Se toma un año base (generalmente malo) y su evolución hasta el valor más reciente. Utilizando como ejemplo el siguiente cuadro, el texto de un fondo afirmaría que "la rentabilidad del fondo en los últimos cinco años fue un 100%, un 20% de rentabilidad promedio anual".

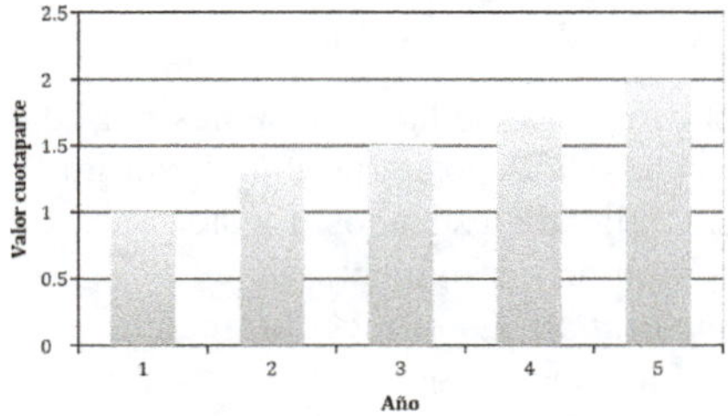

¿Es correcto? No, es un engaño. Decir que la rentabilidad promedio es del 20% significa que los intereses o rentabilidad de años anteriores no es capitalizable. Un ejemplo sencillo: partiendo de un valor base de \$ 100, al primer año el fondo ganó un 50% pasando el valor de la cuotaparte a \$ 150; al segundo año pasó a \$200, una rentabilidad del 100% respecto al año base pero del 33% respecto al año anterior. Si al finalizar el año uno el valor de la cuotaparte es de \$ 150 y finaliza el segundo año en \$ 200, la rentabilidad del segundo año fue 33%(=200/150-1). Por ende, es incorrecto afirmar que la rentabilidad promedio del fondo ha sido del 50%.

Matemáticamente, la forma de obtener la rentabilidad promedio en el primer ejemplo es la siguiente:

$$\sqrt[5]{\frac{C_f}{C_i}} - 1 \rightarrow \sqrt[5]{\frac{200}{100}} - 1 = 14,87\%$$

Donde,

n es la cantidad de años (período inicial - período final).

C_i valor de la cuotaparte inicial.

C_f valor de la cuotaparte final.

La rentabilidad, entonces, es del 14,87%, muy inferior al 20% publicitado. En el segundo ejemplo la rentabilidad promedio es 41,6%.

Otra forma de interpretar este resultado es el siguiente: se multiplica el valor inicial (\$ 100) por la rentabilidad promedio elevado por la cantidad de años. Así, se obtiene el valor de la cuotaparte al finalizar el período.

Matemáticamente:

$$C_i * (1 + r)^5 = C_f \rightarrow \$100 * (1,1487)^5 = \$200$$

Donde r es la tasa de rentabilidad.

Si se utiliza la rentabilidad publicitaria, el valor de la cuotaparte al finalizar debería ser:

$$\$100 * 1,20^5 = \$248,83$$

Comisiones

También deben conocerse las comisiones por administración que cobra la sociedad gerente y la depositaria, y si dicho importe tiene "premios" por objetivos de rentabilidad alcanzados. Existen varios modelos comisionales que podemos resumir en los siguientes:

Comisión por gestión: Es el modelo tradicional en la Argentina para los fondos abiertos. La sociedad gerente cobra un *management fee* y la Depositaria un *fee* por custodia: en ambos casos es un porcentaje anual sobre al valor patrimonial del fondo. Su forma de cálculo es sencilla: todos los días se multiplica el *fee* proporcional diario por el valor del fondo, realzando administrativamente una reserva el fondo sobre dicho monto, cuya acreditación se realiza por lo general a fin de cada mes. Ejemplo: un fondo con un valor al cierre de $45.557.833,34 y un *management fee* del 2,5% anual. La comisión del día de la sociedad gerente es:

$$\frac{2{,}5\%}{365} * \$45.557.833{,}34 = \$3.120$$

La forma de cálculo y acreditación de las comisiones debe estar estipulada en el reglamento de gestión del fondo. Si al día siguiente el patrimonio del fondo aumenta, ya sea porque se revalorizan sus activos o hay nuevas suscripciones, se volverá a realizar el cálculo para esa jornada. Las comisiones varían de acuerdo al tipo de administración del fondo (activo o pasivo) y de los activos (plazo fijo, bonos, acciones, etcétera).

Gastos propios del fondo: La mayoría de los fondos deben afrontar gastos vinculados a sus propias operaciones (comisiones al agente de bolsa, certificaciones, auditorías, papelería, etc). Algunos gastos son afrontados por la sociedad gerente, otros están directamente a cargo del fondo y por ende afecta su rentabilidad. Esto está determinado también dentro del reglamento.

Hay fondos que cobran comisiones especiales ante determinados sucesos:

Comisión por suscripción: Se cobra un porcentaje cuando el inversionista deposita la plata en el fondo. La justificación de este gasto son los trámites administrativos y de comercialización en que incurre la sociedad gerente o sus agentes colocadores.

Comisión de rescate: Se cobra un porcentaje cuando el cuotapartista solicita el rescate de sus fondos. Es una especie de penalidad por retirarse del fondo, y generalmente desaparece cuando supera el año de permanencia. Como los FCI tienen mejores condiciones para comprar y vender activos (acciones, bonos, derivados, etc.) por el volumen que operan, muchos inversores los utilizan indirectamente para *tradear*. Es decir, compran y venden cuotapartes con cierta regularidad en vez de operar directamente los activos subyacentes, dado que las comisiones que obtendrán indirectamente serán menores.

Regulación

Los FCI en Argentina están regulados por la Comisión Nacional de Valores, quien aprueba el funcionamiento de las sociedades gerente, depositaria, reglamentos de gestión, procesos internos, sistemas, etc. Todo está debidamente controlado, así como la presentación de información, balances, y auditorías que puede realizar directamente la C.N.V.

El objetivo de la CNV es resguardar al inversor. Por ello impone una serie de limitaciones a los fondos para limitar daños en situaciones extremas de mercado. Por ejemplo, en relación con instrumentos y estrategias, establece limitaciones en cuanto a:

• *Operar contratos de futuros:* Debido a que las pérdidas pueden ser ilimitadas, tanto si poseen una posición comprada o vendida.

• *Venta de opciones:* Para *calls* y *puts*. Dado que implican una obligación (sin derecho) y las pérdidas pueden ser ilimitadas, están prohibidas al menos que exista alguna cobertura (como podría ser la estrategia "lanzamiento cubierto"[13]).

• *Ventas en descubierto:* Por mismos motivos esgrimidos para los futuros y venta de opciones.

• *Apalancamiento:* Multiplicar la posición de activos está prohibido, dado que un movimiento adverso del mercado puede generar fuertes pérdidas.

Estas limitaciones no aseguran que el inversor pierda todos sus ahorros producto de una gestión deficiente por parte de la gerente. Pero sí que el fondo no pueda incurrir en un patrimonio negativo y que tenga consecuencias sobre el inversor.

En los últimos años, la CNV se focalizó en flexibilizar el marco legal de los FCI para el desarrollo de fondos cerrados (con oferta pública) que inviertan en proyectos *pymes* e innovación tecnológica. La Ley de Financiamiento Productivo 27440 estableció un nuevo marco jurídico muy favorable para los FCI en cuanto a su operatividad y tratamiento impositivo, respecto a su antecesora. El objetivo es incentivar la constitución de fondos cerrados con oferta pública para invertir en la economía real y no únicamente en activos financieros. Así, el público en general tiene la posibilidad de participar en proyectos de gran envergadura, en un marco legal que le otorga seguridad jurídica y control sobre el destino de su dinero.

Otro ejemplo en esta misma línea, lo constituye el régimen especial para el financiamiento de proyectos productivos y de infraestructura orientado al desarrollo de economías regionales. En síntesis, el organismo está aplicando una serie de medidas para canalizar ahorros de inversores minoristas hacia proyectos de inversión en economía real, impulsando a los participantes

[13]Ver capítulo sobre *Opciones*.

(sociedades gerentes, administradores, etc.) del mercado a buscar otras alternativas de inversión al *trading* de títulos valores tradicionales.

Fondos de Inversión en el exterior

Los FCI en el exterior, también llamados fondos mutuos, operan en forma muy similar a los descritos anteriormente, solo que la variedad de fondos y gestores es infinitamente mayor. Hay fondos sumamente especializados con estrategias complejas y que operan sobre activos no tradicionales. Igualmente, al estar regulados por un ente estatal, no tienen mucha flexibilidad en cuanto a estrategias.

Hay fondos mutuos con estrategias pasivas (que se asimilan a los ETFs), pero muchos tienen estrategias activas, buscando superar el rendimiento de un *benchmark* establecido. Los principales administradores lo son también de ETFs, dada la similitud en su estructura y recursos necesarios para su gestión.

EE. UU. domina claramente el sector, contando con ocho de las 10 principales administradoras en la gestión de activos; las otras dos son europeas.

Rank	Company	Country	Total AUM, US$b	Balance sheet
1	BlackRock	US	9,570	03/31/2022
2	Vanguard Group	US	8,100	03/31/2022
3	Fidelity Investments	US	4,283	03/31/2022
4	UBS Group *	Switzerland	4,240	12/31/2021
5	State Street Global Advisors	US	4,020	03/31/2022
6	Morgan Stanley	US	3,320	03/31/2022
7	JPMorgan Chase	US	2,960	03/31/2022
8	Credit Agricole	France	2,875	12/31/2021
9	Allianz Group **	Germany	2,760	03/31/2022

Fuente: ADC Rating (2022)

Es interesante conocer un poco más sobre estas grandes gestoras de activos.

El coloso americano BlackRock sigue siendo el rey. Gestora relativamente nueva fundada en 1988 por Larry Fink, tiene casi 10.000 billones logrados principalmente por la venta de fondos que replican la evolución de índices bajo la marca iShares (más de 700 fondos indexados), entre otros servicios de administración. BlackRock cotiza en bolsa y ha tenido una *performance* sobresaliente. Es uno de los grupos financieros más influyentes de USA y

Europa. A modo de ejemplo, ganó el contrato para gestionar el programa de estímulos económicos de la Reserva Federal durante la pandemia del COVID.

Vanguard es la reina en fondos indexados (ETF) y se destaca por sus bajas comisiones de gestión. Fundada en 1976, nació focalizada en productos de administración pasiva. No cotiza en bolsa y es propietaria de sus propios fondos ETF, los cuales administra.

Cuando uno analiza una empresa cotizante, al menos las que integran los principales índices de bolsas, verá que entre sus accionistas principales siempre aparecen estas dos entidades.

Fidelity Investments, empresa que cotiza en bolsa y controlada por la familia Johnson, es una tradicional y respetada gestora de fondos.

El mítico banco suizo UBS se destaca por sus activos de administración discrecional en las carteras de sus clientes a través de contratos, además de contar con fondos tradicionales. Técnicamente es un banco privado y de inversión, a diferencia de los dos gestores anteriores.

Allianz es la gran aseguradora alemana dueña de los fondos Pimco (especializados en renta fija), y de Allianz Global Investor. Fundada en 1890, tiene presencia en más de 70 países y emplea a casi 150.000 personas para brindar servicio a 80 millones de clientes.

State Street Global Advisers, fundada en 1978, se jacta de ser la dueña del fondo indexado más grande del mundo, el SPDR S&P 500 (SPY). Solo en este ETF gestiona más de USD 300.000 millones, casi el PBI argentino (dependiendo del USD aplicado). Se especializa en gestión de activos institucionales.

Morgan Stanley, fundada en 1935, es el mítico banco americano y una de las entidades financieras más importantes y reconocidas del mundo, con gran experiencia en gestión de fondos multi activos, estructurados, variables y de renta fija.

JP Morgan Asset Management es más conocido por los argentinos por su historia de encuentros y desencuentros financieros con el país. Tiene más de 150 años de Historia, y al igual que Morgan Stanley, administra gran variedad de fondos de sus acaudalados clientes tanto privados como institucionales.

La aparición de los ETFs sacudió la industria de los fondos mutuos, que sufrieron una fuerte migración hacia estos nuevos vehículos, principalmente por parte del público minorista. Los principales afectados fueron los fondos de administración pasiva, dado que los ETFs tienen ventajas cualitativas. Así también, los fondos con administración pasiva debieron esforzarse más en alcanzar sus objetivos para retener y ampliar sus clientes y activos.

Fondos soberanos

Los fondos soberanos de inversión (FSI) son vehículos de inversión que utilizan los Estados para controlar una cartera de activos financieros compuesta generalmente por bonos y acciones, aunque también se agregan inversiones inmobiliarias en calidad de renta fija.

Estos fondos han adquirido cada vez más relevancia por la ingente cantidad de activos que manejan, que les permitieron haber participado en los rescates bancarios de Citigroup o Merrill Lynch durante la crisis de 2007/2008. Si bien el primer FSI data de 1953 (el Kuwait Investment Authority), el fuerte desarrollo que tuvieron estos fondos desde la década de los 90' a la actualidad los transformaron en un *player* institucional de gran relevancia para las finanzas y la economía de muchos países. A modo de ejemplo, los FSI son dueños o accionistas del Manchester City y el edificio Chrysler, entre muchos activos simbólicos.

Hay poco más de 50 FSI administrados por 32 países. Los FSI comúnmente se originan cuando los gobiernos logran excedentes financieros en forma sistemática, ya sea por la explotación o derechos sobre recursos naturales (generalmente petróleo y gas), o por un superávit constante en su balanza comercial. Además, son independientes a los fondos de pensión estatales y a las reservas internacionales que tienen los bancos centrales. En general, invierten con una visión a largo plazo en activos en el extranjero para diversificar sus ingresos y no estar expuestos a los ciclos económicos o riesgos propios del país donde se encuentran.

Los FSI generan cierta resistencia por parte de la comunidad financiera internacional, esto se debe al volumen que discrecionalmente manejan y por el poco nivel de transparencia con el que operan. Debe tenerse en cuenta que muchos de los FSI provienen de gobiernos no muy democráticos.

Rank	Profile	Total Assets	Type	Region
1.	China Investment Corporation	$1,350,863,000,000	Sovereign Wealth Fund	Asia
2.	Norway Government Pension Fund Global	$1,136,144,193,600	Sovereign Wealth Fund	Europe
3.	Abu Dhabi Investment Authority	$790,000,000,000	Sovereign Wealth Fund	Middle East
4.	Kuwait Investment Authority	$750,000,000,000	Sovereign Wealth Fund	Middle East
5.	GIC Private Limited	$690,000,000,000	Sovereign Wealth Fund	Asia
6.	Public Investment Fund	$607,418,895,000	Sovereign Wealth Fund	Middle East
7.	Hong Kong Monetary Authority Investment Portfolio	$588,903,442,872	Sovereign Wealth Fund	Asia
8.	Temasek Holdings	$496,593,722,700	Sovereign Wealth Fund	Asia
9.	Qatar Investment Authority	$475,000,000,000	Sovereign Wealth Fund	Middle East
10.	National Council for Social Security Fund	$473,799,060,897	Sovereign Wealth Fund	Asia

Fuente: SWF Institute (febrero 2023)

Se calcula que entre todos los FSI administran más de 4.000 billones de dólares. A modo de referencia, esto representa un 25% del PBI norteamericano. Entre los países latinoamericanos que tiene FSI figuran: Chile, Brasil, México, Venezuela y Trinidad & Tobago.

Fondos de Pensiones

Estos fondos tienen por objeto financiar el pago de prestaciones jubilatorias a sus beneficiarios, entre otros servicios. De acuerdo a cada país, tienen un alto nivel de influencia en los mercados de capitales, dado que sus inversiones tienen un horizonte de inversión de largo plazo.

Rank	Profile	Total Assets	Type	Region
1.	Social Security Trust Funds	$2,838,183,544,330	Public Pension	North America
2.	Government Pension Investment Fund Japan	$1,360,851,169,665	Public Pension	Asia
3.	Caisse des Depots	$1,112,376,809,500	Public Pension	Europe
4.	Military Retirement Fund	$979,432,811,000	Public Pension	North America
5.	Federal Retirement Thrift Investment Board	$782,292,000,000	Public Pension	North America
6.	Federal Employees Retirement System	$733,815,462,000	Public Pension	North America
7.	National Pension Service of Korea	$679,896,144,200	Public Pension	Asia
8.	Canada Pension Plan Investment Board	$670,671,238,780	Public Pension	North America
9.	Stichting Pensioenfonds ABP	$522,055,436,000	Public Pension	Europe
10.	Zenkyoren	$475,469,301,000	Public Pension	Asia

Ranking Fondos de pensión públicos. Fuente: www.swfinstitute.org

Los fondos de pensión generan muchos beneficios al desarrollo de los mercados de capitales al brindar estabilidad en tiempos de crisis debido a que no tienen la misma capacidad que otros fondos para deshacer sus posiciones con facilidad. Migrar de acciones a bonos no es nada fácil, y si lo hacen acentúan la caída de precios. Además, son compradores en las emisiones primarias de bonos, fideicomisos y muchos otros instrumentos de renta fija.

Por la importancia que tienen para la economía, sus inversiones están muy reguladas y controladas, sean fondos administrados por el Estado como por entidades privadas. Incluso hay fuertes divergencias entre fondos de pensión: existen gobiernos que permiten, e incluso incentivan, la inversión del capital fuera de las fronteras y solo en activos con altísima calidad crediticia; es el caso de Nueva Zelanda, Finlandia, Suecia e Irlanda, que tienen más del 60% de los activos en el exterior. Otros consideran que el capital administrado solo puede estar invertido en activos dentro del país, puesto que, en caso contrario, esto implicaría una exportación de ahorros al exterior; como en los EE. UU. En su mayoría, sus inversiones resultan colocadas en títulos públicos de sus gobiernos, o en bonos AAA de los Estados Unidos o principales países europeos. También invierten en deuda privada y acciones. Su porcentaje varía de acuerdo a cada país.

Categoría de activos en países seleccionados (% total de inversión):

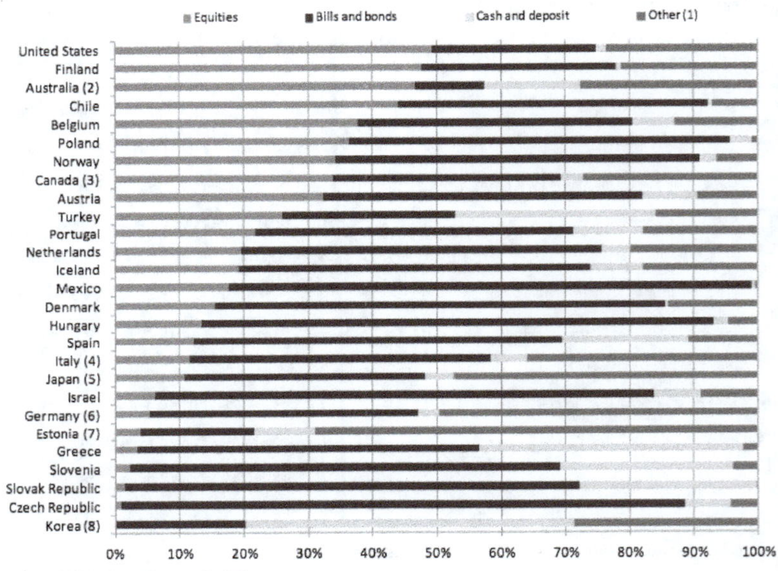

Source: OECD Global Pension Statistics.

Nunca se puede estar ajeno a las políticas de inversión de estos fondos que constituyen las principales reservas de activos financieros a nivel internacional, únicamente superado por las reservas de bancos centrales.

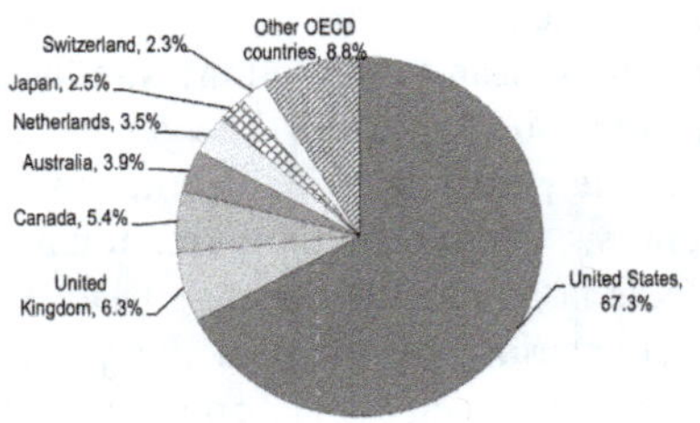

Caso argentino

Desde la sanción de la Ley 26425 (noviembre 2008) se creó el Sistema Integrado Previsional Argentino (SIPA) que administra el Fondo de Garantía de Sustentabilidad (FGS), todo dentro de la órbita del ANSES. Su objetivo es constituirse en un fondo de reserva anticíclico que resguarde las futuras (y actuales) jubilaciones. El origen de los FGS está en las Administradoras de Jubilación Privadas (AFJP) que fuera derogada por el gobierno. Así, se heredó una ingente cantidad de activos financieros y un significativo flujo de fondos de sus aportantes. Por ejemplo, las participaciones accionarias que tenían las distintas AFJP se concentraron en el FGS, pasando a ser el Estado un inversor con participaciones relevantes en las principales empresas del país.

PARTICIPACIÓN EN EMPRESAS PRIVADAS

EMPRESA	CÓDIGO	TENENCIA FGS	PARTICIPACIÓN DEL FGS SOBRE EL CAPITAL SOCIAL	VALOR EN CARTERA DEL FGS (PESOS) AL 30-06-2018
Banco Macro S.A.	BMA	184.120.650	27.49%	$31.141.227.726
S.A. San Miguel A.G.I.C.I. Y F.	SAMI	18.543.962	26,06%	$1.935.106.919
Gas Natural Ban S.A.	GBAN	86.691.181	26,63%	$4.360.063.595
Consultatio S.A	CTIO	102.004.243	24,88%	$3.692.869.810
EDENOR	EDN	242.999.553	26,81%	$11.599.267.763
Distribuidora de Gas Cuyana S.A.	DGCU2	52.852.416	26,12%	$2.224.658.609
Telecom Argentina S.A.	TECO2	246.018.839	11.34%	$25.447.598.261
Transportadora de Gas del Sur S.A.	TGSU2	183.618.632	23,11%	$13.080.789.363
Pampa Energía S.A.	PAMP	305.307.129	14.78%	$12.655.194.212
Grupo Concesionario del Oeste S.A.	OEST	34.492.226	21,56%	$913.764.602
Mirgor S.A.	MIRG	3.877.640	21,54%	$1.276.405.894

Fuente: ANSES (febrero 2023) Por orden alfabético.

Exchange Traded Funds (ETFs)

Un ETF o *Exchange Traded Funds* por sus siglas en inglés, es un fondo de inversión que busca replicar el comportamiento de algún activo subyacente, como puede ser un índice de acciones, el precio de un *commodity*, de un conjunto de bonos, etc.

Las cuotapartes son operadas en bolsa, tienen cotización propia producto de la oferta y demanda. Esta particularidad es muy importante a la hora de tener que compararlos con los Fondos Comunes de Inversión (FCI), ya que en este caso no estamos suscribiendo o rescatando cuotapartes, sino que estamos comprando o vendiendo partes de ese fondo a la cotización del momento.

Principales características:

-Operan en forma intradiaria como cualquier activo bursátil. Se compra y vende al precio de cotización, de acuerdo a la oferta o la demanda del mismo. No hay precio de suscripción o rescate al final de la jornada, a diferencia de los FCI.

-Permite la venta al descubierto, por lo que se pueden desarrollar estrategias específicas a la baja de precios.

-Comisiones muy bajas porque tiene una administración pasiva (en su mayoría).

-Alto grado de correlación con su benchmark[14].

-Alta liquidez gracias a que participan especialistas y market makers[15].

-La mayoría cuenta con un mercado de futuros y opciones con ETF como activo subyacente.

-Al replicar índices en particular como el SP500, puede estar diversificado en 500 empresas con tan solo la adquisición de un solo activo.

Conceptos claves

- Índice o sector que replica

Los ETFS brindan una gran diversificación, pero no solo en índices. Por ejemplo, quizás quiera estar más expuesto al sector tecnológico, y si bien puede adquirir el ETF que replica al índice NASDAQ (QQQ) también puede obtener el ETF llamado XLK. O quizás le interese únicamente el sector financiero, por lo que podría buscar el ETF XLF. Si bien pueden replicar índices también tenemos ETFs por sectores, los cuales brindan más opciones a la hora de invertir y diversificar nuestro dinero. En vez de estar expuesto a una sola empresa como Exxon Mobil (XOM) y Chevron Corporation (CVX), puede adquirir el ETF XLE de energías y no solo estar en estas dos empresas sino en todas las del sector.

- Mercados que cotizan

Claramente, el mercado americano es el más grande de ETF. Son cientos de alternativas para todos los gustos de inversores. El mercado argentino, como veremos más adelante, tiene alternativas en estos fondos.

- Comisiones

Los ETF no tienen una correlación perfecta por su índice de referencia. Uno de los motivos es que los ajustes en las carteras por cambios en la composición del índice no siempre son simultáneos, y otro son las comisiones y gastos administrativos. Las comisiones y otros gastos (custodia, auditorías, etc.) en ETF están en un rango de 0,5/0,9% anual. No son costos relevantes,

[14]Un *benchmark* es una referencia que se utiliza para evaluar la *performance* de un fondo. Por ejemplo, si un ETF tiene como *benchmark* el SP500, significa que su *performance* debe medirse contra ese índice.

[15]Hacedores de mercado, *market makers*: Grandes operadores autorizados por un mercado o emisor para proveer liquidez a un activo, ofreciendo siempre precios de compra y venta.

pero deben tenerse en cuenta y son parcialmente responsables en no poder replicar exactamente el índice de referencia.

- Riesgos

Los riesgos asociados a los ETFS son los mismos que normalmente están asociados a cualquier inversión. Si bien hay algunos que replican bonos e incluso al valor del oro (ETF GLD), no dejan de ser activos en donde el precio depende del subyacente.

- Riesgo propio: Al replicar activos como acciones, índices, sectores, etc., si bien la diversificación es una estrategia importante para justamente diversificar, todo depende de la volatilidad de los activos subyacentes.
- Riesgo sistemático: No depende del título en sí, sino de factores exógenos que influyen a los precios del mercado en su conjunto. Por ejemplo, cambios en la política monetaria o de tasa de interés de un país como USA. Es un riesgo no diversificable porque afecta a todo el mercado en general.

Estructuras de un ETF

En cada ETF tenemos algunas características propias del mismo que son importantes saber para la tranquilidad del inversor. Estas son:

• *Participaciones:* Denominación que reciben los títulos de los ETF que se negocian en el mercado secundario.

• *Creation unit:* Se denomina de esta manera a las unidades formadas por un número determinado de participaciones del ETF. Deben replicar exactamente la composición de la cartera del ETFs, incluyendo posición en dinero en efectivo.

• *Promotor:* Es quien arma el ETF y realiza las acciones promocionales para su negociación en el mercado secundario.

• *Gestor del fondo:* Vinculado al promotor, se especializa en la gestión y difusión de información del fondo. Es el único con capacidad para crear las *creation units.*

• *Depositario:* Generalmente es un banco que actúa como custodio de los títulos valores. Debe auditar el fondo y verificar que cumpla los objetivos fijados por el reglamento del ETF.

• *Especialistas:* Son bancos o sociedades de bolsa que operan en el mercado primario para obtener *creation units* o rescatar las carteras de títulos.

• *Market maker:* Son bancos o sociedades de bolsa que tienen obligación de fijar puntas vendedoras y compradoras para brindar liquidez en el mercado secundario.

Hay una gran similitud en la estructura de participantes de un ETFs y de un fondo común de inversión. No dejan de ser ambos fondos de inversión, cada uno con sus ventajas y desventajas que se analizarán próximamente.

Se diferencian dos mercados donde operar los ETFs:

• *Mercado primario:* Solo opera el gestor, los especialistas y el depositario. En este mercado se obtienen y rescatan *creation units* entregando la composición de las carteras.

• *Mercados secundarios:* Mercado regulado donde el *market maker* y los inversores en general negocian las participaciones.

Equilibrio y arbitraje

Operan como si fueran acciones, pero no lo son. Parecen fondos cerrados, pero son abiertos. Pero sí son fondos de inversión, con un gestor del fondo que administra los activos que componen el patrimonio del fondo. ¿No existe riesgo de que el precio de cotización del ETF no refleje el valor teórico del fondo que subyace?

Para subsanar esta posibilidad se utiliza el mercado primario, donde sus participantes se encargan de eliminar cualquier desequilibrio en el precio de cotización y el valor real del fondo:

• Si el precio de la cartera es mayor al precio de cotización del ETF en el mercado secundario, se comprarán participaciones y se acudirá al mercado primario para que el gestor del fondo las cambie por los activos que los forman. Comprar barato en el mercado secundario, y vender caro en el primario.

• Si el precio de la cartera es menor que el precio de cotización del ETF en el mercado primario, acudirá al mercado primario para cambiar una cartera de valores por una *creation unit*, y venderán en el mercado secundario las participaciones ETF que la componen.

Ésta es la forma por la cual los precios de cotizaciones de los ETFs no difieren de su valor real.

Categorías de ETFs

ETFS sobre índices de renta variable: Estos instrumentos buscan replicar casi con exactitud las principales bolsas del mundo. Por medio de ellos, podemos no solo invertir completamente en el SP500 adquiriendo un

ETF como el VOO (*vanguard 500 index fund*), sino también estar expuestos a mercados emergentes como el ETF o EEM. Además, se caracterizan por brindar gran diversificación, ya que por lo general están constituidos por una gran cantidad de activos.

ETFs sobre índices de renta fija: Estos replican los activos de deuda de corto, mediano y largo plazo, más comúnmente bonos. Pueden ser públicos o privados. Un ejemplo de estos ETFS puede ser el BND (*vanguard total bond market index fund*). Este ETF en particular busca replicar un amplio conjunto de bonos soberanos y corporativos de Estados Unidos.

ETFs sobre commodities: Estos ETFS buscan replicar activos como el oro o la plata. Si bien estos metales se pueden adquirir de forma física, son algo tediosos de trasladar y manejar, por lo que podemos estar invirtiendo en ETFS que repliquen su cotización sin tenerlos físicamente. El ETF del oro es el GLD (*spdr gold trust*), mientras que el de la plata es llamado SIL (*global X silver miners*).

ETFs según su capitalización: Son un grupo de valores que dependen de la capitalización de las empresas de las que está compuesta el índice. Pueden ser pequeñas, medianas o grandes.

ETFs sectoriales: Es posible invertir en sectores para diversificar y disminuir el riesgo de nuestra cartera. Estos fondos replican los diferentes sectores empresariales como el de finanzas, consumo, energía, salud, bienes raíces, etc. A modo de ejemplo, tenemos el XLP (SPDR *select sector fund, consumer*), compuesto por empresas como Coca Cola (KO), Altria (MO), Pepsico (PEP) o Procter and Gamble (PG). Otro ejemplo sería el del sector tecnológico ETF XLK (SPDR *selector fund, tecnology*) con empresas como Apple (AAPL), Microsoft (MSFT), Nvidia (NVDA).

ETFs según estilo de gestión: Estos fondos tratan de replicar un estilo de inversión. Por ejemplo, el invertir en crecimiento o en *value investing*[16].

ETFs palancados: Utilizado por inversores que desean exponerse a mucho más riesgo (o volatilidad) para obtener más ganancias. Son usados para estrategias de corto plazo, pues no se recomiendan para largo plazo. Un ejemplo es el gráfico del Nasdaq, índice tecnológico, y su ETF TQQQ (*proshares ultrapro QQQ*). Por ejemplo, en el inicio de la pandemia el NASDAQ 100 cayó un 31.99% y el ETF QQQ otro -30.55%.

[16] Una acción de crecimiento hace referencia a una empresa que se espera que tenga un rendimiento financiero y precio de la acción superior al del mercado en general. Tienden a ser acciones más pequeñas o *startups* que están consiguiendo revolucionar su sector, y que a menudo tienen un punto de venta único. El *value investing*, o la inversión en valor, es una filosofía de inversión que busca generar rentabilidades positivas de manera consistente en el largo plazo. Fue originada en 1928 por Benjamin Graham y David Dodd.

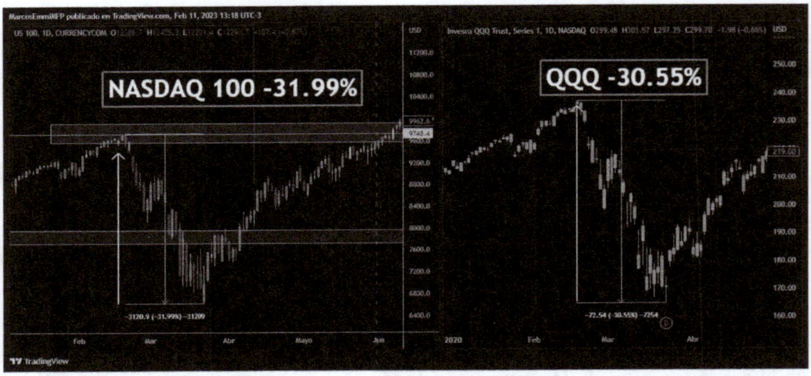

Sin embargo, podemos ver cómo comparando la subida del NASDAQ 100 con el TQQQ (ETF apalancado) desde su mínimo hasta su máximo es algo diferente. El índice, por su parte, sube +46.89% desde su mínimo; mientras que el TQQQ logra subir un 266.80%.

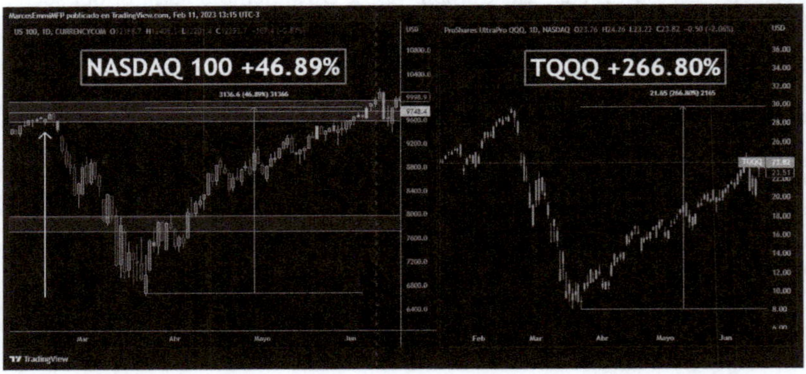

En principio y con estos resultados, uno pensaría que invertir en ETFs apalancados es una buena idea a largo plazo, pero en realidad no lo es. Si vemos una tendencia bajista en el activo los ETFs apalancados, pueden ocasionar grandes pérdidas en la cartera. En este ejemplo vemos el comportamiento del NASDAQ 100 en una corrección bastante importante del precio en 2022, y la manera en la que el TQQQ replica ese movimiento.

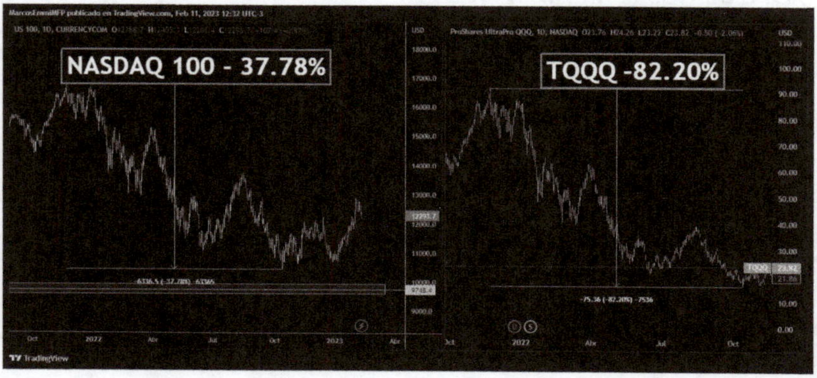

Los ETFs apalancados son utilizados para recuperar (en menos tiempo) lo perdido en uno sin apalancamiento, por eso son de corto plazo. Aun así, conlleva un riesgo importante el tomar dichas posiciones.

ETFs inversos: Con ellos, se puede operar en sentido contrario al movimiento del subyacente. Es decir, estaremos generando ganancias cuando el valor del subyacente caiga y no cuando suba. Este instrumento es utilizado para posiciones de cobertura cuando pensamos que el subyacente puede hacer correcciones en su precio. Aquí se muestra un ejemplo tomando las mismas fechas, es el ETF inverso del índice NASDAQ llamado SQQQ.

Podemos ver del lado izquierdo cómo el índice cae mientras que el ETF SQQQ (*proshares ultrapro short QQQ*) se ve beneficiado de esta caída subiendo su valor.

¿Qué activos conforman un ETF?

Describimos gran variedad de activos y tipos ETFs, pero ¿hay forma de analizarlos? Es decir, ¿puede el inversor saber qué activos componen ese ETF? La respuesta es sí, pero antes veamos un caso particular: ARK Innovation ETF, el famoso fondo administrado por Ark Invest, propiedad de la conocida Catherine D. Wood.

Este ETF, como su nombre lo indica, tiene en su gestión activos de renta variable (acciones), las cuales resultan ser empresas que principalmente se abocan a la innovación tecnológica. La historia de este fondo se remonta a la etapa de la pandemia del año 2020, un año muy difícil incluso para la bolsa. El gráfico habla por sí solo, en el cual podemos ver cómo el ETF tiene una caída del 45% desde sus máximos.

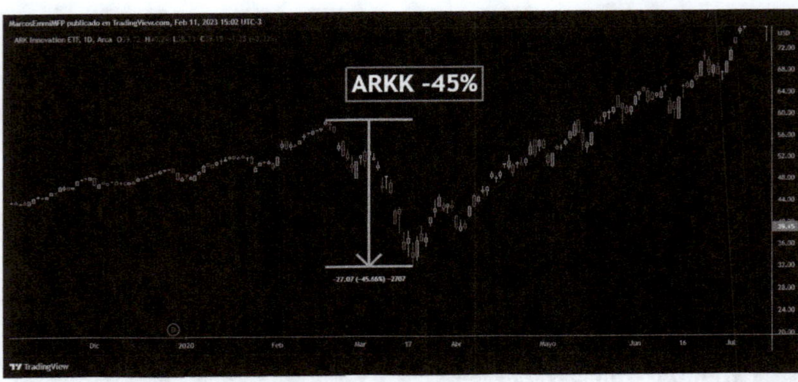

Lo interesante viene luego. Con políticas monetarias menos restrictivas y bajas en el tipo de interés, la evolución del fondo resulta muy favorable, tanto que desde marzo del 2020 a febrero del 2021 le ganó considerablemente al índice Nasdaq 100.

A simple vista, parecería que la gestión del fondo resultó excelente y claramente superior en cuanto al índice de las tecnologías... Pero hay una pequeña trampa: la composición del ETF. En términos simples, el índice Nasdaq 100 está compuesto por 100 empresas tecnológicas de primer nivel. Sin embargo, el 49% de la ponderación del índice está representado solo por siete empresas. Sí, leyó bien. Siete de cien empresas son las responsables del 49% en la variación del índice. Estas son AAPL/MSFT/AMZN/FB/TSLA/NVDA/GOOG.

Al ver qué empresas tenía en carteras el fondo ARKK, nos damos cuenta de que son empresas consolidadas con ganancias y un modelo de negocios comprobado. ARK poseía empresas innovadoras como ZOOM, que hasta ese momento eran poco conocidas por el público en general. Sin embargo, debido a la pandemia y a la política monetaria laxa de la Reserva Federal de EE. UU. y a los generosos cheques entregados a los ciudadanos estadounidenses por el gobierno federal, la empresa experimentó un impacto positivo. Esto fue un anabólico puro en un escenario de alta incertidumbre.

Pero lo que sube rápido, tiende a caer a mayor velocidad. En enero de 2022, la FED comenzó a subir el tipo de tasas de interés con el fin de reducir la inflación generada por su anterior política monetaria.

Las subas siempre vienen retrasadas… ¿cómo se podía anticipar? Justamente con el siguiente gráfico.

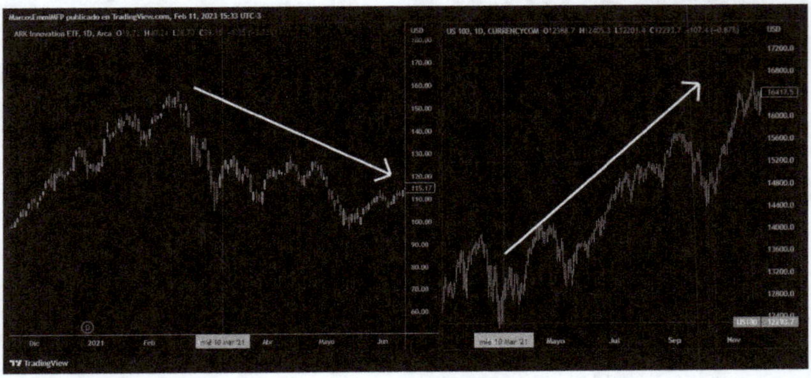

El efecto en ARKK por el ajuste de tasa generó un impacto mucho mayor que en el índice Nasdaq. Podemos ver que cuando uno cae, el otro sube. ¿Significa que el Nasdaq es mejor? No necesariamente. ¡Recuerde que el 49% de 100 empresas son solamente siete!

Claramente, la calidad de las empresas en el Nasdaq eran mejores para soportar los comienzos de una política monetaria mucho más pesada. Pero eso no significa que será así para siempre. Como vemos en el próximo gráfico, tanto ARKK como Nasdaq han caído, resultando una caída mucho mayor en ARKK justamente por la selección de empresas en su ETF desde su máximo hasta su mínimo.

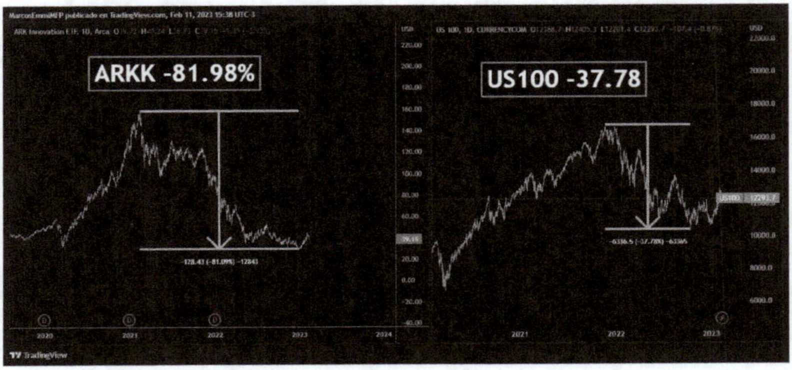

Lo que quiero dejar en claro con este caso, es que como inversores siempre debemos saber de qué está constituido un ETF, y qué empresas tiene en su interior; no basta con solo delegar al fondo. Tenemos que conocer de qué activos está compuesto para poder identificar si puede (o no) haber problemas con los mismos.

Una forma muy fácil es buscando la composición en un *broker* llamado TD Ameritrade. Resulta tan sencillo como escribir en su buscador el nombre del ETF, por ejemplo ARKK, y luego TD Ameritrade.

About this ETF

The investment seeks long-term growth of capital.The fund is an actively-managed exchange-traded fund ("ETF") that will invest under normal circumstances primarily (at least 65% of its assets) in domestic and foreign equity securities of companies that are relevant to the fund's investment theme of disruptive innovation. Its investments in foreign equity securities will be in both developed and emerging markets. The fund may invest in foreign securities listed on foreign exchanges as well as American Depositary Receipts ("ADRs") and Global Depositary Receipts ("GDRs"). The fund is non-diversified.

Trailing Total Returns

	Market Return % (as of 01/31/2023)	NAV Return % (as of 01/31/2023)	Market Return % (as of 12/31/2022)	NAV Return % (as of 12/31/2022)
1-Month	+27.82%	+27.92%	-16.65%	-16.65%
3-Month	+4.31%	+4.42%	-17.20%	-17.18%
6-Month	-11.52%	-11.50%	-21.66%	-21.87%
Year-to-date	+27.82%	+27.92%	-66.97%	-66.98%
1-Year	-47.06%	-46.97%	-66.97%	-66.98%
3-Year	-7.55%	-7.51%	-13.83%	-13.87%
5-Year	+0.63%	+0.70%	-2.13%	-2.12%
10-Year	--	--	--	--
Since Inception	+9.79%	+10.05%	+6.65%	+6.89%

What's This?

As of 01/31/2023

Reports and Ratings

Morningstar

***** **** *** ** *

Mouseover stars to see Morningstar Rating detail.

Fees & Management

Manager	Catherine Wood
Manager Start	10/30/2014
Management Fee	0.75%
Expense Ratio	0.75

No solo podemos observar las valuaciones y precios, sino también cómo está constituido y los activos que lo componen.

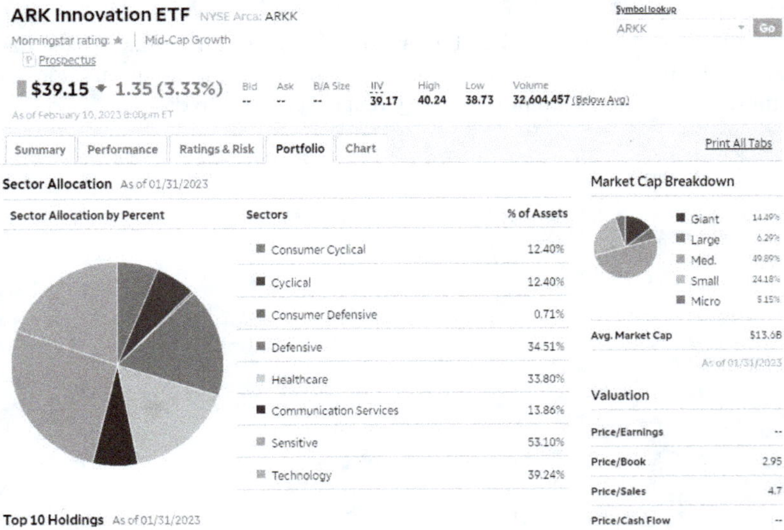

Top 10 Holdings As of 01/31/2023

Symbol	Company	Sector	YTD Return (as of 02/10/2023)	% of Assets
TSLA	Tesla Inc	Consumer Cyclical	+59.84%	9.12%
ZM	Zoom Video Communications Inc	Technology	+9.55%	8.27%
EXAS	Exact Sciences Corp	Healthcare	+29.37%	7.76%
ROKU	Roku Inc Class A	Communication Services	+34.89%	6.89%
SQ	Block Inc Class A	Technology	+19.72%	6.26%
	* Shopify Inc Registered Shs -A- Subord Vtg	Technology	+39.15%	5.30%
PATH	UiPath Inc Class A	Technology	+18.02%	5.29%
COIN	Coinbase Global Inc Ordinary Shares - Class A	Technology	+61.32%	4.53%
TDOC	Teladoc Health Inc	Healthcare	+23.89%	4.44%
TWLO	Twilio Inc Class A	Communication Services	+22.69%	3.90%

* represents an International company or one without a recognizable symbol

Es información gratuita y de calidad para que cualquier inversor consulte y pueda saber no solo los rendimientos del fondo sino cómo está constituido en activos. No alcanza con saber el benchmark, hay que conocer la composición de activos, el tipo de administración, la trayectoria del fondo, la volatilidad, etc.

ETFs en Argentina

En el mercado argentino se introdujo la posibilidad de invertir en ETFs por medio de los *Cedears* y su éxito fue inmediato: ahora el inversor local puede diversificar carteras y armar estrategias con ETFs. Hoy en día tenemos nueve ETFs que pueden ser adquiridos y estos son[17]:

- SPDR S&P 500 (SPY): Replica el índice S&P 500 y se compone de una cartera que representa a las 500 empresas de mayor capitalización de EE. UU.
- INVESCO NASDAQ 100 (QQQ): Replica el índice Nasdaq 100 e incluye las 100 empresas no financieras más grandes por capitalización de mercado cotizadas en Nasdaq.
- ISHARES TRUST RUSSELL 2000 (IWM): Replica el índice Russell 2000 Index Fund. Contiene 2.000 acciones de capitalización pequeña de EE. UU.
- ISHARES MSCI EMERGING MARKET (EEM): Replica el desempeño del MSCI Emerging Markets Index y posee acciones de capitalización grande y mediana de mercados emergentes, como Brasil y China.
- THE SELECT SECTOR FINANCIAL (XLF): Replica el desempeño del Financial Index. Incluye empresas de servicios financieros cuyos negocios abarcan desde la gestión de inversiones a la banca comercial y de negocios.
- CEF SELECT SECTOR SPDR ENERGY (XLE): Replica el desempeño del Energy Index. Incluye acciones de capitalización grande de energía en EE. UU., e invierte en empresas que desarrollan y producen petróleo crudo y gas natural, ofrecen perforación y otros servicios relacionados.
- SPDR DOW JONES INDUSTRIAL (DIA): Replica el índice Dow Jones Industrial Average. Contiene las 30 acciones de mayor capitalización de EE. UU., siendo las más importantes de la economía estadounidense.
- ISHARES MSCI BRAZIL CAP (EWZ): Busca que sus resultados de inversión se correspondan con la rentabilidad del índice MSCI Brazil. Invierte en empresas de capitalización mediana y grande en Brasil, que representan el 85% del mercado

[17] Es de esperar que se amplíe la oferta de ETF con el tiempo.

bursátil brasileño.

- ARK INNOVATION (ARKK): El ETF ARKK es de gestión activa y busca el crecimiento del capital a largo plazo, invirtiendo en valores de renta variable de empresas que son relevantes para el tema de inversión del fondo de innovación disruptiva, administrando una gran volatilidad.

Fondos comunes de inversión (FCI) vs ETFs

La gran diferencia entre un FCI y un ETF es el tipo de administración. Los primeros pueden tener una administración pasiva o activa, donde la habilidad del portfolio manager se refleja en los resultados del fondo. En el caso de los ETF, la administración es exclusivamente pasiva, lo cual permite reducir costos de gestión y estructura.

También existe una cuestión de fondo. Hay quienes creen que los mercados de capitales son eficientes, donde los precios reflejan toda la información disponible y no hay activos que estén sobre o sub-valuados, y por ende no es posible ganarle sistemáticamente a un índice. Bajo este concepto, la administración activa, donde el gestor busca desequilibrios en activos para obtener un mayor beneficio, resulta antieconómica y los ETF por su menor estructura de costos serían la mejor alternativa.

Esta teoría tiene sus detractores. Los mercados de capitales no son tan eficientes como se cree, y existen oportunidades (no fáciles de identificar) para obtener resultados extraordinarios a través de estrategias y modelos de valuación avanzados. El vehículo de inversión utilizado para quienes adhieren a esta teoría son los *hedge funds*, que se analizarán posteriormente, pero también la administración activa tradicional.

Por esta misma razón, los fondos de inversión tradicionales han perdido participación de mercado a favor de los ETF, ya que estos últimos han adoptado la teoría de los mercados eficientes, y de los *hedge funds*, debido a la mayor libertad operativa y regulatoria que tienen para armar estrategias que les permitan capturar oportunidades de mercado. Tema aparte lo constituyen los grandes fondos de pensión americanos, donde hay cuestiones impositivas y regulatorias que los diferencia de un fondo de inversión tradicional.

Características	Fondos comunes de inversión	ETFs
Estructura	Fondos mutuos registrados que forman una cartera de valores y otros activos. Pueden tratar de replicar el desempeño de un *benchmark* del mercado o pueden administrarse activamente.	Fondos mutuos registrados que forman una cartera de valores y otros activos. Pueden tratar de replicar el desempeño de un *benchmark* del mercado o pueden administrarse activamente.
Cotizaciones	Los FCI abiertos no se negocian en bolsa; los cerrados sí (con poca liquidez).	Cotizan en mercados regulados (USA, UK, Alemania, Suiza).
Liquidez	Los FCI cerrados tienen poca liquidez. FCI Abiertos depende de la liquidez del subyacente.	Hay ETFs muy líquidos y otros no tanto.
¿Permite la venta en descubierto?	No.	Sí.
Suscripción y rescate	La suscripción y/o rescate se realiza al valor de cierre de la cuotaparte en FCI Abiertos. Cerrados, compra y venta a través del mercado.	Se compran y venden sus certificados en cualquier momento al precio de mercado.
Flujo de fondos (dividendos, renta, capital)	Los FCI abiertos no reparten dividendos (para acciones), renta o capital (bonos); los FCI cerrados pueden hacerlo.	Algunos ETF pagan y otros no.
Error de seguimiento	Los FCI indexados administrados pasivamente pueden tener errores de correlación. Los FCI con administración activa pueden variar significativamente.	Pueden tener errores de correlación.
Costos	Varían significativamente de acuerdo al tipo de fondo: entre 0,5%/4%.	Varían entre ETF entre 0,4%/0,9%.

Hedge funds

La denominación *hedge fund* (HF) fue utilizada por primera vez en 1966 en un artículo escrito por Carol W. Loomis de la revista *Fortune*, haciendo referencia a un fondo creado en 1949 por Alfred Jones. Su estrategia consistía en tomar posición en el mercado de renta variable comprando acciones subvaluadas y *short*[18] en acciones sobrevaluadas; de esta manera el riesgo estaba parcialmente cubierto. Este fondo, que se destacó por tener una rentabilidad sostenida muy superior a la competencia, también fue pionero en el uso de apalancamiento y sistemas de incentivos.

La gran expansión se inicio en la década del 80', donde se multiplicaron los fondos como alternativas para inversores institucionales y grandes fortunas. Pero la existencia pública fue consecuencia de las continuas crisis financieras desatadas desde entonces, donde los medios de comunicación atribuyeron gran parte de la responsabilidad a los *hedge funds*. Además, hubo algunos acontecimientos particulares que fueron tapa de diarios en todo el mundo:

• Durante el *Crash* del 87' donde el mercado americano se desplomó, los HF hicieron alarde de sus sólidos resultados. Distintos artículos periodísticos revelaron la existencia de estos fondos, hasta el momento desconocidos.

• La increíble ganancia en 1992 del HF *quantum* gestionada por George Soros, que ganó la módica suma de US$ 1.000 millones en pocas semanas al quebrarle el brazo al banco de Inglaterra[19].

• El quiebre del *hedge fund* LTCM, gestionado por reconocidos expertos en finanzas y hasta dos premios Nobel en Economía, que pudo generar una crisis en el sistema financiero internacional de no haber intervenido por la Reserva Federal en su rescate junto a un consorcio de bancos privados.

Los HF constituyen uno de los principales vehículos de inversión modernos. Interrumpieron en las finanzas internacionales, y lo hicieron con mucha fuerza. Si bien literalmente el término *hedge funds* significa fondos de cobertura, deberían llamarse "libres" debido a que tienen una amplísima variedad de objetivos y estrategias de inversión, que en muchos casos dista de estar vinculada a una cobertura de riesgo.

En el capítulo de derivados se relatan algunos quiebres históricos de compañías y fondos utilizando instrumentos derivados. Es muy interesante el caso de LTCM por la repercusión que tuvo.

[18] Una posición *short* es equivalente a venta en descubierto: vender acciones alquiladas esperando que pierdan valor para ganar la diferencia.

[19] Soros estaba seguro de que la libra esterlina estaba sobrevaluada, por lo que realizó estrategias de venta en corto, compra de *puts*, etc. sobre la divisa británica; y por el ingente volumen el banco de Inglaterra no pudo mantener el control y debió aceptar su devaluación. Un fondo, una persona, doblegaron la voluntad de uno de los principales bancos centrales del mundo. Esto significó, además, que Inglaterra abandonara el sistema monetario europeo.

Definición

Si bien por sus orígenes y denominación, los *hedge funds* se interpretan como fondos con muy bajo nivel de riesgo utilizando estrategias e instrumentos financieros más sofisticados que los utilizados por los fondos tradicionales, los HF fueron perdiendo su significado original para ser sinónimo de inversiones alternativas, no tradicionales, o simplemente de fondos libres.

El objetivo en rentabilidad de un HF no está vinculado a un *benchmark* en particular, sino en obtener retornos absolutos en forma constante, independientemente de la tendencia o volatilidad del mercado. Es decir, la correlación con el mercado es cercana a cero y para lograrlo emplean las más exóticas estrategias, donde la ganancia deriva principalmente de la habilidad del gestor y su equipo.

Resumiendo. Los HF no son más que fondos totalmente libres para invertir en lo que quieran, con nula o baja regulación, y con una clientela exclusiva. Es un club privado al que pertenecen únicamente millonarios.

La proliferación de los HF es consecuencia también de fallas en el mercado que permiten encontrar oportunidades para obtener retornos elevados (y pérdidas cuando se equivocan). Si los mercados fueran perfectos, no habría lugar para los HF, siendo la administración pasiva de los fondos tradicionales la mejor alternativa. Y como muchos arbitrajes son posibles o maximizan su retorno a través del uso de derivados o estrategias complejas, lo HF cumplen una función importante al establecer equilibrio.

Pero así como ayudan a equilibrar los mercados, también son fuente de volatilidad: el apalancamiento que utilizan y la discrecionalidad con que mueven su capital de un lugar a otro, genera desequilibrios y hasta importantes crisis. De hecho, se les atribuye el haber generado o incrementado las últimas crisis financieras a nivel internacional, comenzado por México en 1994[20], Asia en 1997, Brasil y Rusia en 1998, Argentina en 2001[21] y la crisis *subprime* con consecuencia mundial en 2008… y nuevamente Argentina en 2014, con el fondo de eventos especiales Elliot Management [22].

Ya sea tomando posiciones vendidas sobre una divisa para presionar su devaluación, en bonos sobre gobiernos y/o empresas con altas probabilidades de *default*, o simplemente aprovechando lagunas normativas, los HF siempre han estado en el banco de los acusados.

---

[20] Ante la suba de tasas de interés por parte de la FED, los HF que estaban altamente apalancados, al ver que el costo de su estrategia aumentaba, vendieron masivamente sus posiciones sobre el peso mexicano, forzando su devaluación y el inicio de la crisis.

[21] Muchos HF tomaron posiciones *short* sobre títulos argentinos, e incluso algunos los compraron posteriormente a la declaración de *default* para litigar su cobro en la corte norteamericana, donde muchos bonos tenían su jurisdicción. El gobierno los denominó "*fondos buitres*".

[22] Paul Singer, fundador de Elliot Management, fue el principal beneficiario del fallo 2014 en la justicia americana que generó otro *default* del gobierno argentino; el fondo logró una ganancia de USD 13.000 millones, según distintas fuentes de noticias.

Indudablemente algo de responsabilidad pueden tener, pero el mayor de los HF no puede doblegar a todo un mercado al menos que exista una justificación cierta de la posibilidad de una anomalía; como puede ser la defensa de una divisa revaluada (caso Soros vs banco de Inglaterra), o de una situación fiscal insostenible (Argentina 2001), o una combinación de distintos factores.

Características

• *Son sociedades privadas:* Así evitan normativas por parte de los reguladores (como la CNV o la SEC en Estados Unidos). Al ser sociedad privada, tienen una cantidad limitada de socios, y el valor de su cuota es elevada. Estos fondos pueden constituirse en el país de origen o en jurisdicciones del exterior (denominadas *offshore*) para tener una mayor libertad administrativa, fiscal y financiera. Generalmente, utilizan la figura legal de Limited Leability Company (LLC). El ingreso mínimo suele estar en un rango entre U$S 250.000 a U$S 5.000.000. Aproximadamente, el 60% de los HF son *offshore*, siendo Cayman Island el lugar preferido por los gestores, seguido por Delaware y British Virgin Island; para los HF europeos se utiliza Luxemburgo e Irlanda.

• *Estructura.* Un HF tradicional está compuesto por:

- Sociedad Gestora: El director general es quien generalmente crea el fondo, lo administra, selecciona las estrategias y se encarga de la difusión inicial del HF. Por lo general, tiene una participación importante de su patrimonio dentro del HF, e inclusive puede llegar a responder con todos sus bienes ante potenciales pérdidas. Debe ser un profesional (y su equipo) reconocido por la industria, dado que al manejar fondos de terceros prácticamente sin regulación, tiene mayor discrecionalidad en cuanto al destino de las inversiones. Por eso, debe existir confianza previa para que los inversionistas depositen su capital.

- Brokers: Por la complejidad de operar un HF se requiere de los denominados *prime brokers*, que son bancos de inversión como Barclays, Citigroup, JP Morgan, UBS, Goldman Sachs, etcétera, los cuales proveen:

■ Servicios de custodia de activos;
■ Financiamiento que permita el apalancamiento del HF;
■ Títulos para operaciones de venta en descubierto;
■ Servicio de *trading* y contrapartes para sus operaciones.

- Distribuidores: Tienen por función el marketing y la venta del HF. Generalmente son los sectores de banca privada de bancos, sociedades de inversión o asesores financieros.

• *Libertad operativa:* Sus estatutos les otorgan gran libertad para operar toda clase de activos, mercados y estrategias. Incluso no están obligados a informar a sus clientes qué operaciones y posiciones tienen tomadas en los mercados. Por lo general, la Sociedad Gestora envía una vez al mes un resumen de la *performance* del HF con cuadros, estadísticas y tal vez algún comentario sobre las actividades que están realizando o sus perspectivas de mercado.

• *Horizonte de Inversión:* Se establecen tiempos mínimos de permanencia relativamente prolongados, incluso de tres a cinco años en algunos casos, para la liquidación del HF.

• *Comisiones:* Por lo general se cobra un 2% anual por *fee* administrativo y un 20% del exceso por sobre el máximo valor reportado del fondo en el período anterior; este mecanismo también se lo conoce como “marca de agua”, por la cual se produce la principal fuente de ingresos.

Hedge funds vs fondos tradicionales

Comparación de las principales diferencias entre un HF y un fondo tradicional:

Característica	***Hedge fund***	**FCI/Fondos Mutuos**
Transparencia y Regulación	Baja o nula.	Alta.
Rendimiento	Búsqueda de retornos absolutos ajustado por el riesgo.	*Bechmark.*
Correlación con el mercado	Baja.	Alto.
Apalancamiento	Medio-elevado. Entre 15 y 100 el capital.	Nulo.
Venta en corto	Permitido.	Prohibido.
Costos	*Fee* de éxito elevado	Sin *fee* de éxito.
Inversión mínima	Millones.	U$S 1.000.
Liquidez	Muy baja, son cerrados y con penalidades si retiran antes su inversión.	Alta. Se puede suscribir y rescatar sin problemas.
Radicación	*Off shore* - Paraísos fiscales.	On shore.
Publicidad	Prohibida o muy limitada	Autorizada.
Seguimiento de Riesgo	*Value at risk.*	*Traking error.*
Gestores	Lo mejor del mercado.	Tradicionales.

La gran mayoría de los inversores institucionales no puede invertir en HF por carecer de regulación específica y no estar listadas en mercados oficiales. Por eso mismo algunos HF, con el objetivo de poder captar fondos de estos inversores, han listado sus acciones en el Luxembourg Stock Exchange, el Irish Stock Exchange y el Zürich Stock Exchange, cuyos requisitos para cotizar son mucho más flexibles que en los mercados americanos o principales europeos.

La radicación legal de los HF sigue estando en los clásicos paraísos fiscales[23] que proveen seguridad jurídica y neutralidad impositiva; además de no haber limitaciones en cuanto a las estrategias que puedan realizar los fondos. Como la comercialización de los HF no tiene restricciones en los principales centros financieros (EE. UU., Inglaterra, Alemania o Japón), los HF se radican casi siempre en el exterior.

Estrategias

Como se señaló, los *hedge funds* buscan retornos absolutos, preservando el capital. Para lograr sus objetivos establecen distintas estrategias, activos en los cuales operar y niveles de riesgo o volatilidad a asumir. Por lo general, los HF adoptan estrategias mercado-neutrales para estar cubiertos de alteraciones en el mercado. Pueden utilizar todo tipo de derivados, ventas en corto, apalancamientos y demás activos o estrategias que estén prohibidas en los fondos de inversión regulados.

Muchas oportunidades de negocios tienen márgenes muy reducidos. Por esto mismo, la mayoría utiliza elevados apalancamientos que pueden llegar hasta 100 veces el capital original del fondo: mientras menor sea la correlación frente al mercado, mayor será el apalancamiento. El nivel de especialización y objetivo en los HF es muy variado, y dentro de cada gran categoría existen sub estrategias muy específicas. Si bien encontramos diversas clasificaciones, ninguna resulta universalmente aceptada. Hay HF que especulan con cambios importantes en las tendencias de los precios de los *commodities*, acciones, tasas de interés o tipos de cambio; estos fondos justamente buscan oportunidades. Otros fondos buscan negocios ante eventos especiales en empresas, como compras hostiles o fusiones. Y finalmente, están los HF que explotan ineficiencias de mercado en cuanto a determinación de precios y valores relativos.

Utilizando la clasificación sugerida por López de Prado y Rodrigo Illera[24], las estrategias pueden dividirse en:

---

[23] Bermudas, Las Bahamas, Islas Vírgenes Británicas, y Antillas Holandesas, entre otras.

[24] López del Prado, Marcos e Illera, Carlos: "Invertir en Hedge Funds", Editorial Díaz Santos.

Fuente: Elaboración propia en base a López Prado.

Dada la variedad de estrategias, al momento de seleccionar un HF se debe estudiar el historial de rendimientos, su ajuste por el riesgo/volatilidad, y si resulta coincidente con la estrategia declarada. De acuerdo al perfil de riesgo del inversor, podrá existir (o no) un HF que se adapte a sus requerimientos. En cualquier caso es muy importante que el inversor conozca la naturaleza, riesgos y beneficios, del tipo de HF seleccionado.

Valor relativo

Está compuesto por estrategias que se ejecutan para aprovechar inconsistencias en precios de dos o más activos, o incluso entre sus instrumentos derivados. Consiste en adoptar una posición y su inversa para poder aislar el riesgo sistemático del mercado, e inclusive otros riesgos referidos al país, liquidez, crédito, etc. Para ello se utilizan avanzados modelos matemáticos y estadísticos. Sus niveles de volatilidad son reducidos, aunque aplican altos niveles de apalancamiento.

• *Equity market neutral:* Buscan reducir el riesgo sistemático del mercado utilizando derivados para compensar las posiciones compradas o vendidas que tiene el fondo. Para ganar dinero utilizan un elevado apalancamiento, y su correlación con el riesgo de tasas de interés y del mercado en general es cercana a cero. Las estrategias existentes son varias:

o Operar diferenciales entre el precio *spot* y el precio futuro de un bono cuando existan ineficiencias respecto a la tasa de descuento utilizada en el precio del contrato futuro.

o Tomar posiciones de compra o venta en distintos puntos de la curva de rendimiento para explotar asimetrías en la relación riesgo-rentabilidad.

o Arbitrar tasas fijas y variables sobre bonos de un mismo emisor o con misma calificación de riesgo, a través de la utilización de *swaps*.

• *Arbitraje estadístico:* Considerando que muchos precios se mantienen en el tiempo dentro de determinados promedios estadísticos, o que pueden calcularse matemáticamente con cierta probabilidad, lo que el HF hace es comprar o vender el activo según esté su precio actual por debajo o por encima de su promedio, respectivamente. La creencia es que al converger a su valor estadístico, se podrá ganar dinero.

• *Arbitraje convertible:* Se adquieren bonos convertibles o acciones preferentes sobre empresas que se consideran subvaluadas y se venden en descubierto las acciones comunes de la empresa.

Un bono convertible es un híbrido que tiene implícito una opción de compra (*call*) o de venta (*put*) dentro de un instrumento de renta fija que tiene un cupón. Los arbitrajes que surgen a través de este instrumento son varios:

o *Valuación inadecuada de las opciones incluida dentro del bono:* Si por ejemplo el *call* del bono convertible está subvaluado, se compra el bono convertible y se venden directamente *call* en el mercado; y para cubrir el riesgo de tasa de interés (que sí afecta el precio del bono), se adquieren, por ejemplo, futuros sobre dicha tasa.

o *Ratio de conversión:* Es un valor fijo, por lo cual aparecen oportunidades cuando la acción tiene alta volatilidad y el precio del bono convertible no se ajusta de forma simultánea.

• *Arbitraje de renta fija:* Cuando el gobierno y algunas empresas emiten constantemente bonos, pueden generar desequilibrios en sus valores. Por ejemplo, los últimos bonos emitidos suelen tener la mayor liquidez (*on the run*) que emisiones anteriores (*off the run*), de modo que el precio de los primeros pueden ser levemente superiores (menor rendimiento) que los anteriores.

La estrategia consiste en vender en descubierto los bonos *on the run* y comprar los bonos *off the run*, esperando que con el tiempo converjan sus precios. También se utilizan *swaps* y futuros sobre curvas de rendimiento.

Eventos especiales

Son estrategias que se desarrollan entre eventos especiales que se espera que ocurran. Por eso incorporan un mayor riesgo, porque si el evento no se produce o posterga, pueden generarse pérdidas significativas.

• *Distressed securities:* Invierten en acciones que atraviesan un proceso de quiebra, absorción o reestructuración, y por ende sus precios están deprimidos. También alcanza a países con situaciones económicas inestables e historial de *default*, como es el caso argentino. Muchas veces, ante estos procesos el mercado sobrecastiga la acción del nivel de incertidumbre existente por encima de lo que podría ser su precio debidamente valuado. Hay fondos que venden obligadamente sus posiciones en acciones cuando su calificación de riesgo disminuye por debajo de una nota, impulsando un incremento en la oferta de los títulos. En otros casos, la venta se produce porque el administrador no está preparado para gestionar incrementales niveles de riesgo.

El riesgo de esta estrategia se concentra en la correcta valuación del activo, o en una inadecuada estimación del tiempo que deberá inmovilizar la inversión (generalmente apalancada). Para poder cubrirse del riesgo sistémico, los HF toman posiciones en empresas de similares características.

Los HF que intervienen en estas operaciones son muy especializados debido a que se requieren amplios conocimientos y contactos judiciales para poder anticiparse a una sentencia.

El mercado los denomina "fondos buitres" ya que buscan lucrar en situaciones límites en la vida de una empresa o un gobierno.

• *Merger arbitraje:* Cuando hay posibilidades de una compra empresaria hostil o una fusión de gran envergadura, la estrategia consiste en vender en descubierto las acciones de la empresa adquirente y comprar las acciones de la empresa a adquirirse. Por lo general, la empresa que compra tiene una baja de precio inicial por los costos operativos y financieros que implica la adquisición o fusión. Por parte de la empresa a comprar, se debe ofrecer un precio tentador (premio por sobre el precio actual) para que sus accionistas aprueben la oferta.

El HF ejecuta su estrategia a través de acciones, bonos o sintéticos. El riesgo es que no se realice la operación, dado que la ganancia estará en anticipar la operación.

No suelen operar en función de rumores para adelantarse al anuncio público, sino que se centran en fusiones ya anunciadas pero que tienen riesgos de no concretarse. Según su análisis asumirá una posición compradora o vendedora, que podrá ir variando a medida que fluyen nuevas noticias sobre la fusión.

Oportunistas

Son estrategias direccionales, que por el alto apalancamiento que generalmente aplican, tienen grandes niveles de riesgo.

• *Macro:* Busca debilidades en la política monetaria o económica de un país. Generalmente está vinculado a operaciones de tipo de cambio cuando hay ciertas inconsistencias que hace del precio actual poco sostenible. Independientemente de si el tipo de cambio es fijo, flexible o administrado, el HF trata de anticiparse y muchas veces forzar un cambio en sus precios.

Los HF que participan son grandes *players* que aprovechan sus ingentes capitales para doblegar y manipular el mercado (de ser necesario) para salir exitosos.

Tienen un mayor nivel de exposición pública, inclusive de sus gestores, para poder presionar la opinión pública con sus comentarios una vez que ya han tomado posiciones en el mercado.

Su estrategia es tomar una posición direccional (suba o baja) sobre el efecto de una variable económica, tratando de aislar el riesgo de otros factores macroeconómicos con otros instrumentos, generalmente derivados. Por ejemplo, si tiene una posición vendedora sobre la divisa de un país, para aislarse del riesgo de un *default* puede adquirir *credit default swaps* (CDS).

• *Mercados emergentes:* Estos mercados, al tener menos liquidez y alto riesgo, presentan mayores oportunidades. Los HF toman posiciones variadas en instrumentos de renta fija o variable generalmente cuando se producen algunos eventos especiales macroeconómicos: *default*, apertura comercial, devaluación, cambio de gobierno, nuevo programa económico, etcétera.

El poder desarrollar productos sintéticos, muchos de los cuales están directamente prohibidos para los operadores locales, abre un abanico de negocios para los HF. Aprovechando sus posibilidades de apalancamiento, venta en descubierto, la confección de opciones exóticas, etc., les permite explotar las ineficiencias de estos mercados y paralelamente cubrir riesgos sistémicos a través de CDS, seguros especiales o con derivados.

• *Equity hedge:* Consiste en la detección de acciones o sectores que estén sobre o subvaluados, detectado a través de análisis fundamental, análisis técnico o por series estadísticas. Existen variadas estrategias dentro de esta categoría:

o Comprar en acciones del sector subvaluado y venta en descubierto en el sector sobre valuado.

o La compra de las acciones de un índice y la venta de contratos a futuros del mismo, cuando exista diferencia entre el precio teórico futuro y su precio de mercado.

o Oportunidades que surjan cuando hay aumentos o reducciones de capital, cambios en la estructura legal, etcétera.

• *Short equity:* Son fondos que buscan activos o mercados que vayan a perder valor. Tienen toda la ingeniería para realizar ventas en descubierto e incluso con alto grado de apalancamiento. Tienen ventajas sobre los fondos tradicionales que no pueden realizar ventas en corto, y por ende mayores oportunidades para sacar provecho de la situación del mercado.

• *Fondos de hedge funds:* Tienen por finalidad diversificar posiciones entre varios HF exitosos, o con buenas proyecciones futuras. De esta forma diversifican estrategias, mercados y tipos de activos.

Tiene la ventaja de simplificar al inversor el proceso de selección de los HF, cuya información es reducida, requiere contactos e incluso es costosa de obtener. Pero al tener un portfolio diversificado entre distintos HF permite obtener mayor consistencia en los resultados.

Como desventaja se destaca el pagar comisiones en dos niveles: primero sobre el HF subyacente, y segundo al gestor del HF de fondos. Contemplando que ambos tienen *fee* anual y *fee* de éxito cercano al 20%, es un costo considerable. También, si invertir directamente en un HF puede resultar algo oscuro por la poca información y control existente, hacerlo en un fondo de HF es aún más complejo.

Clasificar muchos HF es una tarea compleja. Muchos realizan operaciones de cualquier tipo en función de oportunidades detectadas, dado que al no tener un reglamento de gestión explícito tienen la libertad y confianza de sus inversores. Pero en diversas ocasiones, las estrategias que realizan con HF son literalmente secretas, por lo cual ni el propio inversor tiene certeza sobre qué tipo de operaciones realiza su gestor.

Guardar secreto sobre sus operaciones no es un capricho: si al detectar un negocio se incrementa el número de participantes, el mismo desaparece en el corto plazo. Por eso los HF resguardan mucho la información que proveen a sus inversores. Incluso los fondos más importantes o líderes se ven obligados a realizar estratagemas para ocultar sus operaciones, conscientes de que hay operadores espías que se dedican a descubrir qué están haciendo.

Rentabilidad y riesgo

Variados análisis cuantitativos realizados por López del Prado llevan a las siguientes conclusiones respecto de la eficiencia de los HF:

- Tienen rendimientos extraordinarios incorrelacionados con los del mercado;

- Reducido riesgo, tanto en términos absolutos (volatilidad) como relativos (beta);

- Rentabilidad ajustada al riesgo total y al riesgo sistémico superior para estrategias de los HF en comparación a los fondos tradicionales.

La existencia de estas relaciones de riesgo-rentabilidad a favor de los HF son factibles por los siguientes motivos:

- Los mercados siguen siendo altamente imperfectos, incluso en economías desarrolladas.

- La información disponible dista mucho de ser transparente, lo cual lleva a tomar decisiones erróneas. El exceso de información que hay hoy en día, con muy baja calidad, genera un costo importante.

- Cada vez hay más crisis bursátiles por motivos cada vez más complejos, por ende, las oportunidades de arbitrajes o valuaciones incorrectas son frecuentes.

- Se requieren equipos de *research* de primera línea, con sistemas cuantitativos avanzados, lo cual no puede ser soportado por cualquier banco o sociedad de inversión.

Grandes y líderes

Si bien no hay estadísticas confiables por la reticencia de muchos HF en hacer públicos sus rendimientos y capitales bajo custodia, se calcula que la industria administra 4000 billones de dólares; y si a ese capital se le suma el apalancamiento que pueden utilizar, se entiende la importancia que tienen en los mercados de capitales y por qué son acusados ante cualquier incremento en la volatilidad. A diferencia de los fondos soberanos, de los fondos mutuos y de los ETF, los HF tienen una administración muy activa y se mueven de un mercado a otro con enorme rapidez.

Por ejemplo, son frecuentes los rumores de encuentros privados entre los gestores de los HF más importantes para definir estrategias comunes. Producto de esta coordinación, se los acusa de haber estado detrás del desplome del banco Lehman Brothers a través de masivas ventas en descubierto; también en la especulación del *default* griego adquiriendo posiciones masivas de *Credit Default Swap* (CDS) y simultáneamente en operaciones apalancadas contra el euro cuando pasó de U$S 1.35 a U$S 1.10 en pocas semanas.

Entre los HF con mayor valor de activos se destacan:

Rank	Profile	Managed AUM	Type	Region
1.	Bridgewater Associates, LP	$235,542,378,467	Hedge Fund Manager	North America
2.	Balyasny Asset Management	$180,959,433,560	Hedge Fund Manager	North America
3.	Tiger Global Management LLC	$124,655,466,641	Hedge Fund Manager	North America
4.	Garda Capital Partners	$124,164,445,000	Hedge Fund Manager	North America
5.	Renaissance Technologies LLC	$121,848,923,848	Hedge Fund Manager	North America
6.	Capula Investment Management LLP	$118,360,187,022	Hedge Fund Manager	Europe
7.	ExodusPoint Capital Management	$115,731,633,205	Hedge Fund Manager	North America
8.	Squarepoint Capital LLP	$75,716,520,593	Hedge Fund Manager	Europe
9.	Two Sigma Investments	$74,437,035,981	Hedge Fund Manager	North America
10.	Coatue Capital, L.L.C.	$73,333,689,427	Hedge Fund Manager	North America

Fuente: www.swfinstitute.org - Febrero 2023

Los rankings en HF son tan aleatorios y oscuros como el resultado y composición de sus activos. Sí, Bridgewater ha sido el líder en los últimos años, pero es una industria muy competitiva y las posiciones cambian mes a mes.

Material Multimedia

En www.phronencial.com/finanzasinteligentes encontrará material complementario y específico de este capítulo: ejemplos, ejercicios, aplicaciones, uso de calculadoras, búsqueda de información, videos, planillas, PDF y presentaciones.

Puede acceder desde la plataforma de Phronencial, o directamente al material del capítulo desde el siguiente QR:

Recomendamos registrarse en la plataforma utilizando el usuario y clave inicial que le proporcionamos en las primeras páginas, y que es único para el titular original del libro.

De esta manera podrá acceder al material complementario. Pero lo más importante, es que con la correcta identificación lo contactaremos para los encuentros (virtuales y/o presenciales) que realizamos para abordar distintos tópicos financieros y de mercado.

Futuros financieros

Introducción

Los futuros son contratos donde se fija *ahora* el precio y condiciones de una operación que se concretará en el *futuro*. Cada parte de la operación se obliga a compra o vender en el futuro un activo subyacente, o a entregar la diferencia de precio. No hay opción o derecho alguno, ambas partes deben cumplir el contrato.

Esto marca una diferencia importante con las opciones, (donde el titular tiene el derecho, pero no la obligación), de comprar o vender un activo. En los futuros no se pagan primas, ambas partes tienen los mismos riesgos y obligaciones.

Si una operación de futuro se fija hoy en \$1.000, y al vencimiento el precio del activo subyacente es de \$1.200, el comprador del futuro tendrá una ganancia[25] de \$200: compró por \$1.000 algo que tiene hoy un valor de mercado de \$ 1.200. Para el vendedor la situación es la contraria: entrega hoy por \$1.000 un activo que tiene un valor de \$1.200. Si el activo baja a \$800, quien compró pierde \$200 y quien vendió gana \$200. Las potenciales pérdidas y ganancias son ilimitadas[26] en función de la evolución del precio.

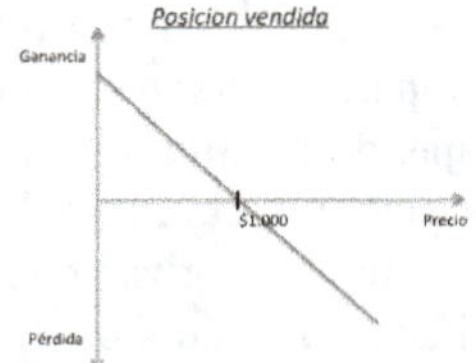

Fuente: Elaboración propia.

[25] Su razón técnica tiene que ver con la distribución de probabilidades implícita y una distribución log normal: ambas tienen la misma media y desvío standard, pero la distribución implícita tiene colas más alargadas.

[26] La justificación de la pendiente negativa se relaciona con el apalancamiento: si la acción baja, el apalancamiento es mayor, por ende, su riesgo y volatilidad aumentan.

Al igual que las opciones, la ganancia de una de las partes es la pérdida de la contraparte. *Un juego de suma cero.*

Posición sobre futuro	Gana si el precio...	Pierde si el precio...
Compradora	Sube	Baja
Vendedora	Baja	Sube

Un contrato de futuro tiene características predefinidas por el mercado.

- *El activo subyacente*: Debe estar perfectamente especificado el activo que subyace a la operación. Si son financieros, como divisas, acciones o bonos, su identificación es sencilla y no hay ambigüedades; pero si son *commodities* u otros activos físicos, hay que especificar todas las cualidades del mismo: variedad, humedad, color, acidez, etc.

- *Lugar de entrega*: Si el contrato obliga la entrega del subyacente, tiene que estar definido el lugar, costos y alternativas de entregas. Por ejemplo, el futuro agrícola del MATBA tiene como puerto de entrega a Rosario (soja) y Bahía Blanca (trigo).

- *Tamaño del contrato*: Las cotizaciones, por lo general, se expresan por unidad del activo subyacente, pero el tamaño del contrato es generalmente superior. Por ejemplo, el tamaño del contrato dólar futuro en MAE es de U$S 100.000, y el equivalente en Rofex, de U$S 1.000. El tamaño está relacionado con el tipo de operadores en cada mercado y subyacente. Si el tamaño mínimo es grande, muchos inversores que quieren realizar una operación por un monto menor simplemente no podrán hacerlo; pero si el monto es muy chico, pueden existir costos mayores dado que generalmente tiene un cargo fijo por contrato negociado. Muchos mercados externos, incluso, tienen contratos para todos los bolsillos, con futuros con mínimos de U$S 500.000 y alternativas denominadas *mini* para inversores minoristas[27].

Las ventajas de los futuros es que tienen fechas predeterminadas de vencimiento (por ejemplo, el último día hábil de cada mes), montos mínimos para operar cada lote, las cotizaciones son públicas gracias a la estandarización y de fácil acceso al público en general. Estas características brindan liquidez y transparencia; y permiten su uso para estrategias de cobertura y especulación, como se analizará más adelante. No cualquier activo puede tener un mercado de futuros.

[27] El término ganancia o pérdida es relativo. Depende de la tenencia o disposición del activo subyacente o no, es decir si hay cobertura de la obligación contraída. Si el subyacente finaliza a un precio superior al pactado, el vendedor tiene un "lucro cesante" y no una pérdida si es poseedor del activo subyacente.

Tener una posición en futuros no necesariamente implica la concreción efectiva de operación; de hecho, la gran mayoría de los contratos se cierran antes del vencimiento, sin generarse el intercambio físico del subyacente. Por ejemplo, si un inversor quiere vender futuros sobre soja puede hacerlo contra entrega efectiva de la mercadería (*delivery settlement*) o por diferencia de precio. Esta última alternativa, denominada *cash settlement*, significa que se acredita y/o debita en la cuenta la diferencia entre el valor fijado en el contrato y el precio de referencia del subyacente al vencimiento. No hay movimiento de mercadería física; las ganancias o pérdidas se liquidan financieramente.

Liquidación de un contrato de futuro al vencimiento	
Delivery settlement	*Cash settlement*
Obliga a un cierre físico de la operación, con entrega y retiro del subyacente, según condiciones pactadas.	No hay intercambio de activos físicos, sino que las diferencias entre el precio inicial y el final se saldan con dinero.

Por ejemplo, en el mercado ROFEX se operan futuros sobre soja (delivery settlement) o futuros sobre índice soja (cash settlement). El primero es mayormente utilizado por productores agropecuarios y empresas demandantes de insumos; en el segundo prevalecen inversores que por cobertura o simple especulación, no les interesa concretar la transacción física al vencimiento.

Otro aspecto importante es que la obligación a comprar o vender el subyacente al vencimiento es relativa. Cuando se compra un futuro y el titular quiere deshacer la operación antes del vencimiento, ya sea para efectivizar ganancias o limitar pérdidas, simplemente toma la posición contraria, vendiendo el futuro. Ese mismo contrato que adquirió a un precio determinado cotiza regularmente en el mercado y ahora decide venderlo. Lo mismo ocurre para quien adopta una posición vendedora: para deshacer la obligación compra el mismo contrato. Resumiendo: un contrato puede negociarse desde la fecha de emisión hasta su vencimiento, y un buen nivel de liquidez es importante para cerrar posiciones anticipadamente. Mismo mecanismo que el descrito para las opciones.

¿Por qué a un productor puede no interesarle concretar la operación a pesar de tener el subyacente? Imagine que es un productor de soja de la ciudad de Balcarce y vendió futuro soja en ROFEX, donde la entrega del subyacente es en los alrededores de la ciudad de Rosario, a más de 1.000 kilómetros de distancia. Efectuar la operación significa contratar el flete, seguros de transporte y otros gastos para realizar la entrega. ¿No es más fácil y conveniente cerrar el futuro y vender la mercadería en el mercado más cercano? Por eso mismo, conviene cerrar la posición y vender la producción en el mercado *spot* más cercano, y así reducir costos. Lo mismo ocurre para el comprador: preferirá adquirir el subyacente en la plaza más cercana, y no tener que solventar los costos y riesgos que significa transportar la mercadería.

La posibilidad de realizar operaciones inversas para cerrar posiciones radica en la estandarización de los contratos operados; y eso solo es posible por la existencia de un mercado formal y regulado que actúa como contraparte de todas las operaciones. Cuando un operador compra un contrato de futuro su contraparte directa no es otro operador que está vendiendo, sino un mercado legalmente constituido que actúa como intermediario (no asume posiciones propia) entre operadores, y principalmente garantiza todas las operaciones que se realizan por su participación. Luego se analiza la función de las Cámaras Compensadoras.

Conceptos importantes

- *Volumen*: Cantidad de contratos que se operan durante una rueda de operaciones.
- *Precio de ajuste*: El precio representativo de las operaciones del contrato de futuro de cada día, hasta el vencimiento, se utiliza para liquidar las diferencias diarias. Para la liquidación final del contrato de futuro, se utiliza el precio spot del activo subyacente como precio de ajuste en el vencimiento. Por ejemplo, el contrato de dólar futuro ROFEX tiene definido el valor del dólar informado por el Banco Central (BCRA) por medio de la comunicación A3500: al vencimiento del futuro, la última liquidación de ganancias o pérdidas de la jornada se realiza tomando como valor de cierre dicho precio.
- *Interés abierto*: Es la sumatoria de todos los contratos de futuros que están abiertos; la cantidad de contratos que tienen los operadores y que generan ganancias y/o pérdidas.
- *Cierre de posición*: Para cancelar una posición de futuro, simplemente se realiza la operación inversa. Si compró determinado futuro en el mercado, vende el mismo contrato. El inversor no cancela ante el vendedor (a quien compró) inicial su posición, pero al abrir una nueva posición vendedora, estas se compensan: uno comprado y otro vendido, genera un resultado neutro ante cualquier variación en el precio del contrato. Esto es posible siempre y cuando en el mercado exista liquidez (volumen de operaciones) suficiente para encontrar contrapartes del mismo tipo de contrato. En la cuenta del cliente directamente desaparecen los contratos de compra y venta; ya está todo liquidado, no hay obligación alguna.

Cierre de un contrato: dos vías	
Esperar el vencimiento del contrato, a partir del cual el tenedor no tiene más obligaciones futuras.	Realizar la operación inversa: si compró, vende mismo contrato; si vendió, compra mismo contrato. Se extingue la obligación.

Participantes

En el mercado de futuro se destaca la presencia de los siguientes actores:

Coberturistas (hedgers): Operan con el objetivo de limitar riesgos en sus negocios y carteras de inversión. Por ejemplo, una empresa de alimentos puede fijar hoy parte de su estructura de costos en sus insumos; un importador cubrirse de la volatilidad del tipo de cambio, o un banco sobre tasas de interés. Los participantes son variados, desde empresas multinacionales a individuos, pero poseen un interés común: aislar el riesgo del negocio del riesgo precio, el cual no pueden controlar. Las coberturas suelen basarse en vender el futuro si posee el subyacente, o comprar futuro si necesita adquirir el subyacente en el futuro.

Especuladores: Amados y odiados por muchos, buscan obtener ganancias tratando de anticiparse a la evolución del mercado. Su capacidad financiera les permite adquirir posiciones importantes, y muchas veces influir sobre cotizaciones. Como aspecto positivo se destaca la generación de liquidez asumiendo posiciones en momentos críticos donde los inversores tradicionales deshacen posiciones. Son muy activos en los mercados de derivados por el apalancamiento de estos instrumentos.

Arbitrajistas: Buscan beneficiarse de imperfecciones del mercado, asumiendo posiciones de compra-venta sobre el mismo activo o similar. No asumen riesgos: abren y cierran una posición en forma simultánea comprando en el mercado más barato y vendiendo en el más caro. Estos operadores ayudan así a una correcta fijación de precios y equilibrio entre mercados. Los precios del mercado de contado, opciones y futuros deben estar equilibrados entre sí, caso contrario se producen oportunidades de arbitraje.

Inversores: Algunos futuros sobre activos financieros permiten realizar estrategias para la obtención de una rentabilidad fija (tasa de interés). No son especuladores porque no persiguen ganancias extraordinarias, sino que buscan un rendimiento por el capital invertido como si se tratara de un plazo fijo o un bono. En próximos capítulos se analizan en detalle estas estrategias.

Garantías y apalancamiento

En las opciones financieras el titular paga una prima y no deposita garantías dado que tiene derechos y no obligaciones; el vendedor de la opción sí deposita garantías por ser el sujeto expuesto al riesgo de precio. En los futuros ambas partes, al tener mismas obligaciones (comprar o vender a futuro), depositan garantías; sólo se paga la comisión al *broker*, único costo hundido. La garantía es devuelta una vez cerrada la posición del futuro y compensada las diferencias (ganancias o pérdidas).

El depósito de garantías o margen en una cuenta (*margin account*) es obligatorio cuando se opera en mercados organizados. Para que el mercado garantice todas las operaciones, eliminando el riesgo de contraparte, exige garantías para cubrirse en caso de abruptas variaciones de precios. Los mercados regulados no asumen posiciones de riesgo ya que eso minaría la confianza y se reducirían las operaciones.

En las garantías solo una pequeña fracción es en efectivo (para realizar los débitos cuando la posición genera pérdidas). Los mercados brindan una lista de activos permitidos en concepto de garantía para brindar mayor flexibilidad a los participantes y evitar costos de oportunidad. Por lo general, son activos de bajo riesgo con o sin aforo, como ser: plazos fijos, bonos u otros activos de renta fija, fideicomisos, etc. Incluso un inversor puede proponer un activo determinado, y el mercado (o Cámara Compensadora), en función de la volatilidad, riesgo y liquidez, aceptarlo o no. Una parte de las garantías sí deben estar en efectivo para realizar los débitos y créditos diarios por el resultado de la posición (se denomina *mark-to-market*).

El nivel de garantía está en función de la volatilidad del activo subyacente y del tiempo de vencimiento del contrato. A mayor volatilidad y tiempo, mayor nivel de garantías; y viceversa. No es igual el nivel de garantía por operar *commodities* que bonos del Tesoro americano; no es igual la garantía de un futuro que vence dentro de 15 días que otro idéntico con vencimiento a un año. Corolario, las garantías cuantifican indirectamente el riesgo ajustado de incumplimiento de las partes.

La garantía cumple indirectamente otro papel fundamental: determina el nivel de apalancamiento. Cuando se adquiere un futuro solo hay que desembolsar una fracción del monto en concepto de garantía, lo que permite asumir una posición varias veces superior al capital disponible; si la garantía es 20% significa que el apalancamiento es cinco veces (=1/0,2) el monto invertido. En las opciones el apalancamiento lo determinaba el valor de la prima; en los futuros, las garantías.

Por ejemplo, si un inversor quiere especular al alza del tipo de cambio dólar/peso y tiene un capital de $14.500, el tipo de cambio actual es de $2,90, el futuro cotiza a $2,94 y el mercado exige garantías del 20%, puede destinar su dinero a comprar los dólares billetes o adquirir contratos de futuro. La ganancia varía en función del valor del dólar al vencimiento del contrato. (Nota aclaratoria para nuestro lector: no estamos locos utilizando estos tipos de cambio de ejemplo, simplemente sabemos que cualquier valor que utilicemos quedará próximamente desactualizado, asi que mejor utilizar valores imaginarios)[28].

Si el dólar al vencimiento cierra en $3,10 por unidad, el resultado para cada alternativa será:

Compra billetes contado	Compra futuros
1. $14.500/2.9 = u$s 5.000	1. Compro 25 contratos (U$s200 c/u) = u$s 25.000
2. U$s 5.000 * 3.10 = 15.500	2. (3.10-2.96) *25000 = $ 3.500
3. **Resultado: $1000 (6.8%)**	3. **Resultado: $3.500 (24%)**

a. Destina todo el dinero a comprar dólar *spot*. Los $14.500 invertidos reportan una ganancia de $1.000 (6,8% de rentabilidad).

b. Destina todo el dinero a comprar dólar futuro: tiene $14.500 que utiliza de garantía por 25.000 contratos de dólar futuro (U$S 5.000 o $14.500 es el 20% de U$S 25.000) que adquiere a un precio de $2,96, y que al vencimiento tiene un valor de $ 3,10. La ganancia es $3.500, un 24% de rentabilidad.

La garantía la puede constituir en pesos o dólares. Si lo realiza en la divisa americana, tiene además el beneficio de un tipo de cambio más alto sobre los dólares físicos.

Si el precio del futuro fuera igual al *spot* de $2,90, la ganancia será de $5.000, un apalancamiento cinco veces el capital invertido.

El apalancamiento resulta mágico cuando el mercado opera favorablemente a la estrategia que uno tiene, caso contrario se transforma en algo trágico porque las pérdidas se multiplican. Es un arma de doble filo. Recuerde que lo que uno gana es lo que otro pierde.

Es importante señalar que las garantías son dinámicas en la medida que el valor del contrato varía. Si la posición asumida resulta adversa y genera

[28] Y como esperamos que este libro también se venda internacionalmente, mejor utilizar números variados.

pérdidas, el inversor tiene que agregar garantías para satisfacer los requerimientos del mercado; por el contrario, si la posición genera ganancias, puede retirar el dinero excedente.

Estos márgenes se revisan al final de cada jornada (*mark-to-market*). Operativamente, es como si el futuro fuera liquidado diariamente y no al vencimiento, y el contrato se reinicia en cada nueva jornada. Por eso las garantías son actualizadas regularmente.

La garantía no representa un costo hundido porque son reintegradas al titular una vez cerrado el contrato y cancelado todo débito realizado por la posición del futuro. No es equivalente a la prima de una opción, que es un costo hundido, ejerza o no el derecho. Tampoco implica un costo de oportunidad dado que los mercados permiten depositar una parte importante de la garantía en activos autorizados que generen renta.

El siguiente ejemplo resume la cuenta de un comitente que compra un contrato de futuro sobre índice soja (*cash settlement*), que vence en 180 días; cada contrato equivale a 25 toneladas. Respecto a las garantías, el mercado exige un margen del 16% para ese vencimiento, pero el *broker* reclama al cliente un 20%, y así evitar tener que buscarlo para reponer garantías en caso de que la posición genere pérdidas (ante una baja de precios). El precio hoy del futuro es de U$S 365 por tonelada.

- Garantía mercado: U$S 1460 (=365*25*0,16)
- Garantía *broker*: U$S 1825 (=365*25*0,20)

Inicia la posición con un depósito de U$S 1825, un exceso de U$S 405 (= 1865-1460) por sobre lo exigido por el mercado.

Al día siguiente el futuro aumenta U$S 2, a U$S 367. Siendo cada contrato equivalente a 25 toneladas, se acreditan en su cuenta U$S 50. Al día subsiguiente el contrato aumenta otro dólar, por ende, se acreditan otros U$S 25, acumulando U$S 75 dólares en dos nuevas jornadas.

En síntesis, las primeras cinco jornadas resultan positivas para el inversor, acumulando un beneficio total de U$S 125, y llevando el saldo de su cuenta hasta los U$S 1950. Los U$S 125 pueden ser retirados por el inversor; incluso, acordando con el *broker*, podría retirar en total U$S 470 (=1950-1480) para dejar como saldo lo exigido mínimamente por el mercado.

		Ganancia		Margen garantía		
Día	**Precio futuro**	**Parcial**	**Acumulada**	**Saldo**	**Mínimo (mercado)**	**Reposición garantía**
1	USD 365			USD 1,825	USD 1,460	USD 0
2	USD 367	USD 50	USD 50	USD 1,875	USD 1,468	USD 0
3	USD 368	USD 25	USD 75	USD 1,900	USD 1,472	USD 0
4	USD 367	-USD 25	USD 50	USD 1,875	USD 1,468	USD 0
5	USD 370	USD 75	USD 125	USD 1,950	USD 1,480	USD 0
6	USD 360	-USD 250	-USD 125	USD 1,700	USD 1,440	USD 0
7	USD 350	-USD 250	-USD 375	USD 1,450	USD 1,400	USD 0
8	USD 342	-USD 200	-USD 575	USD 1,250	USD 1,368	USD 118
9	USD 345	USD 75	-USD 500	USD 1,325	USD 1,380	USD 55
10	USD 355	USD 250	-USD 250	USD 1,575	USD 1,420	USD 0
11	USD 363	USD 200	-USD 50	USD 1,775	USD 1,452	USD 0
12	USD 367	USD 100	USD 50	USD 1,875	USD 1,468	USD 0
13	USD 372	USD 125	USD 175	USD 2,000	USD 1,488	USD 0

La bonanza cambia a partir del sexto día, con una baja de U$S 10 en el precio del futuro que genera un débito de U$S 250 (10*25 toneladas), y otros U$S 250 al séptimo día, llevando el saldo de cuenta a U$S 1450, una pérdida de U$S 375 (=1.450-1.825). En la octava jornada, una nueva baja obliga por primera vez al inversor a reponer garantías dado que su saldo es inferior al exigido por el mercado. Si éste no lo hiciera, el mercado liquida la posición inmediatamente (efectúa una venta de futuro sobre la cuenta) y reintegra las garantías una vez descontado los gastos, si existieran.

Luego de este mal trance, el futuro vuelve a sus valores previos y el inversor decide cerrar su posición (vendiendo un contrato de futuro con mismo vencimiento) el día 13 para finalizar con U$S 2000 en su cuenta; U$S 175 adicionales al depósito inicial.

El siguiente gráfico muestra la evolución en el precio del futuro (eje izquierdo) y el resultado diario y acumulado (eje derecho).

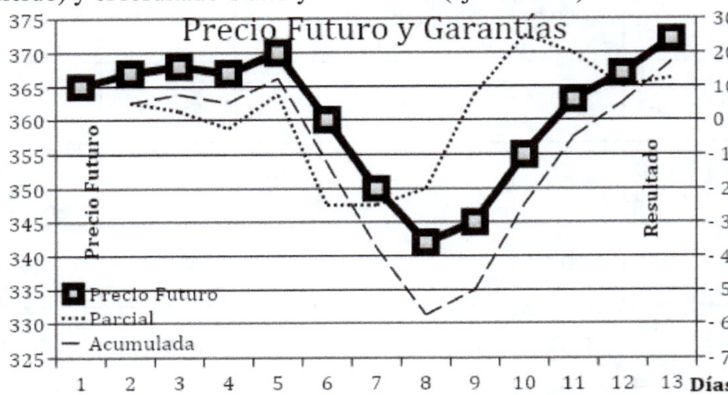

Fuente: Elaboración propia.

Las garantías no solo dependen del mercado, sino también de la naturaleza de la operación y del cliente, y de la relación que tenga con el *broker*, que es el garante en última instancia ante el mercado:

- Si el cliente realiza una cobertura (porque tiene o tendrá el subyacente), puede exigirle menores niveles de garantía, porque tiene menores riesgos.
- Si el cliente efectúa operaciones intradías (compra-venta en la misma rueda) el riesgo se reduce; eso depende de la volatilidad diaria del subyacente. Las garantías exigidas pueden ser menores a las de un especulador tradicional.
- Si el cliente realiza operaciones denominadas de *spread*, donde tiene una posición comprada a un mes y otra vendida a otro mes, los riesgos también están más acotados que asumiendo una única posición (compradora o vendedora).

Márgenes de garantía por futuros soja

Concepto	Soja Rofex	Soja MATBA	Soja Chicago
Garantía por tonelada (%)	U$S 12	U$S 12	U$S 18,37
Adicional por *spread*	U$S 3	S/D	U$S 4,96

Fuente: Elaboración en base a: Rofex, MATBA y CME. Diciembre 2012.

Liquidación de ganancias o pérdidas

El establecimiento de garantías, seguimiento diaria de la posición, liquidación, etc. es realizado operativamente por el mismo mercado o a través de una Cámara Compensadora, que generalmente es una Sociedad Anónima independiente que brinda sus servicios a uno o más mercados de valores, con los siguientes objetivos:

• Contraparte legal de todas las operaciones: Es quien figura como compradora de los vendedores y vendedora de los compradores. Así se simplifican las transacciones, porque se realizan jurídicamente contra la misma persona (la Cámara).

• Administra las garantías de las operaciones:

o Cada participante integra garantías al realizar una operación, cuyo fin es cubrir las pérdidas que podría acarrear la cancelación por incumplimiento de su posición.

o Las pérdidas y ganancias de cada participante se pagan y cobran diariamente.

o Si algún participante no cumple con su obligación, sus operaciones en el mercado son canceladas y las garantías liquidadas.

Por ejemplo: un inversor adquiere hoy 10.000 contratos de dólar futuro a un precio de $ 4 con vencimiento a tres meses; el mercado exige garantías por el 10% de la posición a cada parte. Mañana ese mismo contrato cierra a un precio de $ 4,01, y el inversor tendrá depositado $100 (=10.000*0,01) en su cuenta. Al día siguiente, el contrato pasa a valer $ 3,98, una baja de $ 0,03 respecto a la jornada anterior. El inversor tendrá un débito en su cuenta de -$300 (=10.000*0,03), con lo cual su saldo neto será de $ -200 (=+$100-$300).

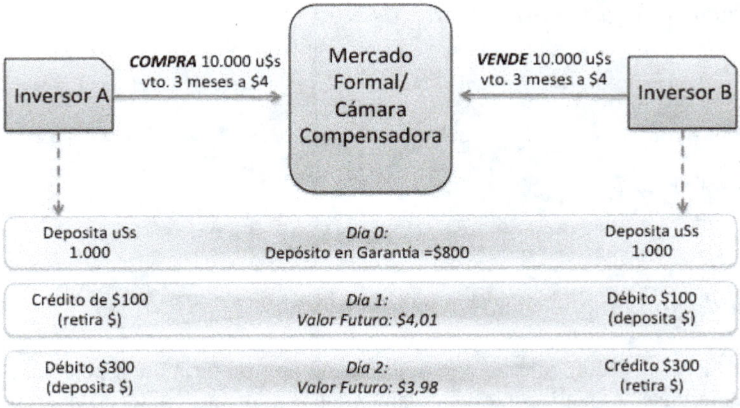

Fuente: Elaboración propia.

Así será la secuencia en cada rueda de negocios. El inversor tendrá débitos o créditos en su cuenta en función de la cantidad de contratos y la variación en el precio del futuro. Esto seguirá así hasta que:

1. El inversor decida cerrar su posición antes del vencimiento del contrato.

2. Al vencimiento, el mercado liquida contra un valor de ajuste determinado en el contrato. Ejemplos:

a. Para futuros de dólar en ROFEX y MAE se liquida contra el precio del comunicado A 3500 emitido por el Banco Central.

b. Para futuros agrícolas, el ROFEX y MATBA se liquidan contra precios provistos por la Cámara Arbitral de Cereales de la Bolsa de Comercio de Rosario y la Bolsa de Cereales de Buenos Aires, respectivamente.

Las ganancias que el inversor acumula por encima de las garantías exigidas pueden retirarse. Las pérdidas o débitos que el inversor tiene por su posición deben cubrirse diariamente hasta integrar al menos la totalidad de la garantía exigida por el mercado.

Analizado desde un punto de vista de flujos de fondos, una posición en futuros supone:

1. Erogación por márgenes de garantías: Puede ser todo en efectivo o una parte en *especies* autorizadas por el mercado en el cual opera. Estos márgenes varían de acuerdo con la volatilidad del subyacente y el vencimiento del contrato: a mayor volatilidad del subyacente y/o vencimiento, mayor porcentaje de garantías sobre el valor del contrato; y viceversa.

2. Gastos de la operación: Consiste principalmente en la comisión del *broker*, más impuestos y derechos propios del mercado donde opera. No son valores significativos, pero son gastos a considerar.

3. Débitos y créditos diarios: Siendo un futuro *cash settlement*, diariamente la posición genera pérdidas o ganancias. Para evitar riesgos y para que la parte perdedora (recuerde que es un juego de suma cero) no tenga que depositar toda la pérdida al vencimiento (implica mayor riesgo), el mercado realiza al cierre de cada jornada los respectivos débitos y créditos. Estas operaciones reflejan la variación en el precio del contrato al cierre de la jornada respecto al valor de cierre de la jornada anterior; y para el último día, la liquidación se realiza tomando el precio de ajuste final.

Convergencia

Un supuesto fundamental en los mercados de futuros es que el precio del contrato converge al precio *spot* del subyacente a medida que se acerca al vencimiento.

Si bien el precio al cual cotizan los futuros estando lejos del vencimiento no tiene por qué estar vinculado al precio *spot* del subyacente, incluso puede tener una evolución opuesta, a medida que se acerca el vencimiento, la correlación entre los precios del subyacente y los futuros se incrementa, y cerca del vencimiento puede llegar a ser casi perfecta.

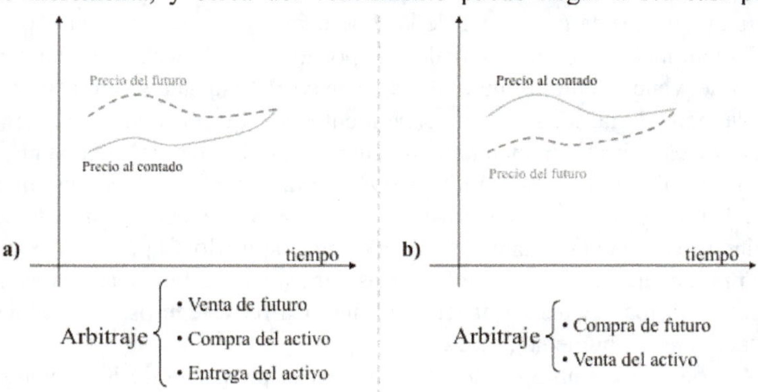

En caso de no cumplirse la premisa de convergencia, se genera oportunidades de arbitraje al vencimiento:

a) Si el precio de futuro es superior al *spot*, se compra el activo subyacente, se vende el futuro, y se entrega el activo;

b) Si el precio del futuro es inferior al *spot*, se compra el futuro y se vende activo subyacente.

Estas operaciones se realizan hasta que se alcance el equilibrio[29], y las ganancias van directamente al bolsillo del arbitrajista.

Índices y subyacentes

Un inversor que quiera invertir en soja no tiene porqué acumular el cereal comprado en la puerta de su casa, o preocuparse en vender algo que no tiene ni tendrá. En los futuros puede invertirse en índices que replican el precio del subyacente.

Estos índices no liquidan contra entrega o retiro del subyacente, sino que operan exclusivamente por diferencias de precios (*cash settlement*). Así un individuo puede invertir en soja, trigo, petróleo, etc. sin preocuparse de la mercadería. Es la forma por la cual participan una gran cantidad de inversores y especuladores en el mercado, generando liquidez y que las operaciones puedan realizarse con fluidez y sin alteraciones intencionales de precio.

Un productor agropecuario o fabricante de comestibles sí tendrá interés en operar futuros intercambiando al vencimiento el subyacente, ya sea porque necesita el insumo o porque quiere deshacerse de él al precio ya fijado. La liquidación de ganancias y pérdidas será igual: en forma diaria se realizan los débitos o créditos en la cuenta del operador.

Igualmente, una gran parte de las operaciones que realizan estos participantes tampoco se concretan, dado que por lo general cierran la posición días antes del vencimiento. El motivo radica en costos asociados al transporte, calidad de mercadería, seguros, almacenamiento, etc., que encarecen la operación, pero de esta forma financieramente cubren sus objetivos. Quien compró porque necesitaba el trigo podrá adquirirlo seguramente en la localidad más cercana, disminuyendo costos de traslado y seguros; y si el cereal aumentó de precio tiene en su cuenta el dinero necesario para adquirirlo. El precio del subyacente prácticamente es el mismo en todas partes, y las diferencias se deben justamente a costos vinculados al activo (fletes, acarreos, seguros, variaciones de calidad, nivel de humedad, etcétera).

A modo de ejemplo, si un productor en la provincia de Salta vende futuros de soja en el mercado Rofex donde la entrega se realiza en la ciudad de Rosario (o alrededores), el costo de traslado encarece mucho la operatoria y el productor termina recibiendo un ingreso neto menor; por lo que preferirá seguramente vender su producción a un acopiador zonal.

[29] Los precios no tienen que ser necesariamente iguales. Hay costos transaccionales y de traslado que pueden reflejarse en un diferencial de precio, aunque sea menor.

Forwards

El *forward* es similar a un futuro debido a que representa un acuerdo donde se fija hoy el precio y demás condiciones de una operación que se concretará en el futuro. Pero tiene características operativas muy distintas a los futuros:

- No existe un mercado regulado que garantice las operaciones realizadas: los *forwards* son contratos bilaterales que se negocian en mercados OTC, donde se fijan directamente todas las condiciones del acuerdo, existiendo por ende un riesgo si la contraparte no cumple.
- En los futuros solo se negocia el precio del contrato; el resto (lugar de entrega, calidad del subyacente, fecha de vencimiento, etc.) está estandarizado. En los *forwards* puede negociarse todo: lugar de entrega, fecha de vencimiento, características especiales del subyacente, además del precio. Todo es flexible y a medida de las partes que intervienen.
- Al ser contratos a medida, la liquidez es reducida, y si una de las partes quiere deshacer su posición, tiene que encontrar otra parte dispuesta a asumirla.
- No hay ajuste diario de ganancias o pérdidas. Las diferencias se saldan al vencimiento, contra entrega de la mercadería o por diferencia de precios.
- La información de precios sobre *forwards* es reducida porque es difícil realizar comparaciones cuando hay muchas variables distintas.

A pesar de sus limitaciones, los *forwards* son muy utilizados por las empresas porque, a diferencia de los futuros, tienen por objetivo concretar la operación de compra o venta; y la posibilidad de fijar lugar de entrega, fecha y cualidades del subyacente, otorgando una flexibilidad que compensa el riesgo de contraparte.

Para reducir justamente este tipo de riesgo, cada empresa realiza un análisis de su contraparte, establece montos máximos a operar, etc. No cualquiera puede realizar un *forward* de compra de petróleo con Exxon, o sellar un acuerdo con venta de trigo con Bunge. Los niveles de *default* en *forward* son bajos porque los análisis crediticios son exigentes, y en algunos casos involucran contragarantías.

Característica	Forward	Futuro
Operación garantizada	No	Si
Negociación	Privado entre dos partes	Público en mercados organizados
Contrato	A medida	Estandarizados
Vencimiento	Rango de fechas de entrega	Normalmente una fecha de entrega
Compensación	Al finalizar el contrato	Diariamente
Subyacente	Normalmente tiene lugar una entrega o pago final	El contrato se suele cerrar antes del vencimiento
Liquidez	Baja	Alta
Información	Privada	Pública

Ejemplos: un comprador de trigo en Osaka, Japón, no tendrá interés en que le depositen el trigo en Rosario, así que buscará un productor con quien cerrar un acuerdo de compra con entrega de mercadería en el puerto más cercano a sus actividades. Para esto no existen futuros, es totalmente a medida.

Un importador que debe cancelar una deuda en dólares el día 20, y solo hay futuros con vencimiento el día 30 del mismo mes, ¿qué debe hacer? Si el importador no está dispuesto a correr el riesgo de tipo de cambio por los 10 días faltantes, una alternativa es encontrar una contraparte con quien acordar la compra de los dólares al día 20. Así en vez de utilizar un futuro, estaría estructurando un *forward*.

Interés abierto y volumen de negociación

La liquidez es un aspecto fundamental para realizar estrategias; sin ella no sería sencillo cerrar una posición, los precios podrían ser manipulados y no reflejar la percepción general de los operadores.

Un indicador muy observado por los operadores es el *interés abierto*, que representa la cantidad total de contratos pendientes o abiertos, lo que es igual a decir la suma de todas las posiciones compradas (o vendidas). Cuando un inversor tiene un contrato *abierto* (sea porque está comprado o vendido), la forma de cerrarlo es haciendo la operación inversa, saliendo así inmune a las variaciones del subyacente. Se cancelan las posiciones y el resultado es cero.

El interés abierto difiere del volumen negociado porque un contrato se puede abrir y cerrar en el día, con lo cual el volumen es superior al interés abierto. Por eso, el nivel de liquidez no solo se mide por el volumen negociado sino también por la cantidad de contratos que están *abiertos*. En otras palabras, si el volumen en una jornada es superior al interés abierto del mismo día, es porque hubo mayor cantidad de operaciones que se abrieron y cerraron el mismo día; estas transacciones se denominan *intradiarias*.

La concentración de volumen e interés abierto puede depender del tipo de activo o de su estacionalidad. Por ejemplo, los vencimientos de los futuros sobre soja se concentran en los meses de cosecha; para divisas el volumen se intensifica en los meses más cercanos.

Cobertura y especulación

La flexibilidad y variedad de los contratos de futuros permite realizar estrategias de cobertura y especulación:

- *Cobertura*: Un importador recibe mercadería y debe pagarla dentro de 90 días. La venta en el mercado local se realiza en moneda nacional, entonces el riesgo es una suba del tipo de cambio: necesitará más pesos para adquirir la cantidad de dólares con los cuales saldar la deuda. Para reducir este riesgo, el importador compra contratos de futuro sobre el tipo de cambio con vencimiento cercano al pago a realizar.

Ejemplo. El importador tiene que pagar U$S 100.000 dentro de 90 días, el precio *spot* del dólar es de $4, y el futuro a 90 días cotiza hoy en $4,10. Si el importador compra 100.000 unidades de dólar futuro significa que al vencimiento necesita $410.000 para cubrir la obligación. ¿Qué sucede si al vencimiento el dólar *spot* sube a $5?:

1. Con los $410.000 compra en el mercado *spot* U$S 82.000 ($410.000/$ 5).

2. Por la compra del futuro tiene acreditado un total de $ 90.000 ($ 5 -$4,10 * 100.000),permitiendo comprar los U$S 18.000 restantes ($90.000/$5); compró a $4,10 lo que ahora vale $5: compró barato, vendió caro.

3. En total el importador tiene los U$S 100.000 a cambio de $410.000.

¿Qué sucede si al vencimiento el dólar *spot* baja a $ 3?

1. Con los $410.000 compra en el mercado spot U$S 136.666 ($410.000/$ 3).

2. Por la compra del futuro tiene debitado un total de -$110.000 ($3 - $4,10 * 100.000), equivalente a los U$S 36.666 excedentes ($110.000/$3); compró a $4,10 lo que ahora vale $3: compró caro, vendió barato.

3. En total el importador tiene U$S 100.000 a cambio de $410.000.

Si el empresario fuera un exportador, que debe pagar sueldos e insumos en moneda nacional, el riesgo es una baja en el tipo de cambio porque recibirá menos pesos nacionales por cada dólar. La forma de cubrir este riesgo es vender dólar futuro. Utilizando los mismos supuestos del ejemplo anterior, se recibirá U$S 100.000 dentro de 90 días por la exportación realizada. Si al momento de cobrar el dólar está a $5, entonces,

1. Con los U$S 100.000 compra en el mercado *spot* $500.000 (U$S 100.000*$ 5).

2. Por la venta del futuro tiene debitado un total de $90.000 ($4,10-$ 5*100.000); vendió a $4,10 un dólar que ahora está a $5: vendió barato, recompra caro.

3. En total el exportador tiene los $410.000 ($500.000 - $90.000)

Si el tipo de cambio baja a $3, el resultado será:

1. Con los U$S 100.000 compra en el mercado *spot* $300.000 (U$S 100.000*$ 3).

2. Por la venta del futuro tiene acreditado un total de $110.000 ($4,10-$3 * 100.000); vendió a $4,10 un dólar que ahora está a $3: vendió caro, recompra barato.

3. En total el exportador tiene los $ 410.000 ($ 300.000 + $110.000)

El costo de este seguro o cobertura está dado por el *spread* entre el valor spot y el valor futuro, que en el ejemplo utilizado es de $0,10 por dólar (2,5% del valor del subyacente).

El uso de futuros como cobertura se utiliza para muchas actividades económicas y financieras. Ejemplos:

a. Un productor agropecuario de soja quiere cubrir su producción ante una baja de precios, y los valores a los cuales cotiza el futuro le parece razonable, entonces vende futuro sobre soja con vencimiento a la fecha de su cosecha.

b. Como contraparte, a un fabricante de alimentos le interesa comprar futuros sobre su principal insumo para fijar su estructura de costo de su producto terminado.

c. Un inversor que quiera cubrir su cartera de acciones vende futuros sobre los activos que la integran.

d. Por el otro lado, un operador que está vendiendo acciones y compra futuros para reducir riesgos.

Vale la pena realizar algunas consideraciones y recomendaciones especiales en el uso de futuros para cobertura.

Riesgo de basis: Se denomina *basis* a la diferencia en el precio del futuro y del contado. Por lo general esa diferencia es distinta a cero y no permanece constante, por lo cual cuando se adquiere un futuro con un *basis* positivo, debe saber que ese diferencial varía con el tiempo, y si deshace la operación antes del vencimiento puede tener una pérdida superior a la esperada. Si existe la posibilidad de cerrar el futuro antes del vencimiento, puede haber un resultado extraordinario (positivo o negativo) distinto al esperado. También, si el futuro y el subyacente no son exactamente iguales, el riesgo de *basis* puede no ser cero al vencimiento. El riesgo de *basis* es dinámico, pero converge a cero al vencimiento.

No hay un futuro idéntico al subyacente a cubrir: La única alternativa es encontrar un futuro que esté altamente correlacionado con el subyacente. Por ejemplo, en Argentina no existen futuros sobre harina, pero sí sobre el trigo, que tiene una correlación de precios muy similar; se denomina *cobertura cruzada*. Si no existieran restricciones en el comercio exterior (derecho de exportación, por ejemplo) podrían utilizarse futuros de otros mercados internacionales, especialmente para *commodities* como cobre, oro, petróleo, etc. Para que una cobertura sea completa, debe existir una correlación perfecta.

Vencimiento: Cuando la obligación vence, por ejemplo el día 15 del mes, y solo se tienen futuros para fin de ese mes o del mes anterior, lo cual hace imposible realizar una cobertura perfecta, ¿qué se puede hacer? Siempre se utiliza el futuro de vencimiento más cercano, pero para este caso la sugerencia es comprar la mitad de los contratos de cobertura para el primer vencimiento y la otra mitad para el segundo vencimiento. No hay forma de realizar una cobertura perfecta.

No es recomendable realizar coberturas a largo plazo con futuros de corto *rolleando* continuamente la posición. Si la tendencia del mercado futuro cambia (por ejemplo, pasando de *contango* a *backwardation*; ver más adelante), el resultado puede ser desastroso.

Especulación: El nivel de garantías es lo que determina las posibilidades de especulación: menor margen, mayor apalancamiento. Debido a que el inversor puede adquirir una posición en el mercado varias veces superior a la inversión real, se potencian las ganancias (y pérdidas).

Ejemplo: un especulador con \$10.000 espera una baja sobre la acción X cuyo precio actual es de \$10 y su futuro cotiza al mismo valor; el mercado exige una garantía del 10%. Entonces, con los \$10.000 vende contratos futuros sobre la acción X por 10.000 acciones, equivalente a $100.000.

Al vencimiento, el precio de la acción es de $7,5 (baja del 25%):

• Vendió en $10 y ahora el contrato vale $7,5, ganó $25.000 (=$2,5*10.000), una rentabilidad del 150%.

Al vencimiento el precio de la acción es de $11 (aumento del 10%):

• Vendió en $ 10 y ahora el contrato opera en $11, perdió $10.000 (=-$1*10.000); todo su capital.

La especulación con futuros requiere mucho análisis de riesgo. Si el inversor invertía sus $10.000 directamente en la acción X, en el primer caso perdía $2.500, y en el segundo ganaba $1.000; la diferencia entre ganancias o pérdidas es 10 veces contra 1. Ésta es la diferencia entre apalancarse o no; entre especular o no. El instrumento es el mismo, varía el fin para el cual se lo utiliza.

Variedad de futuros

Existe una enorme cantidad de futuros, entre los cuales se destacan:

Divisas: Sobre las monedas tradicionales como dólares, euros, libra, real, franco suizo, yen, etc.

Tasas de interés: En Argentina, por ejemplo, se operan futuros sobre tasa BADLAR; internacionalmente sobre bonos soberanos, principalmente USA y germanos; índices Libor o Prime. La base de cada contrato para calcular los intereses es, por ejemplo, U$S 100.000 sobre los cuales se debitan o acreditan los diferenciales de tasa de interés. Se fija un monto en moneda sobre el que se calculan los intereses en función de la variación de la tasa.

Commodities: Oro y petróleo lideran el podio, pero los hay de cobre, plata, platino, jugo de naranja (muy comercializado en USA), agropecuario (trigo, maíz, soja).

Índices de acciones: Son muy activos sobre el Nasdaq, S&P 500, Nikkei 225, FTSE 100, NYSE, etc. En todos los casos se le asigna un valor fijo a la variación en cada punto del futuro; por ejemplo el futuro sobre el Nikkei que cotiza en Chicago Mercantile Exchange paga $5 por cada punto de variación del contrato.

Ejemplo: un inversionista tiene una cartera de acciones japonesas y quiere cubrirse ante una baja[30]; su cartera tiene un beta[31] de 0,9, un valor de mercado de $100.000, y el índice cotiza a 1.800 puntos (paga $5 por cada

---

[30] Muchas veces es más económico cubrir una cartera de acciones con futuros ante la posibilidad de una baja, que vender toda la cartera y luego volver a recomprarla en el futuro. Los gastos en comisiones suelen ser elevados.

[31] El beta en acciones es el nivel de correlación que existe entre un activo y el promedio de todo el mercado. Si el beta de una acción es 1,5 significa que si el índice de mercado aumenta 3% la acción subirá en promedio 4,5% (3*1.5); si el beta es 0,7, ante una baja del 2% en el índice de mercado se espera que la acción pierda en promedio 1,4%.

punto de variación). La cobertura se establece de la siguiente forma:

$100.000/(1800*5)*0,9 = 10 contratos

El inversor vende 10 contratos para estar cubierto. Si el mercado cae 10%, la cartera pierde en promedio $9.000, que el inversor compensa con la ganancia del futuro vendido: (1800-1620)*5*10=$9.000.

Futuros sobre oro

Analicemos uno de los contratos de futuros más operados del mundo: el oro. El oro es y será la eterna debilidad del ser humano. Sus características intrínsecas e historia lo convierten en un activo con múltiples usos: reserva de valor en tiempos de crisis o incertidumbre, activo para atesorar, para uso industrial o simplemente como joya.

¿Para qué sirven los futuros sobre oro? Sus participantes y usos son similares a los del futuro sobre oro:

1. Para el mercado local, es una alternativa al dólar como refugio de valor, sin necesidad de tener el activo físico que siempre conlleva algunos riesgos para quienes no son expertos: resguardo, hurto, calidad del metal, etc.

2. Distintos participantes del mercado, desde mineras hasta los orfebres o industriales, lo utilizan para cubrir el riesgo de precio. El productor minero vende futuros para cubrirse de una baja de precio en el subyacente; en contraparte, una industria que tiene al oro como insumo, busca cubrirse de una suba en el precio, y compra futuros.

3. Un inversor minorista local que quiere invertir en este activo, pero no desea almacenarlo ni correr otros riesgos o costos. Es una forma directa y económica de beneficiarse con el aumento en el precio del petróleo (si compra contratos) o de la baja (vende contratos futuros). Al utilizar márgenes de precio como garantía, permite el apalancamiento y especulación.

4. Al utilizar oro de alta pureza, se realizan operaciones de arbitrajes entre distintos mercados.

5. Cobertura indirecta para activos financieros relacionados con el precio del oro. Por ejemplo, quien invierta en la Barrick Gold Corp (uno de los mayores productores de oro del mundo) y busque aislar el riesgo precio de oro sobre las acciones, vende futuros de oro dada la correlación que existe entre ambos activos.

Las ventajas que tiene operar en futuros de oro son las mismas que en el petróleo:

- No hay costos de almacenamiento o custodia del subyacente.
- Se necesita menos dinero (margen) para invertir en el instrumento.
- Se pueden hacer ventas en corto para beneficiarse ante la baja del subyacente.

• Todos los participantes tienen los mismos derechos y condiciones de mercado; no hay diferencias entre un gran operador y un pequeño inversor.

• Liquidez y precios en tiempo real.

Valuación

Los futuros que tienen mercaderías como activo subyacente son equivalentes a activos de consumo: soja, cacao, jugo de naranja, aceites, cobre, etc.; pero no a metales como oro o plata, dado que estos también se consideran *activos de inversión*, y tienen un tratamiento especial que se analizará más adelante.

La valuación de futuros de mercadería se basa en la siguiente ecuación[32]:

$$F = P * (1 + r + c)^t$$

Donde,
F = precio del futuro;
P = precio *spot* del subyacente;
r = tasa de interés activa;
c = costo actual de almacenamiento del subyacente durante el período;
t = tiempo hasta el vencimiento (expresado en igual medida de tiempo *quer*).

Otra fórmula equivalente muy utilizada, y que es teóricamente preferible a la anterior, es la siguiente:

$$F = (P+c)e^{rt}$$

Donde *e* es equivalente a 2,71828, tasa de actualización compuesta continua. La primera actualiza a una tasa de interés discreta y la segunda a una tasa continua; esa es la única diferencia. Si bien ambas fórmulas no dan exactamente el mismo resultado, la selección depende principalmente de la capacidad que tenga el inversor de colocar diariamente los excedentes a una tasa libre de riesgo.

La realidad del mercado hace que esta alternativa sea plausible para grandes operadores; para un inversor tradicional, tal vez sea más realista utilizar la primera ecuación. En el mercado local, los excedentes obtenidos con el futuro (los créditos en la cuenta) no generan automáticamente un

[32] Denominado también como teorema de la paridad de mercado de futuro y contado.

retorno libre de riesgo, posibilidad que sí tienen en mercados desarrollados.

En ambos casos, al componente (r + c) se lo denomina *costo de acarreo* (*cost of carry*), y representa el costo de pedir prestado dinero, comprar la mercadería, mantenerla hasta la fecha de vencimiento del contrato de futuros y entregar la mercancía. En el caso de activos financieros, el costo de almacenamiento es equivalente al costo de custodia o simplemente cero, debido a su insignificancia. El *cost of carry* representa la tasa de interés entre hoy y un plazo futuro para financiar la adquisición del activo subyacente.

La valuación del futuro puede pensarse al revés: vender la mercadería al contado, invertir lo producido y comprar futuros.

Ejemplo. Un fabricante de alimentos compra contratos futuros sobre trigo, uno de sus principales insumos, con vencimiento a cuatro meses. La información disponible es la siguiente, y el precio que debería pagar el contrato:

S = \$370; r = 3% cuatrimestral (TNA 12%); c = 2% (por todo el cuatrimestre); t = 1 (el cuatrimestre).

$$F = \$\ 370*(1+0{,}03+0{,}02)^{1} = \$\ 389{,}5$$

Si el futuro efectivamente cotiza en \$389,5 no hay posibilidades de arbitraje. No hay diferencia entre comprar hoy la mercadería a \$370 (pidiendo el dinero prestado y absorbiendo los costos de interés y almacenamiento) o comprar el contrato futuro.

Si el precio del futuro cotiza a \$391 está sobrevaluado y hay posibilidades de arbitraje: se compra la mercadería de contado con deuda, se almacena y simultáneamente se vende contrato de futuro. Al vencimiento se entrega la mercadería vendida a \$391, y el costo de la operación será de \$389,5, ganando \$1,5 sin riesgo.

Si el precio del futuro cotiza a \$388 está subvaluado y hay posibilidades de arbitraje: se vende en descubierto[33] el activo y se compra el futuro. Al vencimiento la ganancia será de \$1,5 sin riesgo.

Una crítica a este modelo de valuación es suponer que existe una única tasa de interés a la cual pedir prestado, y en cantidades ilimitadas. De acuerdo a la capacidad de cada operador, el monto y nivel de tasa de interés varía; no es lo mismo para un operador bancario que para un inversor individual.

[33] La venta en descubierto es vender algo que no se tiene. Su estructuración es alquilar el activo subyacente para vender en el mercado *spot*, con la obligación de tener que reintegrarlo en el futuro; se paga una tasa de interés por el alquiler.

Supuestos que subyacen a este modelo de valuación:

Supuestos *cost of carry*	**Realidad**
No existen costos transaccionales.	Existen costos: desde el *broker*, a impuestos y derechos de mercado.
Se puede tomar deuda o prestar a la misma tasa libre de riesgo.	Es difícil obtener dinero a una tasa libre de riesgo, y tampoco hay una única tasa de interés para todos los participantes.
No hay riesgo de crédito o de incumplimiento de contrato.	Si las operaciones se realizan dentro de un mercado regulado, el riesgo es muy bajo; si las operaciones son OTC, depende de la política crediticia de cada participante.
No existen impuestos.	Nada más lejos de la realidad.
Pueden realizarse ventas en descubierto sobre el subyacente.	No es simple realizar esta operación, principalmente sobre mercancías, por lo cual el arbitraje de venta en corto y recompra a futuro es limitado.
El tiempo no altera las cualidades de la mercadería almacenada; puede guardarse ilimitadamente.	Algunas mercaderías tienen dificultades para almacenarse durante mucho tiempo.

Estas observaciones no invalidan el modelo. Sí justifican la existencia de diferencias entre la realidad y los valores de equilibrio. De todas maneras, en el momento de armar una estrategia o valorar la toma de una posición, es recomendable realizar estos cálculos de acuerdo a la realidad de cada uno, y así establecer la conveniencia o no de utilizar futuros como instrumento de cobertura. El modelo de valuación de un forward es muy similar al de un futuro. Las diferencias que pueden existir son, a menudo, demasiado pequeñas y reflejan factores tales como impuestos, tratamiento de garantías y gastos del broker. Los futuros tienen algunas ventajas comparativas (menor riesgo de incumplimiento, liquidez, etc.), pero la evidencia empírica general no ha encontrado diferencias significativas en precios con similares características de contrato.

Futuros sobre activos financieros

Por los mismos motivos esgrimidos puede calcularse el precio por cualquiera de las dos formas (interés continuo o discreto), pero adicionalmente la fórmula también varía si el activo financiero genera un flujo de fondos o no:

1. Que el activo no pague dividendos (para acciones) o interés (para bonos) durante la duración del contrato. En este caso el precio está determinado por la siguiente ecuación:

$F = Se^{rt}$ asumiendo actualización continua de intereses o
$F = S^*(1+r)^t$ actualización por períodos.

Ejemplo. El activo subyacente cotiza a $100, la tasa libre del riesgo es del 8% anual, y el vencimiento del contrato es de tres meses. El precio del futuro es:

$$\$102{,}22 = 100^*e^{0{,}08^*0{,}25}$$
ó
$$\$101{,}94 = 100^*(1+0{,}08)^{0{,}25}$$

¿Y si no fuera ese el precio en el mercado? Si el futuro cotiza a $ 95 o a $105, ¿qué sucedería? Simplemente existiría una oportunidad de arbitraje que llevaría el precio del futuro a su valor de equilibrio.

Si cotiza a $95, un arbitrajista realiza las siguientes operaciones:

- Vender en descubierto el activo en el mercado.
- Invertir lo producido por la venta al 8% anual durante tres meses.
- Comprar contrato de futuro a tres meses.

Al vencimiento, el arbitrajista tiene $\$101{,}94 = 100^*(1+0{,}08)^{0{,}25}$, y paga $95 por la venta del futuro.

El resultado es una ganancia de $6,94 (=101,94-95).

Si cotiza a $105, un arbitrajista realiza las siguientes operaciones:

- Pedir prestado $100 a una tasa del 8% durante tres meses.
- Comprar el activo subyacente.
- Vender contrato de futuro a tres meses.

Al vencimiento, el arbitrajista entrega el subyacente, recibe los $105 y salda su deuda de $101,94 ($=100^*(1+0{,}08)^{0{,}25}$). El resultado es una ganancia de $3,05.

2. Que el activo pague un flujo de fondos durante el período del contrato. En estos casos se asume que los pagos son conocidos, y el precio del futuro viene dado por:

$$F = (S\text{-}I)e^{rt} \qquad o \qquad F = (S\text{-}I)*(1+r)^{t}$$

Donde I es la suma de los pagos futuros actualizados a la tasa libre de riesgo.

Ejemplo. La acción tiene un precio de \$100 y se espera que pague dividendos por \$2 en tres meses y otros \$2 en nueve meses. La tasa libre de riesgo es 8% anual, y el contrato vence en 12 meses.

El valor actual de los flujos de fondos:

$$I = \$3,85 \frac{2}{1,08^{0,25}} + \frac{2}{1,08^{0,75}}$$

El valor del futuro, asumiendo una actualización constante:
$\$104,16 = (100-3,85)e^{0,08*1}$

Nuevamente, ¿qué hacer si el precio del mercado es mayor o superior al valor de equilibrio? Si el Futuro cotiza por encima del precio de equilibrio, un arbitrajista compra el activo subyacente y vende el futuro; si el futuro cotiza por debajo del precio de equilibrio, el arbitrajista vende en descubierto el subyacente y compra futuro.

Pendiente

En la mayoría de los mercados los futuros tienen precios superiores al *spot*. Cuando esto ocurre, el mercado está *contango* porque el costo de acarreo es positivo (el costo de interés y almacenamiento es superior a la tasa de rendimiento del activo, que es cero en muchos casos). Por ejemplo, en la mayoría de los futuros de divisas la pendiente es positiva porque el interés implícito es positivo.

Pero esto no siempre es así. Por causas de estacionalidad o demanda extraordinaria, principalmente en *commodities*, el valor futuro puede ser inferior al valor *spot*. En estos casos el mercado está *backwardation*.

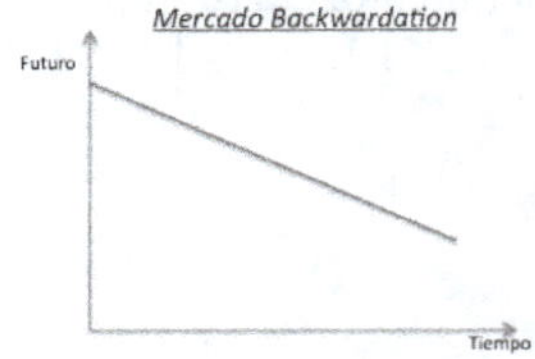

El gráfico sobre futuros de soja en la sección "convergencia" es un ejemplo de este último mercado.

Estrategias

La utilización de futuros no solo permite efectuar estrategias de cobertura y especulación, sino además estrategias para la obtención de tasa de interés. Esta operatoria es muy utilizada por *brokers* y grandes operadores para arbitrar tasas de interés entre plazos fijos, bonos de corto plazo y préstamos interbancarios. De todas formas, está al alcance de cualquier inversor por su sencillez y bajos costos de implementación.

Las estrategias se basan en la utilización de contratos de dólar futuro y similares. Antes hay que entender un concepto fundamental que posibilita este tipo de estrategias y es la *tasa implícita* de un futuro sobre dólares.

Tasa implícita

Es la diferencia entre el precio del dólar *spot* (contado al día hoy) y el precio del contrato del dólar futuro. Ese diferencial, que por lo general es positivo[34], puede interpretarse como una tasa de interés o un costo por la operatoria, según cuál sea la posición del inversor: para un coberturista representa un costo (paga el dólar futuro a un precio superior al *spot*); para un inversor es una alternativa de inversión en renta fija.

Los contratos futuros tienen distintos valores según la fecha de vencimiento, y los analistas los representan gráficamente a través de una curva de tasas implícitas que permite detectar arbitrajes y seleccionar el mejor tramo para posicionarse de acuerdo a sus objetivos.

Para la confección de esta curva, primero se realizan cálculos a fin de obtener los valores buscados. Para ello, se trabaja con el siguiente ejemplo:

El 14 de junio, el dólar *spot* cotiza a $3,92 y el dólar futuro presenta vencimiento el 31 de diciembre en $4,172[35]. Se obtiene:

- *Tasa directa*: 4,172/3,92-1= 6,43%. Por los 200 días faltantes entre el 14 de junio y el 31 de diciembre, el dólar futuro es un 6,43% más caro.
- *Tasa nominal anual* (TNA): Al trabajar con tasas de interés, lo correcto es anualizar la tasa directa para realizar comparaciones. Siguiendo el caso anterior: 6,43%*(365/200)=11,73%.
- *Tasa efectiva anual* (TEA): En finanzas el concepto de interés

[34] Pueden existir excepciones en contratos de muy corto plazo o cuando la autoridad monetaria realiza una agresiva venta de contratos de futuros para disuadir expectativas alcistas.

[35] Sí, lo sabemos, en nada se asemeja el precio real del USD/$, pero este libro está para perdurar en el tiempo, por ende los valores que utilizamos son teóricos, atemporales. ¿Y si cuando lea o relea este libro vivimos una nueva convertibilidad o dolarización?

compuesto es muy utilizado por la reinversión de utilidades. Si se quiere obtener la tasa de interés total se capitalizan los intereses cuando son efectivamente percibidos. Si los débitos y créditos en la cuenta se realizan en forma diaria durante los 200 días, entonces 6,43%^(365/200)=12,04%.

• *Tasa Continua*: Los mercados de futuros sobre divisas acreditan o debitan diariamente el resultado de la posición respecto a la jornada anterior. Por esta particularidad que permite la reinversión diaria de utilidades (o el costo por las pérdidas) se utiliza la capitalización constante de los resultados para la obtención de la tasa implícita real. Por ejemplo: ((6,45%/200)+1)^365-1= 12,45%.

Finalmente, hay que contemplar comisiones y otros gastos a fin de conocer el costo (para una cobertura) y/o rentabilidad neta.

El siguiente cuadro resume las tasas de interés según distintos valores de dólar futuro:

Fecha:	14/6
Precio *spot*:	3.920

				Tasa de interés anual		
Vto. mes/ día	**Futuro**	**Días**	**Tasa directa**	**Nominal**	**Efecti- va**	**Continua**
6/30	3.938	16	0.46%	10.42%	10.95%	**10.98%**
7/31	3.972	47	1.33%	10.30%	10.78%	**10.85%**
8/29	4.008	76	2.24%	10.78%	11.25%	**11.38%**
9/30	4.046	108	3.21%	10.86%	11.28%	**11.47%**
10/31	4.086	139	4.23%	11.12%	11.51%	**11.76%**
11/28	4.128	167	5.31%	11.60%	11.96%	**12.29%**
12/31	4.172	200	6.43%	11.73%	12.04%	**12.45%**
1/30	4.214	230	7.50%	11.90%	12.16%	**12.64%**
2/27	4.255	258	8.55%	12.09%	12.30%	**12.85%**
3/31	4.295	290	9.57%	12.04%	12.19%	**12.79%**
4/30	4.337	320	10.64%	12.13%	12.22%	**12.90%**
5/29	4.377	349	11.66%	12.19%	12.22%	**12.96%**

Fuente: Elaboración propia.

A mayor plazo, mayor tasa de interés, aunque esta relación no es perfectamente lineal. Para una mejor comprensión, se representa a través del siguiente gráfico, donde el eje izquierdo refleja la tasa continua y el eje derecho el valor del contrato.

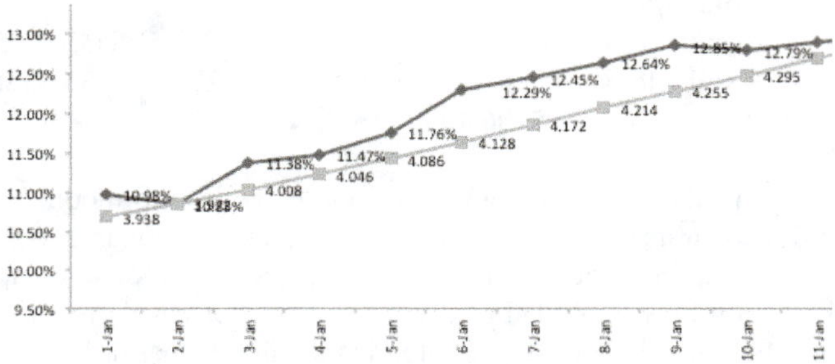

Fuente: Elaboración propia.

El gráfico muestra la estructura de las tasas de interés implícitas, con y sin comisiones. A menor plazo, el peso de las comisiones eleva considerablemente el costo de la operación: quien realiza una cobertura, tendrá un mayor costo; quien busca una tasa de interés, obtiene un menor rendimiento.

Obtención de tasa en pesos

En base a las tasas implícitas se diseñan algunas estrategias básicas. La primera y muy utilizada en el mercado es la siguiente:

• Se parte con $ nacionales, se compra dólar billete y se vende dólar futuro a un precio superior, cuyo diferencial es justamente la tasa implícita. En el ejemplo anterior, se compran dólares a $3,92 y se venden contratos de dólar futuro a $4,172 posición diciembre. La ganancia directa queda fija en 6,43%, equivalente a un 12,45% anual.

Hay que mantener los dólares en custodia (una parte puede depositarse en calidad de garantía por la venta del futuro) hasta el vencimiento del contrato. Considerando el factor de convergencia al vencimiento analizado anteriormente, el valor del contrato al vencimiento será igual al precio *spot* del dólar.

Ejemplifiquemos con una inversión de $100.000 que se utilizan para adquirir U$S 25.510 a un tipo de cambio de $3,92. Según cálculos la rentabilidad directa es de 6,43%, por lo cual se finaliza en diciembre con $106.429 (ganancia de $6.429).

Si al vencimiento de la estrategia el precio del dólar *spot* es de $3 o $5… ¿Afecta el resultado final?

Dólar *spot* cierra en $3:
Resultado por futuros: +$29.898 = ($4,172-$ 3)*U$S 25.510
Resultado por tenencia U$S: +$76.531 = $3*U$S 25.510
Resultado neto: $106,429

Dólar *spot* cierra en $ 5:
Resultado por futuros: -$21.122 = ($4,172-$ 5)*U$S 25.510
Resultado por tenencia U$S: +$127.551 = $5*U$S 25.510
Resultado neto: $106,429

Conclusión. La variación del tipo de cambio no modifica la rentabilidad de la estrategia, que permanece fija. Esto es comparable a realizar un plazo fijo o un bono cupón cero de corto plazo. Por eso, se compara la tasa implícita con la rentabilidad ofrecida por otros activos de renta fija de corto plazo y bajo nivel de riesgo: los fondos se direccionan a la alternativa que ofrece mejor rendimiento al mismo nivel de riesgo.

Para maximizar los resultados de esta estrategia, en lugar de adquirir dólares en efectivo, se recomienda comprar bonos del Tesoro estadounidense u otro activo libre de riesgo denominado en dólares que proporcione una rentabilidad adicional, aunque sea baja.

Obtención de tasa en U$S

La tasa de interés por un plazo fijo en dólares en la Argentina en determinados contextos adquiere valores exiguos entre 0,5% y 1,5%. Esta rentabilidad disuade a muchos inversores que prefieren tener sus dólares líquidos guardados en caja de seguridad, el colchón, o en cuenta bancaria. Estos individuos o empresas *piensan en verde*: el dólar es su moneda de referencia y ahorro, y no quieren asumir inversiones en pesos si existe la posibilidad de que una depreciación del tipo de cambio reduzca la cantidad de dólares. Así que hay que desarrollar un negocio a su medida.

Las tasas implícitas tienen la posibilidad, bajo determinadas circunstancias, de generar indirectamente una renta en dólares y ganarle al plazo fijo u otros instrumentos de renta fija en la moneda americana.

La estrategia es simple: se parte con dólares que se cambian por pesos y se invierte en un activo que genere una rentabilidad superior a la tasa implícita del contrato futuro; paralelamente el inversor se cubre comprando futuro sobre el dólar.

Ejemplo: se tiene un activo en pesos (plazo fijo, cheque avalado, pagaré, etc.) con una TNA del 20% anual y que vence en 200 días; la inversión es de U$S 100.000.

Se cambian los dólares por $392.000 y se invierten en el activo seleccionado, que genera dentro de 200 días $434.959 (=$ 392.000*(1+(0,20*200/365)). Este flujo de fondos que recibirá el inversor al vencimiento es equivalente a U$S 104.257 contratos futuros a un precio hoy del futuro de $4,172, y que el inversor compra para cubrir una eventual suba del tipo de cambio.

Resumiendo. Se convierte los U$S 100.000 en pesos que genera dentro de 200 días $434.959, y para no correr riesgo de tipo de cambio (el inversor *piensa en verde*) se compran contratos futuros a misma fecha de vencimiento a precio de $4,172: se invierte al 20% anual y se cubre la inversión a un costo del 12,45% anual. La rentabilidad anual en dólares es aproximadamente la diferencia entre 20%-12,45% = 7,55%; tasa directa: 10,95%-6,43%= 4,52%

Al igual que la estrategia anterior, suponga que el tipo de cambio al vencimiento es $3 o $5.

Dólar *spot* cierra en $3:

Pesos a recibir por inversión: $434.959 equivalente a U$S 144.986.

Resultado por futuros: -$120.982 equivalente a U$S-40.729.

Resultado neto: U$S 104.256.

Dólar spot cierra en $5:

Pesos a recibir por inversión: $434.959 equivalente a U$S 86.991.

Resultado por futuros: +$86.324 equivalente a U$S-17.264.

Resultado neto: U$S 104.256.

Esta estrategia puede utilizarse con cualquier activo que genere una renta fija y tenga bajo nivel de riesgo. Es recomendable utilizar instrumentos tipo cupón cero para que la rentabilidad neta de la estrategia quede fija; también pueden utilizarse instrumentos que generen un flujo de fondos continuo, como ser bonos o fideicomisos financieros. En estos casos se adquieren contratos de dólar futuro a cada fecha de cobro del flujo de fondos. El riesgo que conlleva esta alternativa es la reinversión de ese flujo de fondos: si la tasa de interés del mercado disminuye, posiblemente no pueda reinvertir ese flujo de fondos a las tasas iniciales, y la TIR total de la estrategia será menor a la esperada inicialmente.

Costos y garantías

La estrategia no está completa sino se consideran los costos explícitos de la operatoria, principalmente comisiones del *broker* e impuestos. El análisis es el mismo, pero al adicionarse estos gastos, el costo de la cobertura se encarece en función del plazo del contrato de futuro: a mayor plazo, menor incidencia de las comisiones, y viceversa.

Suponiendo una comisión del *broker* de 0,30% para la compra-venta del contrato futuro e impuestos del 0,10%, la tasa implícita neta para realizar la cobertura para la estrategia de tasa en U$S es:

Fecha:	6/14
Precio *spot*:	3.920

				Tasa con comisiones	
Vto. mes/ dia	**Futuro**	**Días**	**Tasa directa**	**Cobertura - contínua**	**Tasa continua**
6/30	3.938	16	0.46%	20.24%	2.42%
7/31	3.972	47	1.33%	13.94%	7.84%
8/29	4.008	76	2.24%	13.31%	9.48%
9/30	4.046	108	3.21%	12.84%	10.12%
10/31	4.086	139	4.23%	12.84%	10.69%
11/28	4.128	167	5.31%	13.20%	11.39%
12/31	4.172	200	6.43%	13.21%	11.68%
1/30	4.214	230	7.50%	13.31%	11.97%
2/27	4.255	258	8.55%	13.46%	12.24%
3/31	4.295	290	9.57%	13.34%	12.25%
4/30	4.337	320	10.64%	13.40%	12.40%
5/29	4.377	349	11.66%	13.43%	12.50%

La tasa implícita que se obtiene por comprar dólar spot y vender futuro a 200 días ya no es 12,45% sino 11,68%; y el costo de la cobertura por la estrategia de tasa en U$S será del 13,21%. Estas variaciones pueden no parecer relevantes respecto a la tasa implícita sin costos, pero como evidencia el siguiente gráfico, el tiempo cumple una función fundamental al permitir licuar ese costo.

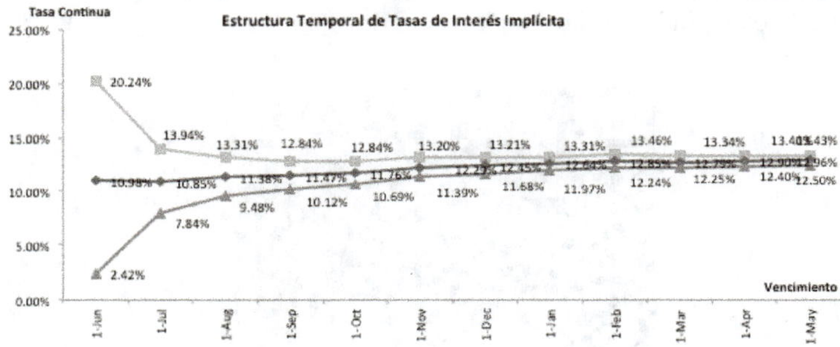

Fuente: Elaboración propia.

Un inversor comete un grave error al realizar esta operatoria a un plazo muy corto debido a la alta incidencia de los costos.

Un tema adicional son las garantías. En la estrategia de tasa en dólares no es inconveniente porque el inversor adquiere el 100% de la posición en dólares billete, que utiliza como garantía ante el mercado (cobertura completa). Para la estrategia de tasa en pesos, el activo que genera la renta debe ser aceptado como garantía para que el inversor no inmovilice otros activos. Por lo general, esto no resulta inconveniente porque el activo que genera la renta en pesos nacionales es de alta calidad, y generalmente todos los mercados aceptan esas garantías.

Material Multimedia

En www.phronencial.com/finanzasinteligentes encontrará material complementario y específico de este capítulo: ejemplos, ejercicios, aplicaciones, uso de calculadoras, búsqueda de información, videos, planillas, PDF y presentaciones.

Puede acceder desde la plataforma de Phronencial, o directamente al material del capítulo desde el siguiente QR:

Recomendamos registrarse en la plataforma utilizando el usuario y clave inicial que le proporcionamos en las primeras páginas, y que es único para el titular original del libro.

De esta manera podrá acceder al material complementario. Pero lo más importante, es que con la correcta identificación lo contactaremos para los encuentros (virtuales y/o presenciales) que realizamos para abordar distintos tópicos financieros y de mercado.

Opciones financieras

Introducción

Generalmente se asocia a las opciones como la última innovación de los mercados, y más cuando viene asociado con rótulo de *ingeniería financiera*: puro glamour y sofisticación al alcance de unos pocos entendidos.

Nada más lejos de la realidad. Respecto a sus orígenes, la historia presenta los primeros indicios de aplicaciones de opciones en el siglo V a.C. El primer ejemplo recae en el filósofo Tales de Mileto, quien haciendo uso de sus conocimientos astronómicos, previó para el próximo año una abundante cosecha de aceitunas en la región, así adquirió derechos de uso a partir del próximo año de todas las prensas de aceite que estuvieran a su alcance. Sus predicciones se cumplieron y el buen filósofo obtuvo un importante rédito económico ya que tuvo un cuasi monopolio en las muy demandadas prensas para procesar la gran producción de aceitunas. Si bien esta fue una operación muy artesanal y que poco tiene que ver con las transacciones modernas de derivados (opciones y futuros principalmente) en general, el concepto que subyace es el mismo: fijar condiciones hoy de una operación que se concreta en el futuro.

Un ejemplo más actual al funcionamiento moderno de los mercados de opciones lo constituye Holanda con la comercialización de los bulbos de tulipán, allá por 1.600 d.C. Este caso constituyó un ejemplo de mercado organizado, donde gran cantidad de inversores y productores (o comercializadores) se reunían en un mismo lugar y operaban bajo reglas establecidas los preciados tulipanes. Incluso en Inglaterra, en el siglo XVIII, se registraron casos de negociación de opciones sobre las principales empresas de la época, asociadas al comercio con el Nuevo Mundo.

El principal hito en el desarrollo de las opciones data en la edad moderna, cuando en 1973 se funda la *Chicago Board Option Exchange* (CBOE) y se inicia la comercialización formal y estandarizada de opciones sobre acciones americanas. Rápidamente, el éxito logrado impulsó las opciones sobre una variada gama de subyacentes: desde *commodities*, a tasas de interés, bonos y todo lo que pudiera ser de interés para los operadores. Hoy podemos afirmar que el volumen que se operan en opciones es muchas veces superior a sus propios activos subyacentes.

Respecto a la sofisticación de esta herramienta, es pura creencia. Cuando se contrata un seguro para el auto o se alquila un departamento con posibilidad de compra futura, los contratos firmados son equivalentes a una opción (*put* o de venta, como ya veremos). El concepto que subyace es el mismo. Luego, todos los cálculos y estrategias avanzadas quedan en manos de expertos... o a los lectores de este libro una vez que terminen, al menos, el presente capítulo.

Definiciones

Una *opción* es un contrato por el cual el comprador[36] tiene el derecho, pero no la obligación, de comprar o vender un activo subyacente a un precio de ejercicio[37] hasta un plazo predeterminado. Por ese derecho, el comprador paga al vendedor[38] una prima, que es un monto de dinero no reembolsable.

Analizado desde la contraparte, el vendedor de una opción tiene la obligación de comprar o vender un activo subyacente al precio de ejercicio cuando el comprador así lo requiera; esta obligación estará vigente hasta el vencimiento del contrato o cuando el comprador decida ejercer sus derechos.

El vendedor no tiene derecho a decidir la compra o venta, sino que tiene la obligación de aceptar la voluntad del titular de la opción. Por esta compensación, el vendedor recibe un monto de dinero denominado prima (equivalente al precio de la opción), y que nunca reembolsa aunque el titular de la opción decida ejercer o no sus derechos.

Ejemplos:

El inversor A le compra al inversor B una opción que le otorga el derecho, pero no la obligación, a adquirir una acción de la empresa General

Electric a un precio de $50; esta opción vence en 60 días. Por esa operación A le paga a B la suma $4; hoy la acción cotiza en $48.

¿Debe A ejercer inmediatamente su opción? Definitivamente no. Si quiere adquirir las acciones de GE la compra en el mercado *spot* a un precio de $48 y no ejerce la opción para pagar $50. Si la acción cotiza por debajo de $50 nunca ejerce el derecho a comprarle a B las acciones.

La acción de GE aumenta a $50, ¿A ejerce la opción? Resulta en este caso indistinto ejercer o no, solo tiene que evaluar costos por comisiones.

La acción sube por encima de $50, ¿qué hacer? Definitivamente ejercer

[36] Puede utilizarse en forma indistinta la palabra “titular”.

[37] Se utilizará “precio de ejercicio” o “*strike*” en forma indistinta.

[38] Puede utilizarse en forma indistinta la palabra “lanzador”

la opción, porque la está adquiriendo a un precio inferior a su cotización. ¿Esto significa que el titular ha ganado dinero con la operación? No necesariamente. Para ello la acción tiene que cotizar por encima de los $54 para compensar el costo hundido que representa los $4 de prima pagada al vendedor.

¿Qué le pasa a B con todas estas alternativas de precio? Si el precio es $48, no será ejercido y habrá ganado los $4 por acción en concepto de prima; si la acción cierra en $50 también tiene una ganancia de $4. A los $54 la situación cambia: entrega por $50 una acción que cotiza en $54, con lo cual esa pérdida compensa el ingreso por prima por lo cual saldrá hecho.

Vale la siguiente aclaración: si el vendedor de la opción tenía en cartera la acción de GE, en realidad tenía un lucro cesante porque podría haberse beneficiado del aumento en el precio de la acción si no hubiera vendido la opción; en estos casos decimos que el vendedor estaba cubierto. En cambio, si vendió la opción sin tener el subyacente en cartera, sufrirá pérdidas reales porque tiene que ir al mercado, comprar la acción a $54 y revenderla al titular de la opción a $50; en estos casos decimos que el vendedor o lanzador está descubierto.

El siguiente cuadro visualiza el resultado neto (ganancia o pérdida) de cada una de las partes a distintos valores del subyacente:

Cotización GE	**Comprador Call**	**Vendedor Call**
$40	-$4	$4
$45	-$4	$4
$48	-$4	$4
$50	-$4	$4
Cotización GE	**Comprador Call**	**Vendedor Call**
$54	$0	$0
$60	$6	-$6
$70	$16	-$16
$80	$26	-$26

Con este ejemplo podemos obtener varias conclusiones:

1. La ganancia de uno, es la pérdida de la contraparte: ¡es un juego de suma cero!

2. Las ganancias del titular son ilimitadas si el precio del subyacente se dispara; por ende las pérdidas del lanzador también son ilimitadas (si está descubierto, sin el subyacente en cartera).

3. La pérdida máxima del titular está limitada a la prima pagada; la ganancia del lanzador también se limita a la prima percibida.

Representación gráfica del ejemplo anterior:

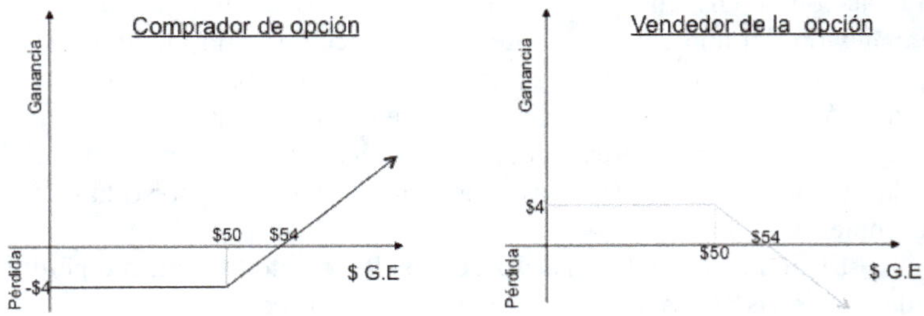

Fuente: Elaboración propia.

Como toda operación comercial, en el fondo hay expectativas distintas sobre el valor futuro del subyacente. B no venderá opciones si pensara que van a subir de precio, y A tampoco las comprará si pensara que van a bajar de precio. Esta expectativa contrapuesta es lo que impulsa a B a aceptar riesgos (de pérdida ilimitada si no tiene el subyacente en cartera) a cambio de una prima (en forma de compensación). ¿Cuál es el riesgo que asume el vendedor? El titular siempre ejercerá el derecho cuando le sea favorable, lo que equivale a decir cuando le genere un perjuicio (o lucro cesante) al vendedor.

Las opciones donde el titular tiene el derecho, pero no la obligación de comprar un activo subyacente a un precio predeterminado y hasta una fecha de vencimiento, se denominan *call*[39].

Ahora suponga que el titular de una opción tiene el derecho, pero no la obligación, de vender un activo subyacente a un precio predeterminado y hasta una fecha de vencimiento, pagando a cambio de este derecho una prima al vendedor (quien queda obligado a comprar) por la compensación del riesgo.

Entiéndase bien, el titular tiene el derecho de venderle a la contraparte un activo. ¿Cuándo ejercerá ese derecho? Cuando el precio del activo esté por debajo del precio de ejercicio, el titular recibirá un precio superior por el ac-

[39] El término tiene su origen en la "llamada" que realizaba el titular al vendedor para informarle que iba a ejercer sus derechos.

tivo subyacente del que realmente cotiza en el mercado *spot*. Para entenderlo con un ejemplo cotidiano, piense en el seguro del automóvil: mensualmente paga una prima para tener el derecho de venderle a la compañía aseguradora el auto, derecho que solo ejerce ante una contingencia (choque, incendio, robo) porque simplemente lo que antes tenía un valor superior, ahora es menor. En otras palabras: "compañía de seguros, deme ahora por mi auto los $30.000 que valía antes del choque (ahora vale la mitad o nada), por eso yo le he estado pagando la prima del seguro todos los meses, yo tengo el derecho a reclamarle esa suma y usted la obligación de cumplir.

Continuando con el ejemplo de GE, el cuadro de ganancia y pérdidas queda de la siguiente forma:

Cotización GE	**Comprador *put***	**Vendedor *put***
$30	$16	-$16
$35	$11	-$11
$40	$4	-$4
$46	$0	$0
$50	-$4	$4
$54	-$4	$4
$60	-$4	$4
$70	-$4	$4

Conclusiones

1. La ganancia de uno es la pérdida de la contraparte.

2. Las ganancias del titular son ilimitadas si el precio del subyacente cae; por ende, las pérdidas del lanzador también son ilimitadas a la baja.

3. La pérdida máxima del titular está limitada a la prima pagada; la ganancia del lanzador también se limita a la prima pagada.

Gráficamente:

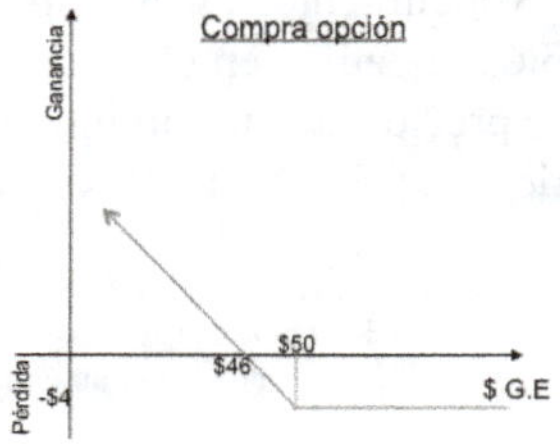

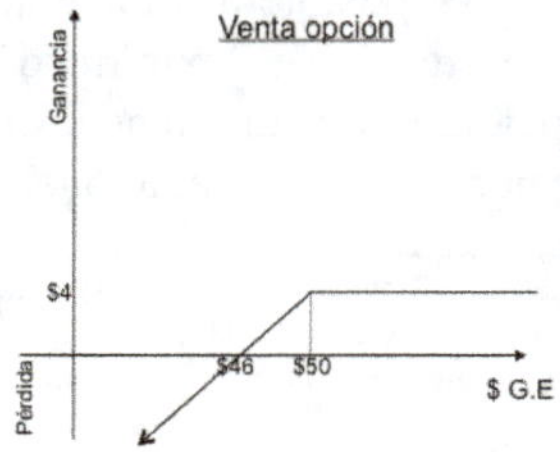

Nuevamente hay expectativas distintas entre las partes. ¿Qué estrategia estará haciendo el comprador de esta opción? Si es un especulador, espera que el activo subyacente pierda valor para luego comprarlo en el mercado *spot*, ejercer su derecho, y venderlo a un precio superior. Si compra esta opción como cobertura es porque tiene el activo subyacente en cartera, y ante el riesgo de una baja de precios, en vez de vender el activo adquiere el equivalente a un seguro (como el ejemplo del auto), comprando la opción: si el precio cae, ejerce sus derechos y cubre la pérdida sufrida en el valor de la cartera.

¿Qué estrategia tiene el vendedor? Simplemente especulación. Si el precio se mantiene o sube, no será ejercido y gana la prima; si el precio baja, está en problemas: a diferencia del vendedor cubierto del *call* (derecho a comprar), donde lo que tiene es un lucro cesante, aquí el vendedor no tiene ningún tipo de cobertura.

Estas opciones donde el titular tiene el derecho, pero no la obligación de vender un activo subyacente a un precio predeterminado y hasta una fecha de vencimiento, se denominan *put*[40].

Resumiendo, las cuatro posiciones básicas que pueden realizarse con opciones son:

Operación	**Opción**
Comprar	*CALL*
Vender	*CALL*
Comprar	*PUT*
Vender.	*PUT*

Otra clasificación de las opciones es de acuerdo a la flexibilidad de ejercicio. Si el ejercicio puede realizarse en cualquier momento desde la adquisición de la opción hasta el vencimiento, es una opción *americana*; si el ejercicio solo es posible al momento del vencimiento, es una opción *europea*[41]. Esta diferencia de flexibilidad también se refleja en el precio de la prima: una opción americana tiene un mayor precio que su homóloga europea, justamente por el beneficio adicional que tiene la primera. La flexibilidad de la

[40] El término deriva en "poner" sobre la mesa el activo subyacente para recibir el precio acordado.

[41] La denominación tiene que ver con su origen, pero hoy en día las opciones americanas o europeas pueden cotizan en cualquier mercado, no están circunscritas a su continente. Las americanas son las predominantes.

opción tipo americana respecto a una europea se refleja en el precio.

Las opciones de tipo americana y europea se las conoce también en la categoría de opciones *plain vanilla* porque son de uso corriente y sencillo, en contraposición de las opciones *exóticas* que son más complejas y que se analizan posteriormente.

Si bien la denominación americana y europea está vinculada al origen, hoy se comercializan en forma indistinta en ambos continentes. Predomina la opción americana principalmente por resultar más atractiva para especuladores; la europea se utiliza con activos específicos, generalmente *commodities*, y con fines de cobertura.

Por ser más flexible una opción americana, ¿significa que siempre es mejor a una europea? Depende. Un especulador por lo general prefiere una opción americana para poder ejercer su derecho cuando lo considere conveniente. Un coberturista posiblemente prefiera una opción europea. Piense por ejemplo en un agricultor que quiere comprar un *put* (derecho a vender) para cubrirse ante un baja en el precio del cereal en el momento de cosechar su producción: antes no le interesaba ejercer su derecho porque simplemente estaba imposibilitado al no tener el cereal (sembrado); así que no tendría sentido para el agricultor pagar más por una opción americana cuando jamás podría ejercerla antes de su vencimiento (excepto que se transforme en un especulador).

En términos generales, el mercado de opciones (en realidad de derivados en general) es un mercado donde se negocian riesgos. Hay inversores que son adversos al riesgo y compran *calls* y *put*, esperando la evolución futura del subyacente para tomar una posición o no en el mercado; y están los inversores que aceptan riesgos y venden *calls* y *puts* a cambio de una prima compensadora. De esto se desprenden las características que debe tener un subyacente para que exista un mercado de opciones: ¡riesgo! Debe ser un activo volátil, y mientras mayores sean las variaciones de precio, mayor será el volumen de opciones negociadas, porque habrá más inversores operando: comprando y vendiendo riesgo.

Resumiendo

1. En el mercado cotizan tanto *calls* como *puts*.
2. Para cada clase de opciones, hay compradores y vendedores:
   - Los compradores que quieren el derecho a adquirir un activo (*call*), o el derecho a vender un activo (*put*);
   - Los vendedores que tienen la obligación de vender un activo (*call*), o la obligación a comprar un activo (*put*), si el titular de la opción decide ejercer sus derechos.
3. Es un juego de suma cero, no hay creación de valor. Lo que uno gana es lo que otro pierde.
4. Es un mercado donde se negocian riesgos:
   - Los compradores de opciones no quieren riesgos y pagan una prima para sacárselo de encima;
   - Los vendedores aceptan riesgos a cambio de una prima.

Conceptos básicos

• Activo subyacente: Se refiere al activo que se intercambia si se ejerce la opción.

• *Spot*: Mercado de contado.

• Prima: El precio que paga el comprador al vendedor por la opción. Se abona al momento de adquirir la opción y no es un monto reembolsable en caso de no ejercicio. Para el comprador es un costo hundido porque tampoco puede descontar del precio de ejercicio o reclamar reintegro alguno.

• *Strike o* precio de ejercicio: El valor fijado al cual compra o vende el activo subyacente al momento del ejercicio de la opción por parte del titular. Este valor se fija en el momento de la compra de la opción, cuando se paga la prima, y no puede modificarse.

• Fecha de ejercicio o vencimiento: Es la fecha cuando expira el contrato. Si no hay ejercicio hasta ese momento, los derechos y obligaciones de cada parte finalizan; no hay nada que reclamar posterior al vencimiento.

Tipo de contrato	**Comprador**	**Vendedor**
CALL (opción a comprar)	Tiene el derecho, pero no la obligación, a comprar el subyacente a un precio predeterminado, hasta un tiempo determinado.	Tiene la obligación de entregar el subyacente al precio predeterminado si el comprador ejerce su derecho, hasta un tiempo determinado.
PUT (opción a vender)	Tiene el derecho pero no la obligación a vender el subyacente a un precio fijo, hasta un tiempo determinado.	Tiene la obligación de comprar el subyacente al precio predeterminado si el comprador ejerce su derecho, hasta un tiempo determinado.

Cotizaciones

En las opciones que cotizan en mercados formales lo único que se negocia es el precio de la prima. El resto de sus atributos, precio de ejercicio (*strike*), vencimiento, subyacente, etc., está predeterminado por el mercado. Son contratos estándar que se publican en las pantallas para que puedan comprarse o venderse. Esto facilita la liquidez de las operaciones, permitiendo vender un contrato previamente adquirido; o directamente tomar una posición vendida. Éste es un trabajo que facilitan las Cámaras Compensadoras.

Entiéndase bien. El mercado publica en sus pizarras un contrato de opción, suponga un *call* sobre la acción de General Electric a un precio de ejercicio de $50 con vencimiento 30 de julio; este contrato publicado puede venderse (sin poseerlo previamente) o comprarse. El único requisito a cumplir para concretar la operación es que el comprador y el vendedor acuerden el precio de la prima; el resto no se negocia.

Por ejemplo, en Bolsas y Mercados Argentinos S.A. (BYMA) las opciones sobre acciones locales se expresan con la nomenclatura que se enseña a continuación.

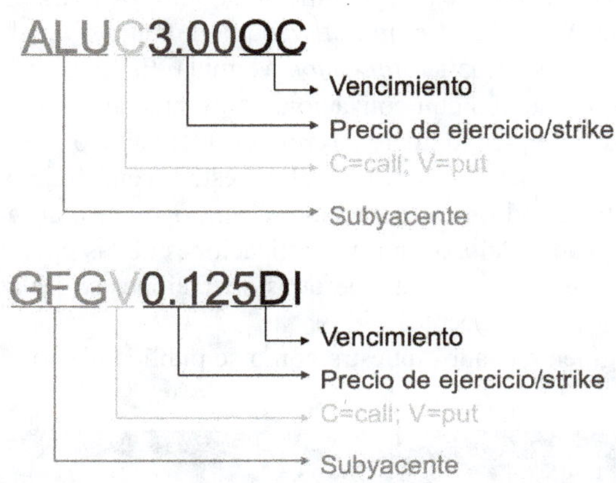

Fuente: Elaboración propia.

Los *ticker* se denominan también series, variando el precio de ejercicio y/o vencimiento. Ej: ALUC3.00OC, ALUC2.80OC, ALUC2.60OC.

Las tres primeras letras identifican al activo subyacente, Aluar en este caso (*ticker* ALU; la cuarta letra especifica si se trata de un *call* –C– o un *put* –V– por opción de Venta); prosigue el precio de ejercicio o *strike*, y finalmente el vencimiento que se expresa por las dos primeras letras del mes

(OC=Octubre) y por reglamento es el tercer viernes o hábil inmediato anterior a los meses pares[42]. El segundo ejemplo es sobre Grupo Financiero Galicia (GFG), opción de venta, con vencimiento diciembre. Todas las opciones de BYMA son de tipo americana.

La última rueda de negociación de opciones es el día hábil inmediato anterior al vencimiento.

Así las dos partes, comprador y vendedor, verán en la pizarra ALUC3.00OC, negociarán electrónicamente el precio de la prima y si hay coincidencia (el comprador siempre quiere pagar menos, y el vendedor recibir más) se concretará la operación: el titular tendrá el derecho pero no la obligación a comprar, según las condiciones estipuladas en la opción; y el vendedor quedará obligado a vender si el titular ejerce sus derechos. Al llegar el vencimiento la opción caducará: si el titular no ejerció sus derechos no puede reclamar nada, y el vendedor quedará liberado de su obligación. El contrato literalmente desaparece de la cartera de las partes.

Otra posibilidad es revender la opción adquirida; o viceversa, comprar la opción que tiene vendida. Esto se utiliza para *cerrar* la posición: si adquiere un *call* y aún no venció, ese mismo contrato puede venderse, cancelando de esta forma los derechos originalmente adquiridos (para eso es la Cámara Compensadora); si adquiere un *put*, vende un contrato igual en el mercado, cancelando de esa forma la *obligación* asumida. Es lo mismo que comprar o vender cualquier activo con cotización, como una acción o un bono. De hecho, cuando el inversor adquiere un *call*, posiblemente lo esté comprado a otro inversor que ya lo había adquirido y ahora esté revendiéndolo.

En el mercado local de acciones para opciones, al igual que en casi todos los mercados del exterior, las cotizaciones de las opciones se expresan por cada unidad de subyacente, pero las operaciones se realizan por lotes de 100 unidades del subyacente.

El siguiente cuadro muestra cómo se publican las opciones cotizadas en BYMA.

OPCIONES

Especie	Vto.	Moneda	C. Cpra.	P. Cpra.	P. Vta.	C. Vta.	Apertura	Mínimo	Máximo	Último	Cierre Ant.	Cierre	Dir.	Var.	Volumen	Vol. Monto
GFGC460.A	24hs	ARS	1,000	58,000	0,000	0,000	95,000	91,000	102,000	92,000	107,620	91,348		-14,51 %	1.758,000	16.452.721,00
GFGC480.A	24hs	ARS	0,000	0,000	0,000	0,000	82,000	76,300	86,906	77,000	92,523	76,731		-16,77 %	2.541,000	20.713.789,50
GFGC480.M	24hs	ARS	0,000	0,000	60,000	1,000	0,000	0,000	0,000	0,000	0,000	0,000		0,00 %	0,000	0,000
GFGC500.A	24hs	ARS	2,000	30,000	0,000	0,000	80,000	65,000	80,000	68,000	79,857	65,320		14,84 %	4.996,000	34.034.824,6
GFGC500.M	24hs	ARS	1,000	5,000	0,000	0,000	0,000	0,000	0,000	0,000	0,000	0,000		0,00 %	0,000	0,000
GFGC520.A	24hs	ARS	0,000	0,000	0,000	0,000	69,000	53,400	69,000	56,500	67,072	54,566		-15,76 %	3.329,000	18.993.330,80
GFGC520.M	24hs	ARS	10,000	10,000	0,000	0,000	0,000	0,000	0,000	0,000	0,000	0,000		0,00 %	0,000	0,000
GFGC540.A	24hs	ARS	0,000	0,000	0,000	0,000	57,000	43,501	57,000	47,000	57,848	45,781		-18,75 %	5.569,000	26.552.575,20
GFGC540.J	24hs	ARS	5,000	80,000	120,000	10,000	0,000	0,000	0,000	0,000	96,500	96,500		0,00 %	0,000	0,000
GFGC540.M	24hs	ARS	0,000	0,000	0,000	0,000	35,000	35,000	35,000	35,000	45,000	35,000		-22,22 %	6,000	21.000,000
GFGC560.A	24hs	ARS	0,000	0,000	0,000	0,000	42,120	37,000	45,000	38,100	48,964	37,996		-22,17 %	2.667,000	10.633.312,30
GFGC560.J	24hs	ARS	2,000	15,000	0,000	0,000	0,000	0,000	0,000	0,000	0,000	0,000		0,00 %	0,000	0,000
GFGC580.A	24hs	ARS	0,000	0,000	70,000	1,000	40,250	30,510	40,251	31,300	42,250	31,575		-25,91 %	3.091,000	10.125.636,20
GFGC580.J	24hs	ARS	2,000	10,000	0,000	0,000	0,000	0,000	0,000	0,000	0,000	0,000		0,00 %	0,000	0,000
GFGC600.A	24hs	ARS	0,000	0,000	0,000	0,000	32,900	25,000	34,100	26,100	35,680	26,127		-26,84 %	15.867,000	44.501.951,60

Fuente: BYMA. Febrero 2023.

[42] Adicionalmente el Merval puede habilitar series en meses impares (el más próximo) de acuerdo al volumen y a solicitudes recibidas.

Por ejemplo, para GFGC600AB (Grupo Financiero Galicia, *call*, *strike* $600 vencimiento abril 2023), con una baja en el precio de la prima del 26,84%, con un volumen operado de $44 millones.

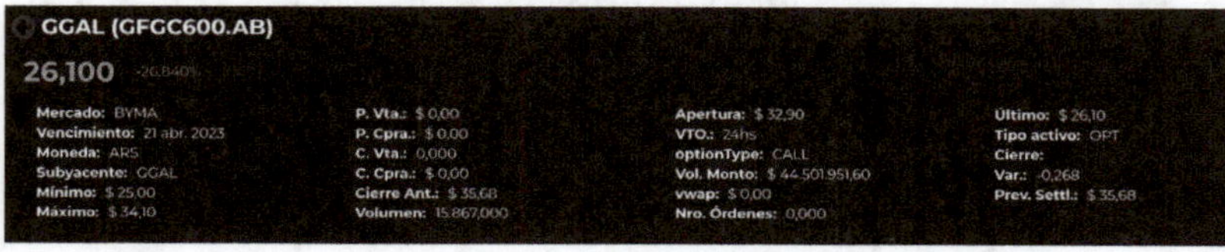

Fuente: BYMA. Febrero 2023.

MATBA-ROFEX es otro mercado en el que se negocian opciones, básicamente sobre el USD y agropecuarias.

En el resto del mundo se utiliza similar terminología para referenciar opciones.

Valuación de opciones[43]

Ahora se realiza una primera aproximación al valor de una opción: la prima.

En general, el valor de una opción puede dividirse en dos partes: el valor intrínseco y el valor temporal.

Se denomina *valor intrínseco* el valor máximo entre cero y el pago que proporciona la opción si se ejerciera inmediatamente:

- Valor intrínseco del *call* = Precio subyacente - Precio ejercicio.
- Valor intrínseco del *put* = Precio ejercicio - Precio del subyacente.

El valor intrínseco no puede ser negativo. Tiene valor o no tiene, pero negativo no puede ser. Esto es así porque nadie en su sano juicio ejerce una opción con un precio desfavorable: nadie ejerce un *call* con *strike* $50 si el subyacente cotiza en el mercado *spot* a $45. Si quiere el subyacente es preferible ir al mercado y comprarlo a $45 que pagar $50 ejerciendo el *call*.

Siendo X el *strike* o precio de ejercicio y S el valor *spot* del activo subyacente, se considera que:

- Una opción está *in the money* (ITM - dentro de dinero) cuando el valor intrínseco es positivo: si $S>X$ para *calls*, o $S<X$ para *puts*. ¿Por qué? Si el subyacente cotiza a $50 y el *strike* para un *call* es $48, el ejercicio inmediato genera un flujo de caja positivo de $2; si fuera a la inversa, donde $S<X$, el titular no ejerce la opción porque compra el subyacente a un menor precio

[43] Existen métodos avanzados de valuación teórica, como Black&Scholes o Binomial, pero excede los objetivos del libro.

en el mercado *spot*. Para opciones de venta (*put*): el flujo positivo se genera cuando S<X (vendo caro a $X, recompro barato a $S). Ejemplo: si el subyacente cotiza a $50 y el *strike* del *put* es de $53, su ejercicio inmediato genera un flujo de caja positivo de $3.

- Una opción está *at the money* (ATM - a dinero) cuando S=X, tanto para un *call* o *put*. El valor intrínseco es cero.

- Una opción está *out of the money* (OTM - fuera de dinero) cuando S<X para los *calls*, o cuando S>X para el caso de los *put*. El valor intrínseco también es cero, no negativo, dado que nunca se ejerce la opción.

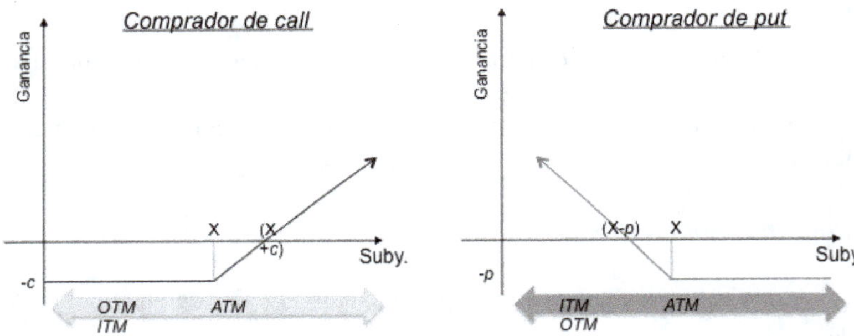

Fuente: Elaboración propia.

Se denomina *valor temporal* o *prima de riesgo* a la valoración que realizan los operadores sobre la probabilidad de obtener mayores beneficios con la opción si el movimiento del activo subyacente es favorable.

Este concepto es muy importante. El tiempo es un factor fundamental porque establece por cuánto tiempo el titular de la opción podrá ejercer sus derechos, o lo que es lo mismo, por cuanto tiempo el vendedor de la opción estará obligado, sujeto al riesgo de ser ejercido. A más tiempo, más riesgo corre el vendedor y más posibilidades tiene el titular de salir ganando con su posición.

Entonces el valor temporal tiene valor; es el precio que se paga por el riesgo. Y calcular justamente ese valor es una de las cuestiones más complejas, asunto que se analizará en detalle posteriormente. Por ahora quedémonos con que el valor temporal es un componente importante en el precio de una opción, y que lógicamente a mayor tiempo, mayor valor. ¿Por qué? Intuitivamente si hay dos opciones exactamente iguales, pero con distinto vencimiento, la que tiene mayor tiempo debe valer más: el vendedor demanda una mayor prima para compensar esa mayor exposición temporal al riesgo de ser ejercicio (siempre en contra de sus intereses), y el titular está interesado en pagar más si tiene mayor tiempo para decidir si ejercer o no.

Corolario, el valor de una opción está dado por la suma del valor intrínseco (si la opción está ITM) y del valor temporal. Este concepto es tan intuitivo como importante.

Ejemplo. Una acción cotiza a $50, su *call* tiene un *strike* de $47 (está ITM) y faltan tres meses para su vencimiento. Póngase en la piel de un vendedor o lanzador de *calls*. Un potencial comprador le ofrece un precio de $2,5 en concepto de prima por esta opción, ¿es un valor negociable? Definitivamente no, ya que con el ejercicio inmediato se pierde $0,5: entrega una acción que vale $50 y a cambio recibe un total de $49,5 ($47 por el ejercicio más $2,5 por la prima percibida). Definitivamente no es un buen negocio.

El interesado replica con $3, equivalente al valor intrínseco. ¿Resulta atractiva la nueva propuesta? Tampoco, porque si bien recibe en total el valor de la acción ($47 + $3), el contrato vence dentro de tres meses y con seguridad se ejercerá cuando sea desfavorable para el vendedor. Entonces, ¿cuál sería la compensación por el riesgo que usted asume durante este período de tiempo? Usted está expuesto al riesgo, y eso se paga. Por eso todo valor negociable debe estar por encima del valor intrínseco de $3, caso contrario no sería inteligente vender el *call*.

Esto es así siempre y cuando la opción no tenga vencimiento en el día. Una cosa es el valor temporal cuando restan 90 días para su vencimiento, y otra muy distinta es si vence hoy. En este último caso, el valor de la prima sí está determinado únicamente por su valor intrínseco porque no existe valor temporal.

Para opciones ATM u OTM no hay valor intrínseco y solo tienen valor temporal. En el primer caso ese valor es *puro* y máximo en cuanto a su valor, en el sentido que no hay ningún componente vinculado al precio del subyacente. En opciones OTM el activo subyacente primero debe hacer un recorrido de precio para generar valor intrínseco, y por eso el valor temporal resulta menor; sencillamente el titular paga una prima muy baja por la posibilidad futura de que el subyacente suba de valor (si adquirió *calls*) y supere el precio de ejercicio.

Sensibilidad en el precio

Hay muchas variables que afectan el precio de una opción, sean americanas o europeas, pero se destacan seis:

- El precio actual del activo subyacente.
- El precio de ejercicio (*strike*)
- El tiempo hasta el vencimiento de la opción.
- La volatilidad en el precio del activo subyacente.
- La tasa de interés libre de riesgo.

• Otros: Dividendos (si se trata de acciones) o renta (si son bonos, etc.)

El siguiente cuadro resume cómo varía el precio de la opción, ya sea un *call* o un *put*, ante un aumento de la variable (manteniendo el resto constante):

Variable	Call	Put
Precio subyacente	↑	↓
Strike	↓	↑
Tiempo	↑	↑
Volatilidad	↑	↑
Interés	↑	↓
Dividendos	↓	↑

Fuente: Elaboración propia.

Para facilitar la comprensión del cuadro anterior, suponga que el activo subyacente es una acción con precio $50, opciones con *strike* también de $50 (ATM), 90 días restantes para el vencimiento, volatilidad esperada de la acción del 30% anual y tasa libre del riesgo del 7%. En condiciones normales el precio del *call* será de $3,5 y de $2,5 para un *put*[44].

• *Precio subyacente*: Si aumenta el subyacente, el *call* sube de precio porque hay mayor valor intrínseco. Para un *put* ocurre todo lo contrario al tener menores posibilidades de ejercer la opción. Si la opción está OTM solo queda valor temporal, que será menor mientras mayor sea la distancia con el precio *spot* del subyacente.

Gráficamente:

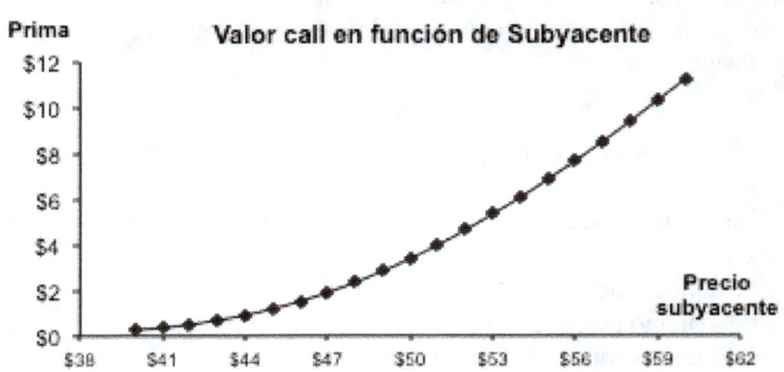

[44] Precios obtenidos por modelo de valuación Black&Scholes.

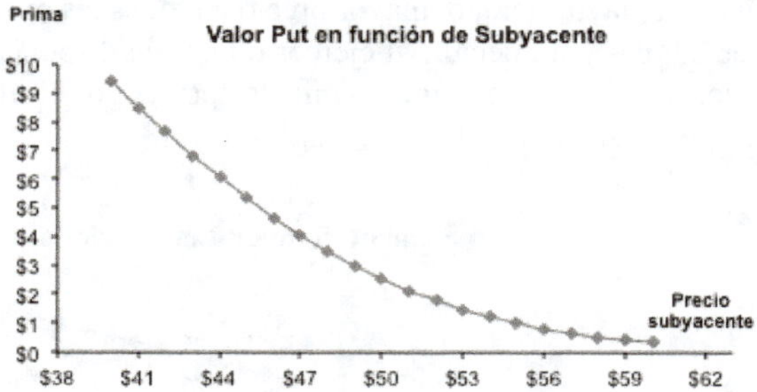

Mientras más suba el subyacente, mayor será el precio del *call* y menor valor tendrá el *put*.

• *Precio de ejercicio:* Suponga dos *call* donde lo único que varía es el precio de ejercicio, el primero $50 y el segundo $65 de *strike*. ¿Cuál debería tener mayor precio? Lógicamente el primero podría tener mayor valor intrínseco, en cambio la segunda estaría OTM, por ende, tendría menores posibilidades de ejercerse y su valor sería significativamente menor. Otra forma de analizarlo: para que la acción alcance los $65, primero tiene que superar los $50, así que el titular del *call* ganaría primero con la opción con *strike* a $50 que a $60. A continuación se presenta la evolución gráfica en los precios de las opciones.

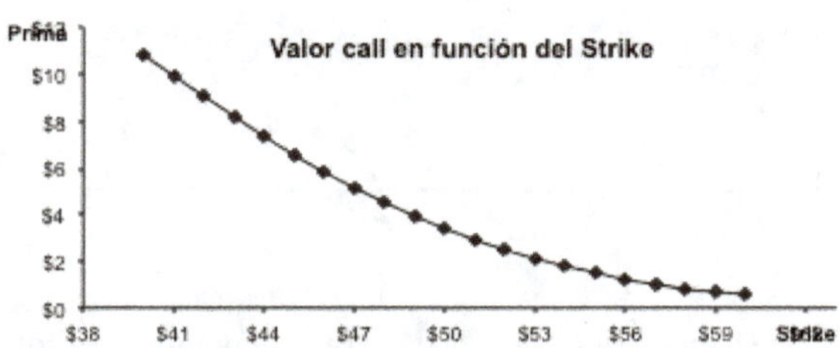

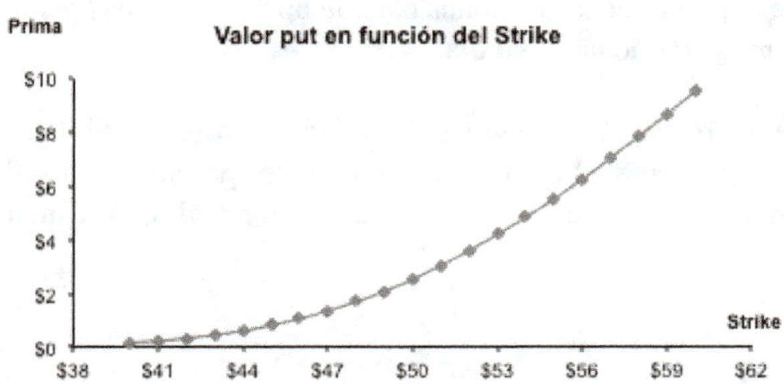

• *Tiempo:* A mayor tiempo, mayor precio en todas las opciones. No es lo mismo tener 20 días para decidir si ejercer o no, que disponer de 90 días. Para el vendedor tampoco, que exige una mayor prima por el mayor tiempo expuesto al riesgo. Gráficamente:

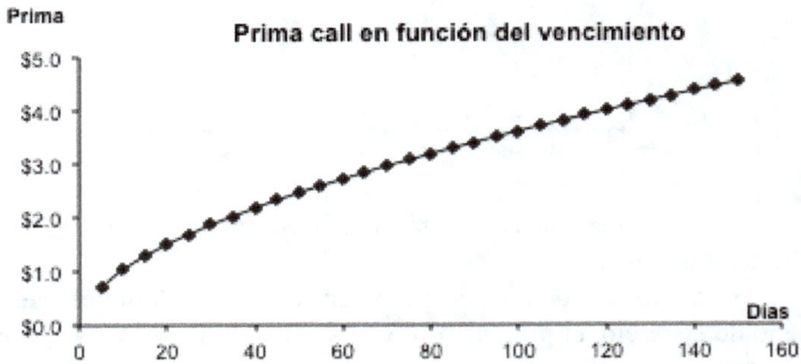

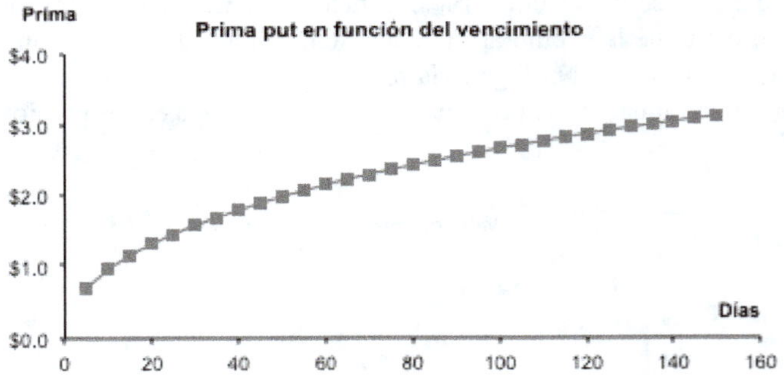

Hay que hacer una salvedad si se trata de opciones europeas. Por ejemplo, si espera el pago de un importante dividendo dentro de dos meses que hará que el precio de las acciones baje, la opción a 20 días puede llegar a tener un mayor valor que la de 90 días.

• *Volatilidad:* A mayor volatilidad, mayores posibilidades de obtener ganancias (o pérdidas) para el titular, y mayor precio se paga al vendedor por el riesgo asumido; en este caso la relación es lineal. Gráficamente:

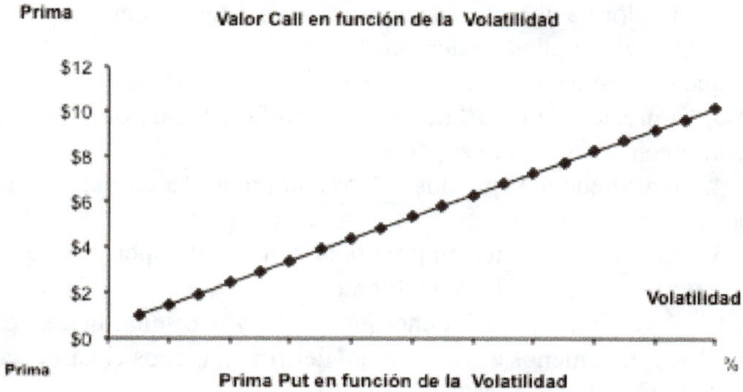

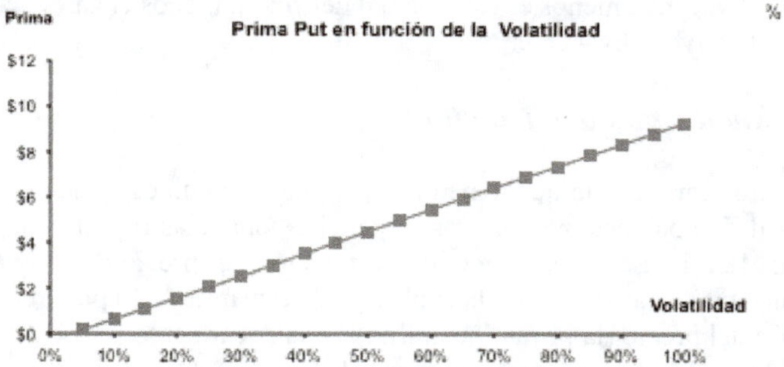

Fuente: Elaboración propia.

• *Interés:* Cuanto mayor sea el tipo de interés, mayor valor tendrá un *call* ya que es un derecho de compra aplazado, y el valor actual del precio de ejercicio será menor. Con las opciones de venta ocurre lo contrario: bajan de valor cuando las tasas de interés suben.

• *Dividendos:* Si la empresa paga dividendos, el valor de cotización de la empresa disminuye, reduciendo el valor de un *call* e incrementando el de un *put*.

Hay que tener en claro cuáles son las consecuencias en las variaciones de estas variables sobre el precio de las opciones.

Valores límites

Existen restricciones respecto al valor máximo o mínimo que pueda tener una opción. Algunas son evidentes, otras no tanto. Muchos de estos límites derivan del análisis de sensibilidad realizado anteriormente. En cualquier caso vale la pena un repaso.

- Para opciones de compra:

1. El valor de un *call* es siempre igual o mayor a cero.
2. Un *call* no puede valer más
que su activo subyacente.
3. El precio de un *call* no puede ser inferior al de otra opción equivalente con precio de ejercicio superior.
4. La diferencia de precios de dos *call* no puede ser mayor que el valor actualizado de sus *strikes*.
5. Un *call* debe tener un precio superior al de opciones equivalentes, pero con un menor plazo de vencimiento.
6. El valor de un *call* tiene que ser mayor o igual que el precio del activo subyacente, menos el valor actual del *strike*, menos el valor actual de la renta del activo subyacente.

Volatilidad y apalancamiento

La gran ventaja que tienen las opciones para un especulador es la posibilidad de apalancamiento, y así potenciar ganancias (o pérdidas). Con el pago de la prima el titular invierte una fracción del precio del subyacente, y sus ganancias están dadas por la evolución de este último. El poder invertir esa fracción del precio (la prima) posibilita el apalancamiento.

Adquirir una opción es postergar la decisión de comprar o vender, con la esperanza de que los precios convaliden proyecciones y así ejercer la opción (o venderla) para materializar ganancias.

Volviendo al ejemplo de la acción de General Electric que cotiza a $50, y las siguientes series de opciones de compra: *strike* $50 con valor del *call* a $3,4; *strike* $55 con *call* $1,5 y *strike* $60 con *call* $0,5[45]. Se dispone de $10.000, que se destinan a la compra de opciones y/o del activo subyacente. Los vientos resultan favorables para el inversor y la acción finaliza en $65 al fin del período. ¿Cómo fueron los resultados?

1º Si invertía los $10.000 en comprar el subyacente se adquirían 200 acciones a un precio de $50, y se hubieran vendido a $65, logrando una ganancia de $15 por acción, un total de $3.000 (=$15*200). Rentabilidad del 30%. Nada mal.

2º El inversor arriesga y destina todo el dinero a comprar *calls*. De acuerdo al *strike* seleccionado, la cantidad de opciones adquiridas varía tanto como la rentabilidad final.

---

[45] Valores de *call* obtenidos por B&S, con volatilidad del 30%, tasa de interés del 7%, no hay pagos de dividendos y restan 90 días para el vencimiento.

Strike	Prima	Apalanca-miento	Opciones adqui-ridas	Ganancia	Rent,
$ 50.00	$ 3.40	**15**	2941	$ 34,118	**241%**
$ 55.00	$ 1.50	**37**	6667	$ 56,667	**467%**
$ 60.00	$ 0.50	**120**	20000	$ 90,000	**800%**

La rentabilidad hubiera estado entre un 241% y un 800%.

El siguiente gráfico muestra la evolución en las ganancias de acuerdo a cada precio del ejercicio. Mientras más OTM sea la opción, menor valor tiene. Menor inversión y mayor apalancamiento si los resultados son favorables.

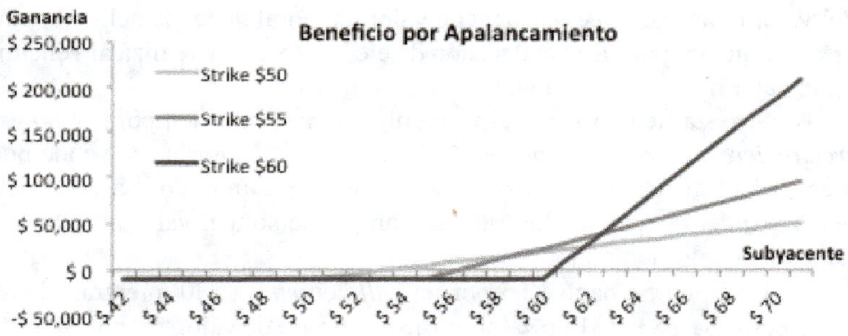

Fuente: Elaboración propia.

Este es el lado feliz de la historia. Es un juego de suma cero, y lo que uno gana, es porque otro lo pierde. Si la acción hubiera permanecido por debajo de los $50, perdía toda la inversión; si se destinaba el dinero a la compra del subyacente, tendría el mismo capital. Lo que el apalancamiento por un lado brinda, por otro puede quitarlo todo. Nunca hay que olvidar de eso.

Resumiendo. La volatilidad en las opciones siempre resulta muy elevada respecto al subyacente. Puede haber tranquilamente subas del 500% en un día, o bajas del 80%. Todo dependerá de la volatilidad del subyacente, si la opción está ITM, ATM o ITM, donde las variaciones de precios pueden significar variaciones obligadas en las primas para reflejar el valor intrínseco y temporal.

¿Ejercer o no ejercer?

Es común entre los inversores incipientes tentarse en ejercer la opción cuando están ganando como forma de efectivizar resultados. Si un inversor adquiere un *call* ATM y ahora la opción está muy ITM significa que seguramente esté ganando dinero[46]; y si tienen ahora perspectivas que el subyacente puede bajar de precio… ¿Por qué esperar? Se ejerce la opción y automáticamente se vende el subyacente adquirido a un precio inferior. No hay que desembolsar dinero extra porque toda la operación se realiza en el momento. Plata segura en el bolsillo. Nada más lindo.

¿Es ésta la mejor forma de maximizar los resultados? La prima de una opción se compone por el *valor intrínseco* más el *valor temporal*. Cuando ejerce la opción, el inversor se apropia únicamente del valor intrínseco y no del valor temporal. La existencia de valor temporal depende del tiempo hasta el vencimiento, porque si la decisión de ejercer (o no) se realiza al vencimiento, el valor de la prima es igual al valor intrínseco.

Si resta tiempo hasta el vencimiento, hay valor temporal y *no es correcto ejercer la opción sino venderla*. La opción adquirida se vende nuevamente en el mercado, como si fuera una acción o un bono. La diferencia es que al vender la opción adquirida, se apropia no solo el valor intrínseco sino también el valor temporal.

Ejemplo. Se pagó $2,5 por un *call* con *strike* $30 mientras el subyacente cotizaba a $31 ($1 de valor intrínseco y $1,5 de valor temporal) restando 90 días para el vencimiento. Pasan 30 días y el subyacente cotiza a $36, y el inversor desea efectivizar ganancias. La prima cotiza en $7 ($6 de valor intrínseco y $1 de temporal, menor que antes ya que pasaron 30 días). Si el inversor ejerce el *call*, paga $30 por un subyacente que cotiza a $36; restando el costo hundido de $2,5 de prima, la ganancia neta es de $3,5 (=$36-$30-$2,5). Si en vez de ejercer hubiera vendido la opción por $7, la ganancia sería de $4,5 (=$7-$2,5).

Además hay un gasto que puede ser relevante: las comisiones del *broker*. No es lo mismo pagar comisiones sobre $36 del subyacente que sobre los $7 de la opción. Ejercer es más costoso que vender la opción. Siempre. Inclusive si no hay valor temporal (día de vencimiento de la opción), conviene vender la opción antes que ejercer, porque lo costos en comisiones son menores.

Excepto si el inversor está interesado en quedarse con el activo subyacente al vencimiento de la opción, no es recomendable el ejercicio anticipado: pues gana menos. El *bróker,* agradecido por las comisiones generadas. No es lo mismo percibir en comisiones el 1% sobre una prima de $7 (=$0,07) que el 1% sobre $36 (=$0,36), más impuestos y derechos.

[46] Suponiendo que la variación del subyacente cubre la prima pagada por la opción.

La mayoría de los mercados regulados utilizan sistemas automáticos de ejercicio donde los tenedores de opciones ITM (y por ende los vendedores de las mismas), ejercen automáticamente al vencimiento. ¿Quién ejerce a quién? ¿Quién es la contraparte en última instancia? Suponga un caso particular, donde el titular del *call* decide ejercer antes del vencimiento, ¿quién se verá afectado? En estos casos, el sistema selecciona en forma azarosa entre los vendedores de *calls* de mismas características, y el ¿afortunado? es ejercido, entregando el subyacente a cambio del *strike*.

Si bien en un mercado organizado el propio mercado es la contraparte de todas las operaciones, detrás están los compradores y vendedores reales de las opciones. Si A es el titular de 100 *call* ITM, y por otro lado B, C, D y E son vendedores de misma cantidad cada uno, en forma azarosa el ejercicio de A puede ir a cualquiera de los vendedores. Al vencimiento, los cuatro vendedores son ejercidos automáticamente si la opción está ITM, porque hay compradores por la misma cantidad que ejercen sus derechos.

Para opciones de venta el análisis cambia, siendo recomendable su ejercicio en cualquier momento siempre y cuando esté lo suficientemente ITM. Como no es posible predecir el futuro, se ejercerá cuando el inversor considere que es el momento oportuno y que el subyacente no perderá más valor.

Estrategias

Las opciones permiten diseñar las más variadas estrategias. Para una mejor clasificación se han dividido en cuatro grandes categorías, de acuerdo a las expectativas que se tenga del mercado en general o de un activo en particular.

El mercado puede subir o bajar; también moverse lateralmente (sin rumbo) con alta o baja volatilidad. Por eso un inversor puede desarrollar estrategias de acuerdo a sus perspectivas futuras del mercado o activo en particular.

- Estrategias Direccionales:
    - Esperan un mercado alcista.
    - Esperan un mercado bajista.
- Estrategias Laterales:
    - Esperan un mercado con alta volatilidad.
    - Esperan un mercado de baja volatilidad.

En función de las expectativas se desarrollan las estrategias más utilizadas por los operadores. Dada la limitación del mercado local, principalmente en lo referente a opciones de venta, se explican las estrategias utilizando opciones de compra, aunque en algunos casos se requiere indefectiblemente *puts*. Para facilitar la explicación se utilizan acciones de la empresa Tenaris (TS) como activo subyacente, y las opciones tienen misma fecha de vencimiento. A fines didácticos, se asume que las opciones son de tipo europea, donde el ejercicio se decide al vencimiento. La diferencia con una opción americana es que el titular de esta opción puede ejercerla en cualquier momento antes del vencimiento, lo que puede afectar una estrategia que involucre la venta de opciones.

Las estrategias dependen de perspectivas futuras y no de la situación actual. Por ejemplo, una estrategia de alta volatilidad significa que el inversor espera que la volatilidad aumente respecto a los niveles actuales, que pueden ser altos, pero que espera sean superiores en el futuro. Si interpreta que una estrategia de alta volatilidad se aplica solo con subyacentes muy volátiles, se encontrará con un margen de beneficio potencial muy reducido. Es así simplemente porque en los valores de las primas negociadas ya está descontada una alta volatilidad, por ende, no hay valor adicional para apropiarse. En el mercado nadie regala nada; no se encuentran pepitas de oro (oportunidades) en el camino tan fácilmente.

Estrategias alcistas

Compra de *call*: La alternativa más evidente cuando se espera un aumento en el precio de la acción es simplemente comprar *calls*. Las pérdidas a las que se expone están dadas por la prima desembolsada, la cual no será reintegrada. Por otro lado, las ganancias son ilimitadas, ya que a medida que aumenta el valor de Tenaris, el valor adquirido del call también aumenta.

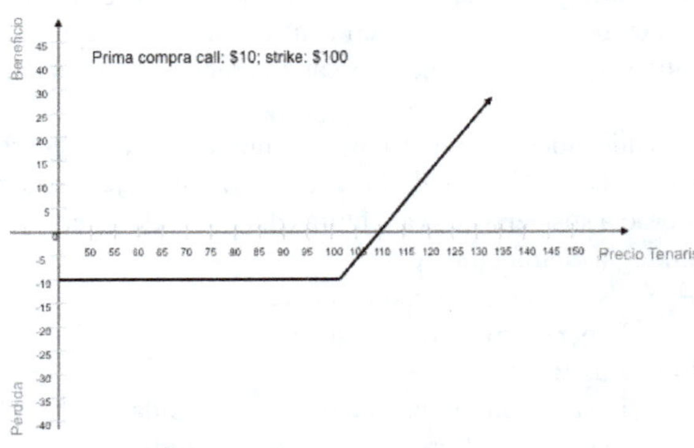

Fuente: Elaboración propia.

En este ejemplo, el precio de ejercicio (X) es $100 y la prima (c) tiene un valor de $10. Analizando de izquierda a derecha, mientras el precio del subyacente (S) esté por debajo de $100, el resultado del titular será de pérdida; en $100 y $110 recupera parte de la inversión (la prima), y a partir de los $110, ganancias genuinas.

Precio Subyacente	Resultado Comprador	Resultado Vendedor
S<X	-c	+c
S=X	-c	+c
S>X	S-X-c	X+c-S
$74	-$10	$10
$100	-$10	$10
$127	$17=$127-$100-$17	-$17=$100+$10-$127

Como se desarrolla más adelante (ver venta de *calls*), no necesariamente el vendedor del *call* tendrá realmente pérdidas si el subyacente sube. Esto depende de si ya se tiene el subyacente en cartera o no. Si ya se posee el subyacente y se ejerce la opción, se entregará la acción y no será necesario desembolsar dinero adicional, por lo que no habrá pérdidas (sino lucro cesante en caso de no haber ejercido la opción) Si no tiene el activo subyacente, está en peligro: ante el ejercicio, debe ir al mercado y comprar a un precio spot superior al *strike*, por ende, paga más de lo que recibe por parte del comprador del *call*.

Venta de puts: Si espera que la acción suba, ¿por qué no vender puts (p)? si se cumple la predicción, se habrán embolsado jugosas primas directamente en el bolsillo. Pero como toda posición vendida, donde se tiene obligaciones y ningún derecho, si Tenaris baja, las pérdidas pueden ser muy importantes.

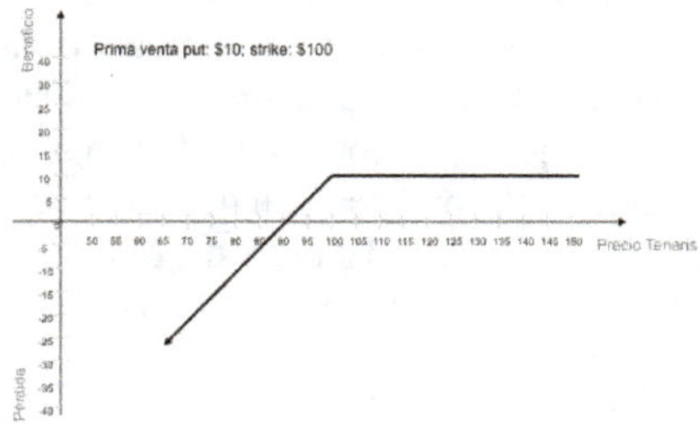

Fuente: Elaboración propia.

Si Tenaris finaliza por encima de $100, la prima recibida es toda ganancia; si finaliza entre los $90 y $100 disminuye, y por debajo de $90 hay pérdidas. Ganancias limitadas, pérdidas ilimitadas.

Precio Subyacente	Resultado Comprador	Resultado Vendedor
S<X	X-S-p	S+p-X
S=X	-p	+p
S>X	-p	+p

Precio Subyacente	Resultado Comprador	Resultado Vendedor
$74	$16=$100-$74-$10	-$16=$74+$10-$100
$100	-$10	$10
$127	-$10	$10

Si el mercado cotiza en forma contraria a la esperada por el vendedor (mercado alcista), podrá tener pérdidas hasta el precio de ejercicio[47] y no tendrá forma de cubrirse; tener el subyacente de nada le sirve porque él es sujeto obligado de compra si el comprador del *put* decide ejercer. El comprador seguramente esté adquiriendo el *put* como cobertura o estrategia especulativa a la baja.

Es una estrategia de riesgo porque no hay cobertura. Pero si el mercado sube, habrá acumulado importantes ganancias por el cobro de las primas.

Diferencial alcista (*bull spread* con *calls*): Las acciones no suben ilimitadamente, y menos en un período corto de tiempo. Por eso invertir comprando *call* puede resultar no tan barato en relación a la ganancia esperada hasta el vencimiento. Una estrategia frecuente consiste en comprar un *call* con un precio de ejercicio bajo, por el cual se paga una generosa prima (recuerde propiedades de la opción), y se vende un *call* con un *strike* superior, que se percibe prima; se combina una posición comprada y otra vendida.

Esta estrategia se utiliza para *abaratar* la inversión inicial. Como una acción no sube ilimitadamente, el costo de adquirir el *call* se compensa en parte por la venta de otro *call*, con lo cual el desembolso neto inicial es menor. En este ejemplo, se adquieren por $10 *calls* de Tenaris con *strike* (X_1) $90, y se venden *call* de la misma empresa a $5 con *strike* ($X_2$) $125.

---

[47] Técnicamente no son pérdidas ilimitadas porque el subyacente no puede cotizar por debajo de cero. Por eso la pérdida máxima es el precio de ejercicio.

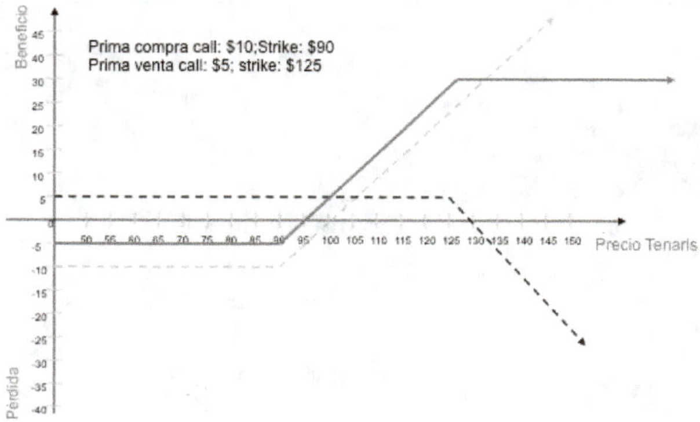

Fuente: Elaboración propia.

Analizando de izquierda a derecha, si el precio finaliza por debajo de \$90, habrá perdido la totalidad de la inversión, no \$10 sino \$5 (porque se recibió \$5 por el *call* vendido, que tampoco es ejercido). A partir de los \$90 el *call* comprado genera ganancias, hasta que Tenaris alcance los \$125, donde el *call* vendido actúa en contra por cada peso adicional de suba; así ambos efectos se compensan. Hasta \$125 lo máximo que gana es \$30 ((=-\$10+\$5+(125-90)). Justamente el sacrificio de poner un límite a las ganancias es la contraparte de una menor inversión inicial, por la venta del *call*. La posición neta de la estrategia se refleja en la línea roja. Ganancias limitadas y pérdidas limitadas.

Precio Subyacente	Resultado neto
$S<X_1$	$-c_1+c_2$
$S=X_1$	$-c_1+c_2$
$X_1<S<X_2$	$-c_1+c_2+S-X_1$
$S=X_2$	$-c_1+c_2+S-X_1$
$S>X_2$	$-c_1+c_2+S-X_1+X_2-S$

Precio Subyacente	Resultado neto
$74	-$5=-$10+$5
$90	-$5=-$10+$5
$107	$12=-$10+$5+$107-$90
$125	$30=-$10+$5+$125-$90
$143	$30=-$10+$5+$143-$90+$125-$143

Esta misma estrategia también puede realizarse con opciones de venta: se compra put a un strike bajo y se vende otro put con strike superior. La posición estratégica es la misma:

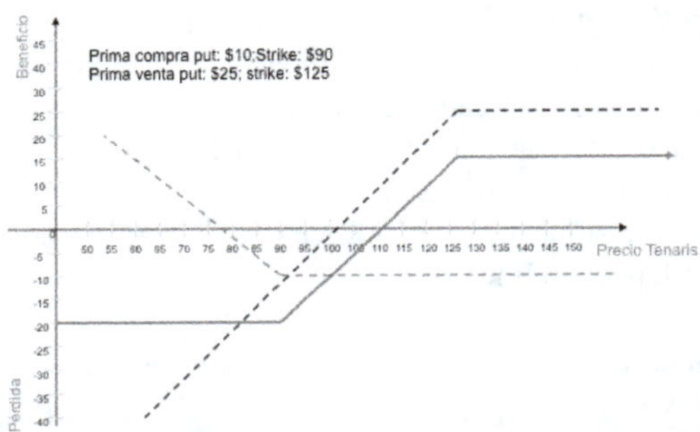

Dado que siempre hay más series y liquidez con opciones de compra que de venta, por lo menos en el mercado local y regional se suelen utilizar las primeras para esta estrategia.

Estrategias bajistas

Compra de *put*: Quien quiera ganar especulando a la baja de Tenaris, compra opciones de venta. Ésta es la estrategia más fácil y directa, como lo es la compra de *call* para un mercado alcista.

Las pérdidas están limitadas a la prima pagada, y las ganancias son ilimitadas según baje de precio el subyacente.

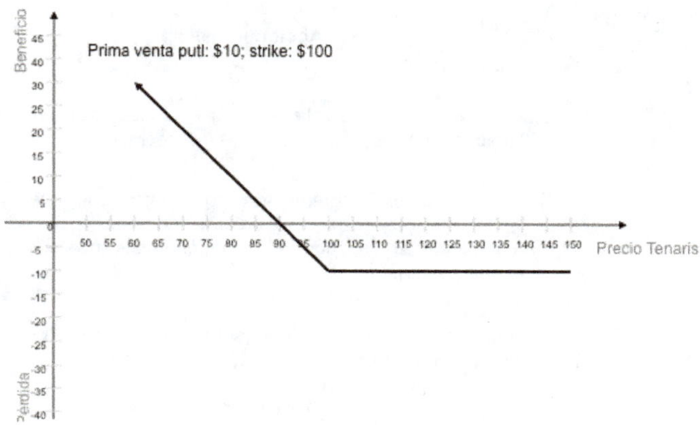

Precio Subyacente	Resultado neto
S<X	X-S-p
S=X	-p
S>X	-p
$74	$16=100-74-10
$100	-$10
$127	-$10

La compra *put* también es muy utilizada para coberturas. Si un productor agropecuario quiere cubrirse del riesgo precio al momento de la cosecha, adquiere opciones de venta con vencimiento al mes que espera cosechar. Siguiendo el ejemplo, si compró *put* con *strike* $100 (precio por tonelada) y paga $10 la opción, las acciones a realizar dependen del valor de tonelada en el mercado (*spot*) al momento de la cosecha/vencimiento de la opción:

Precio de la tonelada a la cosecha	Acción a realizar
$60	*Ejerce la opción*: Entrega la cosecha y percibe $100. Restando los $10 de prima pagado, el resultado es un precio neto de venta de $90.
$100	*Resulta indistinto:* Seguramente para ahorrar comisiones y gastos de transporte, optará por no ejercer y vender su mercadería en el mercado local. El resultado neto también es $90 (restando costo de la prima pagada).
$150	*No ejercerá la opción*: No tiene sentido recibir $100 por tonelada cuando en el mercado se paga $150. El productor vende su mercadería en el mercado y la opción expira.

Venta de *calls*: Otra forma de ganar, si las perspectivas se concretan, es vender *calls*. Si la acción baja, no será ejercida y se habrá embolsado la prima. Las ganancias son limitadas a la prima percibida, y las pérdidas ilimitadas.

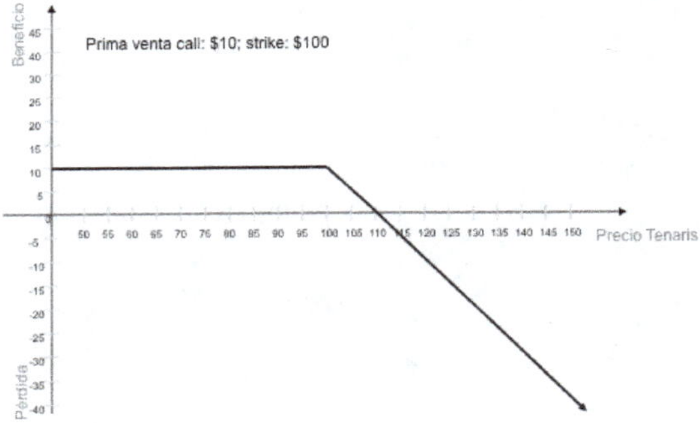

Fuente: Elaboración propia.

Pero la venta de *calls* tiene otra arista como estrategia. La pérdida real no es ilimitada si el lanzador del *call* está cubierto, si tiene el activo subyacente (Tenaris en este ejemplo) en cartera. Se podría preguntar ¿para qué un lanzador de *call* que tiene una perspectiva bajista compraría el subyacente? Definitivamente no es para cubrir riesgos.

La contraparte de todos los compradores de *call* son vendedores de estos mismos contratos, y no necesariamente tienen un escenario bajista como perspectiva. El lanzamiento cubierto, tal su denominación, consiste en comprar el activo subyacente y vender automáticamente *calls*. Es una estrategia que se analiza como una inversión a tasa de interés, donde la prima representa los intereses abonados.

Suponga que el *call* vendido vence en tres meses, y que el subyacente se adquiere en $100; la opción está ATM y la prima tiene un valor de $10. Esta operación puede interpretarse como una inversión de $100 y una tasa anual del 40% ($10 anualizado por cuatro trimestres).

El riesgo que corre el inversor es que el subyacente caiga por debajo de los $90, donde la prima percibida no llega a compensar la baja. Si el subyacente sube no tiene riesgo porque posee el activo; incluso puede beneficiarse si es ejercido con anticipación al vencimiento, porque así podrá hacerse en un menor plazo con los $100 invertidos, y volver a vender *calls*. El tiempo es dinero.

Vender *calls* con cobertura es una de las estrategias más frecuentes, de hecho, suele ser la estrategia que está detrás de toda compra de *calls*. La rentabilidad (y riesgo) está en función del valor de la prima respecto al subyacente, y que principalmente depende de la volatilidad y tiempo.

Resumiendo. El lanzamiento *cubierto* es una estrategia de tasa. El lanzamiento *descubierto*, sin tenencia del subyacente, es una estrategia especulativa con riesgos de pérdida ilimitada.

Tips sobre el *lanzamiento cubierto*:

- Algunos administradores de carteras de inversión, principalmente fondos de renta variable que tienen un índice de referencia (por ejemplo, S&P Merval 25), suelen lanzarse OTM para percibir primas que les permitan mejorar levemente la *performance* de su cartera respecto al índice. No buscan ser ejercicios, por eso lanzan muy OTM donde las probabilidades son menores.
- Se demostró anteriormente que cuando la opción está ATM el valor temporal es máximo. La tasa pura que se obtiene con el lanzamiento cubierto también lo es.
- Generalmente si el activo baja, y el *call* vendido pierde gran parte de su valor, el lanzador recompra el *call* para liberar la obligación y vuelve a lanzarse a una fecha de vencimiento posterior.
- No es una estrategia libre de riesgo. Una baja pronunciada puede generar pérdidas.

Diferencial bajista (*bear spread*): es una réplica inversa a la estrategia *bull spread*. Se venden *calls* a un precio de ejercicio bajo (X_1), percibiendo una interesante prima, y se compran *calls* con un precio de ejercicio superior (X_2).

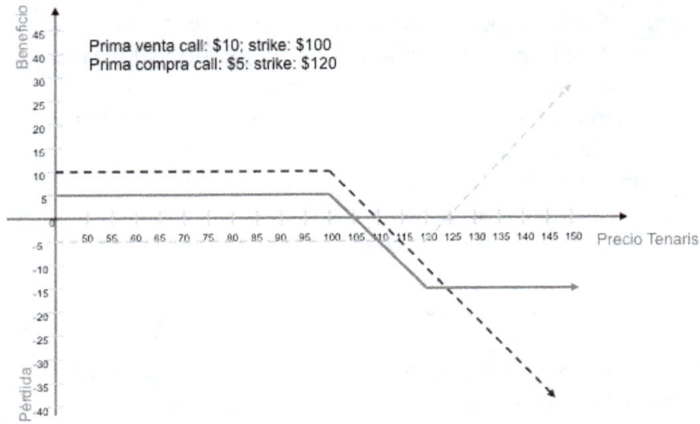

Fuente: Elaboración propia.

Analizando de izquierda a derecha, si el precio finaliza por debajo de $100, se gana $5 (recibe $10 por el *call* vendido menos $5 por el *call* comprado). A partir de los $100 el *call* vendido genera pérdidas, hasta que Tenaris alcance los $120, donde el *call* comprado actuará a favor, compensando toda suba de la acción. Es decir, hasta $120 lo máximo que puede perderse es $15 (=$10-$5-(100-120)). La posición neta de la estrategia se refleja en la línea roja. Ganancias limitadas, y pérdidas limitadas.

Precio subyacente	Resultado neto
$S<X_1$	c_1-c_2
$S=X_1$.	c_1-c_2
$X_1<S<X_2$	$c_1-c_2+X_1-S$
$S=X_2$	$c_1-c_2+X_1-S$
$S>X_2$	$c_1-c_2+X_1-S+S-X_2$

Precio subyacente	Resultado neto
$74	$5=$10-$5
$100	$5=-$10-$5
$110	-$5=$10-$5+$100-$110
$120	-$15=$10-$5+$100-$120
$127	-$15=$10-$5+$100-$120+$127-$120

Esta estrategia bajista también puede realizarse con opciones de venta. Se compra un *put* con ejercicio alto y se vende otro *put* con ejercicio menor.

Estrategias de alta volatilidad

Cono (*straddle*): Típica estrategia a utilizar cuando hay un alto nivel de incertidumbre, y no puede vislumbrarse cuál será la evolución del subyacente, pero sí se espera que algo ocurra. Esto es común ante comunicados especiales, presentación de balances o la publicación de indicadores económicos.

La volatilidad no establece la probabilidad de que un activo suba o baje, pero sí que uno de los dos caminos sea muy viable. Ya se analizó que ante la expectativa de suba se compran *calls*, y ante la posibilidad de baja, *puts*. Estas son las dos estrategias más simples y rápidas de aplicar. ¿Qué hacer cuando no se sabe qué puede ocurrir? Simplemente comprar *calls* y *puts*, simultáneamente.

El cono consiste en adquirir *calls* y *puts* en una misma proporción y al mismo precio de ejercicio. Generalmente estas estrategias se inician con opciones ATM.

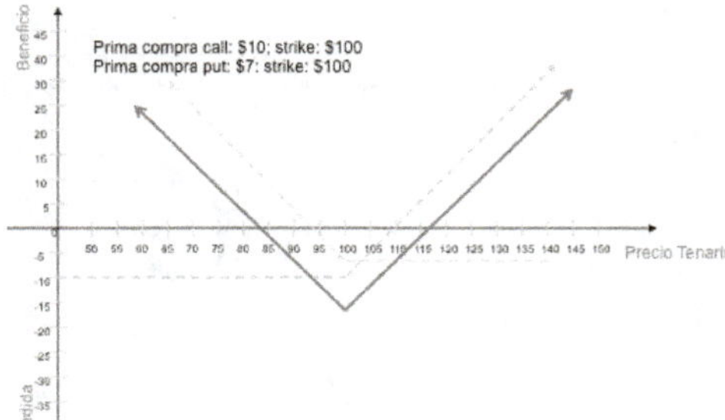

En el ejemplo se paga $10 por el *call* y $7 por el *put*, ambos con un *strike* de $100. La pérdida máxima, los $17 en total pagados, se produce cuando el subyacente finaliza al mismo valor que el *strike*. A partir de los $117 (=$100+$17) o por debajo de los $83 (=$100-$17) la estrategia genera ganancias netas; dentro del rango $83-$117, hay pérdidas.

Precio subyacente	Resultado neto
S<X	-c-p+X-S
S=X	-c-p
S>X	-c-p+S-X

Precio subyacente	Resultado neto
$74	$9=-$10-$7+$100-$74
$100	-$17=-$10-$7
$127	$10=-$10-$7+$127-$100

Cuna (*strangle* comprado): La estrategia de *cono* puede resultar onerosa. Una forma de abaratar la inversión es pagar menos por los *calls* y *puts*, y para eso se adquieren opciones OTM.

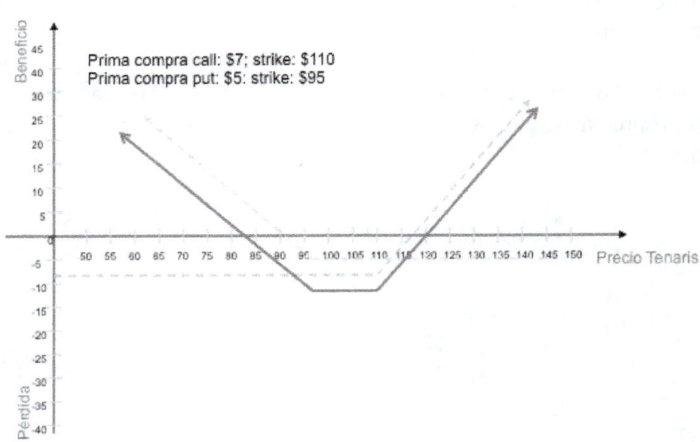

La inversión inicial es menor ($12), pero a cambio hay que esperar una mayor variación en el precio del subyacente para obtener ganancias netas. En este ejemplo, el subyacente tiene que finalizar por encima de los $122 o por debajo de los $83. El rango es mayor que en el cono, pero el costo de la estrategia es menor.

Precio subyacente	Resultado neto
$S<X_1$	$-c-p+X_1-S$
$S=X_1$	$-c-p$
$X_1<S<=X_2$	$-c-p$
$S>X_2$	$-c-p+S-X_2$
$74	$14=-$7-$5+$100-$74
$100	-$12=-$7-$5
$127	$15=-$7-$5+$127-$100

Al basarse la estrategia en compras de opciones, al igual que el cono, no requiere depósito de garantías.

Butterfly vendido: Es una estrategia más compleja que las anteriores. Combina tres opciones con distinto precio de ejercicio, y la ganancia ocurre cuando hay una alta volatilidad de precios. Consiste en vender un *call* con un precio de ejercicio bajo (X_1), por el cual se percibe una importante prima; comprar el doble de *calls* a un precio de ejercicio intermedio (X_2), y vender otro *call* a un precio de ejercicio superior (X_3). La línea roja resume la posición neta (y su forma de mariposa). La ganancia se genera en los extremos (sus alas).

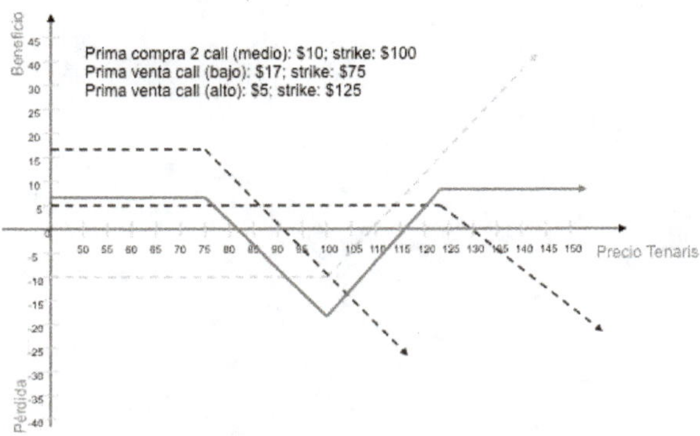

Precio subyacente	Resultado neto
$S<=X_1$	$c_1-2^*c_2+c_3$
$X_1<S<=X_2$	$(c_1-2^*c_2+c_3)+X_1-S$
$X_1;X_2<S<=X_3$	$(c_1-2^*c_2+c_3)+X_1-S+2^*(S-X_2)$
$S>=X_3$	$(c_1-2^*c_2+c_3)+X_1-S+2^*(S-X_2)+X_3-S$
$74	$2=$17+$5-$20
$100	-$23=$17+$5-$20+$75-$100
$120	-$3=$17+$5-$20+$75-$120+2*($120-100)
$135	$14=$17+$5-$20+$75-$135+2*($135-100)+125-135

Cóndor: Similar a la mariposa, solo que su desarrollo implica opciones con cuatro precios de ejercicio: uno bajo, un intermedio-bajo, un intermedio-alto y alto.

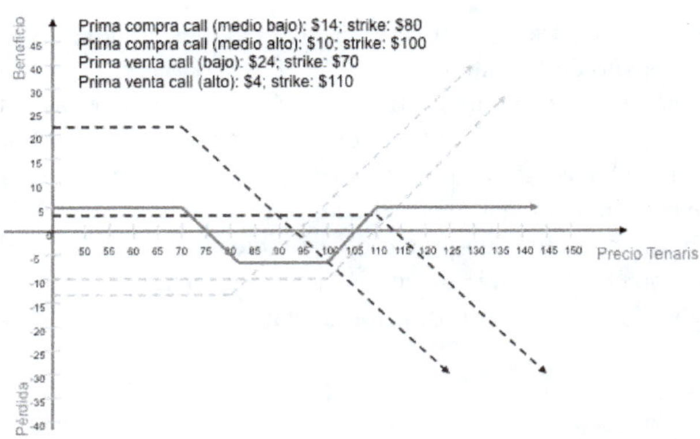

Precio subyacente	Resultado neto
$S<=X_1$	$c_1-c_2-c_{3+}c_4$
$X_1<S<=X_2$	$(c_1-c_2-c_{3+}c_4)+X_1-S$
$X_1;X_2<S<=X_3$	$(c_1-c_2-c_{3+}c_4)+X_1-S+S-X_2$
$X_1;X_2X_3<S<=X_4$	$(c_1-c_2-c_{3+}c_4)+X_1-S+S-X_2+X_3-S$
$S>X_4$	$(c_1-c_2-c_{3+}c_4)+X_1-S+S-X_2+S-X_3+X_4-S$

Precio subyacente	Resultado neto
$65.	$4=$24+$4-$14-$10.
$80.	-$6=$24+$4-$14-$10+$70-$80.
$90.	-$6=$24+$4-$14-$10+$70-$90+$90-$80.
$105.	1$=$24+$4-$14-$10+$70-$105+$105-$80+105-100.
$127.	$4=$24+$4-$14-$10+$70-$127+$127-$80+127-100+$110-$127.

Strip y *strap*: La volatilidad dice que algo puede ocurrir, pero no marca la tendencia. Sin embargo, generalmente uno tiene una intuición o argumentos para inclinarse hacia una suba o baja. Cuando se cree que una de las dos direcciones tiene más probabilidades, se realiza un cono *sesgado*: se adquieren más *call* o *put*. Lo que cambia es la pendiente de una de las opciones en caso que el subyacente tenga una fuerte variación, dado que podrán incrementarse las ganancias si la intuición resulta favorecida.

Ejemplo de un *strip*, donde se adquieren el doble de *puts* que *calls*.

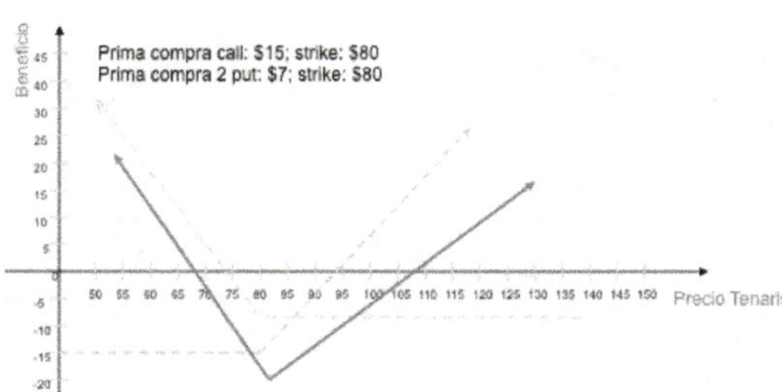

Ejemplo de un *strap*, donde se adquieren el doble de *calls* que *puts*.

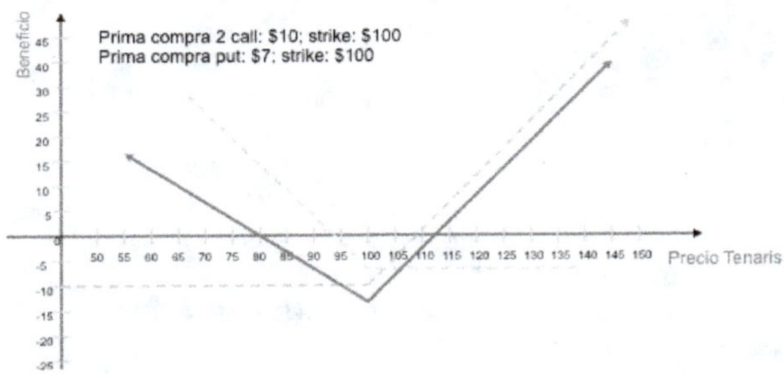

Fuente: Elaboración propia.

Estrategias de baja volatilidad

Si se espera un escenario futuro estable para el subyacente con una volatilidad restringida, lo que suele hacerse es vender opciones, tanto *calls* como *put*. Véase desde lo opuesto: si no se esperan cambios direccionales en el activo subyacente, la mejor forma de ganar dinero es percibiendo primas por venta de opciones.

Básicamente, las estrategias consisten en invertir los conos, cunas, mariposas y cóndores. En vez de tomar posiciones compradas, se venden. Por ejemplo, un cono invertido consiste en vender *calls* y *puts* en una misma proporción y mismo precio de ejercicio; una cuna invertida se logra vendiendo *calls* y *puts* OTM, donde el subyacente debe tener un mayor movimiento y puede generar pérdidas.

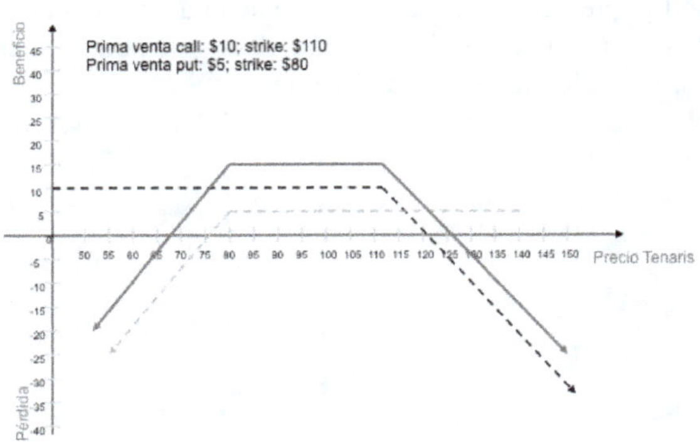

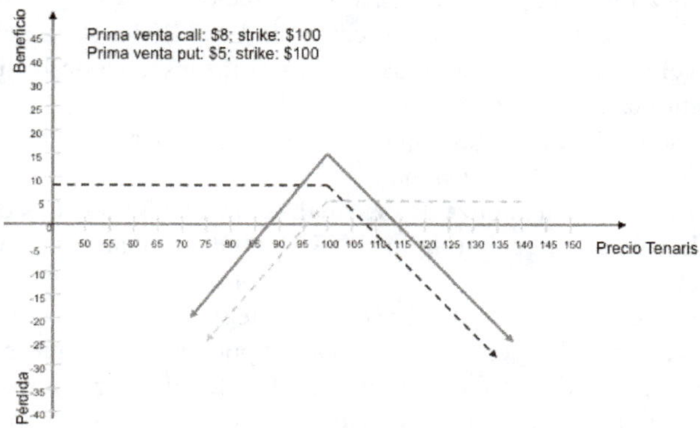

Fuente: Elaboración propia.

Estrategias de capital garantizado

La flexibilidad de las opciones permite diseñar estrategias complejas, pero también simples y muy útiles. Muchos bancos de inversión ofrecen a sus clientes *productos estructurados* que consisten en una mezcla de derivados, acciones y bonos, y se preparan muchas veces *a medida* de cada cliente o necesidad en particular.

Uno de los estructurados más conocidos consiste en ofrecer una estrategia que garantice el recupero de la inversión original, y la posibilidad de obtener una importante rentabilidad si un subyacente sube o baja de precio. Este producto resulta tentador porque las ganancias pueden ser importantes, incluso ilimitadas, y el recupero del capital invertido está garantizado. Por lo general, estos productos tienen una duración de tres o seis meses, incluso más.

¿Cómo se desarrolla? Muy simple. Con la inversión recibida el banco compra bonos cupón cero con alta calidad crediticia (mínimo A) por un monto final equivalente a la inversión recibida. Al ser bonos que operan a descuento, hoy se paga una cifra inferior al monto futuro a recibir. Con la diferencia se compran call o put, de acuerdo a las características del producto.

Ejemplo. Un banco vende a su cliente un producto por el cual el capital no corre riesgo y gana la diferencia en el precio del oro a partir de los U$S 1.000 la onza. La operación se pacta por seis meses y la inversión es de U$S 100.000. La onza cotiza a la fecha en U$S 950.

Depositando el dinero, el banco inmediatamente compra bonos cupón cero que rinden una TNA del 5% semestral, invierte U$S 95.238 (=100.000/1.05), y con la diferencia (U$S 4.762) lo destina completamente a comprar *calls* sobre oro con un *strike* de U$S 1.000. Al estar la opción OTM, las primas serán baratas y podrá adquirir una importante cantidad.

Suponga que compran 800 *calls* a un precio de U$S 5,95 cada uno. Pasan los seis meses y la onza de oro cotiza en U$S 1.087. Sabemos que al vencimiento el valor del *call* será igual a su valor intrínseco, por lo tanto U$S 87, que multiplicado por las 800 opciones hace un total de U$S 69.600. Al vencimiento se reciben los U$S 100.000 invertidos en bonos. El cliente tuvo una rentabilidad del 69,6%. Nada mal.

¿Qué sucedería si la onza de oro finalizaba en U$S 980? Las opciones carecerían de valor, y se recibirían los U$S 100.000 en bonos que serían entregados al cliente.

Algunas consideraciones sobre esta estrategia:

• Se recomienda que los bonos sean cupón cero para que no exista riesgo de reinversión de los flujos de fondos. Pueden utilizarse otros activos de renta fija, pero hay que tener mucho cuidado dado que no exista posibilidad en no alcanzar el capital asegurado.

• Pueden utilizarse *puts*, estando el beneficio para el cliente si el subyacente pierde valor.

• Los estructurados pueden aplicarse para cualquier tipo de activo que tenga opciones: soja, petróleo, acciones, índices, etc.

• El éxito de la estrategia radica en tener activos de renta fija que tengan un buen rendimiento para invertir el diferencial en opciones.

Este tipo de estrategia resulta viable en contextos de altas tasas de interés. Caso contrario resulta el *spread* existente para comprar opciones, el cual es muy reducido.

Material Multimedia

En www.phronencial.com/finanzasinteligentes encontrará material complementario y específico de este capítulo: ejemplos, ejercicios, aplicaciones, uso de calculadoras, búsqueda de información, videos, planillas, PDF y presentaciones.

Puede acceder desde la plataforma de Phronencial, o directamente al material del capítulo desde el siguiente QR:

Recomendamos registrarse en la plataforma utilizando el usuario y clave inicial que le proporcionamos en las primeras páginas, y que es único para el titular original del libro.

De esta manera podrá acceder al material complementario. Pero lo más importante, es que con la correcta identificación lo contactaremos para los encuentros (virtuales y/o presenciales) que realizamos para abordar distintos tópicos financieros y de mercado.

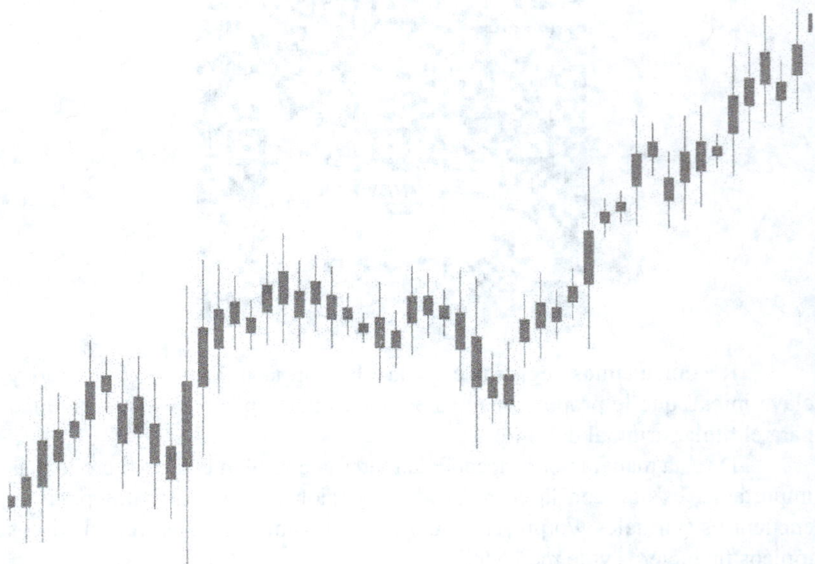

Fideicomisos financieros

Por su relativa complejidad, a este instrumento vamos a analizarlo en forma independiente. Primero definamos algunos conceptos legales. ¿Qué es un fideicomiso? Es una figura legal que permite separar y proteger activos o bienes registrables, y así resguardarlos de cualquier problema que tenga su dueño original. Esto permite, por ejemplo, que inversores estén interesados en invertir en esos activos resguardados, analizando la capacidad de generación de fondos que tienen.

La Ley 24441 de Fideicomiso en su artículo 1 define: *"Habrá fideicomiso cuando una persona (fiduciante) transmita la propiedad fiduciaria de bienes determinados a otra (fiduciario) quien se obliga a ejercerla en beneficio de quienes se designe en el contrato (beneficiario) y a transmitirlo al cumplimiento de un plazo o condición al fiduciante, al beneficiario o fideicomisario".*

En otras palabras: alguien cede un activo (fiduciante), alguien independiente lo resguarda (fiduciario), y están quienes invierten en él (beneficiarios).

Estos activos, también denominados fideicomitidos, deben ser registrables para demostrar quién es el titular de los mismos, y evitar disputas al respecto. Podemos citar hipotecas, prendas, flujos de fondos generados por cupones de tarjetas de crédito, patentes, y cobranzas en general. El fideicomiso es una figura legal, inscrita en la Inspección General de Justicia (IGJ), que lleva un control de sus operaciones. Presenta balance, tiene cuenta bancaria, paga sueldos y servicios, y tiene derechos y obligaciones bien definidas de acuerdo al tipo de fideicomiso constituido.

Existen 3 figuras fundamentales con roles bien definidos.

El fiduciante es el tenedor original de los activos a fideicomitir. Es quien da el primer paso, transfiriendo la titularidad de esos activos a un tercero, el fiduciario. El fiduciante es quien inicia el fideicomiso, la primera voluntad. Es quien determina la estructura que tendrá el fideicomiso, selecciona al fiduciario, establece su formato, paga honorarios y otros gastos iniciales.

El fiduciario es quien recibe del fiduciante los activos o derechos en propiedad fiduciaria (activos fideicomitidos), y ejerce en favor de un tercero (denominado beneficiario) designado en el contrato.

Requisitos, funciones y obligaciones principales:

- Buen hombre de negocios.
- Persona física o jurídica.
- Administrar el activo fideicomitido según el contrato establecido.
- Dispone del activo fideicomitido hasta finalizar el contrato.

Técnicamente el *fiduciario* es el titular legal (pero no real) del bien, y posee un dominio imperfecto ya que es el titular legal del activo, aunque no puede disponer del mismo libremente. Los bienes propios del fiduciario no responden por las obligaciones del fideicomiso, salvo en caso de dolo o negligencia en su administración, en cuyo caso será solidariamente responsable. Técnicamente, el fideicomiso y el patrimonio del fiduciario son independientes y tienen contabilidades separadas. Por lo tanto, el fiduciario puede tener problemas económicos de cualquier tipo, pero los activos que administra en calidad de fiduciario no se verán afectados.

Beneficiario: Persona física o jurídica especificada en el contrato a favor de quien se ejerce el fideicomiso. Por lo general, es el inversor que aporta el dinero al fideicomiso o al fiduciante.

Existe otra figura denominada *fideicomisario*, que muchas veces se superpone con la del fiduciante. La ley lo considera el destinatario final de los bienes fideicomitidos. Una vez cumplidas las obligaciones del fideicomiso, los activos remanentes deben entregarse al fideicomisario, que generalmente es el mismo fiduciante (aunque también pueden ser beneficiarios o terceros).

El siguiente diagrama resume lo anterior. El fiduciario es quien crea el fideicomiso y entrega activos bajo control del fiduciario; luego hay inversores que adelantan plata teniendo como respaldo u objetivo de inversión esos activos fideicomitidos. El fiduciario tiene ahora la obligación de cuidar esos activos en favor de los beneficiarios.

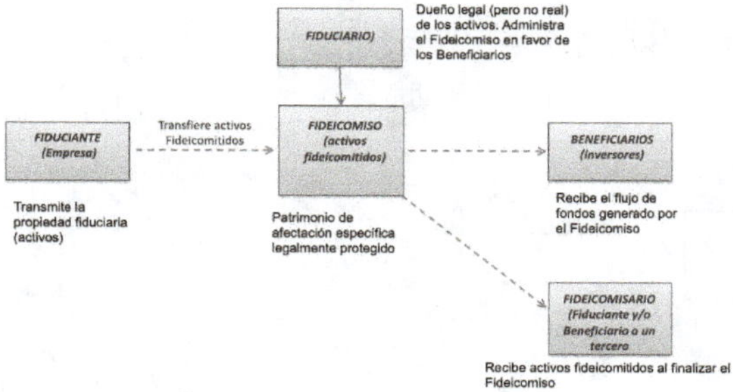

Existen distintas clases de fideicomisos según el objeto del mismo. Destacamos los de garantía, administración y testamentarios, todos de índole privada (que no requieren oferta pública).

Fideicomisos de garantía

Estructura adecuada para operaciones crediticias, que favorece tanto al deudor como al acreedor. El fiduciante transfiere al fiduciario la propiedad fiduciaria, que puede ser inmuebles, derechos, valores, entre otros, con la finalidad de que en caso de incumplimiento de la obligación del fiduciante, se proceda a la venta de la propiedad fiduciaria y se cancele la deuda con los fondos obtenidos. Cualquier remanente que resulte de la venta se devolverá al fiduciante. Resulta un instrumento ágil y de fácil implementación, permitiendo abaratar las condiciones financieras ya que el acreedor tiene una forma rápida de cobro en caso de incumplimiento.

Veamos un ejemplo: una empresa (o individuo) necesita un crédito y está dispuesto a poner un inmueble como garantía. Este tipo de operaciones son muy frecuentes, ya sea porque el inversor requiere garantías adicionales para conceder el préstamo, porque el deudor está obligado a hacerlo debido a la falta de antecedentes crediticios o simplemente porque esta es la forma en que obtiene mejores condiciones, como una tasa de interés más baja o un plazo mayor. En este formato, el fideicomiso es constituido y el inmueble se entrega como garantía. El inversor entrega directamente el préstamo al fiduciante.

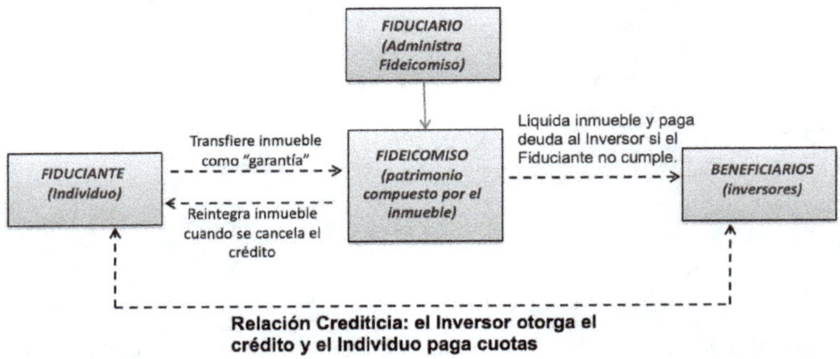

Si el fiduciante cumple con los pagos y cancela su obligación, el fiduciario restituye el inmueble en garantía y el contrato de fideicomiso finaliza. Si el fiduciante o deudor no cumple con los pagos, el fiduciario deberá vender el inmueble para hacerse de los fondos y cumplir los pagos adeudados y demás condiciones determinadas en el contrato de fideicomiso. El dinero sobrante, en caso de existir, se reintegra al fiduciante.

¿Por qué no constituir una hipoteca? Es más fácil y menos oneroso. Porque en caso de incumplimiento, el acreedor tiene que accionar judicialmente para rematar o tomar posesión del inmueble. Esto puede demorar muchos años porque sigue estando bajo titularidad del deudor. En cambio, si el inmueble está en un fideicomiso, el inmueble está en cabeza del fideicomiso, quien procede a la venta sin intervención legal que lo demore.

Otra ventaja del fideicomiso por sobre la hipoteca es la reutilización del activo (el inmueble en este ejemplo), como garantía de varias operaciones. Una vez que el activo ingresa al fideicomiso, se celebra un *contrato marco* para volver a utilizar el activo fideicomitido automáticamente en nuevas operaciones, sin mediar trámites especiales. En el caso de una hipoteca, se repiten los pasos legales (inscripción, pago de impuestos, etc.) por cada nueva deuda.

Resumiendo, un fideicomiso de garantía es un instrumento por el cual el fiduciante transfiere un bien mueble o inmueble al fiduciario respaldando un compromiso que mantiene a favor de un tercero, con las siguientes ventajas:

- Existiendo cesación de pagos, no es necesario iniciar el proceso judicial para su cobro. El fiduciario vende la garantía y cancela la obligación.
- Al tener que ejecutar la garantía, el precio obtenido siempre va a ser mayor que el de una subasta judicial iniciada por un proceso de ejecución hipotecaria. Esto favorece a ambas partes, ya que el remanente (de existir) se devuelve al fiduciante una vez cancelada la deuda.
- El bien en garantía es inembargable por terceros, lo que no ocurre con los bienes prendados e hipotecados, que sí pueden serlo.

• Reutilización del activo: Mayor flexibilidad para realizar nuevas operaciones de crédito con el mismo activo cedido.

Entre sus desventajas se destacan los costos iniciales, dado que la propiedad sale del fiduciante y pasa a nombre del fiduciario. Hay gastos de escritura por la compra/venta del inmueble, sellados, escribanía, etc.

Fideicomiso de administración

Se transfieren activos en propiedad fiduciaria a un fiduciario para que éste los administre de acuerdo a los objetivos fijados en el contrato y en favor de los beneficiarios. Es muy frecuente el uso de esta figura para administración de negocios, gestión, para la construcción de edificios, *polls* de siembra agropecuaria, e inclusive para la administración de portfolios de inversión.

En este caso, la función del fiduciario resulta más amplia y compleja, debiendo (en muchas oportunidades) contratar asesores o delegar la ejecución de determinadas funciones.

Entendiendo esta lógica básica de funcionamiento, ahora veamos un ejemplo teórico, pero más realista, de su funcionamiento.

Electrics S.A. vende televisores en cuotas con tarjetas de crédito, propia y de las tradicionales, supongamos VISA. En un primer momento, el financiamiento fue con capital propio, pero un aumento de las ventas puso bajo stress financiero a la empresa, que requiere mayor cantidad de TVs para continuar su expansión.

Decide conformar un fideicomiso para hacerse de fondos frescos. Contrata a un agente fiduciario reconocido en el ambiente financiero para constituir el "Fideicomiso Electrics I" y transfiere (en calidad de fiduciante) los derechos de cobro de ventas: durante los próximos 18 meses el fideicomiso percibirá el flujo de fondos por las cobranzas de los cupones. De ahora en más VISA, notificada de la cesión, pagará los cupones a una cuenta del fideicomiso, que está administrada por el fiduciario. El fideicomiso irá cobrando los cupones y distribuye entre los beneficiarios.

Por el otro lado están los inversores, que interesados en ese flujo de fondos deciden invertir aplicando una tasa de descuento (que es la rentabilidad que ellos esperan ganar). Este dinero invertido es lo que regresa al fiduciante por la entrega de los derechos. Es decir, el fiduciario entrega los cupones y recibe plata de los inversores, ahora llamados beneficiarios de la cobranza de los cupones que realiza en fideicomiso.

Una vez honrado todas las obligaciones (pagado a los beneficiarios y demás gastos del fideicomiso), los créditos remanentes o vuelen al fiduciante, es decir a la empresa original, o al fideicomisario.

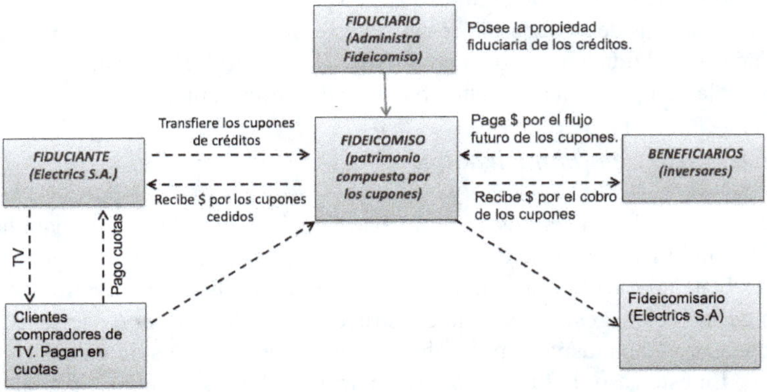

Algunas consideraciones inherentes a la operatoria.

Electrics, a priori, ya no es responsable del efectivo cobro de los cupones y de su mora futura. El fiduciario "vendió" ese flujo de fondos, por lo que ya no tiene obligaciones reales sobre el mismo. Si la mora sube exponencialmente y no es capaz de honrar el flujo esperado por los beneficiarios, posiblemente no sea su responsabilidad, al menos legalmente. No me refiero a un caso doloso donde el fiduciante quiso realizar una estafa vendiendo un flujo "podrido", sino que por cuestiones de mercado, por ejemplo fruto de la pandemia, la mora creció por encima de lo esperado y no alcanza a cubrir las expectativas de los inversores.

Ahora bien, el fiduciante no podrá eludir el riesgo reputacional porque los inversores no volverán a invertir en sus futuras emisiones. Así, aunque esté legalmente blindado, es de esperar que el fiduciante tome medidas para solucionar el problema de los créditos morosos. Una de estas medidas podría ser comprar o canjear dichos créditos por deuda buena, para así cumplir con las expectativas de los inversores. Además, dado que el fiduciante por lo general cuenta con mejores herramientas de cobro, es probable que se encargue de los casos en mora.

Si fuera una tarjeta de crédito propia, seguramente el fiduciante cobre y transfiera al fideicomiso. Si es VISA, la empresa de tarjetas puede transferir directamente los fondos al fiduciario sin pasar por el fiduciante, lo cual mejora tiempos y riesgos.

El fideicomiso "vende" ese flujo de fondos a inversores a cambio de una tasa de descuento (los cupones tienen un valor fijo, por eso su valor actual siempre será inferior al nominal). El dinero ingresa directamente a Electrics S.A. (o al fideicomiso y el fiduciario le transfiere al fiduciante) para comprar nuevos TVs para su venta, y por qué no, volver a fideicomitir o securitizar en una nueva serie II.

Son muy conocidos los "fideicomisos inmobiliarios". No es una categoría específica ni está regulada: es una de las muchas aplicaciones o variantes que la Ley de Fideicomiso permite. Se utiliza para estructurar proyectos inmobiliarios, como edificios, locales comerciales, etcétera; donde los beneficiarios son los inversores o compradores finales, que financian el costo de la tierra y la construcción más un plus de retribución o ganancia para el desarrollador u organizador, dependiendo el formato.

Es de administración porque, al menos que el fiduciario sea una empresa constructora, seguramente tendrá que contratar el servicio de terceros para llevar a cabo su mandato. Los inversores irán adelantando fondos (generalmente en cuotas a medida que avanza la obra) y recibirán unidades y/o dinero producto de la venta de las unidades.

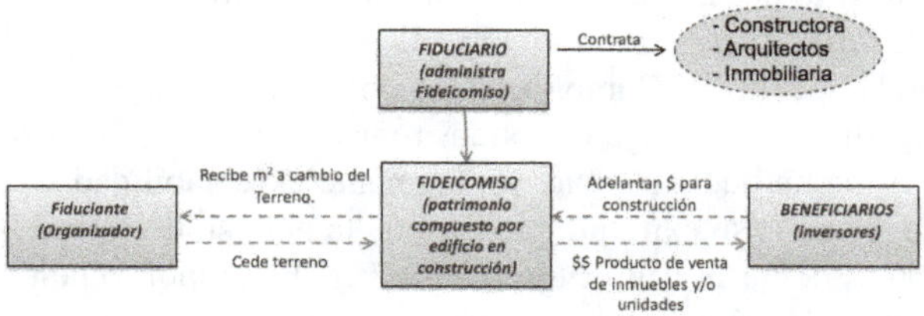

Fideicomisos financieros

Este es el que nos interesa. Nos centraremos en esta categoría porque cuentan con oferta pública y son operados en el mercado de capitales. Su tipificación en la Ley 24441 (art. 19 a 24) establece el marco para la emisión de títulos valores y favorece la titulización de activos. La titulización es el proceso de captar fondos mediante la emisión de títulos valores respaldados por activos fideicomitidos, que son seleccionados con determinados criterios que veremos posteriormente. Este proceso genera un círculo virtuoso en el que el fiduciante, con los fondos conseguidos, vuelve a generar activos fideicomitidos (por ejemplo, créditos personales), reúne una cantidad determinada, arma el fideicomiso, capta fondos frescos y vuelve a prestar, formando un nuevo fideicomiso. Este proceso se conoce como securitización o titularización, que son sinónimos.

La clave de la securitización son los bienes que respaldan o garantizan la emisión, y que quedan aislados jurídicamente de los vaivenes que pueda tener el fiduciante. Además son inembargables, lo que tranquiliza mucho al inversor.

Una de las características diferenciales, es que el fiduciario no puede ser cualquiera, sino una entidad bancaria o especifica inscripta en la CNV con objeto exclusivo. Esto se debe a que el fiduciario tiene la facultad de emitir valores de deuda y/o certificados de participación para ser negociados en los mercados de valores por el público en general. Esto es para que la CNV tenga un mejor control y seguridad sobre las inversiones en las que pueda participar el público en general, y que los fiduciarios sean entidades responsables con sistemas administrativos y operativos adecuados para el servicio que brindan.

Valores de Deuda Fiduciaria (VDF): También se conoce como Certificado de Deuda (CD). Se asemeja a la emisión de un bono porque el fideicomiso se compromete a devolver el capital prestado más intereses con el flujo de fondos que generan los activos fideicomitidos. Poseen las características propias de un instrumento de renta fija, y por lo tanto proporcionan al inversor el derecho al cobro de los pagos periódicos de renta y amortización que efectúe el fiduciario de acuerdo a las condiciones de emisión.

Certificado de participación: El beneficiario participa del negocio y riesgo de la operatoria. Cumple con las obligaciones con los tenedores de los CD (si existieran) y el flujo de fondos remanente queda para los tenedores de los CP. Si fue un buen negocio, seguramente la rentabilidad será atractiva; si no lo fue, en un caso extremo, pierde toda la inversión. Poseen las características propias de un instrumento de renta variable, y por lo tanto se los puede asimilar a una acción, ya que su tenedor tiene derecho a cobrar los fondos remanentes del fideicomiso una vez cancelados los servicios de los VDF y los gastos del fideicomiso.

La CNV aprobó el primer fideicomiso financiero en diciembre de 1995. Al inicio no tuvo el éxito esperado; y no fue hasta la crisis económica de 2001/2 que los inversores, al ver que muchas empresas no honraban sus compromisos de deuda, descubrieron que los pocos fideicomisos que había en el mercado sí lo hacían. Incluso la quiebra de los fiduciantes no afectó los flujos de los fideicomisos. Esta prueba de fuego resultó fundamental para ganar la confianza de los inversores, y con el *boom* económico que siguió el lustro siguiente, las emisiones de fideicomisos de consumo (comercializadores de electrodomésticos y de créditos personales) se multiplicaron.

Es importante tener en claro estos conceptos. Un fideicomiso es una bolsa donde los activos generan un flujo de fondos, flujo que puede separarse para honrar distintas clases de obligaciones.

Por eso, un fideicomiso financiero puede emitir más de una clase de valores representativos de deuda fiduciaria (VRD) o certificado de deuda (CD). Estos conceptos significan lo mismo, y en general, las diversas clases se diferencian entre sí por el grado de prelación en el cobro al que dan derecho (lo que se denomina técnicamente "subordinación"), y son identificadas con distintas letras, A, B C.

Supongamos un fideicomiso financiero que tiene derechos de cobro por $100. ¿Qué estructura se debe aplicar? La que el fiduciante considere adecuada y demandada por inversores. Esto puede significar que se emiten dos opciones de instrumentos financieros: el 100% de Certificados de Participación (Opción 1) o, en su lugar, es posible tomar deuda y asumir un pequeño porcentaje del riesgo del negocio (Opción 2). También existe la opción de determinar dos categorías de deuda en función del riesgo (Opción 3), lo que significa que un VDF clase A o “senior” tiene prioridad en el cobro sobre el tenedor de un VDF Clase B o “subordinado”. Por esta razón, la TIR que un inversor exige a los VDF A es inferior a la del B, ya que el riesgo es diferente. Es posible que el VDF A se cobre más rápido, por lo que tendrá una menor duración. Las diferentes clases suelen tener distintas calificaciones de riesgo crediticio, tasas de cupón y plazos de emisión, entre otras características.

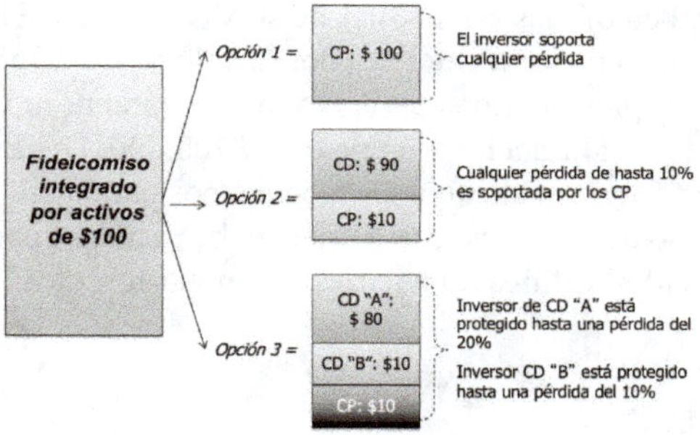

Lo que queda una vez cumplido con los tenedores de deuda, el flujo remanente va hacia los certificados de participación.

Ahora actualicemos el diagrama anterior añadiendo la opción tres.

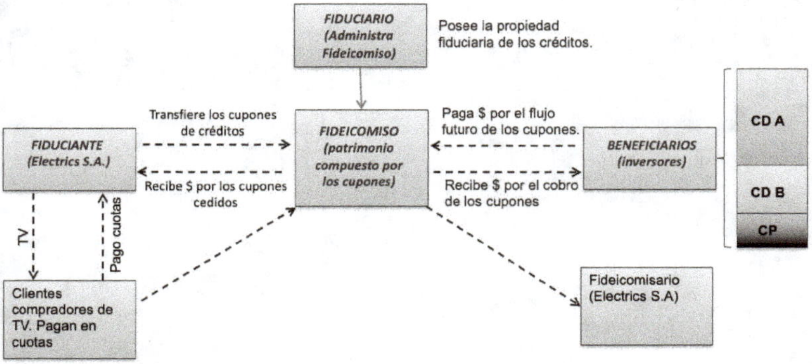

Lo que cambia es que ahora hay distintas clases de beneficiarios. El fideicomiso tiene que generar un flujo para cumplir principalmente con los tenedores de certificados de deuda, que esperan recuperar el capital invertido y la rentabilidad esperada. En este caso, el principal enemigo del fideicomiso es el aumento de la mora, que puede reducir el flujo de fondos para realizar los pagos esperados.

Supongamos que el fideicomiso tiene derechos de cobro por un total de $1.100.000, descontando la mora por este segmento calcula un flujo real de $1.000.000 que se dividen en las siguientes categorías: CD A un 55%, los CD B un 25% y los CP el 20% restante.

El rendimiento TIR exigido por los tenedores senior A es del 15%, y de los B del 20%. Para simplificar, supongamos que el flujo A tiene una *duration* de 12 meses y el B de 18 meses, por lo cual el valor actual de cada flujo aproximadamente será de $478.000 para el primero y $190.000 para el segundo. Por los CP se reciben ofertas por el 50% de su VN, es decir, $100.000.

El fideicomiso recibirá entonces por la colocación $768.000. Descontando los gastos propios del fideicomiso esperado durante su vida calculados en $68.000, entregará al fiduciario un neto de $700.000. Hemos sido simplistas en la formulación y evitado algunos tecnicismos para facilitar la comprensión. El fideicomiso tiene gastos: con lo que recibe tiene que pagar honorarios, al fiduciario, contador, calificación de riesgo, impuestos, etc.

Hasta ahora todo muy simple. Constituimos un fideicomiso, hace-

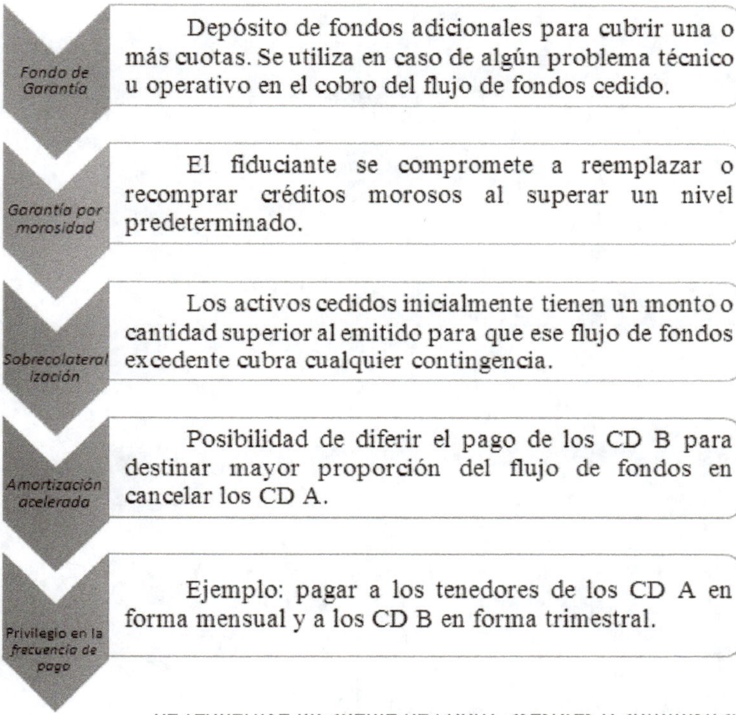

de requerirse un agente de cobro, asesores o administradores específicos en quienes delegar tareas especiales que el fiduciario no realiza directamente.

El fideicc ... ser atractivo para el inversor. Por ... lo por el organizador y/o agente ... compromisos o activos adiciona ... riesgo y generar mayor interés po

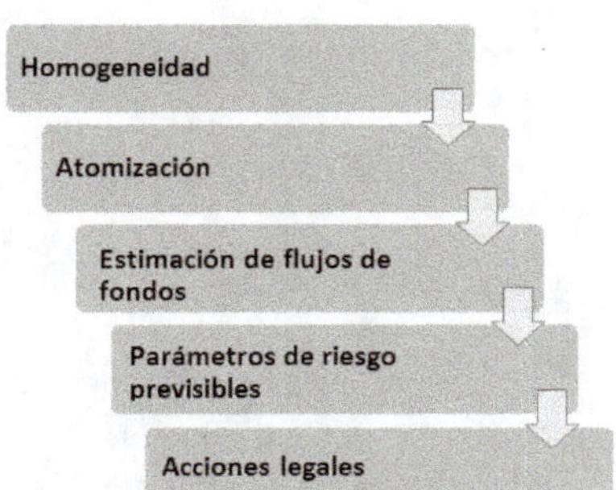

¿Cualquier clase de activo sirve para armar un fideicomiso financiero? No. Es importante que lo que está en "la bolsa" reúna determinadas características:

Homogeneidad: No tiene sentido armar un fideicomiso con créditos personales de 24 meses promedio, y agregar algunos hipotecarios a 10 años. No solo por la divergencia de plazos, sino también por la naturaleza de los créditos. Es mezclar peras con limones: son frutas, pero no son lo mismo.

Atomización: Tampoco tiene sentido armar un fideicomiso con un par de activos, por más importantes que sean. Si tengo un fideicomiso cuyo 80% de la generación del flujo está vinculado a un activo, definitivamente no hay una adecuada atomización. Los activos tienen que estar atomizados para reducir riesgos.

Flujos de fondos: Incluir activos donde no sea posible calcular su flujo de fondos dificulta calcular su valor actual en forma razonable. Es muy importante calcular el flujo de fondos de los activos fideicomitidos para estimar niveles de subordinación para los VDF y CP.

Riesgos o volatilidad en los flujos: Lo mismo ocurre con los niveles de morosidad. En realidad, no resulta importante si la mora promedio es del 5% o del 40%. Lo importante es que si se estima en 5%, luego no salte al 40% y viceversa. Cualquier brusca variación altera los flujos de fondos estimados.

Reclamo legal: Finalmente, el fiduciario tiene que poder realizar las acciones judiciales y defender los intereses de los beneficiarios, ya que legalmente los representa.

Por eso no cualquier activo puede securitizarse. Si no reúne algunas de las características mencionadas, tal vez sea mejor otra estructura, como un fideicomiso privado.

Ventajas y desventajas

El fiduciante encuentra muchos beneficios en un fideicomiso financiero. Consigue fondos frescos por activos ilíquidos, como ser un préstamo. El riesgo de esos activos es trasladado (aunque parcialmente) a los inversores, y el proceso de securitizar aumenta la capacidad financiera y comercial del fiduciante. Si los activos fideicomitidos son buenos, la calificación de riesgo obtenida puede ser superior a la del propio fiduciario, mejorando así su capacidad y costo financiero. La participación de inversores institucionales es un respaldo importante para el fiduciante, ya que puede aumentar su capacidad comercial.

El inversor está interesado en estas estructuras debido a su mayor seguridad jurídica[48]. Al comprar un patrimonio separado, no se ve afectado por problemas que puedan tener el fiduciante o el fiduciario. Además, cuenta con múltiples controles (auditores, CNV, etc.), ya que adquiere una cartera de activos diversificada, lo que reduce el riesgo de cobranza.

[48] Se constituye un patrimonio distinto al del fiduciante, fiduciario y al de los beneficiarios, quedando aislados los activos transferidos. La quiebra del fiduciante, del fiduciario o de los beneficiarios, no significa la quiebra del fideicomiso, y los acreedores de cada uno de estos no tienen acción contra el fideicomiso.

- **Ventajas para el Fiduciante**
  - Adelanta un flujo de fondos futuro
  - Transforma activos ilíquidos en líquidos.
  - Traslado de riesgos
  - Capacidad de "fuego"
  - Algunos FF tienen beneficios impositivos.
  - Proyectos de envergadura (inversores institucionales)
  - Calificación de riesgo diferenciada
  - Reduce el riesgo de descalce temporal
  - Inversores institucionales
- **Ventajas para el Inversor**
  - Patrimonio separado
  - Sólida Alternativa de inversión
  - Cartera diversificada

Al estar aprobada y supervisada por la CNV, tener calificación crediticia, auditorías, etc., lo transforma en un instrumento seguro para el inversor.

Fideicomisos en nuestro mercado

¿Qué tan importantes y utilizables son los fideicomisos en nuestro mercado? Muy importantes. Si bien su peso respecto a otros instrumentos de financiamiento ha disminuido, sigue siendo muy utilizado por entidades financieras y comerciales.

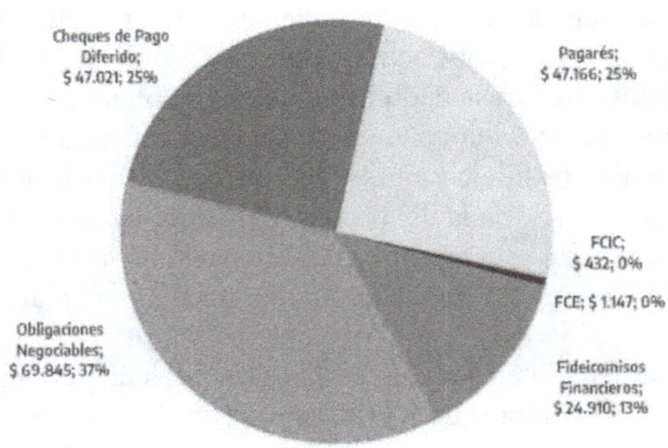

Siendo el cuarto instrumento de financiamiento, se utiliza para securitizar créditos de consumo para la compra de TVs y electrodomésticos, créditos comerciales agropecuarios y préstamos personales en general.

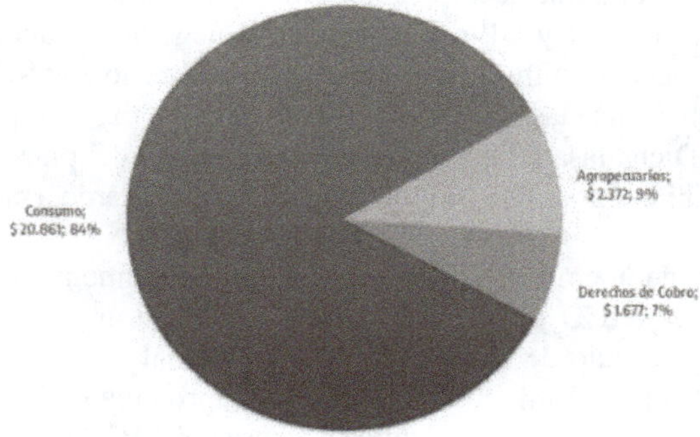

Fuente: Informe Financiamiento CNV. Diciembre 2022.

Durante 2023 se colocaron 154 fideicomisos financieros, es decir que hay más de 10 colocaciones mensuales. Las emisiones son en pesos o dólar *linked*, con una *duration* promedio de seis meses.

Análisis de caso: Fideicomiso de créditos de consumo

Gran parte de los fideicomisos financieros que semanalmente realizan oferta pública en el mercado local están vinculados a créditos personales. Su demanda radica en que tienen una *duration* baja y niveles de morosidad relativamente estables. Los fiduciantes son bancos, financieras, cooperativas y mutuales, que utilizan el mercado de capitales como fuente de financiamiento, captando fondos por los créditos colocados a individuos a una tasa de interés superior. De esta manera no solo consiguen un beneficio financiero directo, sino que también obtienen el capital inicial para prestar de nuevo, lo que hace que la rueda siga girando...

Por ejemplo, la mayoría de las mutuales de crédito otorgan préstamos personales a jubilados y empleados públicos con código de descuento. Esto significa que la cuota del préstamo se cobra directamente del recibo de haberes: antes de acreditarse en el banco el sueldo del individuo, el organismo pagador (ANSES u organismo público) retiene el monto de la cuota y lo transfiere a la cuenta bancaria de la mutual. Esto hace que el riesgo de cobro sea reducido, y salvo fallecimiento (para jubilados) y/o despido (para empleados públicos), el nivel de morosidad es relativamente bajo y con poca variabilidad.

Analicemos un ejemplo[49]. Una mutual coloca $10.000.000 de capital en préstamos a 24 meses de plazo y con tasa promedio del 60% en cuotas iguales y consecutivas (amortización francesa). El flujo de fondos (capital e

[49] Los valores utilizados son ilustrativos, aunque guardan cierta relación entre ellos. El contexto inflacionario y de tipo de cambio genera distorsiones.

interés) mensual será de $724.709, totalizando $17.393.016 al vencimiento. La mutual estructura una securitización, transfiriendo los créditos a un fideicomiso que emite CD y CP para financiar el negocio. Ceder las cuotas es equivalente a vender un flujo de fondos, y por esta cesión de $17.393.016 los inversores aplican una tasa de descuento (rentabilidad exigida) para establecer su ganancia. Dicha tasa de descuento está en función del plazo (la *duration*) y riesgo percibido por el flujo de fondos cedido, de acuerdo a cada CD o CP.

Monto de la emisión: Es lo primero que se define para establecer las proporciones entre CD y CP. Para lograrlo, se aplica una tasa de descuento general a todo el flujo de fondos cedidos. La mutual vendió/colocó al fideicomiso créditos por $10M, con un flujo futuro aproximado de $17,4M (valor nominal -VN- de la cesión); si se aplica una tasa del 30% anual, el valor actual (VA) del flujo cedido tiene un precio hoy de $12.451.000. Éste es el precio de venta de todo el flujo cedido, y el monto de la emisión del fideicomiso financiero.

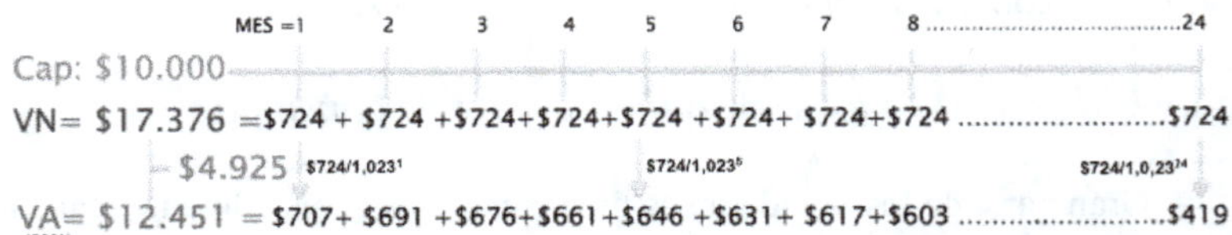

A priori, la mutual invirtió $10.000.000 y recibió $12.451.000, ganando la diferencia: valor actual - capital invertido = $2.451.000. Esta ganancia, que denominamos bruta porque no se han considerado otros costos, resulta de haber prestado al 60% y securitizado a un costo del 30%[50]. La diferencia entre el valor nominal y valor actual, $4.942.000 (=$17.393-$12.451) en este caso, es la ganancia de los beneficiarios: lo que hay para repartir por parte del fideicomiso por encima del monto de la emisión. Por eso para la mutual mientras menor sea la tasa de descuento general aplicada sobre los CD, mejor será su resultado.

Emisión de títulos valores

Para mejorar el costo de fondeo, el fideicomiso emite títulos valores:

• 85% CD: Se dividen en CD A o senior, y CD B. Están subordinados a cubrir con el flujo de fondos: en primer lugar el pago de los CD A, y con el flujo remanente empiezan a pagarse los B. Los CD A equivalen al 60% del

[50] En el fondo es una actividad comercial: comprar barato (créditos a tasa mayor) y vender caro (créditos a menor tasa)

monto de la emisión y los CD B al 25%. Estos porcentajes resultan meramente enunciativos.

En la práctica, un CD A puede ser equivalente al 100% del capital (80% de la emisión en este ejemplo). Dependiendo los criterios de valuación de la calificadora de riesgo, puede resultar superior (se denomina subordinación negativa porque el monto de los CD A supera al capital real fideicomitido[51]).

Por este motivo, los CD A reciben una mayor calificación crediticia. Esto se debe a que, para que su flujo de fondos se vea afectado por la morosidad, esta debe ser superior al 40%. Teniendo en cuenta la calidad del activo subyacente, es muy poco probable que se llegue a este nivel de morosidad. Los CD B reciben una menor calidad crediticia porque su flujo de fondos puede verse afectado por una mora superior al 15%, por ende, su riesgo respecto a los CD A es superior.

Por lo general los CD A pueden recibir una calificación AAA o AA[52], y los CD B una calificación BB o BBB. En ambos casos están dentro de la categoría *investment grade*, por lo cual participan inversores institucionales.

• 15% CP: Sus tenedores reciben el flujo remanente una vez cumplidas todas las obligaciones de los CD; no hay interés explícito. Debido a que su resultado depende de la morosidad y las precancelaciones, los CP suelen tener un mayor nivel de riesgo. Sin embargo, este riesgo puede ser controlado por el administrador o fiduciante. Por esta razón, es común que sea el mismo administrador o fiduciante quien suscriba la totalidad de los CP.

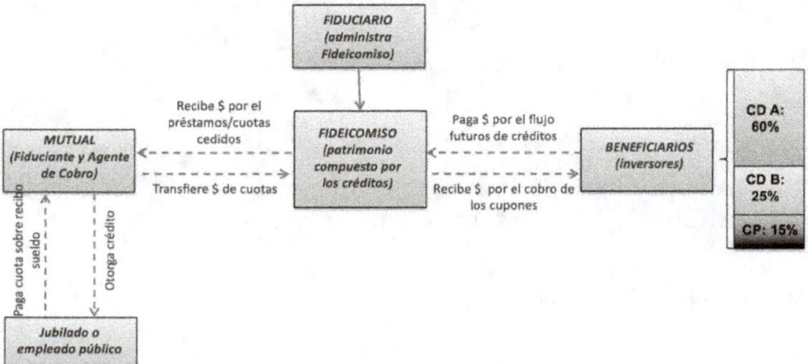

[51] En un caso extremo, si los tomadores de crédito cancelan al mes siguiente el 100% de la deuda, el flujo de fondos no alcanzaría para cubrir el capital de los CD A.

[52] Dependiendo el criterio de la calificadora de riesgo, por lo general, para lograr altas calificaciones se exige que los CD A sean equivalentes al capital de la emisión. En el ejemplo bastaría que los CD A sean igual al 80% (=$10.000.000/$12.451.000) de la emisión. ¿Por qué? Porque en un caso extremo de precancelación general, los tenedores de los CD A reciben el capital invertido.

Este mismo esquema es válido para la securitización de hipotecas, prendas, cuotas de tarjetas de créditos, etc.

¿Cuál es el negocio para la mutual o cualquier otra empresa que securitiza créditos? El diferencial de tasa de interés (prestar al 60% y vender al 30%), y el valor actual que eso genera. Si los inversores de los CD A, que tienen la máxima calidad crediticia, exigen una tasa del 14%, y del 19% para los CD B, los costos por la estructuración del fideicomiso, la colocación, aprobaciones varias, calificación de riesgo, fiduciaria, etc. son los siguientes[53]:

Concepto	Costo	Frecuencia
Arancel CNV - Programa	0,01% por monto emisión	única vez
Arancel CNV - Serie	0,02% por monto emisión	única vez
Derechos estudio Bolsa	$7.800	única vez
Derechos cotización	$7.800	única vez
Publicaciones	$10.000	única vez
Certificaciones	$300	única vez
Honorarios legales	$15.000	única vez
Colocador	0.5% sobre monto colocado	única vez
Estructuración	0.5% sobre monto emisión	única vez
Calificadora de riesgo	$24.000	anual
Fiduciaria	$5.000	mensual

Fuente: Elaboración propia.

[53] Los valores e ítems se aproximan a la realidad. No se contemplan gastos impositivos para no exceder la aplicación práctica del ejemplo.

La mejor manera de entender el negocio es armando flujos de fondos:

Mes	Flujo cedido	Gastos	Flujo CD "A"	Flujo CD "B"	Flujo para CP
0		255,400$	7,470,600$	3,112,750$	1,867,650$
1	724,709$	5,000$	719,709$	0$	0$
2	724,709$	5,000$	719,709$	0$	0$
3	724,709$	5,000$	719,709$	0$	0$
4	724,709$	5,000$	719,709$	0$	0$
5	724,709$	5,000$	719,709$	0$	0$
6	724,709$	5,000$	719,709$	0$	0$
7	724,709$	5,000$	719,709$	0$	0$
8	724,709$	5,000$	719,709$	0$	0$
9	724,709$	5,000$	719,709$	0$	0$
10	724,709$	5,000$	719,709$	0$	0$
11	724,709$	5,000$	719,709$	0$	0$
12	724,709$	29,000$	92,709$	603,000$	0$
13	724,709$	5,000$	0$	719,709$	0$
14	724,709$	5,000$	0$	719,709$	0$
15	724,709$	5,000$	0$	719,709$	0$
16	724,709$	5,000$	0$	719,709$	0$
17	724,709$	5,000$	0$	419,709$	300,000$
18	724,709$	5,000$	0$	0$	719,709$
19	724,709$	5,000$	0$	0$	719,709$
20	724,709$	5,000$	0$	0$	719,709$
21	724,709$	5,000$	0$	0$	719,709$
22	724,709$	5,000$	0$	0$	719,709$
23	724,709$	5,000$	0$	0$	719,709$
24	724,709$	5,000$	0$	0$	719,709$
SUMA	17,393,016$	144,000$	8,009,508$	3,901,545$	5,337,963$

Fuente: Elaboración propia.

Los gastos en todo concepto por la emisión del fideicomiso son de $255.400. Estas erogaciones las afronta el fiduciante, quedando a cargo del fideicomiso los gastos posteriores correspondientes al agente fiduciario, calificaciones de riesgo y cualquier otro gasto que se genere.

Concepto	Costo
Arancel CNV - Programa	$1.245
Arancel CNV - Serie	$2.490
Derechos estudio Bolsa	$7.800
Derechos cotización	$7.800
Publicaciones	$10.000
Certificaciones	$300
Honorarios legales	$15.000
Colocador	$62.255
Estructuración	$124.510
Calificadora de riesgo	$24.000
Total:	$255.400

Los tenedores de los CD A reciben un flujo de fondos de $8M por los $7.470.600 invertidos, ganando $538.000 en concepto de intereses. A los 12 meses se habrá cancelado la obligación del fideicomiso con estos tenedores.

Los tenedores de los CD B comienzan a cobrar luego de saldar toda la deuda con los CD A. Entonces, desde el mes 12 hasta el mes 17 reciben un flujo de fondos de $3.901.545, equivalente a una tasa del 19% con $788.795 en intereses.

Los tenedores de los certificados de participación reciben el flujo remanente del fideicomiso una vez pagados los certificados de deuda. En este caso, el flujo de fondos máximo potencial es de $5.337.963.

Título valor	%	Monto emisión	Tasa	Flujo futuro	Intereses
CD A	60%	$7.470.600	14%	$8.009.508	$538.000
CD B	25%	$3.112.750	19%	$3.901.545	$788.795
CP	15%	$1.867.650	-	$5.337.963	-
Suma:	100%	$12.451.000	-	$17.249.016	-

El flujo total era de $17.393.016, y se cobra un máximo de $17.249.016. La diferencia, $144.000, es la suma del gasto del fiduciario ($5.000*24 meses) y la calificación de riesgo al año de lanzar el fideicomiso ($24.000).

Este importe es indirectamente asumido por el fiduciante a través de su tenencia en CP, dado que el fiduciario cubre sus gastos del flujo de fondos que generan los créditos cedidos.

Gastos: El fideicomiso se hace cargo de los gastos una vez que está en funcionamiento; $144.000 por el fiduciario y la calificadora a los 12 meses. El fiduciante por lo general absorbe los gastos de estructuración, colocación, y demás gastos detallados, que equivalen a $255.400.

Una alternativa que tiene la mutual, siendo el único titular de todos los CP emitidos, es cancelar el FF una vez abonado el último pago de los CD B. Así se ahorra el pago del fiduciario entre los meses 18 y 24, equivalente a $35.000.

Resultado neto para el fiduciario:

• Resultado financiero. Analizar el resultado financiero es básicamente conocer el resultado de la caja:

Concepto	Monto
Capital Invertido	-$10.0000.000
Gastos emisión	-$255.400
Caja percibida (CD A y B)	+$10.583.350
Resultado:	+$327.950

Lo que no considera este resultado son los gastos por los créditos, como ser: comercialización, estructura, administración, impuestos, costo de financiamiento (si existiera), etc. Por ende, el resultado de caja puede ser negativo, dado que el capital invertido es mayor. Tampoco se han incluido importes para el fondo de reserva u otros mecanismos de garantía complementaria.

• Resultado Económico: La mayor parte de la ganancia para la mutual provendrá del resultado de los CP. Contablemente tiene $1.867.650 en CP dentro del balance, con resultados potenciales de $5.337.963; aunque sin certeza de si el monto total será alcanzado. Eso dependerá de la gestión que realice la mutual, principalmente en la morosidad y las precancelaciones que afecten directamente el flujo futuro. Si bien los CP no tienen una tasa de interés explícita porque su resultado depende del flujo remanente, la rentabilidad que obtiene la mutual por la inmovilización de $1.867.650 será del 63%.

Suponga que la morosidad y las precancelaciones reducen en un 5% el flujo total de fondos. Tomando $17.393.016, se genera una pérdida de $869.659, que es absorbido por los CP.

Otros ingresos: Un aspecto importante por tratarse de una mutual, es la cuota socio; y no es un tema menor. Para otorgar el crédito, el deudor debe asociarse a la mutual y pagar una cuota mensual que se debita junto con la cuota del crédito. Lo que se securitiza es el crédito, no la cuota social que se acredita en la cuenta de la mutual, y que constituye parte relevante del negocio.

¿Qué tan importante? Suponiendo una atomización de los $10.000.000 prestados en 2.500 créditos ($4.000 promedio por crédito), con una cuota socio de $20 mensuales, y durante los 24 meses que dura el crédito, son $1.200.000 de ingresos. Adicionalmente la cuota socio no se cancela junto con el crédito, por lo cual dicho monto puede extenderse con el tiempo.

En resumen, el fideicomiso permite adelantar fondos para que la mutual pueda segui[...] inero. Además, proporciona apalanc[...] no se registran como pasivos en los m[...] en lugar de incurrir en deuda). Sin e[...] epción de ganancias se difiere al futu[...] o en los certificados de participación.

FINANZAS
Inteligentes
Fideicomisos financieros

Material Multimedia

En www.phronencial.com/finanzasinteligentes encontrará material complementario y específico de este capítulo: ejemplos, ejercicios, aplicaciones, uso de calculadoras, búsqueda de información, videos, planillas, PDF y presentaciones.

Puede acceder desde la plataforma de Phronencial, o directamente al material del capítulo desde el siguiente QR:

Recomendamos registrarse en la plataforma utilizando el usuario y clave inicial que le proporcionamos en las primeras páginas, y que es único para el titular original del libro.

De esta manera podrá acceder al material complementario. Pero lo más importante, es que con la correcta identificación lo contactaremos para los encuentros (virtuales y/o presenciales) que realizamos para abordar distintos tópicos financieros y de mercado.

Blockchain y criptomonedas

Para comprender correctamente las criptomonedas, primero debemos conocer y comprender correctamente qué es la *blockchain*. Sin *blockchain*, no hay criptomonedas (del inglés *crypto-currencies*). Así, este concepto traducido al español, significa cadena de bloques. Y su nombre corresponde al cien por cien con su definición. Pero, ¿de qué tipo de bloques estamos hablando?

Si bien existen distintos tipos de cadenas de bloques (en adelante *blockchains*), podemos destacar aquellas de carácter privado, público, e incluso mixto (rasgos públicos y aspectos privados). Nos centraremos principalmente en las de tipo público ya que, como inversores, serán con las que realmente interacturemos dentro del ecosistema cripto.

Comencemos por entender la *blockchain* más famosa y referente del sector: bitcoin. En ella, nos encontramos (sintéticamente) con que cada bloque contiene tres datos fundamentales, y estos son:

1) Información.
    a) Quién envía.
    b) Cuánto envía.
    c) Quién recibe.
2) Hash.
3) Hash del bloque anterior.

Veamos. La parte del bloque que contiene información no necesita mucho detalle a la hora de explicarlo, es decir, los datos que contiene son muy sencillos y básicos para poder llevar un registro. Como probablemente haya escuchado, la *blockchain* es un "libro contable abierto", lo que significa que cualquier persona puede conocer cada una de las transacciones que se han hecho en la historia de la misma. Sin embargo, también es anónima, lo cual genera un poco de confusión. Es por este motivo que es importante aclarar: cuando observamos este tipo de información sobre una transacción, veremos qué *wallet* (billetera de criptoactivos) transfirió sus BTC a cuál otra, y cuánta cantidad fue transferida. No obstante, no sabremos a quién o quiénes pertenecen dichas billeteras. Haciendo un paralelismo sencillo para facilitar la comprensión, podríamos decir que sería similar a ser capaces de ver todas las transacciones que hacen los bancos, y en ellas veríamos de qué CBU salió el dinero, cuánto fue, y a qué CBU llegó. Pero (y es un gran "pero"), no seríamos capaces de saber a quiénes pertenecen cada uno de dichos CBU. Detengámonos un poco en esto, ya que forma parte de la tecnología que rodea a la *blockchain* y conocemos como "criptografía".

Sin extendernos demasiado, la *criptografía* es una disciplina de la seguridad de la información que se encarga de proteger la privacidad y la integridad de la información a través del uso de técnicas matemáticas y algoritmos (existente desde antes de Cristo). Pero ¿de qué sirve? Con ella, es posible convertir mensajes legítimos en una forma que sea ilegible para cualquier persona que no tenga acceso autorizado a la información original. La información confidencial, la autenticación de mensajes, la protección de la privacidad de las transacciones en línea (por poner solo unos ejemplos) se encuentran cifrados por sistemas de seguridad basados en la criptografía.

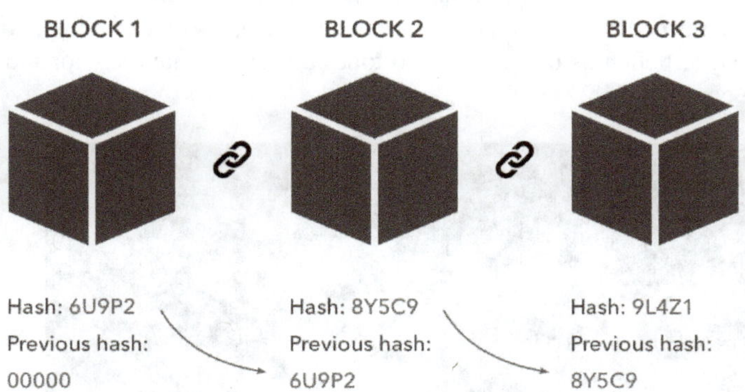

¿Cómo volcamos esto a *blockchain*? Con la función *Hash*.

Hash es un término que hace referencia a un código que identifica cada bloque y lo hace único. Es algo muy similar al documento de identidad de una persona: cada uno de nosotros tiene un número único que de cierta forma verifica quiénes somos realmente, y donde dicho número es irrepetible. De esta misma forma, el *hash* es irrepetible e identifica a cada bloque frente al resto de bloques. El mismo se genera a través de un algoritmo matemático y contiene (o representa) toda la información que fue introducida en el bloque. Esto significa que el *hash* está directamente asociado a los datos previamente vistos (destinatario, remitente y monto transaccionado). Este concepto es muy importante a la hora de brindar seguridad a la red, lo cual detallaremos próximamente.

De esta manera, constituido un bloque y validado (ya veremos más adelante qué se quiere decir con esta palabra) obtenemos un *hash* que formará parte del nuevo bloque, por lo que este tendrá no solamente la información (elemento 1) y su *hash* (elemento 2) sino también que requiere obligatoriamente el *hash* del bloque que le antecede (elemento 3). Así es que podemos presentarte la denominada "función *hash*" (*hash function*).

En este punto podría surgir una duda lógica y sería que el primer bloque creado no tiene un bloque anterior, por lo que no puede tener el hash de ningún bloque previo. Esto es correcto, y por ello se le denomina "bloque génesis": el único que no posee esta característica (elemento 3). A partir de allí y gracias a dicha función hash, todos y cada uno de los bloques siguientes contiene el hash del anterior, quedando necesariamente "encadenados". Con ello, llegamos al famoso término de... ¡cadena de bloques o blockchain!

Ahora veremos cómo toda esta teoría se puede volver realidad, ya que aunque el concepto de *blockchain* como "libro contable abierto" es ampliamente mencionado, desafortunadamente no siempre se muestra cómo un usuario puede acceder a esta información. Si bien existen diversas webs que nos permiten acceder a ella, una de las más utilizadas es blockchainair.com. En dicho sitio, podemos observar como todo lo previamente mencionado se muestra a continuación:

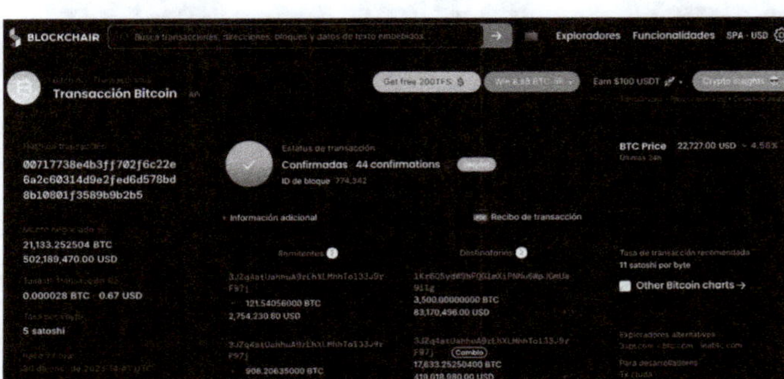

En esta captura de pantalla podemos apreciar que dentro del bloque observamos el *hash* anterior, el remitente (quien envía BTC) y el destinatario, junto con el hash perteneciente al mismo y que formará parte del próximo...

Seguridad

Inmediatamente después de comprender los primeros conceptos sobre las *blockchain*, surge la duda más frecuente, ¿qué respalda todo esto? Si bien ya sabemos que lo que respalda a las criptomonedas es la cadena de bloques y toda la infraestructura tecnológica que ésta implica, ¿qué respalda a dicha cadena de bloques? Bien, esto es el mecanismo de cifrado y seguridad que ésta tiene.

Imaginemos que un usuario, experto en seguridad informática, piensa en *hackear* la red de bitcoin. Para esto, ingresa a la *blockchain* como lo que se denomina "validador de la red" (lo veremos con más detalle en las próximas páginas), ya que es abierta, y se dirige a un bloque e intenta reemplazar el usuario destinatario de una transacción por sí mismo. Es decir, intenta recibir él los BTC enviados originalmente a otra persona. Cuando el *hacker* intenta realizar este ciberataque, se ve inmediatamente detenido por la misma cadena de bloques.

De acuerdo con lo que fuimos viendo en el apartado anterior, cuando se cambia el destinatario de una transacción, de forma automática se cambia el hash, ya que éste último está directamente relacionado con la información contenida dentro del bloque. De este modo, al cambiar el *hash* de la transacción y el bloque siguiente (el cual tiene el *hash* del bloque anterior como uno de los elementos fundamentales para ser válido) encuentra un error. Por decirlo de manera sencilla, digamos que el *hash* del bloque anterior era X, y ahora es Y. De esta forma, se descubre el error y se cancela el cambio, anulándose así los bloques posteriores que puedan desarrollarse a partir del Y (que es incorrecto) y dejando únicamente la consecución del bloque X como cadena existente y válida.

Este es el mecanismo más básico (explicado de forma sintetizada) que ofrece seguridad a la *blockchain*. Si bien existen otros más complejos, lo realmente importante es saber que por detrás de lo que un usuario transacciona, existe un mecanismo de "contención" para ofrecerle seguridad. Sigamos viendo algunos aspectos interesantes.

• No hay un proyecto *blockchain* que pueda garantizar una seguridad absoluta ya que la misma depende de muchos factores, como la implementación de tecnologías de seguridad, la adopción y la participación de la comunidad, y la fuerza de la red. Sin embargo, hay algunos proyectos *blockchain* que son considerados más seguros que otros debido a su enfoque en la seguridad y la implementación de tecnologías de seguridad robustas.

Algunos ejemplos incluyen (pueden ser muchos más que los mencionados):

1- Bitcoin: Una de las redes más antiguas y utilizadas en la industria, y ha demostrado ser una red segura y resistente a los ataques. Con una capitalización de mercado dominante y una amplia adopción, bitcoin tiene una red robusta y una seguridad comprobada hasta el día de hoy.

2- Ethereum: Una de las plataformas *blockchain* más utilizadas para la creación de aplicaciones descentralizadas y contratos inteligentes (que desarrollaremos luego). Ha implementado soluciones técnicas para mejorar la seguridad, como la transición a Ethereum 2.0 con su algoritmo de consenso Proof of Stake (PoS), la mejora de la implementación de contratos inteligentes más seguros y herramientas de seguridad para prevenir ataques.

3- Tezos: Plataforma *blockchain* diseñada para ser segura, escalable y descentralizada. Su enfoque en la gobernanza descentralizada, la mejora continua mediante la implementación de protocolos de consenso más seguros y tecnologías de seguridad ha ayudado a garantizar la seguridad de la red.

4- EOS: Cadena de bloques de alta velocidad y escalabilidad diseñada para proporcionar una seguridad robusta. Con su enfoque en la seguridad y la implementación de tecnologías de seguridad avanzadas, EOS es considerado uno de los proyectos *blockchain* más seguros en la industria.

Sin embargo, es importante destacar que la seguridad en *blockchain* siempre es un compromiso de parte mía, suya y de toda persona que esté considerando tomar una decisión. Es importante investigar y evaluar cuidadosamente cualquier proyecto antes de realizar una inversión (del tipo que sea), además de tener en cuenta que la seguridad de un proyecto puede cambiar con el tiempo debido a factores externos e internos, por lo que siempre se puede sugerir no perder el seguimiento al mismo.

• Autenticación 2FA: Ahora veremos algo que, dentro de la seguridad particular de cada usuario, es fundamental.

La autenticación de dos factores o "2FA" es un sistema de seguridad adicional que requiere dos métodos de verificación para acceder a una cuenta o realizar una transacción. La idea detrás de la 2FA es que, en caso de que un atacante tenga acceso a las credenciales de un usuario, todavía necesitará acceder a un segundo factor para ingresar a la cuenta o realizar una transacción y así poder robar nuestros fondos.

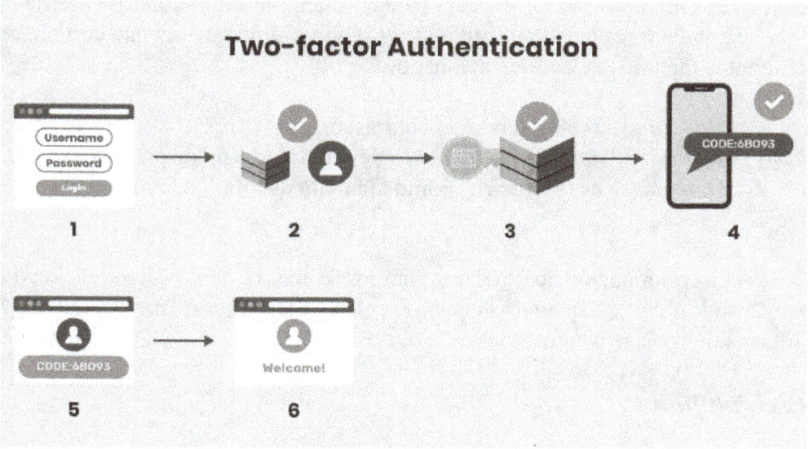

¿Cómo funciona la autenticación de dos factores?

1- *Primer factor:* Suele ser la contraseña de un usuario. Este factor se usa para acceder a la cuenta.

2- *Segundo factor:* Puede ser un código de verificación enviado por SMS al teléfono del usuario (o a su correo electrónico, una aplicación de autenticación como Google Authenticator o un dispositivo físico como una llave de seguridad).

3- Para acceder a una cuenta protegida por 2FA, el usuario ingresará su nombre de usuario y contraseña como el primer factor. Luego, deberá ingresar el código de verificación o proporcionar la autenticación de la aplicación o dispositivo físico como el segundo factor.

4- *Transacciones*: Las transacciones realizadas en una cuenta protegida por 2FA también requieren la autenticación de dos factores. Por ejemplo, para realizar un retiro, el usuario deberá ingresar su contraseña y proporcionar la autenticación del segundo factor.

Es posible observar cómo es una medida importante de seguridad que protege las cuentas y transacciones de los usuarios. Al requerir dos factores de verificación, la 2FA aumenta significativamente la seguridad de las cuentas y reduce el riesgo de *hackeos* o transacciones no autorizadas. En la actualidad, lo que comenzó siendo una cantidad de dos factores, se ha incrementado a tres o incluso cuatro. A su vez, cada uno de estos factores de autenticación suele contar con 2FA u otra medida de protección, lo que multiplica las barreras que deben ser superadas por los hackers para acceder a nuestros fondos. Veamos.

Los factores de autenticación más seguros son aquellos que combinan diferentes métodos de autenticación, como:

Algo que se sabe (como una contraseña o un PIN).

Algo que se tiene (como un *token* de seguridad o un dispositivo móvil).

Algo que se es (biometría, como la huella dactilar o el reconocimiento facial).

La combinación de estos tres factores se conoce como autenticación de factor múltiple y es considerada la más segura en términos de protección de la información y la privacidad de los usuarios.

Escalabilidad

En *blockchain*, se refiere a la capacidad de una red *blockchain* para manejar un creciente volumen de transacciones y usuarios sin experimentar un deterioro significativo en su rendimiento.

Desde los comienzos (y aún más en los últimos años) la escalabilidad se ha convertido en un desafío importante en el mundo de las *blockchain*, ya que las redes descentralizadas son por naturaleza más lentas y más costosas que las soluciones centralizadas, debido a la necesidad de verificar y registrar cada transacción en una base de datos descentralizada.

Existen varios factores que afectan la escalabilidad en una red *blockchain*, incluyendo:

- Velocidad de procesamiento de transacciones.
- Capacidad de almacenamiento de datos.
- Complejidad de los consensos.
- Cantidad de nodos activos en la red.

Para mejorar la escalabilidad, muchos proyectos *blockchain* están experimentando con técnicas como el *sharding*, que permite que la carga de procesamiento se divida entre múltiples nodos, y el uso de segundas capas conocidas como layer 2 (por contraposición a una layer 1 o capa 1 como lo son bitcoin y ethereum), que permiten procesar transacciones fuera de la cadena principal para aliviar la congestión en la red.

Además de la seguridad en una red, que la misma sea escalable es crucial para el éxito a largo plazo, ya que permite que la red siga creciendo y expandiéndose mientras se mantienen las características de seguridad y descentralización que la hacen atractiva para los usuarios.

Algunos proyectos *blockchain* que se destacan por ofrecer un alto nivel de escalabilidad son Algorand, Solana y Binance Smart Chain. Estos proyectos utilizan técnicas innovadoras como el mencionado anteriormente *sharding*, o múltiples cadenas que funcionan paralelamente, permitiendo que la red maneje un gran número de transacciones por segundo sin comprometer la seguridad o la descentralización. Sin embargo, es importante tener en cuenta que, a menudo, escalar va en detrimento de la descentralización y la seguridad. Por lo tanto, es importante realizar una evaluación cuidadosa y equilibrada de un proyecto blockchain antes de considerar invertir en él, teniendo en cuenta no solo su nivel de escalabilidad, sino también su seguridad y descentralización. Veamos mejor la técnica de *sharding*.

• *Sharding*: Se divide una base de datos en múltiples partes o fragmentos, conocidos como *shard*. Cada *shard* es una base de datos completa y autónoma que se almacena en un servidor diferente al original. El objetivo de *sharding* es distribuir la carga de trabajo de la base de datos entre varios servidores, lo que permite manejar grandes cantidades de datos y usuarios simultáneos sin comprometer el rendimiento. También, permite agregar más servidores para manejar el crecimiento del tráfico de manera eficiente.

Su implementación se lleva a cabo en tres niveles:

- A nivel de aplicación.
- A nivel de base de datos.
- A nivel de cluster.

En el nivel de aplicación, se decide qué *shard* se usará para cada transacción. En el nivel de base de datos, los metadatos se utilizan para enrutar las consultas a los *shards* correctos. En el nivel de *cluster*, los *shards* se replican y se balancean para garantizar la alta disponibilidad y tolerancia a fallos.

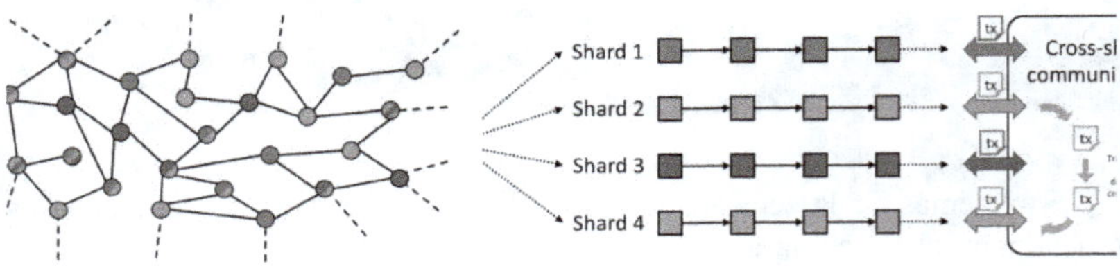

Descentralización

Cuando llegue la hora de conversar sobre este tópico, esencialmente nos referiremos a la *ausencia de un solo punto de control centralizado en una red o sistema*. En el contexto de los proyectos *blockchain*, la descentralización significa que la red en sí no está controlada por una sola entidad u organización, sino que es administrada y mantenida por una comunidad de nodos distribuidos geográficamente. Si aún no lo ha entendido, no se preocupe, tenemos mucho que hablar sobre esto a continuación.

La descentralización es uno de los principios fundamentales de la tecnología *blockchain* y resulta una de las características que la diferencian de los sistemas centralizados tradicionales. Al no existir una autoridad central, los usuarios pueden interactuar directamente entre sí, sin la necesidad de un intermediario.

Además, la misma nos proporciona una mayor seguridad y resistencia a la censura, ya que la red resulta más difícil de manipular o controlar por parte de una sola entidad o grupo reducido de personas. También puede aumentar la transparencia, ya que todas las transacciones y datos son registrados en una base de datos descentralizada y pública que puede ser verificada por cualquier persona.

Tenemos el concepto e idea de lo que sería la descentralización *blockchain*, pero ¿cómo funciona?

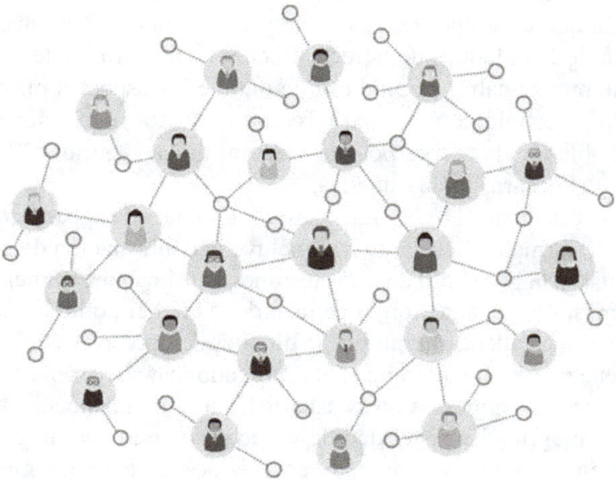

En los proyectos *blockchain*, logramos el consenso descentralizado mediante un grupo amplio de personas, llamadas "nodos", que se encargan de llegar a un acuerdo sobre la información que llega a la red de parte de los usuarios. De esta manera, validan y registran las transacciones en una cadena de bloques específica. Por lo general, los participantes buscan una amplia distribución geográfica de los nodos y fomentan la participación de una amplia gama de usuarios y organizaciones.

Todo esto es crucial para el éxito y la adopción a largo plazo de la tecnología. Al brindar una mayor seguridad, resistencia a la censura y transparencia, la descentralización permite a los usuarios interactuar y transaccionar de manera más eficiente y segura. Algunos proyectos que se destacan por ofrecer un alto nivel de descentralización (al momento de escribir esta línea) son Ethereum, Polkadot y EOS. Estos proyectos utilizan variedad de técnicas, incluido el uso de nodos validadores descentralizados, para asegurar que la red no esté controlada por un pequeño grupo de actores (luego ahondaremos más en esto último).

Sin embargo, y de la misma forma en que fuimos viendo con la seguridad y la escalabilidad, es importante tener en cuenta que un enfoque preferencial en la descentralización a menudo va en detrimento de aquellas dos primeras. Por lo tanto, es importante realizar una evaluación cuidadosa y equilibrada de un proyecto *blockchain* antes de invertir, teniendo en cuenta no solo su nivel de descentralización, sino también su escalabilidad y seguridad.

El famoso "ataque del 51%"

Hablamos de un fenómeno extensivamente mencionado y debatido en *blockchain*, y que se refiere a una posible vulnerabilidad en una red *blockchain* en la que un grupo de nodos controla más del 51% de la capacidad de validación de los bloques de la red. ¿Recuerda el apartado de seguridad y lo que allí se mencionaba? ¿Cómo es que uno de los aspectos más importantes a favor de la tecnología *blockchain* (como un factor revolucionario) y ahora estamos hablando de que es posible vulnerar dicha seguridad? Pues bien, sigamos con el desarrollo de esta idea.

Con este control mayoritario, este grupo tiene la capacidad de manipular la red de forma maliciosa, lo que incluye la confirmación de transacciones fraudulentas y la reversión de transacciones legítimas previamente confirmadas. Además, un atacante con el control del 51% del poder de *hash* también puede crear una cadena alternativa de bloques de tipo "privada" que se desvía de la cadena principal y permite al atacante duplicar sus propias transacciones o rechazar transacciones de otros usuarios. En última instancia se termina de socavar la integridad y seguridad de la red, pudiendo causar una pérdida de confianza en el sistema y (eventualmente) la desaparición del mismo.

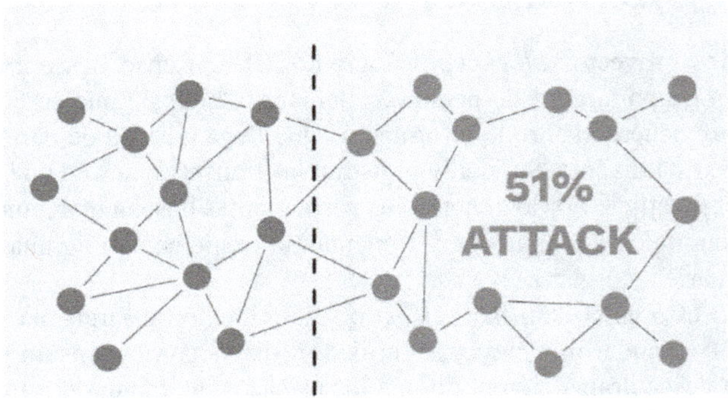

Es importante tener en cuenta que el ataque del 51% es más probable en cadenas de bloques con una capacidad de *hash* relativamente baja y una distribución desequilibrada de la capacidad de *hash* entre los nodos (participantes validadores de la red responsables de resolver el problema matemático complejo que se encuentra en cada bloque y de agregar el bloque resuelto a la cadena de bloques). Las *blockchains* más grandes y descentralizadas, con una mayor participación de los validadores, son menos propensas a sufrir un ataque del 51%. ¿Por qué? Porque requieren la colaboración y el consenso de una gran cantidad de nodos en la red para aprobar y validar nuevos bloques, lo que hace más difícil alcanzar la mitad más uno de nodos maliciosos para ejecutar un ataque exitoso.

De esta manera (y resulta novedoso), en lugar de pensar que a medida que se incorporen más desconocidos de todo el mundo a la red, esta se volverá cada vez más insegura, en *blockchain* sucede completamente lo contrario: cuanto más participantes tenga, más se fortalecerá la seguridad y la resistencia a los ataques. Veamos un ejemplo:

- Imagine que tenemos una *blockchain* con 10 validadores. Cada vez que se agrega un nuevo bloque a la cadena, los 10 validadores deben resolver un problema matemático complejo y llegar a un consenso sobre la validez de ese bloque. Si uno de los validadores intenta añadir un bloque fraudulento, los otros 9 validadores lo rechazarán y el bloque fraudulento no se agregará a la cadena. Esto es que la misma funcione de acuerdo a lo esperado.
- Ahora, imagine que la *blockchain* se agranda y tiene 100 validadores en lugar de 10. En este caso, un atacante necesitaría controlar más de la mitad de la potencia de procesamiento en la red, es decir más de 50 validadores, para poder manipular y controlar la mayoría de los bloques que se añadan a la cadena. Esto es mucho más difícil de lograr que controlar la mitad de los 10 validadores en la *blockchain* original.

Dicho lo anterior, es importante destacar que los ataques del 51% resultan extraños en la práctica y se ven mitigados (en buena parte) por la naturaleza descentralizada y distribuida de la mayoría de las cadenas de bloques más importantes al día de hoy. Sin embargo, resulta fundamental ser consciente de esta posibilidad, y tomar medidas para proteger la seguridad y la integridad de las redes *blockchain*.

Trilemma

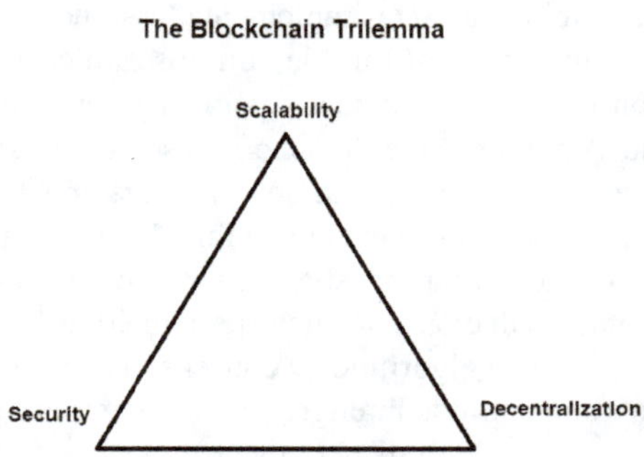

Cuando nos toca abordar el trilemma en *blockchain* nos estamos introduciendo a la idea de que es imposible conseguir los tres siguientes atributos en un sistema *blockchain* al mismo tiempo de una forma perfecta:

- *Seguridad*
- *Escalabilidad*
- *Descentralización*

El trilemma en *blockchain* sugiere que es imposible lograr un equilibrio perfecto entre seguridad, escalabilidad y descentralización. Por lo tanto, los desarrolladores y los diseñadores de sistemas *blockchain* deben elegir qué atributos priorizar y encontrar un equilibrio apropiado. Esto puede requerir una combinación de soluciones técnicas, diseño y compromisos, que se encuentran repletas de un alto nivel de complejidad y que "todo vaya de acuerdo al plan".

En resumen, el trilemma en *blockchain* ilustra la complejidad y los desafíos en la creación de sistemas *blockchain* seguros, escalables y descentralizados. Dicho esto, entender el trilemma es crucial para evaluar los sistemas *blockchain* y tomar decisiones informadas sobre la inversión y la adopción.

Así, hay varios proyectos *blockchain* que se están esforzando por resolver el trilemma y equilibrar seguridad, escalabilidad y descentralización. Algunos de los proyectos que más se acercan a "resolver" el trilemma son:

- Ethereum: Es una de las plataformas *blockchain* más utilizadas para la creación de aplicaciones descentralizadas y contratos inteligentes. Ha implementado soluciones técnicas para mejorar la escalabilidad, como la transición a Ethereum 2.0 con su algoritmo de consenso Proof of Stake. También ha mejorado la seguridad a través de la implementación de contratos inteligentes más seguros y herramientas de seguridad para prevenir ataques.
- Solana: Plataforma *blockchain* diseñada para proporcionar escalabilidad y velocidad. Ha implementado soluciones técnicas innovadoras, como un algoritmo de consenso único y un protocolo de validación de bloques eficiente, para mejorar la escalabilidad y la velocidad. A pesar de su enfoque en la escalabilidad, Solana también se esfuerza por mantener una descentralización fuerte y una seguridad robusta, pero últimamente ha fallado en este último aspecto.
- Cardano: Basada en la investigación y el desarrollo académico. Ha implementado soluciones técnicas para mejorar la escalabilidad y la seguridad, como el algoritmo de consenso Proof of Stake y la implementación de contratos inteligentes más seguros. Además, Cardano se enfoca en la descentralización y la equidad a través de su enfoque en la gobernanza descentralizada y la inclusión financiera.

- Polkadot: Multichain que permite la conexión de diferentes *blockchains* y la interoperabilidad de aplicaciones descentralizadas. Su enfoque en la interoperabilidad permite una mejor escalabilidad y una descentralización más fuerte al permitir que diferentes *blockchains* colaboren y compartan recursos.

Estos son solo algunos ejemplos de proyectos *blockchain* que se están esforzando por resolver el trilemma y equilibrar seguridad, escalabilidad y descentralización. Cada proyecto tiene sus propias fortalezas y debilidades, y es importante investigar y evaluar cada proyecto antes de tomar una decisión de inversión sabiendo que, a día de hoy, no existe un proyecto *blockchain* que pueda ofrecer un equilibrio perfecto en estos tres aspectos. Por eso, muchos proyectos toman decisiones de diseño que los llevan a enfocarse más en uno o dos aspectos a costa de sacrificar otro.

Algoritmos de consenso

Todo lo que hemos ido mencionando en los distintos puntos citados anteriormente, van a terminar de completarse y entenderse en esta sección (que, por cierto, es sumamente interesante y nos brinda un espacio ampliamente debatible), ¡veamos!

Un algoritmo de consenso en *blockchain* es un proceso mediante el cual los nodos en una red *blockchain* pueden acordar y validar las transacciones contenidas dentro de los bloques. El objetivo de un algoritmo de consenso es asegurarse de que todos los nodos en la red tengan una copia consistente, actualizada y autorizada de la información en la cadena de bloques.

Hay varios algoritmos de consenso diferentes utilizados en diferentes redes *blockchain*, cada uno con sus propias ventajas y desventajas. No se ahondará en todas y cada una de ellas, ya que merece (a día de hoy) un libro aparte. Algunos de los algoritmos de consenso más comunes e importantes de la industria son:

• **Prueba de trabajo (PoW, por sus siglas en inglés):** El algoritmo de consenso más utilizado en los comienzos del ecosistema cripto ha sido la prueba de trabajo. Inicialmente con bitcoin y continuado con Ethereum (dos gigantes en la historia de redes *blockchain*) plantearon este modelo de validación que requiere que los nodos realicen cálculos matemáticos complejos (por medio de lo que se suele denominar potencia computacional) para resolver un problema y crear un nuevo bloque. Una vez que un nodo (lo que llamaremos dentro de este algoritmo como "minero") resuelve el problema, lo envía a la red para su validación, donde los demás nodos verifican su solución antes de agregar el nuevo bloque a la cadena de bloques.

La minería es el proceso que utiliza bitcoin (al igual que otras redes) para generar/emitir nuevos *tokens*, y a su vez, para verificar nuevas transacciones. Es decir, es un proceso que mantiene en correcto funcionamiento la *blockchain*, mientras al mismo tiempo genera nuevas monedas y proporciona robustez a la infraestructura. Para ello, se utilizan cientos de miles e incluso millones de computadoras que verifican y protegen las cadenas de bloques, además de encontrarse distribuidas a lo largo del planeta.

Una duda lógica que podría surgir es "¿Por qué yo minaría si eso consumiría recursos (una computadora costosa), como la energía (luz eléctrica), el poder computacional de un ordenador no convencional, entre otros factores?". Y la respuesta es porque la forma de recompensar a los mineros por su trabajo es a través de los nuevos *tokens* que se generan, al mismo tiempo que el mal comportamiento termina siendo lo menos recomendable para ellos.

Los mineros de bitcoin ganan bitcoins (BTC = criptomoneda de la red bitcoin) mientras "minan". Por ende, a cambio de contribuir con su poder de procesamiento las computadoras en la red son recompensadas de esta forma, de allí que se denomine prueba de trabajo: las monedas son un incentivo para que los mineros sigan trabajando y así mantengan de forma estable a la cadena de bloques.

A través de la resolución de algoritmos matemáticos altamente complejos, las computadoras deben resolver estos cálculos haciendo prueba y error una y otra vez hasta lograrlo. Cuando se resuelve, reciben el pago.

Lo novedoso no es solamente el sistema de recompensas que utiliza esta manera de consensuar entre mineros, sino también su sistema de castigo, el cual detallaremos a continuación.

En un sistema de consenso basado en Proof of Work (PoW), los mineros son incentivados a actuar de manera honesta y seguir las reglas de la red, ya que su recompensa depende de la resolución exitosa de bloques y la aprobación de la red. Sin embargo, en caso de que un minero actúe de manera maliciosa o viole las reglas de la red, existen diferentes formas en las que puede ser castigado:

- Rechazo de bloques: Si un minero añade un bloque fraudulento a la cadena, es probable que la mayoría de los nodos en la red lo rechacen y no lo acepten como válido. En este caso, el esfuerzo (inversión en máquinas, energía) y el tiempo invertidos por el minero en resolver el bloque serían inútiles.
- *Orphaned blocks* (o bloques huérfanos): En algunos casos, es posible que un minero añada un bloque válido a la cadena, pero que luego sea reemplazado por otro bloque más reciente. En este caso, el bloque del minero sería considerado un bloque huérfano y su recompensa se perdería.

- *Blacklisting*: En algunas *blockchains*, es posible que los nodos validadores decidan *blacklistar* (colocarlo en una especie de "lista negra") a un minero que actúe de manera maliciosa, lo que significa que la red no aceptará más bloques resueltos por ese minero.
- Reemplazo de la solución de prueba de trabajo: En algunos casos, si una red se ve seriamente amenazada por un minero malicioso, es posible que la comunidad decida reemplazar la solución de prueba de trabajo actual con una nueva solución más segura, es decir, un nuevo algoritmo de consenso.

Ethereum, por ejemplo, hasta el 2022 funcionó de esta forma, para luego migrar a lo que se conoce como Proof of Stake (PoS), que ya veremos también. Dicho de forma superficial, la principal diferencia con el Proof of Work es que el PoS no necesita ese mismo equipo con poder computacional como sí lo hace el PoW, además de los niveles de gasto energético. El Proof of Stake únicamente necesita que quien mina mantenga sus *tokens* bajo tenencia (que no los venda).

- Muchos analistas eligen comprar ASICS (máquinas para minar) en lugar de comprar la moneda como tal. Esto se debe a que, de esta forma, recibirán BTC de forma pasiva, lo cual consideran un ingreso pasivo en lugar de una inversión como lo sería comprar bitcoin. Sin embargo, el rendimiento de la minería depende de una gran diversidad de factores, y uno de ellos es el más obvio: el precio de bitcoin. El retorno que ofrecen estos aparatos es lógicamente en BTC; por ende, el inversor puede especular en base al precio actual de la criptomoneda en el mercado.

Si bitcoin cuesta, por ejemplo, 18.000 dólares, y un ASIC tiene un precio de 6.000 dólares, ofreciendo un rendimiento mensual de 0,1 bitcoin, entonces el cálculo del inversor sería:

0,1 mensual = 1 bitcoin anual = 18.000 dólares anuales.
Precio del ASIC = 6.000 dólares.

De esta forma, el inversor tardaría cuatro meses en acumular 0,4 BTC (equivalente a los 6.000 dólares de la inversión inicial) y a partir de allí, comenzaría a recibir ganancias. Sin embargo, si el precio del bitcoin cae a 6.000 dólares, entonces se triplicaría el tiempo necesario para recuperar la inversión tratando así un año en recuperarla.

Como en todos los ámbitos, hay bandos. El consenso de los cripto inversores es comprar directamente el *token*. Los más escépticos y conservadores (que al mismo tiempo suelen poseer grandes cantidades de dinero que no están dispuestos a arriesgar), deciden comprar las máquinas para minar dado que, en caso de que la criptomoneda desaparezca o caiga mucho de precio, tienen un activo físico para vender y recuperar un porcentaje de su inversión. Algo similar a lo que ocurre con quienes no invierten en la bolsa por ser intangible y prefieren el mercado de bienes raíces.

•**Prueba de participación (PoS, por sus siglas en inglés):** Esencialmente, se trata de un sistema de consenso alternativo al Proof of Work (PoW) utilizado en diversas *blockchains*, pero (cabe aclarar) que a día de hoy es el protocolo de consenso más utilizado a nivel global por encima de todos los demás que existen (al menos así lo es al momento de escribir esta sección). En lugar de requerir que los mineros resuelvan complejos problemas matemáticos para validar bloques y recibir una recompensa por medio de poder computacional y un consumo energético alto (bajo estándares domésticos), PoS se basa en la propiedad de *tokens* y la elección aleatoria de validadores.

El funcionamiento básico de PoS es el siguiente. Los usuarios deben tener una cantidad mínima de *tokens* en su billetera para participar como validadores potenciales. Cumplido esto, un validador será elegido aleatoriamente para validar el siguiente bloque en la cadena (la probabilidad de ser elegido como validador depende de la cantidad de *tokens* que se poseen en relación al total de *tokens* en circulación en la red en cuestión).

El validador valida el siguiente bloque y lo añade a la cadena. En el caso de validar un bloque fraudulento, el validador pierde su inversión en *tokens*, un concepto de castigo muy similar a lo que ocurre en el algoritmo de prueba de trabajo (PoW) para incentivar la buena conducta de los participantes de la red.

Siguiendo con el camino de un validador con un desempeño honesto, los usuarios que participan como validadores reciben una recompensa en forma de nuevos *tokens* por su contribución a la red.

En comparación con PoW, PoS requiere menos recursos de energía y computación, lo que lo hace más eficiente y sostenible a largo plazo. Sin embargo, algunos argumentan que PoS es menos descentralizado que PoW, ya que la propiedad de tokens puede ser concentrada en manos de un pequeño grupo de individuos. Será (como muchos aspectos dentro de las inversiones) una cuestión de perspectiva de cada individuo y sus preferencias.

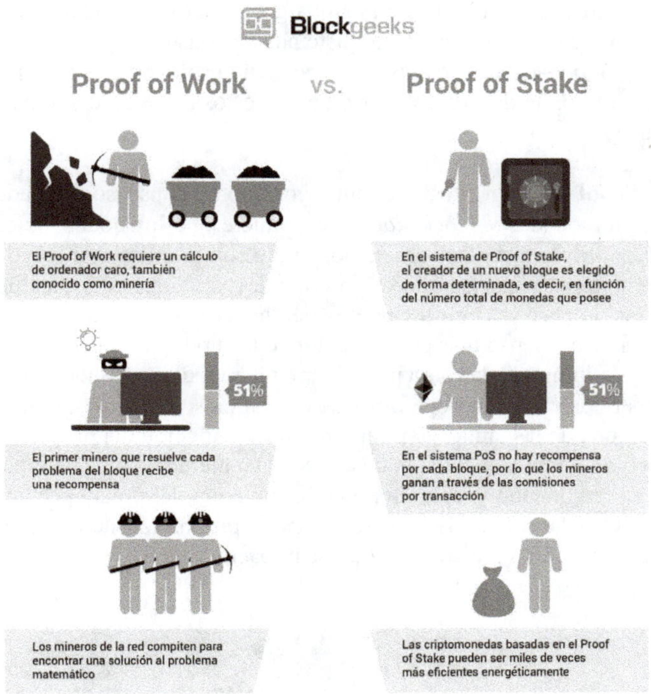

• **Delegated Proof of Stake (DPoS, por sus siglas en inglés) o Prueba de Participación Delegada:** Delegated Proof of Stake (DPoS) es un sistema de consenso basado en el Proof of Stake (PoS). La diferencia con el PoS "tradicional" es que, en lugar de elegir validadores aleatoriamente entre todos los usuarios que poseen tokens, en DPoS los usuarios votan para elegir a un pequeño grupo de validadores. Así, este algoritmo funciona sobre las siguientes bases.

Los usuarios votan por los validadores que desean que representen su parte en la red. Quienes resultan elegidos serán los responsables de validar los bloques y mantener la integridad de la cadena de bloques. De esta manera, si un validador no realiza su trabajo de manera adecuada, los usuarios pueden retirar su voto y elegir a un nuevo validador para que sea su reemplazo. Estos validadores reciben una recompensa en forma de nuevos *tokens* por su contribución a la red de la misma forma que ocurre en los protocolos de consenso que vimos anteriormente.

DPoS se considera más rápido y eficiente que otros sistemas de consenso, como PoW y PoS, debido a que solo un pequeño número de validadores están validando los bloques. Sin embargo, algunos argumentan que DPoS es menos descentralizado que otros sistemas de consenso, ya que la elección de los validadores está en manos de un pequeño grupo de usuarios, poniendo en riesgo gran parte de la red en caso de que estos ostenten malicia a la hora de actuar.

• **Proof of Burn (PoB):** Es un algoritmo de consenso utilizado en algunas criptomonedas y *blockchain* que requiere que los nodos "quemen" o "destruyan" criptomonedas para demostrar su compromiso con la red y obtener derecho a participar en la creación de nuevos bloques. La idea detrás de PoB es dar un paso más en los puntos débiles que pueden destacarse en los algoritmos de consenso más antiguos, donde los nodos van a estar dispuestos a sacrificar criptomonedas para participar en la red, demostrando que son más comprometidos y menos propensos a actos maliciosos. Además, también aparece como una de las tantas vías para mitigar la inflación del propio activo de la red, debido a una alta emisión de activos que incrementa la cantidad de los mismos en circulación y, con ello, una disminución del precio por un exceso de oferta. Con la quema de una determinada proporción de dicha emisión, aquel efecto negativo puede tener menos impacto.

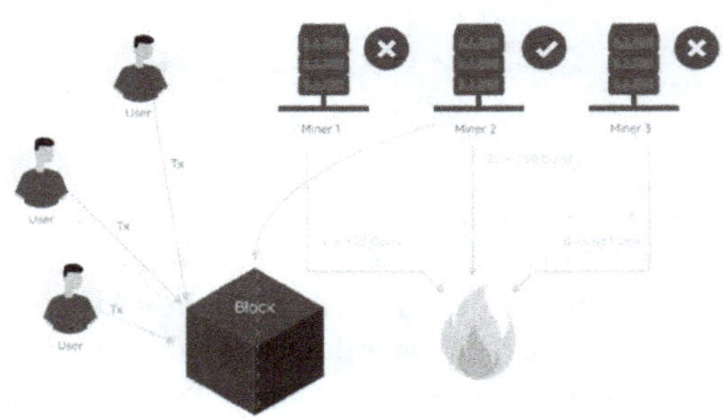

En una implementación de PoB, un nodo envía criptomonedas a una dirección de "quema" en la que los criptoactivos no se pueden gastar ni transferir de ninguna manera. Al quemarlos, el nodo demuestra que tiene un interés a largo plazo en la red, que confía en ella, y se le da derecho a participar en la creación de nuevos bloques.

Hay varios factores que determinan qué nodos serán elegidos para crear nuevos bloques en una implementación de PoB. Por ejemplo, el tamaño de la quema puede ser un factor importante, con nodos que han quemado más criptomonedas teniendo una probabilidad mayor de ser elegidos. También puede haber un tiempo de espera después de la quema antes de que el nodo tenga derecho a participar en la creación de nuevos bloques.

Se trata de un planteo de consenso interesante que combina la idea de la prueba de participación (PoS) con la idea de la destrucción de valor. Sin embargo, también tiene algunas desventajas. Por ejemplo, requiere que los nodos realmente quemen criptomonedas, lo que puede resultar en una pérdida de valor para los nodos (es el riesgo que están dispuestos a afrontar). Además, si por una serie de factores no hay demanda, es posible que la quema de criptomonedas tenga un impacto negativo en la oferta y (por ende) en el precio de la criptomoneda en cuestión.

Bifurcaciones o forks

En términos generales, una bifurcación (o *fork)* en *blockchain* se refiere a un evento en el que una red *blockchain* se divide en dos versiones separadas e incompatibles. Esto ocurre cuando hay un cambio en las reglas o protocolos que rigen la red y no todos los participantes están de acuerdo con dicho cambio. Es algo similar a cuando caminamos por la naturaleza y encontramos un punto del camino que resulta dudoso por estar lleno de ramas, y nos hace detenernos: uno de los grupos tiene argumentos para solucionar el obstáculo y seguir por allí y el otro grupo opina que lo mejor es crear otro camino más viable.

Las bifurcaciones a menudo ocurren cuando hay un conflicto sobre la dirección que debe tomar la red o sobre cómo deben manejarse los problemas técnicos o de seguridad. En algunos casos, las bifurcaciones son planificadas y se implementan de manera ordenada para mejorar la escalabilidad, la eficiencia o la seguridad de la red. En otros casos, las bifurcaciones pueden ser causadas por conflictos políticos o económicos entre los participantes en la red.

Por supuesto que este fenómeno puede ocasionar consecuencias significativas para la adopción y la integridad de la red, lo que como inversionistas puede resultarnos sumamente positivo o negativo dependiendo de la posición que habíamos tomado previamente. Por ejemplo, pueden crear incertidumbre y confusión entre los usuarios y los desarrolladores, y pueden llevar a la fragmentación y la disminución de la adopción de la red. Sin embargo, también pueden ser una oportunidad para mejorar y evolucionar la red y resolver problemas técnicos y de seguridad críticos.

En general, es importante monitorear de cerca las bifurcaciones en las redes *blockchain* y tomar medidas para mitigar sus posibles impactos negativos.

Hard fork: Una bifurcación dura o *hard fork*, se refiere a una separación permanente en la que una red *blockchain* se divide en dos versiones separadas e incompatibles. Este escenario se produce cuando un conjunto de participantes acuerdan implementar un cambio en las reglas o protocolos que rigen la red, y dicha modificación no es compatible con la versión previa del sistema. Para solucionar esto, se requerirá que todos los participantes adopten la nueva versión y dejen atrás la versión anterior. De lo contrario, la red se dividirá en dos versiones separadas y distintas, cada una con su propio historial de transacciones y saldo de cuentas.

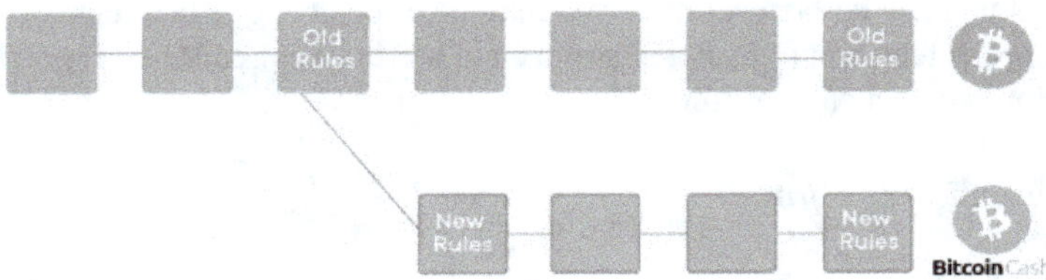

Hay varios ejemplos de bifurcaciones duras que han ocurrido en la realidad en diferentes redes *blockchain*:

- *Ethereum Classic y Ethereum:* En 2016, la red Ethereum sufrió una bifurcación dura después del hackeo de The DAO, un contrato inteligente descentralizado en la red Ethereum. La comunidad Ethereum decidió revertir las transacciones del hackeo mediante una bifurcación dura, lo que resultó en la creación de Ethereum (ETH) y Ethereum Classic (ETC).
- *Bitcoin Cash y Bitcoin*: En 2017, la red Bitcoin sufrió una bifurcación dura después de un conflicto en la comunidad sobre cómo abordar los problemas de escalabilidad de la red. La bifurcación dura resultó en la creación de Bitcoin Cash (BCH), una versión de Bitcoin con un tamaño de bloque más grande.
- *Bitcoin SV y Bitcoin Cash*: En 2018, la red Bitcoin Cash sufrió una bifurcación dura después de un conflicto en la comunidad sobre la visión futura de la red. La bifurcación resultó en la creación de Bitcoin SV (BSV), una versión de Bitcoin Cash con un enfoque en la escalabilidad y la estabilidad del protocolo.

Estos son solo algunos ejemplos de bifurcaciones duras que han ocurrido en la realidad. Cada uno de ellos ha tenido implicaciones significativas para la adopción, la valoración y la integridad de las redes *blockchain* correspondientes.

Soft fork: Una bifurcación suave o *soft fork*, refiere a una separación temporal en la que una red *blockchain* se divide en dos versiones que sí son compatibles entre sí. En otras palabras, los participantes implementan un cambio en las reglas o protocolos que rigen la red, cambio que resulta compatible con versiones anteriores del sistema.

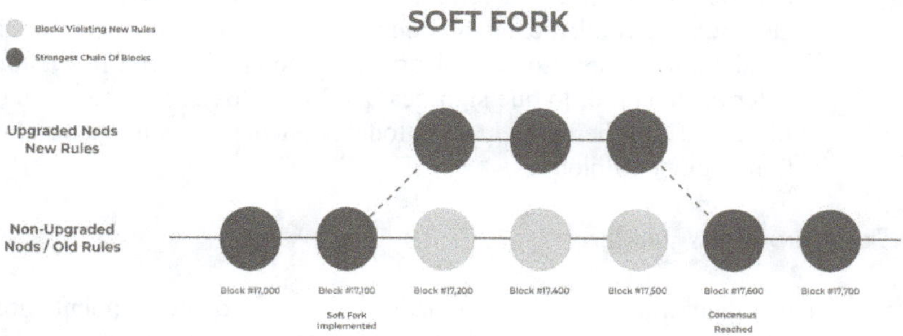

Los nodos que siguen la nueva versión del software pueden seguir validando transacciones y bloques conforme a las reglas antiguas, mientras que los que ejecutan la nueva versión del software validan transacciones y bloques conforme a las nuevas reglas. Esto significa que las transacciones válidas en la nueva versión también son válidas en la versión antigua, lo que garantiza la compatibilidad entre las dos versiones.

En este tipo de bifurcación, hay una menor probabilidad de causar fragmentación o disminuir la interoperabilidad de la red, lo que (en definitiva) terminaría afectando al precio. Sin embargo, es importante tener en cuenta que las bifurcaciones suaves pueden tener implicaciones en la seguridad y escalabilidad de la red y pueden requerir una mayor coordinación y comunicación entre los participantes en la red para garantizar una implementación exitosa.

Hay varios ejemplos de *soft forks* que han ocurrido en la realidad en diferentes redes *blockchain*:

- Segregated Witness (SegWit) en Bitcoin: En 2017, la red Bitcoin implementó una bifurcación suave llamada Segregated Witness (SegWit), que solucionó varios conflictos, incluido el problema de la escalabilidad y el de los *scripts* maliciosos. SegWit es compatible con la versión anterior de la red, lo que significa que los nodos que no han actualizado a SegWit todavía pueden participar en la red y validar transacciones y bloques.
- Payment Channels en Litecoin: En 2017, la red Litecoin implementó una bifurcación suave llamada Payment Channels, que permite a los usuarios realizar transacciones fuera de la cadena principal, lo que

mejora la eficiencia y la escalabilidad de la red. Payment Channels es compatible con la versión anterior, lo que significa que los nodos que no han actualizado a Payment Channels todavía pueden participar en la red y validar transacciones y bloques.

- The Ethereum Upgrade: En 2020, la red Ethereum implementó una bifurcación suave llamada The Ethereum Upgrade, que introdujo una serie de mejoras en la red, incluyendo un aumento en la tasa de bloque, la implementación de la gasolina y la optimización de la escalabilidad. The Ethereum Upgrade es compatible con la versión anterior de la red, lo que significa que los nodos que no han actualizado a The Ethereum Upgrade todavía pueden participar y validar transacciones y bloques.

Criptomonedas y tokens

Para adentrarnos en el ecosistema cripto, que es lo que realmente nos interesa como inversionistas dentro de este mercado, es necesario comprender el desarrollo técnico, aunque pueda resultar tedioso y complejo. Una vez que hayamos comprendido esto, podremos abordar lo que probablemente sea la palabra más difícil de definir: criptomoneda o *cryptocurrency*. Algunos definen las criptomonedas como "cualquier forma de moneda que existe de forma digital o virtual, y que utiliza criptografía para proteger las transacciones"; otros como "un tipo de divisa alternativa o moneda digital". Sin embargo, muchos expertos en la materia discrepan con estos conceptos, y también es posible observar en el amplio campo del Internet la confusión entre la palabra criptomoneda y *token*.

Para hacer la explicación lo más sencilla posible, digamos que un *token* y una criptomoneda son en sí cosas muy similares. La principal diferencia es que una criptomoneda es el *token* nativo de una *blockchain*; es decir, tiene su propia *blockchain*. Supongamos como ejemplo que en Argentina exista una red de bancos (sería la *blockchain* de nuestro ejemplo ficticio), con bancos como el Nación, Provincia, Santander, Itaú, Galicia, entre otros; sobre esta red corre su divisa, el peso argentino (criptomoneda). Lo mismo ocurre en Chile con su red de bancos y el peso chileno, y en México con el peso mexicano, por poner algunos ejemplos. Ahora imaginemos que un argentino quiere emitir su moneda propia, pero no es capaz de desarrollar toda una red bancaria como la de su país, por lo que decide simplemente crear la moneda en sí y hacerla funcionar en la misma red de bancos ya existente del país. Por ende, estaría creando un *token*.

En forma resumida…

-Criptomoneda: Es un *token* nativo de una red *blockchain*, es decir, corre sobre su propia *blockchain*. Por ejemplo: ETH.

-Token: No posee *blockchain* propia, sino que es creado y corre por una red ajena. Por ejemplo, el *token* de Uniswap (UNI) como un *token* de la red Ethereum, *token* ERC-20.

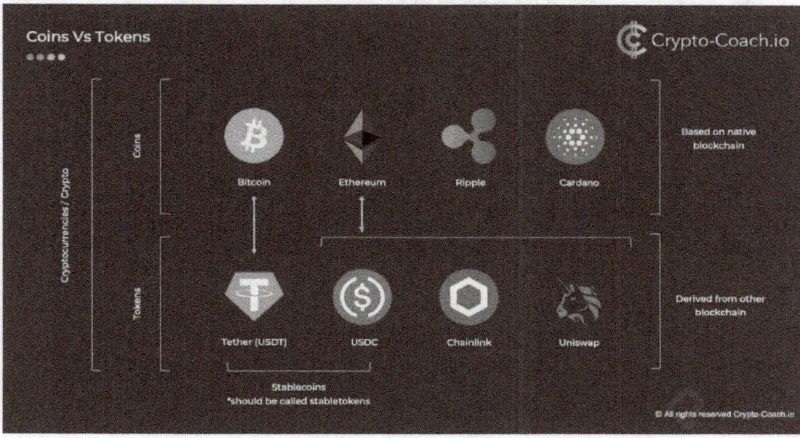

Pero saliendo un poco de terminologías complejas y confusas, lo importante es comprender que una criptomoneda es mucho más que un *token*, dado que posee una red propia y muchos recursos por fuera del bien comerciable.

Stablecoin

Una *stablecoin*, o en español "moneda estable", es un criptoactivo vinculado a otro activo de la vida real, como monedas fiduciarias o metales preciosos. El objetivo de este tipo de monedas es el de mantener un precio lo más estable posible para que los tenedores del *token* puedan evitar los riesgos de volatilidad que conllevan el resto de las criptos. Usualmente, el activo con el que las *stablecoins* intentan equipararse en valor es el dólar, debido a su amplia adopción a nivel mundial (aunque también hay versiones para la libra esterlina, el euro, yuan, entre otros). Monedas como USDT, BUSD, USDC, entre otras, intentan mantener su precio lo más cercano posible al del dólar, lo cual se explicará en profundidad más adelante, pero es lo que se denomina *pegging* (paridad constante 1 a 1).

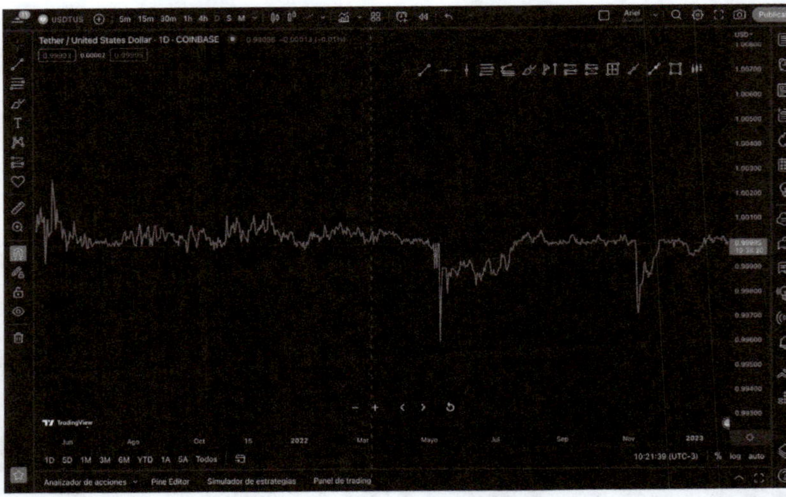

Este es el gráfico de la *stablecoin* más grande del mundo hasta la actualidad, USDT. En la imagen, se está comparando el precio de la *stablecoin* contra el dólar estadounidense. Cuando el precio sube por encima de 0, significa que USDT se aprecia respecto al dólar, y cuando baja de 0 ocurre lo opuesto: se deprecia. Si bien el gráfico a priori pareciera tener volatilidad dado que su precio sube y baja "fuertemente", si prestamos atención a los precios de la derecha, vemos que lo máximo que ha llegado a costar USDT han sido 1,002 dólares, y lo mínimo 0,996. Lo que significa que mantiene de forma muy similar su paridad. En estos puntos, la pérdida de paridad 1 a 1 equivale a decir que esta *stable* ha perdido su *peg*.

En general, existen tres tipos de métodos por los cuales se "respaldan" monedas estables:

-Dinero fiduciario (usualmente dólares). Las *stablecoins* que están respaldadas por dinero *fiat*, están vinculadas a las monedas fiduciarias tradicionales. Esto significa que el precio que "siguen" es el de una moneda como el dólar, euro, etcétera.

-Criptográfico: Este tipo de respaldo consiste en, por ejemplo, tener bitcoin para respaldar una *stablecoin* (es el caso de DAI). Con un bitcoin a 60.000 dólares, este tipo de *stablecoins* podría generar 20.000 *tokens* estables. De esta forma, deja un margen de 40.000 dólares para prever la volatilidad natural del mercado cripto. Por ende, si el precio de bitcoin cae a la mitad (30.000), seguirán contando con el respaldo suficiente, y más.

-Algorítmicas: Suelen ser las más riesgosas, dado que controlan el suministro de *tokens* sin necesidad de reservas, ni en criptomonedas, ni en monedas tradicionales, sino por medio de un algoritmo de emisión y destrucción.

No se preocupe si no se termina de entender cada uno de estos ítems, los veremos en mayor profundidad.

Colateral, un elemento fundamental en las monedas estables.

En este punto, nos encontramos con los "sistemas de colateralización" de las monedas estables. En *blockchain,* se refieren a los mecanismos que se utilizan para asegurar la estabilidad de precios de una moneda digital o criptomoneda específica.

Hay varios tipos de sistemas de colateralización, incluyendo los siguientes:

Colateralización en una sola moneda: En este modelo, la moneda estable se respalda con una sola criptomoneda o moneda tradicional. Por ejemplo, una moneda estable respaldada por el dólar estadounidense (USDT) se colateraliza con dólares estadounidenses reales. Para ello y siguiendo con el ejemplo, la empresa privada emisora de USDT (Tether Holdings) deberá contar con la misma cantidad de USDT emitidos que de dólares estadounidenses físicos en sus bóvedas o depósitos, para que si (eventualmente) ocurre un determinado problema en la red y esos USDT pierden su peg, la empresa tenga el resguardo de capital para resarcir a todos y cada uno de los tenedores del token que se han visto perjudicados.

Para esto, todas las empresas actualmente "serias" en cuanto a emisoras de una o más monedas estables, acuden a las auditorías de grandes firmas de contabilidad para que certifiquen que dicha empresa efectivamente cuenta con los fondos de respaldo. Cabe aclarar que el 100% no se encuentra respaldado en dinero fiduciario, sino que se suele tener títulos de deuda, cheques al portador, o cualquier instrumento que sería dinero (en términos de activo) pero que se consideran "altamente líquidos" para ser convertidos en dinero.

A continuación, se muestra el apartado de la página web de Tether en el que se detallan tipos de auditorías y de qué manera se encuentran distribuidas las reservas.

Colateralización múltiple: Este modelo utiliza una combinación de varias criptomonedas y monedas tradicionales como colateral para respaldar una moneda estable. Por ejemplo, una moneda estable puede estar respaldada por una combinación de dólares estadounidenses, euros, ETH y BTC.

Colateralización con activos no líquidos: En este modelo, la moneda estable se respalda con activos no líquidos, como propiedades inmobiliarias o *commodities*.

Colateralización descentralizada: Aquí la moneda estable se respalda mediante una red descentralizada de validadores, en lugar de una sola entidad central.

En cualquier caso, los sistemas de colateralización de las monedas estables en *blockchain* tienen como objetivo proporcionar estabilidad y confianza en el valor de la moneda. Al tener un sistema de colateralización sólido, los usuarios pueden tener una mayor confianza en la moneda estable y utilizarla como un medio de pago confiable y estable en el mundo digital.

CBDC

CBDC es la abreviación de "moneda digital del Banco Central" o "Banco Central digital currency" en inglés.

Cuando nos abocamos a este término, nos enfrentamos a una forma de moneda digital emitida y respaldada por un banco central. A diferencia de otras criptomonedas como Bitcoin o Ethereum que son descentralizadas y controladas por una red de nodos, las CBDC están respaldadas por una autoridad central, lo que les da estabilidad y seguridad bajo el paradigma financiero actual.

Su importancia radica en que pueden brindar una solución a los retos que enfrentan las economías en un mundo cada vez más digital. Algunos de los beneficios y ventajas más importantes incluyen:

Inclusión financiera: Las CBDC pueden ayudar a incluir a personas y grupos que por diversas causas actualmente tienen dificultades para acceder a servicios financieros tradicionales.

Eficiencia y rapidez: Las transacciones con CBDC son rápidas y eficientes, lo que las hace ideales para un mundo cada vez más digital dominado por la inmediatez.

Reducción de costos: Al eliminar la necesidad de intermediarios, las CBDC pueden reducir los costos asociados con las transacciones financieras.

Estabilidad: Al estar respaldadas por un banco central, las CBDC pueden ser más estables que otras criptomonedas, lo que las hace atractivas para inversores y usuarios (sobre todo las grandes instituciones con capitales billonarios que aún no terminan de confiar en una *stablecoin* y persisten fuera del ecosistema cripto).

Existen algunos ejemplos de CBDCs (monedas digitales emitidas por el Banco Central) que ya se han lanzado o que están en desarrollo a la fecha en que se escribe este apartado:

•E-CNY (renminbi digital): Emitido por el Banco Popular de China.

•Digital *dollar*: El Banco de la Reserva Federal de los Estados Unidos está investigando la posibilidad de emitir un dólar digital.

•DBS Digital Exchange: Un intercambio de monedas digitales emitido por el DBS Bank de Singapur.

•Digital euro: la Unión Europea está explorando la posibilidad de emitir un euro digital.

•E-Krona: La Riksbank de Suecia está investigando la posibilidad de emitir una moneda digital.

En resumen, las CBDC representan una importante evolución en el panorama financiero y digital, y su adopción a nivel mundial podría tener un impacto significativo en la economía global. Aunque todavía existen desafíos y preocupaciones como la privacidad y la seguridad, muchos bancos centrales están explorando la posibilidad de implementar sus propias CBDC en un futuro cercano, por lo que es posible estimar que el horizonte donde tengamos más CBDC que papel moneda (billetes) circulando será inevitable.

Supply

Ya estamos adentrándonos más en el terreno propio de los proyectos *blockchain*. En este punto, el *supply*, o en español "suministro", de *tokens* hace referencia a la cantidad de criptomonedas que existen en un momento determinado. La forma más sencilla de entender este concepto, es comprender que el *supply* es a una cripto, lo que las acciones a una empresa. Si un inversor se preguntara cuántas acciones hay en circulación de Apple, sería exactamente lo mismo que si preguntara cuál es el *supply* actual de Apple.

De este concepto derivan algunos otros, como el *supply total* de una criptomoneda. Este se refiere a la sumatoria del suministro actual que hay en circulación, más las monedas que están bloqueadas en forma de depósitos en garantía. Por otra parte, existe el *supply máximo*, que hace referencia a la cantidad total de *tokens* que serán emitidos en la historia de cierta criptomoneda y que no necesariamente significa que ya se han emitido todos, sino solo una parte. Por ejemplo, probablemente haya escuchado que habrá 21 millones de bitcoins: ese es su *supply* máximo el cual, evidentemente, resulta limitado. Otros casos son ilimitados, o limitados pero en la cantidad que los desarrolladores del proyecto estimen adecuada.

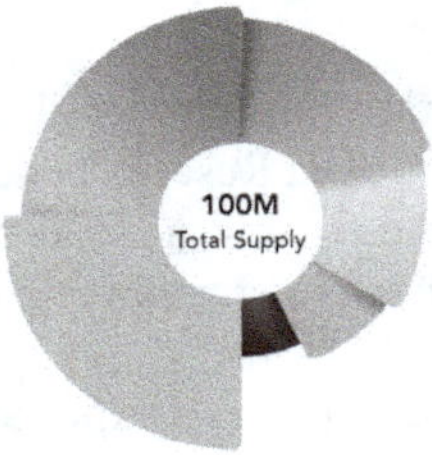

Todas las métricas de suministro de criptomonedas son cruciales para determinar la distribución de *tokens*, la demanda y la capitalización de mercado. Pueden afectar el precio de una criptomoneda y son criterios esenciales para los inversores que desean evaluar el valor de un proyecto, tanto en el presente como a futuro.

Este término, es una de las principales diferencias entre las monedas fiduciarias y las criptomonedas. Los bancos centrales pueden imprimir tanto dinero como quieran a su voluntad (es decir, ilimitado), mientras que la mayoría de los *tokens* de criptomonedas tienen un *supply* limitado que ha sido fijado previamente a la emisión de los mismos, y es un valor que no puede aumentar o disminuir libremente. Si bien el *supply* máximo de un *token* podría ser liberado de inmediato a la hora de la emisión, generalmente las criptomonedas se emiten por partes o etapas: una porción al comienzo (generalmente la más grande e importante de todas las que subsigan), para luego llevar a cabo la emisión de las porciones restantes y que dependen particularmente de los planes de los desarrolladores (ya que existen demasiadas vías para llevar esto a cabo).

Esto es lo esencial a desarrollar por el momento, luego ahondaremos en profundidad a la hora de tratar *tokenomics*.

Market capitalization

Siempre que se habla del tamaño que abarca una criptomoneda o de un *token* se está haciendo referencia a su *market capitalization* (comúnmente escuchado o leído como *market cap*), o en su traducción al español "capitalización de mercado". Este concepto hace referencia al valor total de la cripto en cuestión. Es otras palabras, cuánto costaría adquirir absolutamente todas las unidades de un *token*.

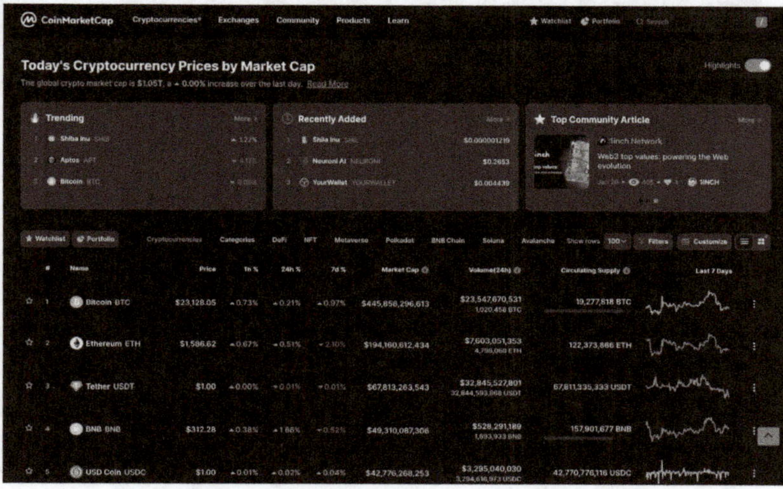

Desde la web de coinmarketcap.com podemos ver los precios de las criptomonedas (al menos en su gran mayoría), su *supply*, su *market cap*, y otros datos de relevancia para un inversor. Es nuestro punto de partida dentro del ecosistema.

La fórmula matemática para calcular el tamaño de una criptomoneda es fácil e intuitiva, y realiza exactamente igual al de una empresa. Si tengo 10 *tokens*, y cada uno cuesta tres dólares, ¿cuánto dinero debo tener para comprarlos todos? Con una sencilla multiplicación llegamos al resultado de 30 dólares totales, ese es el *market cap*.

Market cap = supply x precio del token.

En base al tamaño de una criptomoneda, un inversor puede sacar diversas conclusiones. Por ejemplo, cuán confiable es el proyecto en base a la confianza que otros inversores han tenido en él (invirtiendo allí). En la imagen inferior, podemos ver que hay 445 mil millones de dólares invertidos en bitcoin en el momento de redactar estas líneas, lo que implica una gran confianza de los inversores por la principal criptomoneda del mundo (elegida así por las propias personas y entidades), y es un base que puede ayudar a un analista a tomar la decisión de compra o no de un criptoactivo.

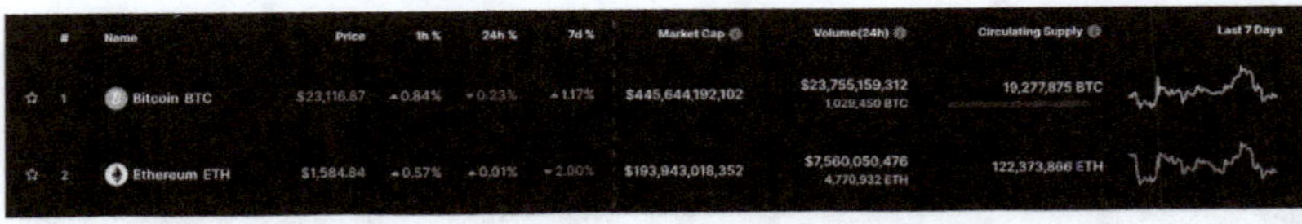

#	Name	Price	1h %	24h %	7d %	Market Cap	Volume(24h)	Circulating Supply	Last 7 Days
1	Bitcoin BTC	$23,116.87	▲0.84%	▼0.23%	▲1.17%	$445,644,192,102	$23,755,159,312 1,029,450 BTC	19,277,875 BTC	
2	Ethereum ETH	$1,584.84	▲0.57%	▲0.01%	▼2.00%	$193,943,018,352	$7,560,050,476 4,770,932 ETH	122,373,866 ETH	

Como inversores, nos interesa siempre analizar el *market cap* de las principales criptos a pesar de que sea otro proyecto el que estemos analizando, ya que nos permite medir la escala en que nuestro activo de interés se encuentra con respecto a los activos "top". Al mismo tiempo, resulta útil analizar el *market cap* de los principales competidores del sector en el que se encuentre para especular con el posible crecimiento objetivo que podría tener un *token*, siempre que cuente con los factores necesarios para lograr un crecimiento. Veamos un ejemplo.

Si un competidor con antigüedad tiene un millón de dólares en capitalización y el proyecto que estamos analizando tiene un market cap de solo 100 mil dólares, entonces la proyección máxima sería pasar de 100 mil a 1 millón (un crecimiento de x10). Esto no siempre es para proyectar una posible ganancia tentadora, sino más bien para evaluar posibles límites de crecimiento. Sería similar a pensar que en el mejor de los casos subirá 10 veces. ¿Valdría la pena? En este caso de multiplicar por diez, tal vez sí lo valdría, pero si solo fuera un crecimiento del 20%, tal vez no valdría la pena el riesgo (por supuesto que dependerá de su perfil como inversionista y todas las consideraciones que ello implica).

Dominancia

Otro concepto fundamental a la hora de analizar el mercado cripto, es la dominancia. Como su nombre lo indica, el término hace referencia a cuánto porcentaje domina (o posee) una criptomoneda o *token* dentro de un mercado específico. A lo largo de la historia, esta métrica ha sido utilizada principalmente para bitcoin, el cual (lógicamente) en los comienzos abarcaba prácticamente la totalidad del porcentaje de este mercado naciente. Sin embargo, con el tiempo ha perdido relevancia y se ha considerado medir la dominancia de Ether, BNB, y unas cuantas más.

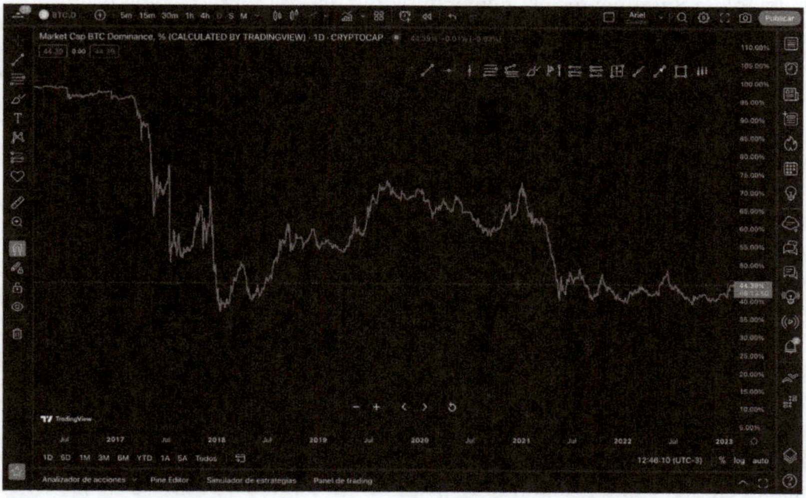

(Obtenido de tradingview.com)

Este es el gráfico de la dominancia de bitcoin en este momento (BTC.D). Al ser la primera criptomoneda en existir, en su momento tenía el 100% de la dominancia. En este gráfico, podemos apreciar cómo la dominancia de BTC pasó de ser superior al 98%, hasta caer por debajo del 45% en enero del 2023.

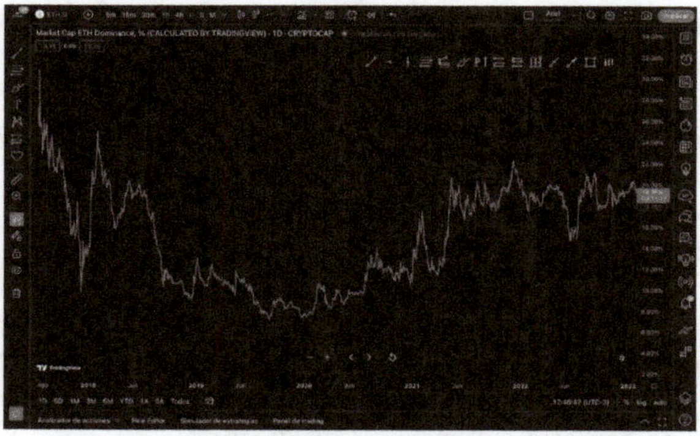

A Ethereum le ocurre algo similar. Si bien su precio y tamaño (*market cap*) han crecido enormemente desde su lanzamiento, su dominancia se ha visto perjudicada por la gran masa de competidores que existen hoy en día en el mercado. Por supuesto que, si deseamos repartir una proporción de 100% entre pocos participantes, las cuotas correspondientes a cada uno serían considerables. Sin embargo, si debiéramos distribuirla entre cientos o miles de ellos, cada participación de mercado se reduciría a porcentajes de una cifra o menos.

Su dominancia (continuando con Ether) pasó de ser superior al 30% a ser menor al 20% a principios del 2023. Sin embargo y como se puede apreciar en el gráfico, ha llegado a estar muy por debajo de los valores actuales, rondando el 7% en los famosos *bull run* (término que hace referencia a un conocido fenómeno cripto de una fuerte suba en la cotización de las criptomonedas en general, de forma exponencial por un corto período de tiempo).

Bullrun

El motivo por el cual este fenómeno afecta fuertemente la dominancia de las más grandes criptomonedas, es porque las más pequeñas reciben mucho más "apoyo", proporcionalmente hablando. Esto significa que el *market cap* de una gran cripto como bitcoin, no se ve igualmente afectado por una inversión de un millón de dólares que lo que se vería afectada una criptomoneda con una capitalización muy pequeña de cientos de miles o unos pocos millones de dólares. El precio de BTC casi no se movería en términos proporcionales, mientras que la cripto pequeña probablemente se dispararía al alza con ímpetu. Además, en estos ciclos alcistas del mercado cripto, los inversores han entendido el mercado como "plata fácil", adquiriendo cualquier proyecto sin un análisis previo dado que todos se encuentran en alza, tal y como ha ocurrido con las burbujas en el mercado accionario a lo largo de la historia.

Altcoin season

Fenómeno que procede junto con los *bull run*. Antes de comprender el término como tal, aclaremos qué es una *altcoin*. Simplemente, aún no hay un consenso para la definición de este término, pero debemos saber que para algunos, una altcoin es cualquier criptomoneda que no sea bitcoin, mientras otros inversores dicen que es cualquier cripto exceptuando bitcoin y ethereum. Volviendo a *altcoin season*, se trata de un suceso estrechamente ligado a los *bull run*. Tanto es así que se dan en conjunto, donde las altcoins suben porcentualmente mucho más que las grandes criptomonedas, principalmente por un cambio en el juego de la dominancia de mercado que permite que el capital invertido fluya de los activos más grandes a los más pequeños.

Una herramienta visual útil para saber en qué momento nos encontramos respecto con este fenómeno es el *altcoin season index* o "índice de temporada de altcoins". Muchas plataformas lo muestran a su manera, pero podemos sugerir uno de los más utilizados que es el de Blockchain Center. Por encima de 75 puntos, se configura una *altcoin season*; por debajo de 25 puntos, una *bitcoin season*.

Resumiendo, para todo inversor cripto es realmente importante conocer y analizar la dominancia de las principales criptomonedas previo a realizar una inversión. Estas son algunas de las utilidades de hacerlo:

-Identificar una altcoin season: Es posible hacer un análisis técnico de la dominancia de bitcoin, y cuando se espera que esta caiga, pasarse a criptomonedas volátiles.

-Correlacionar BTC con su dominancia: Cuando la dominancia crece en conjunto con el precio de bitcoin, suele ser un buen momento para sumarse a la ola.

-Dónde posicionarse: En este punto es necesario entender que los cripto inversores se suelen mover en tres “ramas”. Bitcoin y ethereum son una rama, las altcoins otra, y las stablecoins otra. Las grandes criptos suelen verse como inversión a largo plazo, las stablecoins como protección ante caídas y liquidez, y las altcoins como inversiones altamente rentables y riesgosas. La dominancia de bitcoin es uno de los indicadores que se utilizan para elegir donde posicionarse.

Estas son algunas estrategias básicas utilizadas por los inversores:

-Dominancia sube, bitcoin sube: compran bitcoin ya que el mercado cripto crece con bitcoin como punta de lanza.

-Dominancia sube, bitcoin baja: compran stablecoins ya que bitcoin cae, y las alctoins caen aún más fuerte.

-Dominancia baja, bitcoin baja: compran stablecoins, puesto que bitcoin cae al mismo ritmo que las altcoins.

-Dominancia baja, bitcoin sube: compran altcoins. Todo sube, pero bitcoin lo hace con menor velocidad.

Whitepaper

El *whitepaper*, o por su traducción lineal al español, "papel blanco", de una criptomoneda es el documento que describe en detalle los aspectos técnicos y económicos de una criptomoneda específica, así como su finalidad (el porqué de su existencia y creación). En él, no nos faltará encontrar la visión, los objetivos, la tecnología y la implementación de un nuevo proyecto *blockchain*. Usualmente, lo escribe el equipo encargado del desarrollo del proyecto y sirve como guía para posibles inversores, mineros y usuarios en general, ya que suele ser de público conocimiento y se encuentra disponible en la web oficial del proyecto. Por ello, para quienes analizan los fundamentos detrás de las criptomonedas, se trata de un documento que no les falta leer. Similar en algún punto al formulario 10-k de las empresas (en nivel de relevancia) o a los estados contables.

El *whitepaper* incluye detalles técnicos realmente importantes como el mecanismo de consenso, el protocolo de consenso, su seguridad y escalabilidad, así como la arquitectura de la red. A su vez, también fija los objetivos económicos de la cripto en cuestión y el proceso de su desarrollo hacia el pasado y el futuro. Ocasionalmente, pueden incluir información sobre el equipo detrás del proyecto, incluyendo su experiencia y su historial en el ecosistema cripto. Este documento sirve como fuente básica de información para quienes estén interesados en la moneda o el *token*, no solo desde un punto de vista de inversión sino también desde la tecnología subyacente. Así, muchos fanáticos cripto lo son no tanto por aspectos económicos, sino por la innovación que ello conlleva.

El equipo desarrollador también lo suele usar para informar a los inversores potenciales sobre el proyecto y ayudarlos a tomar una decisión de inversión. Cualquier *startup* de criptomonedas debe, como requisito básico, desarrollar su *whitepaper* para que se considere como una cripto legítima y profesional. De esta manera, ayuda a los potenciales tenedores a comprender en qué se diferencia su criptomoneda de sus principales competidores en el mercado.

Como analistas de criptomonedas, no nos puede faltar el leer el *whitepaper* y comprender qué viene a resolver la cripto, en términos de una necesidad real dentro de la sociedad. Al igual que el analista fundamental de acciones se introduce en el negocio de una compañía y conoce su producto, el criptoanalista hace lo propio, comenzando con el *whitepaper*.

Algunos ejemplos de proyectos que han publicado *whitepapers* son Bitcoin, Ethereum, Ripple, Cardano y muchos otros.

El *whitepaper* de bitcoin es un documento de nueve páginas publicado en octubre de 2008 por una persona (o grupo de personas) bajo el seudónimo de Satoshi Nakamoto. De esta manera, le invitamos a que se remonte a dicha época para interpretar toda esta información, en medio de la crisis financiera detrás del *crash* inmobiliario. Este documento describe los detalles técnicos y filosóficos detrás de la creación de una nueva moneda digital descentralizada, conocida como bitcoin.

La importancia del *whitepaper* de bitcoin, y es lo que nos interesa destacar en este punto, radica en que marcó el inicio de una nueva era en el mundo de las finanzas y la tecnología. Con la publicación del *whitepaper*, Satoshi Nakamoto presentó una solución a un problema que había plagado a los sistemas de moneda digital desde su creación: la necesidad de un intermediario central para verificar y autorizar transacciones.

El *whitepaper* de bitcoin sentó las bases para un sistema de moneda digital que es seguro, descentralizado y resistente a la censura, donde la idea de una moneda digital descentralizada ha inspirado a muchos otros proyectos y aplicaciones en el ecosistema cripto, llevando a la creación de una industria completamente nueva.

Wallets

Una *wallet* o monedero *blockchain* es un software o aplicación que permite almacenar, enviar y recibir criptomonedas o activos digitales en una cadena de bloques. Estos *wallets* asignan una dirección pública y una clave privada únicas a cada usuario, lo que permite realizar transacciones seguras y verificables en la red *blockchain*.

Existen diferentes tipos de *wallets blockchain*, incluyendo:

Wallets de software: Son aplicaciones descargables que se ejecutan en un dispositivo personal, como una computadora o un teléfono móvil. Este tipo de billeteras permite a los usuarios controlar sus criptomonedas y realizar transacciones en la red *blockchain*, con una proporción de un 100% en cuanto a custodia/control del usuario sobre la misma (ya que, como veremos más adelante, no siempre es así).

Estas *wallets* suelen ser gratuitas y están disponibles para diferentes sistemas operativos, como Windows, MacOS y Linux, así como para dispositivos móviles con sistemas operativos iOS y Android.

Algunos ejemplos de *wallets* de software son:

Exodus: Un *wallet* de software diseñado para facilitar el uso de criptomonedas y ofrecer una experiencia de usuario amigable. Además de permitir el almacenamiento de múltiples criptomonedas, también incluye características como la visualización de gráficos y estadísticas sobre el valor de las inversiones en tiempo real.

Electrum: Un *wallet* de software de código abierto diseñado específicamente para la criptomoneda bitcoin. Ofrece características tales como la recuperación de la cartera a través de una semilla de palabras y la capacidad de conectarse a diferentes servidores para mayor seguridad y privacidad.

MyEtherWallet (MEW): Un *wallet* de software para la criptomoneda Ethereum y otros *tokens* ERC-20. Ofrece una interfaz en línea fácil de usar, y permite la creación de contratos inteligentes y la interacción con *dapps* en la red Ethereum.

Cabe destacar que los *wallets* de software suelen ser más flexibles y personalizables que otros tipos de *wallets*, pero también requieren un mayor conocimiento técnico y una mayor responsabilidad por parte del usuario para garantizar la seguridad de sus activos digitales.

***Wallets* en línea:** Son *wallets* que se ejecutan en un servidor remoto y se accede a ellos a través de un navegador web. Estos *wallets* permiten al usuario acceder a sus criptomonedas desde cualquier lugar con acceso a Internet, lo que los hace convenientes para transacciones rápidas y fáciles.

Sin embargo, los *wallets* en línea también presentan un mayor riesgo de seguridad debido a la dependencia de un tercero para el almacenamiento de las claves privadas. Por lo tanto, es importante elegir un *wallet* en línea confiable y seguir buenas prácticas de seguridad, como la habilitación de la autenticación de dos factores y el uso de contraseñas seguras.

Algunos ejemplos de *wallets* en línea populares son:

Coinbase Wallet: Un *wallet* en línea proporcionado por la plataforma de criptomonedas Coinbase. Permite almacenar, enviar y recibir criptomonedas. También ofrece la capacidad de interactuar con contratos inteligentes y *dapps* en la red Ethereum.

MetaMask: Es un monedero digital en línea que se integra con el navegador web y permite a los usuarios interactuar con aplicaciones descentralizadas en la red Ethereum, incluyendo la capacidad de enviar y recibir *tokens* ERC-20. En la actualidad, podemos agregar una larga lista de redes *blockchain* distintas a las de Ethereum, lo que nos permite colocar una enorme variedad de activos en ella.

Trust Wallet: Es un monedero digital móvil oficial del *exchange* más grande del mundo al momento de la fecha: Binance, muy similar a Metamask; e incluso mucho más intuitiva en algunos aspectos que la tornan más amigable para el usuario.

En resumen, los *wallets* en línea ofrecen una mayor comodidad y accesibilidad, pero es importante tener en cuenta los riesgos de seguridad asociados y tomar medidas para proteger los activos digitales.

***Wallets* de hardware:** Son dispositivos físicos diseñados específicamente para almacenar criptomonedas de manera segura. Estos dispositivos nos sirven como una especie de disco duro externo para las claves privadas que se conectan a un ordenador o dispositivo móvil para realizar transacciones.

A diferencia de los *wallets* de software y en línea, los *wallets* de hardware no están conectados a Internet, lo que los hace menos vulnerables a ataques informáticos y a la manipulación de terceros. Además, muchos hardwares *wallet* incluyen características de seguridad adicionales, como la autenticación de dos factores y la encriptación de las claves privadas.

Algunos ejemplos de *wallets* de hardware populares son:

Trezor: Un dispositivo de hardware de bajo perfil que se conecta a un ordenador o dispositivo móvil a través de USB. Soporta múltiples criptomonedas, incluyendo Bitcoin, Ethereum y más.

Ledger: Una gama de *wallets* de hardware que incluyen el Ledger Nano S y el Ledger Nano X. Ofrecen una amplia compatibilidad con diferentes criptomonedas y una pantalla integrada para verificar las transacciones antes de confirmarlas.

En resumen, los *wallets* de hardware ofrecen una mayor seguridad para los activos digitales debido a su diseño aislado y a las características de seguridad adicionales. Sin embargo, también son más costosos y menos accesibles que los *wallets* de software y en línea. Las transacciones para enviar nuestras tenencias a las mismas suelen ser más costosas, y la cantidad de conexiones posibles para interactuar con el ecosistema resulta más limitada.

***Wallets* de papel:** Son un método de almacenamiento fuera de línea en el que las claves privadas se escriben en papel y se guardan en un lugar seguro. La clave privada es la información necesaria para acceder a los fondos almacenados en la dirección pública correspondiente.

Un *wallet* de papel es una opción ideal para aquellos que buscan una forma de almacenar grandes cantidades de criptomonedas de manera segura y sin depender de terceros. Sin embargo, es importante tener en cuenta que, una vez escrita, la clave privada no puede ser cambiada o recuperada, por lo que es importante tener cuidado con su seguridad.

Para usar un *wallet* de papel, es necesario importar la clave privada en una cartera de software o en línea antes de realizar cualquier transacción.

Ejemplos de *wallets* de papel incluyen:

MyEtherWallet Paper Wallet: Una herramienta en línea que permite generar un *wallet* de papel para la red Ethereum.

Bitcoin Paper Wallet: Una herramienta en línea que permite generar un *wallet* de papel para la red Bitcoin.

Es importante destacar que la seguridad de las criptomonedas almacenadas en un *wallet* depende en gran medida de la seguridad del dispositivo o sistema en el que se encuentre el *wallet*. Por lo tanto, es recomendable utilizar contraseñas seguras y habilitar la autenticación de dos factores en los *wallets* en línea. Quien tenga acceso a dicha información, podrá retirar todos los fondos que tengamos y así perder todas nuestras tenencias en criptoactivos.

Exchanges

Este término es comúnmente utilizado para referirse a una plataforma en línea donde (a grandes rasgos) se puede comprar, vender e intercambiar criptomonedas. Estos intercambios funcionan como un intermediario, permitiendo convertir su dinero *fiat* (como pesos, dólares o euros) en criptomonedas y viceversa. Además, también puede intercambiar diferentes criptomonedas entre sí.

Por ejemplo, si usted quiere comprar bitcoin, primero depositará fondos en su cuenta dentro del *exchange*, que (por cierto) será una *wallet* o billetera. ¿La diferencia entre estas *wallets* y las anteriores vistas? No tendrá la clave privada, sino que la poseerá el *exchange* (por esto se suele decir que si no se tiene acceso a llaves, no son sus monedas). Luego, podrá utilizar ese dinero que depositó para comprar bitcoin en la plataforma. Si en el futuro usted decidiera vender sus bitcoins, podría hacerlo en el *exchange* y retirar sus fondos en moneda *fiat*. En Argentina, por ejemplo, es ampliamente utilizado el sistema persona a persona o *P2P*.

Por otra parte, y continuando con las advertencias, es importante tener en cuenta que los *exchanges* criptomonedas tienen un riesgo de seguridad, ya que almacenan grandes cantidades de criptomonedas y están sujetos a ataques cibernéticos. Por lo tanto, es importante elegir un *exchange* confiable y seguir buenas prácticas de seguridad para proteger sus activos.

Exchange centralizado (CEX)

Un *exchange* de criptomonedas centralizado (CEX) es una plataforma en línea que permite a los usuarios comprar, vender e intercambiar criptomonedas de manera similar a un *exchange* tradicional. La diferencia principal es que un CEX centralizado significa que la plataforma es controlada por una sola entidad o compañía, por ejemplo: Binance, Coinbase, Kucoin, y muchos otros.En un CEX, la entidad que controla la plataforma es responsable de mantener los registros de todas las transacciones, así como también la propiedad de las criptomonedas que se intercambian en la plataforma. Esto significa que los usuarios deben confiar en la solvencia y la seguridad de la entidad para proteger sus activos. Incluso, lo que ha ido adoptándose últimamente es que estas entidades presenten auditorías que acrediten que efectivamente cuentan con los fondos de sus clientes, debido a toda una serie de sucesos de insolvencia y quiebra a lo largo de 2022.

Además, en un CEX la entidad también es responsable de establecer las reglas y los requisitos de la plataforma, lo que significa que puede haber restricciones en cuanto a qué criptomonedas se pueden intercambiar y cómo se pueden intercambiar. Es sugerible revisar los términos y condiciones antes de ingresar en él, ya que usted puede no estar de acuerdo con la mayoría de sus cláusulas, para luego no encontrarse con algunas sorpresas poco gratas.

Ventajas de los CEX:

• Interfaz fácil de usar: Muchos CEX tienen interfaces amigables y fáciles de usar para aquellos que están empezando a trabajar con criptomonedas.

• Liquidez inmediata: Los CEX suelen tener grandes cantidades de liquidez disponible, lo que significa que los usuarios pueden comprar o vender grandes cantidades de criptomonedas en poco tiempo, sin mayores dificultades.

• Servicio al cliente: Muchos CEX tienen equipos de soporte al cliente, disponibles las 24 horas para ayudar con cualquier problema.

• Mayor variedad de criptomonedas: Al ser centralizados, los CEX tienen la capacidad de añadir y listar una mayor variedad de criptomonedas, lo que significa que los usuarios tienen más opciones disponibles para su intercambio.

Desventajas de los CEX:

• Confianza en la entidad: Al ser centralizados, los CEX requieren que los usuarios confíen en la entidad que controla la plataforma para proteger sus activos.

• Regulaciones y restricciones: Las entidades que controlan los CEX pueden establecer reglas y restricciones adicionales en cuanto a qué criptomonedas se pueden intercambiar y cómo se pueden intercambiar.

•Riesgo de hackeo: Al ser centralizados, los CEX son objeto de ataques informáticos y hackeos, lo que puede resultar en la pérdida de los activos de los usuarios.

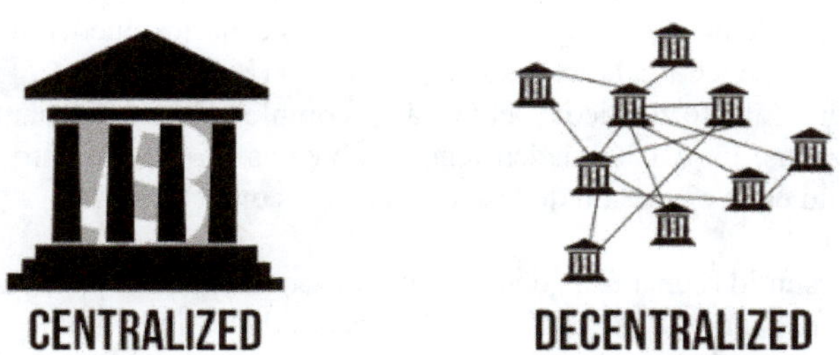

Exchange descentralizado (DEX)

La importante diferencia con respecto a los centralizados es el control y la gestión de la plataforma, los cuales son descentralizados. Veamos.

En un DEX, la plataforma no es controlada por una sola entidad, sino que es gestionada y mantenida por una red distribuida de nodos en la *blockchain*. Esto significa que no existe un punto central de falla y que la plataforma no puede ser controlada por una sola entidad, como bien ya hemos visto.

Además, los usuarios mantienen el control total de sus activos en un DEX. Al intercambiar criptomonedas en un DEX, los usuarios transfieren directamente sus criptomonedas desde sus billeteras a la billetera de la contraparte, sin la necesidad de depositar fondos en una plataforma centralizada. Es decir, interactuamos desde nuestra propia *wallet* y la red distribuida de nodos.

Ventajas de los DEX:

• Control total de los activos: En un DEX, los usuarios mantienen el control total de sus activos y no tienen que confiar en una entidad central para protegerlos.

•Descentralización: La descentralización significa que no existe un punto central de falla y que la plataforma no puede ser controlada por una sola entidad.

•Privacidad: Al no requerir la identificación de los usuarios, los DEX permiten un mayor nivel de privacidad y anonimato en las transacciones.

Desventajas de los DEX:

• Interfaz menos amigable: La interfaz de los DEX puede ser menos amigable para aquellos que están empezando a trabajar con criptomonedas.

• Liquidez limitada: Los DEX suelen tener menos liquidez disponible en comparación con los CEX, lo que significa que los usuarios pueden tener que esperar más tiempo para ejecutar sus órdenes, o bien ejecutar obligadamente una compra o venta a un precio que nos resulte perjudicial.

• Servicio al cliente limitado: Muchos DEX no tienen equipos de soporte al cliente dedicados, lo que significa que los usuarios pueden tener dificultades para obtener ayuda en caso de problemas técnicos.

• Rendimiento técnico: Debido a la complejidad de las plataformas descentralizadas, los DEX pueden tener problemas de rendimiento técnico, como lentitud en la ejecución de órdenes o errores en la interfaz.

En resumidas cuentas, ¿con qué tipo de *exchange* nos quedamos?

Esto depende de las preferencias y necesidades individuales de cada usuario. Para aquellos que valoran la privacidad y el control total de sus activos, un DEX puede ser la mejor opción. Para aquellos que prefieren una experiencia de usuario más amigable y un servicio al cliente más robusto, un CEX puede ser una opción más adecuada.

Es importante tener en cuenta que ambos tipos de intercambios tienen sus ventajas e inconvenientes, y que resulta necesario evaluar cuidadosamente sus propias necesidades antes de elegir uno de ellos.

Retiros y depósitos

Los retiros y depósitos entre *exchanges* cripto funcionan de la siguiente manera.

Retiros: Para retirar fondos de un *exchange* cripto a una billetera externa, primero es necesario tener una dirección de billetera válida en la que se deseen enviar los fondos. Desde la plataforma del *exchange*, el usuario seleccionará la opción de retiro y proporcionará la dirección de su billetera externa.

Depósitos: Para depositar fondos en un *exchange* cripto desde una billetera externa, el usuario deberá proporcionar la dirección de la billetera del *exchange* y enviar la criptomoneda desde su billetera externa.

Aclaración importante. Los retiros y depósitos deben referirse a una misma red blockchain (como Binance Smart Chain BEP20), y quien envía debe colocar la dirección de dicha red proporcionada por quien recibirá la transacción de forma completamente exacta. Caso contrario, los fondos podrían perderse

Transacción: Una vez que se ha proporcionado la dirección correcta, la transacción se iniciará, pudiendo tardar varios minutos o incluso horas en ser completada. Esto depende del tamaño de la transacción y la congestión de la red que haya sido utilizada.

Verificación: Es importante verificar que la transacción se haya completado y que los fondos hayan sido enviados a la dirección correcta. En la mayoría de los casos, se puede verificar la transacción en el historial de la plataforma del *exchange* o de la *wallet* externa.

Es importante tener en cuenta que los retiros y depósitos entre *exchanges* cripto pueden estar sujetos a tarifas y límites. Por lo tanto, es recomendable investigar previamente las tarifas y límites de cada *exchange* antes de realizar una transacción.

En resumen, los retiros y depósitos entre *exchanges* cripto son procesos simples y seguros que permiten a los usuarios transferir fondos desde y hacia sus billeteras externas. Sin embargo, es importante verificar que se han proporcionado las direcciones correctas y que se han cumplido los límites y tarifas antes de realizar una transacción.

Análisis fundamental cripto

Si bien los más escépticos concuerdan en que no puede hacerse un análisis fundamental de una criptomoneda (dado que es imposible calcular un valor intrínseco, principalmente porque a diferencia de una empresa, una cripto no genera ganancias como tal ni presenta estados contables), otros inversores sugieren que sí es posible realizar un fundamental a pesar de no poder calcular el intrínseco. Esto se debe, principalmente, a la existencia de una serie de factores que, valorados desde un punto de vista *blockchain*, puede considerarse que dicha criptomoneda (o *token*) se encuentra subvaluada. Veamos.

Roadmap

Un roadmap es un plan estratégico que proporciona una visión general de los objetivos y la dirección que seguirá un proyecto o producto a largo plazo. Es una herramienta útil para organizar y comunicar los objetivos y los hitos clave que se deben lograr para alcanzar esos objetivos. Los roadmaps suelen incluir fechas y una representación visual de las etapas y los requisitos que se deben cumplir para avanzar en el proyecto.

Además de ayudar a visualizar la dirección futura de un proyecto, los roadmaps también son útiles para coordinar los esfuerzos de diferentes departamentos y equipos, asegurarse de que todos estén alineados con los mismos objetivos y para comunicar la estrategia a los interesados en el proyecto, como los inversores, los clientes y los empleados.

Así, analizar el roadmap de un proyecto de criptomonedas es importante por varias razones:

Comprensión de la visión: El roadmap proporciona una visión general de los objetivos y la dirección del proyecto. Esto permite a los inversores y a los interesados comprender la visión y los objetivos a largo plazo del equipo detrás del proyecto.

Evaluación de la solidez del proyecto: Un buen roadmap debe ser realista y factible. Si el equipo detrás de un proyecto de criptomonedas no tiene un plan sólido y factible, puede ser una señal de que el proyecto no está bien pensado o es poco viable.

Evaluación del progreso: El roadmap proporciona una representación visual de los objetivos y los hitos clave que se deben lograr para avanzar en el proyecto. Esto permite a los inversores y a los interesados ver el progreso y evaluar si el equipo está cumpliendo con sus objetivos e hitos.

Evaluación de la dedicación: Si un equipo no cumple con los objetivos y los hitos clave que se establecieron en el roadmap, puede ser una señal de falta de dedicación y compromiso con el proyecto.

Evaluación de la rentabilidad: Un buen roadmap debe incluir fechas realistas y objetivos claros. Si un proyecto de criptomonedas no tiene un plan claro y realista, puede ser una señal de que no es rentable a largo plazo.

Colaboradores (Partnership)

Analizar los partnerships de un proyecto blockchain antes de invertir en él es importante por varias razones:

Fuerza y validación del proyecto: Los partnerships pueden proporcionar una fuerza y validación adicionales a un proyecto blockchain. Por ejemplo: Si un proyecto tiene partnerships con empresas reconocidas y respetadas, puede ser un indicador positivo de la solidez y el potencial de éxito del proyecto.

Oportunidades de crecimiento y expansión: Los partnerships pueden abrir nuevas oportunidades de crecimiento y expansión para un proyecto blockchain. Analizar los partnerships de un proyecto puede permitir a los inversores evaluar su potencial de crecimiento a largo plazo.

Fuentes de financiamiento y recursos: Los partnerships pueden ser una importante fuente de financiamiento y recursos para un proyecto blockchain. Analizar los partnerships de un proyecto puede permitir a los inversores evaluar su capacidad de obtener financiamiento y recursos adicionales a largo plazo, elemento fundamental para que el equipo siga desarrollando los aspectos tecnológicos innovadores que darán al proyecto un rasgo diferenciador frente a la competencia.

Integración y adopción: Los partnerships pueden ser cruciales para la integración y adopción de un proyecto blockchain. Analizar los partnerships de un proyecto puede permitir a los inversores evaluar su potencial de integración y adopción en la industria.

En resumen, se trata de información que ayudará a los inversores a tomar decisiones informadas sobre su inversión.

Líderes de un proyecto. Equipo de Trabajo

Equipo de trabajo: Uno de los primeros aspectos que debemos investigar, por más obvio que parezca, es que el equipo sea reconocido y tenga amplia experiencia en la tecnología -no solamente general y actual- sino la propia que el proyecto ofrece u ofrecerá al público inversor (y que conocemos gracias a haber estudiado su whitepaper). Por ejemplo, si un proyecto cripto es un juego, y sus desarrolladores han tenido altos cargos en empresas desarrolladoras de videojuegos clásicos como EA games, Activision Blizzard, entre otras, es una muy buena señal.

Líderes del proyecto: Agregando a lo anterior, el directorio es una pieza fundamental en el éxito de cualquier tipo de empresa, no solamente en proyectos cripto. Por ello, los analistas intentan buscar directivos que hayan tenido éxito en el ecosistema cripto previamente. Por ejemplo: Sin entrar en los detalles de si es un buen proyecto para invertir o no, sino solamente observando los líderes del proyecto, en Cardano encontramos al famosísimo Charles Hoskinson, empresario y matemático estadounidense, conocido por ser uno de los cofundadores de Ethereum y por ser el CEO de IOHK, una compañía de tecnología blockchain.

Analizar quiénes son los líderes y la plantilla de trabajo de un proyecto blockchain es importante antes de invertir en él por varias razones.

•Experiencia y competencia: El equipo liderando un proyecto blockchain es crucial para su éxito a largo plazo. Analizar la experiencia y competencia de los líderes y la plantilla de trabajo puede permitir a los inversores evaluar si el equipo tiene las habilidades necesarias para llevar a cabo el proyecto con éxito.

•Reputación: La reputación de los líderes y la plantilla de trabajo puede ser un indicador importante de la integridad y la solidez de un proyecto blockchain. Analizar la reputación de los líderes y la plantilla de trabajo puede ayudar a los inversores a evaluar si un proyecto es digno de confianza.

•Compromiso y motivación: El equipo liderando un proyecto blockchain debe ser altamente motivado y comprometido con el éxito del proyecto. Analizar quiénes son los líderes y la plantilla de trabajo puede ayudar a los inversores a evaluar el compromiso y motivación del equipo con el proyecto.

•Redes de contactos: Las redes de contactos de los líderes y la plantilla de trabajo pueden ser una importante fuente de apoyo y recursos para un proyecto blockchain. Analizar las redes de contactos de los líderes y la plantilla de trabajo puede permitir a los inversores evaluar el potencial de éxito de un proyecto.

Actividad en redes

Analizar la actividad en redes sociales de los proyectos blockchain es importante antes de invertir en ellos por varias razones:

•Visibilidad y popularidad: La presencia en las redes sociales puede ser un indicador de la popularidad y visibilidad de un proyecto blockchain. Una presencia fuerte y activa en las redes sociales puede indicar una mayor demanda por parte de los inversores y una mayor probabilidad de éxito a largo plazo.

•Comunicación con la comunidad: Las redes sociales son una herramienta valiosa para la comunicación directa entre el equipo detrás de un proyecto blockchain y la comunidad de inversores. Analizar la actividad en redes sociales puede permitir a los inversores conocer la transparencia y el compromiso del equipo con su proyecto y su comunidad de seguidores.

•Feedback y opiniones: Las redes sociales pueden proporcionar una visión general de las opiniones y reacciones de la comunidad sobre un proyecto blockchain. Analizar esta actividad en las redes sociales puede ayudar a los inversores a evaluar la aceptación del proyecto y a tomar decisiones informadas sobre si es una buena inversión.

•Eventos y anuncios importantes: Las redes sociales también son un lugar donde los equipos detrás de los proyectos blockchain anunciarán eventos importantes y noticias relacionadas con el proyecto. Esto puede permitir a los inversores estar al tanto de las últimas novedades y tomar decisiones informadas sobre su inversión.

Tokenomics

Tokenomics o *Tokenómicos* es el estudio de los incentivos económicos que rigen el comportamiento de los participantes en una red de tokens o criptomonedas. Se refiere a la forma en que se distribuyen, utilizan y valoran los tokens dentro de una red blockchain, como el sistema de incentivos diseñado para motivar a los participantes a contribuir al éxito de una plataforma o proyecto, y para mantener un equilibrio entre la oferta y la demanda de tokens. Podemos encontrar una referencia al mismo como "economía de tokens".

Una de las características clave de tokenomics es la creación de tokens, que se realiza mediante un proceso conocido como ICO (Initial Coin Offering u Oferta Inicial de Monedas) o IEO (Initial Exchange Offering u Oferta Inicial de Intercambios). En este proceso, los inversores compran tokens con criptomonedas o moneda fiduciaria y, a cambio, reciben una participación en el proyecto o la red, que incluso puede que les sean otorgados en ese mismo momento o en una fecha futura. La cantidad de tokens emitidos y la tasa de inflación son dos aspectos críticos que se deben considerar en este punto del análisis cripto.

Además de la creación de tokens, el estudio de los tokenomics de un proyecto debe prestar especial atención en el uso de los tokens dentro de una red. Por ejemplo, los tokens pueden utilizarse como un medio de pago para adquirir bienes y servicios en una plataforma, como forma de acceso a características premium o como una forma de votación en decisiones importantes de la red.

Otro aspecto importante de la tokenomics es la gobernanza, que se refiere a cómo los participantes en una red deciden qué dirección tomar y cómo se resuelven conflictos. La gobernanza puede ser descentralizada, en la que los titulares de tokens tienen derecho a voto en decisiones importantes, o puede ser centralizada, en la que un equipo de desarrolladores o inversores toma las decisiones.

En conclusión, la tokenomics es un aspecto crítico para el éxito de una red de tokens o criptomonedas. Debe ser cuidadosamente diseñada para garantizar que la oferta y la demanda de tokens sean equilibradas, para motivar a los participantes a contribuir al éxito de la red y para garantizar una gobernanza efectiva y justa.

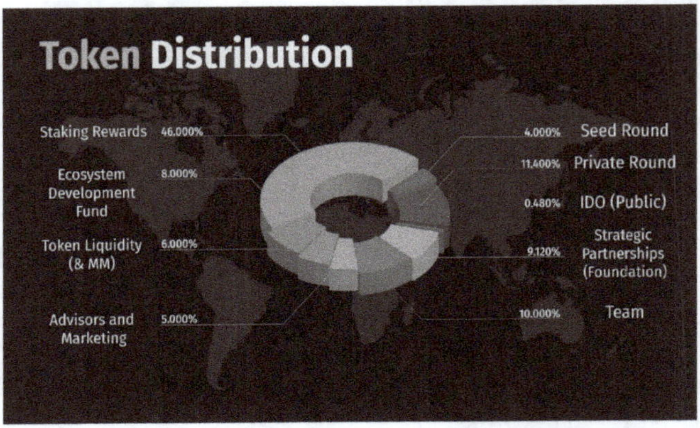

Casos de uso

Los tokens con tecnología blockchain pueden tener una variedad de casos de uso, que van desde la representación de activos tangibles o intangibles hasta la implementación de mecanismos de incentivos en plataformas descentralizadas. Algunos de los casos de uso más comunes son:

Tokens de activos: Estos tokens representan un activo tangible o intangible, como oro, propiedad inmobiliaria, derechos de autor, etc. Estos tokens permiten a los usuarios poseer una fracción de un activo valioso sin tener que poseer el activo en sí, lo que se conoce como un proceso de tokenización.

Tokens de utilidad: Estos tokens otorgan a los titulares el derecho a utilizar un producto o servicio específico dentro de una plataforma blockchain. Por ejemplo, los tokens de utilidad en una plataforma de videojuegos pueden ser utilizados para comprar objetos dentro de dicho juego.

Tokens de seguridad: Estos tokens representan una inversión en un proyecto o empresa, y suelen ser emitidos en una oferta inicial de monedas (ICO). Los titulares de estos tokens pueden recibir una porción de los ingresos generados por el proyecto o empresa, así como derechos de voto en la toma de decisiones importantes, lo que se conoce como participación en la gobernanza del proyecto.

Tokens de acceso: Otorgan a los titulares el derecho a acceder a un servicio o recurso exclusivo dentro de una plataforma blockchain. Por ejemplo, los tokens de acceso pueden ser utilizados para desbloquear funciones premium en una aplicación, lo que puede significar una especie de "privilegio" con respecto a quienes no tienen dichos accesos.

Tokens de incentivos: Estos tokens son utilizados para incentivar a los participantes de una plataforma a realizar ciertas acciones, como la validación de transacciones o la resolución de problemas en una cadena de bloques. Estos tokens suelen ser emitidos y distribuidos como recompensa por la participación en la plataforma.

En resumen, los tokens con tecnología blockchain pueden tener múltiples casos de uso, y su valor y funcionamiento dependen del contexto específico en el que se utilicen. Es importante tener en cuenta que la regulación de los tokens varía dependiendo del país, y algunos tokens pueden estar sujetos a regulaciones específicas como las de los valores mobiliarios.

Ejemplo de análisis de tokenomics -versión resumida-

KDA, el token de la cadena de bloques Kadena, sus tokenomics están diseñados para fomentar la adopción y el uso de la plataforma.

El token KDA se utiliza para pagar los costos de transacción, compensar a los validadores por procesar transacciones y participar en el consenso de la red. Además, sirve como mecanismo de incentivos para motivar a los usuarios a contribuir a la seguridad y escalabilidad de la red, ya que los validadores que mantienen la red activa y segura pueden ganar tokens KDA por sus esfuerzos.

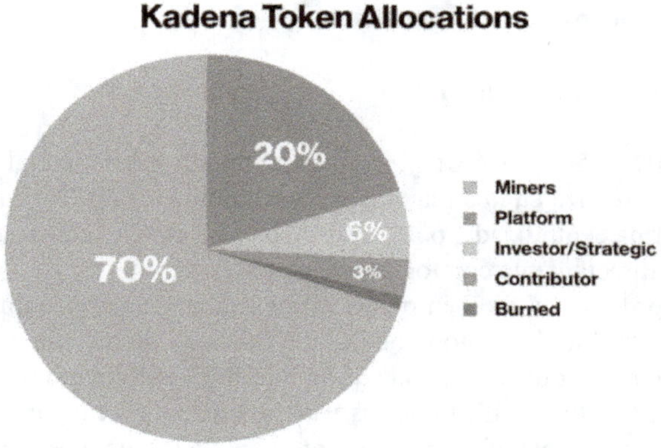

Kadena también ha implementado un sistema de inflación controlada para el token KDA, en el que la oferta de tokens aumenta de manera periódica a una tasa determinada. Esto ayuda a mantener la demanda del token y a fomentar su uso en la plataforma.

En general, KDA se ha diseñado para ser equilibrado y sostenible a largo plazo, con el objetivo de fomentar la adopción de la plataforma y asegurar su estabilidad y seguridad. Al combinar incentivos para validadores y usuarios, con un sistema de inflación controlada, es posible crear una economía dinámica y próspera para su blockchain.

Initial Coin Offering (ICO)

Las ICO's u Ofertas Iniciales de Monedas son una forma de financiamiento colectivo que utiliza criptomonedas o tokens digitales. La empresa o proyecto que busca financiamiento crea un nuevo token digital, el cual es vendido a inversores en el marco de ICO a cambio de dinero tradicional (como dólares o euros) o de otras criptomonedas como Bitcoin o Ethereum.

El objetivo será recaudar capital para el desarrollo del proyecto y para ofrecer una oportunidad a los inversores de obtener ganancias en el futuro, ya que se espera que el valor del token aumente a medida que el proyecto crezca y tenga éxito (debido a que el precio de adquisición es bastante menor). Sin embargo, también existe un riesgo elevado asociado a los ICO, ya que no todos los proyectos tienen éxito y muchos no cumplen sus objetivos o no logran llegar a ser exitosos.

Además, generalmente hablamos de una forma de financiamiento no regulada, lo que significa que no existen las mismas protecciones para los inversores que con otras formas de financiamiento, como por ejemplo, las ofertas públicas de valores (OPV) en lo que es el mercado tradicional.

En resumen, los ICO pueden ser una oportunidad atractiva para los inversores, pero es importante investigar cuidadosamente antes de invertir y estar al tanto de los riesgos involucrados.

Initial Dex Offering (IDO)

Un IDO *(Initial DEX Offering)* es un tipo de oferta inicial de monedas (ICO) que se realiza en una plataforma descentralizada (DEX) en lugar de en una plataforma centralizada, por lo que dicha venta es llevada a cabo de aquella forma y directamente con los compradores.

Recordemos el momento que vimos exchanges, donde un DEX es un tipo de intercambio de criptomonedas que funciona de manera descentralizada, lo que significa que no depende de un intermediario central para validar las transacciones. Esto significa que los usuarios tienen un mayor control sobre sus fondos y que la plataforma es más resistente a los ataques y la censura.

En un IDO, los tokens se venden a los compradores a través de un proceso de subasta en tiempo real. Los compradores pueden participar en la subasta a través de una billetera compatible con la plataforma DEX utilizada.

Al igual que con un ICO tradicional, el objetivo de un IDO es recaudar capital para el desarrollo del proyecto y ofrecer una oportunidad a los inversores de obtener ganancias en el futuro.

es muy activa y colaborativa, lo que significa que los proyectos suelen tener una mayor exposición y apoyo en comparación con los ICO tradicionales.

IFO (Initial Forced Liquidation Offering) y IGO (Initial Generator Offering)

Son dos conceptos relacionados con el mundo de las criptomonedas, pero no son tan ampliamente utilizados o conocidos como ICO, STO o IDO.

IFO *-Initial Forced Liquidation Offering-* es un tipo de oferta inicial de monedas en el que se fuerza a los inversores a liquidar sus tokens después de un período de tiempo determinado. La idea detrás de un IFO es proporcionar una salida a los inversores que han comprado tokens en un ICO y que desean recuperar su inversión antes de que el proyecto alcance su objetivo final.

Por otro lado, IGO *-Initial Generator Offering-* es una forma de financiamiento que se utiliza para iniciar o generar un nuevo proyecto o iniciativa en el espacio de las criptomonedas. La idea detrás de un IGO es que un grupo de inversores compre tokens con el objetivo de recibir una participación en los ingresos generados por el proyecto.

Tanto IFO como IGO son términos relativamente nuevos y poco comunes en el mundo de las criptomonedas. Debido a esto, es posible que la información disponible sobre estos conceptos sea limitada y que la regulación alrededor de ellos varíe según las jurisdicciones. Sin embargo, probablemente sea cuestión de tiempo para que logren un mayor alcance dentro del ecosistema.

NFT's o Non Fungible Tokens

Los NFT o "Non-Fungible Tokens" son una forma de representar activos digitales únicos en una cadena de bloques. A diferencia de las criptomonedas como Bitcoin o Ethereum que son fungibles y pueden ser intercambiados por igual, los NFTs tienen un valor y características únicas que los hacen irreemplazables, de allí lo no fungible de su nombre.

Un NFT es un token digital que representa una obra de arte, música, videojuegos, coleccionables, entre otros activos digitales. Estos tokens son creados y almacenados en una cadena de bloques que registra la propiedad de los NFTs y su historial de transacciones. Al ser inmutable, esta información no puede ser alterada y garantiza la autenticidad y la propiedad del activo, lo que aporta un plus de seguridad y autenticidad.

Los NFTs también permiten la creación de mercados digitales para la compra y venta de activos digitales únicos. Al tener un token que representa un activo digital, los compradores y vendedores pueden realizar transacciones de manera más eficiente y segura en comparación con las formas tradicionales de compra y venta de activos digitales.

¿Cuáles son los casos de uso que podemos mencionar en los NFT›s?

Como nueva forma de representar bienes digitales únicos y verificables a través de una tecnología de blockchain, los NFTs han llegado a tener una amplia gama de casos de uso, tales como la verificación de la propiedad y la autenticidad, la transferibilidad y la divisibilidad. Algunos de los casos de uso más relevantes de los NFTs incluyen:

-*Arte digital:* Los NFTs han revolucionado el mercado del arte digital, permitiendo a los artistas vender obras digitales únicas de manera verificable y segura. Los compradores pueden tener la certeza de que están adquiriendo una obra original y verificable.

-*Juegos*: también están siendo utilizados en el mundo de los juegos para representar objetos virtuales únicos, como skins, personajes y objetos. Estos objetos pueden ser transferidos entre jugadores y tienen un valor real.

-*Propiedad de activos*: como una representación de propiedades reales, como propiedades inmobiliarias y vehículos. Esto permite una verificación más fácil y segura de la propiedad y la transferencia de activos.

-*Certificados y diploma.*

-*Domain Name System (DNS)*: utilizados para representar nombres de dominio.

Estos son solo algunos ejemplos de los casos de uso que han traído los NFTs. Con el tiempo, se espera que surjan más aplicaciones y usos de los NFTs, expandiendo aún más su impacto en el mundo digital.

DeFi o Decentralized Finance

Llegamos a un punto interesante, complejo y que tiene mucho camino y desarrollo por delante, un futuro probablemente prometedor. Decentralized Finance, o mejor conocido como "*DeFi*" es un movimiento financiero que busca crear un sistema financiero sin intermediarios y basado en tecnología blockchain. Allí, los usuarios tienen control total sobre sus activos y pueden realizar transacciones sin la necesidad de una entidad central. Las finanzas descentralizadas han sido construidas sobre la tecnología blockchain, lo que les permite ser descentralizados y seguros. Además, los contratos inteligentes de blockchain permiten a los usuarios crear y utilizar aplicaciones de servicios financieros para interactuar directamente entre sí.

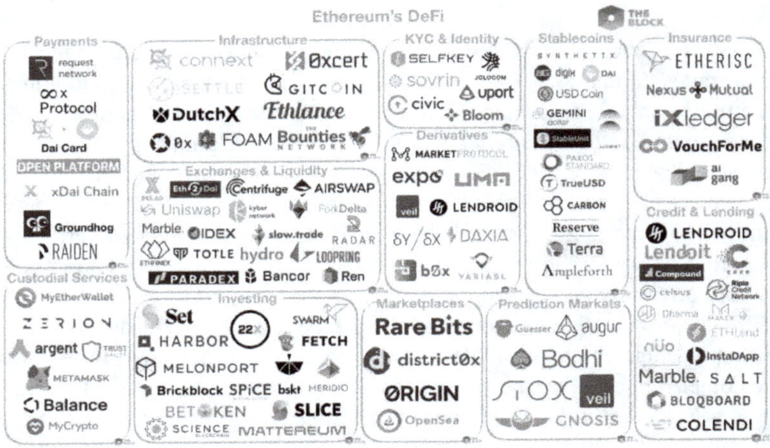

En resumen, DeFi es una parte importante de la evolución financiera y está cambiando la forma en que las personas manejan y controlan su dinero, debido a que los usuarios tienen más control sobre sus finanzas, una mayor transparencia y una menor dependencia de los intermediarios financieros tradicionales, por lo que no podemos -por más que no lo aceptemos del todo- ignorar su existencia y valor en la actualidad.

Ventajas de DeFi:

•Descentralización: DeFi elimina la necesidad de intermediarios centralizados, lo que significa que los usuarios tienen un mayor control sobre sus activos y privacidad.

•Accesibilidad: DeFi permite a los usuarios interactuar con servicios financieros a través de internet, sin la necesidad de tener una cuenta bancaria tradicional o un historial crediticio establecido.

•Transparencia: La información sobre las transacciones y contratos en DeFi está registrada en la blockchain, lo que significa que es fácilmente verificable y auditable.

•Interoperabilidad: DeFi permite a los usuarios mover y utilizar sus activos en diferentes plataformas y servicios sin restricciones.

•Mayor rentabilidad: Debido a la competencia y la innovación en el mercado DeFi, los usuarios pueden tener acceso a oportunidades de inversión con mayores rendimientos.

Desventajas de DeFi:

•Riesgo: Debido a la naturaleza descentralizada y sin regulación de DeFi, existe un mayor riesgo de fraude, hackeo y pérdida de fondos.

•Complejidad: La tecnología detrás de DeFi puede ser difícil de entender para los usuarios no familiarizados con criptomonedas y blockchain.

•Volatilidad: Las criptomonedas y los activos en DeFi pueden experimentar cambios drásticos en el valor debido a la volatilidad del mercado.

•Limitaciones de escala: Actualmente, la infraestructura de DeFi todavía está en desarrollo y puede tener limitaciones en cuanto a la capacidad de procesamiento y la escalabilidad.

•Falta de regulación: La falta de regulación en el mercado DeFi significa que puede haber incertidumbre sobre cómo se manejarán los conflictos o se protegerán los derechos de los usuarios.

Casos de uso DeFi

Dentro de este apartado se incluyen una amplia variedad de aplicaciones financieras, como préstamos, inversiones, pagos, seguros, y gestión de activos. Algunos de los casos de uso más populares de DeFi incluyen:

•Préstamos descentralizados: en DeFi, los usuarios pueden obtener préstamos utilizando sus activos digitales como garantía. Esto permite a los usuarios obtener financiamiento sin la necesidad de intermediarios centralizados.

•Intercambios descentralizados: los intercambios descentralizados (DEX) permiten a los usuarios intercambiar activos digitales de forma descentralizada y sin la necesidad de intermediarios centralizados.

•Stablecoins: los stablecoins son criptomonedas que están respaldadas por activos fiables y tienen un valor estable. Estos son ideales para usuarios que buscan una forma segura de almacenar y transferir valor.

•Plataformas de inversión: las plataformas de inversión en DeFi permiten a los usuarios invertir en una amplia variedad de activos digitales, como criptomonedas, tokens de activos y tokens de DeFi.

•Pagos y transferencias: en DeFi, los usuarios pueden realizar pagos y transferencias de manera rápida y segura utilizando criptomonedas o stablecoins.

•Gestión de activos: las plataformas de gestión de activos en DeFi permiten a los usuarios gestionar y monitorear sus activos digitales de forma centralizada y sin la necesidad de intermediarios centralizados.

•Seguros descentralizados: los seguros descentralizados en DeFi permiten a los usuarios asegurar sus activos digitales contra pérdidas o daños.

Estos son solo algunos de los casos de uso de DeFi, y se espera que el número de aplicaciones y usos continúe creciendo a medida que la tecnología blockchain y DeFi continúen evolucionando.

Smart Contracts

Los *smart contracts o contratos inteligentes* son programas autónomos que se ejecutan en una blockchain y cumplen con una serie de reglas y condiciones predefinidas para transferir activos o realizar cualquier otra acción en la red. Los contratos inteligentes son un código escrito que se ejecuta automáticamente cuando se cumplen ciertas condiciones, y no requieren intermediarios o terceros para garantizar su cumplimiento. Esto significa que los smart contracts permiten la automatización y la ejecución confiable de transacciones en la blockchain sin la necesidad de confianza en un tercero, lo que significa un avance importantísimo dentro de lo que son determinados procesos que a día de hoy poseen un nivel de eficiencia sumamente bajo.

Una de las características más importantes de los contratos inteligentes es que son inmutables y transparentes, lo que significa que una vez que se crean y se publican en la blockchain, no pueden ser modificados ni manipulados. Además, se ejecutan en un ambiente descentralizado y distribuido, lo que los hace resistentes a la censura.

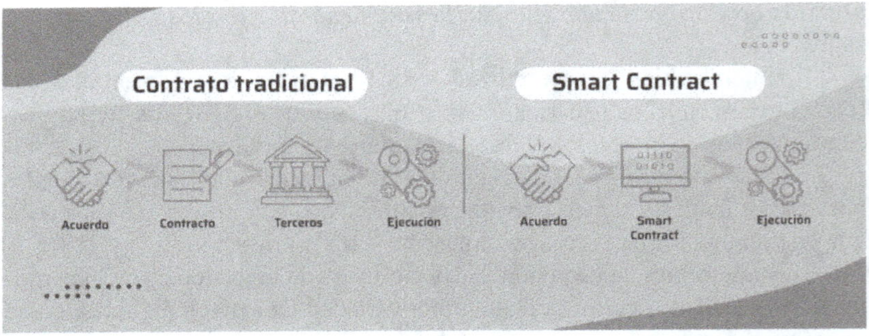

Los casos de uso de los contratos inteligentes son amplios y variados, y van desde el intercambio de activos y criptomonedas hasta la gestión de proyectos, la financiación descentralizada y el seguimiento de la cadena de suministro. Por ejemplo, en el caso de la financiación descentralizada, los contratos inteligentes pueden utilizarse para crear y administrar fondos de inversión descentralizados (DeFi) que permiten a los inversores invertir en activos digitales sin la necesidad de intermediarios.

En general, los contratos inteligentes ofrecen una solución eficiente, segura y transparente para la automatización de procesos en la blockchain.

A medida que la tecnología avanza, es probable que se encuentren nuevos casos de uso y aplicaciones para los contratos inteligentes en una amplia variedad de industrias y sectores. Sin embargo, no podemos desconocer que, ya sea por imprudencia o falta de expertise en el área, hay contratos que fueron desarrollados para funcionar de una determinada manera y no lograron cumplir con los objetivos a largo plazo, debido a que fueron descubiertas ciertas vulnerabilidades que llevamos a que personas maliciosas se aprovechasen de ello (recordemos el caso Terra-LUNA-UST). Por esto último es que debemos movernos cuidadosamente dentro del espacio descentralizado, sabiendo y considerando todos los puntos importantes tratados en las distintas secciones anteriores.

Un ejemplo de un smart contract sería el siguiente:

Imagine que quiere comprar una casa y quiere asegurarse de que se cumplan ciertas condiciones antes de que se complete la transacción. En lugar de confiar en un tercero para verificar y cumplir estas condiciones, puede utilizar un smart contract.

El smart contract sería programado para verificar automáticamente si se cumplen ciertas condiciones antes de liberar el pago. Por ejemplo, si la casa está en buen estado y ha pasado inspecciones, si se han cumplido todos los requisitos legales y si el vendedor ha cumplido con todas las obligaciones.

Si se cumplen todas estas condiciones, el smart contract liberará automáticamente el pago al vendedor y la propiedad de la casa se transferirá al comprador. Esto se hace sin la necesidad de un intermediario, lo que ahorra tiempo y reduce el riesgo de fraude o error humano.

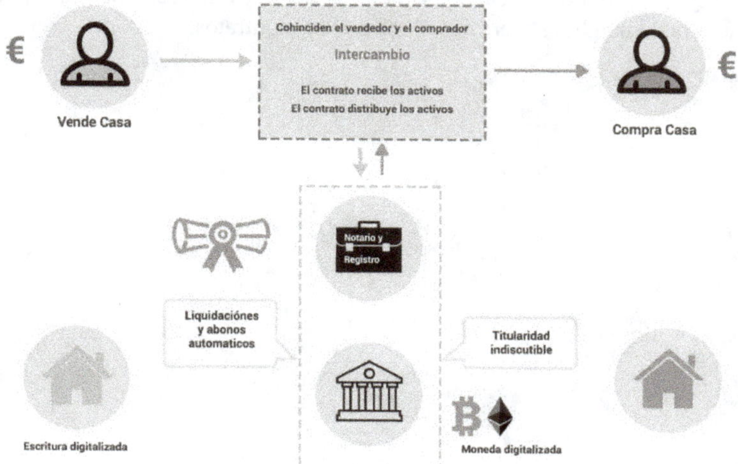

Este es solo un ejemplo simple de cómo funciona un smart contract, pero en la práctica, los smart contracts se utilizan en una amplia variedad de aplicaciones, incluyendo préstamos, votaciones, pagos y mucho más. Al utilizar una tecnología descentralizada, los smart contracts permiten una mayor transparencia y seguridad en la ejecución de contratos y transacciones.

Riesgos en los smart contracts

Como bien se pudo leer unas líneas atrás, aunque los contratos inteligentes pueden ser muy útiles, también presentan algunos peligros que es importante conocer. [illegible]

-Error en el [illegible] n código escrito por seres humanos, lo q [illegible] a errores. Si un error se produce en el có [illegible] es, como la pérdida de fondos o la ejecu [illegible]

-Explotacion [illegible] Los contratos inteligentes están sujetos [illegible] tación de vulnerabilidades en el código. [illegible] bilidad en un contrato inteligente, puede [illegible] ecutar transacciones fraudulentas.

-Falta de rev [illegible] inteligente se ejecuta, no se puede reve [illegible] si algo sale mal, no hay manera de deshacer la transacción y recuperar los fondos perdidos.

-Dificultad para entender el código: Muchos contratos inteligentes son complejos y difíciles de entender para los usuarios no técnicos. Esto puede llevar a malentendidos y errores al utilizar los contratos.

Material Multimedia

En www.phronencial.com/finanzasinteligentes encontrará material complementario y específico de este capítulo: ejemplos, ejercicios, aplicaciones, uso de calculadoras, búsqueda de información, videos, planillas, PDF y presentaciones.

Puede acceder desde la plataforma de Phronencial, o directamente al material del capítulo desde el siguiente QR:

Recomendamos registrarse en la plataforma utilizando el usuario y clave inicial que le proporcionamos en las primeras páginas, y que es único para el titular original del libro.

De esta manera podrá acceder al material complementario. Pero lo más importante, es que con la correcta identificación lo contactaremos para los encuentros (virtuales y/o presenciales) que realizamos para abordar distintos tópicos financieros y de mercado.

Psicología del inversor moderno

Definición

Podemos definir a la psicología del inversor como a todo comportamiento y gestión de nuestras emociones al momento de tomar decisiones de inversión. Esta mala gestión puede dar como resultado que nuestras operaciones salgan de mala manera o bien tomemos decisiones equivocadas por estar cegados a lo que nuestro subconsciente falsamente nos indica. Si no controlamos nuestras emociones, estas tomarán el control de nuestras operaciones, lo que tiene solo dos resultados posibles.

El primero es cortar las potenciales ganancias, ya que debido a la ansiedad (o en un momento de pérdidas), podemos cerrar una operación antes de alcanzar nuestro objetivo o ratio riesgo-beneficio.

El segundo y mucho más importante es potenciar nuestras pérdidas. Es cierto que todos detestamos perder, pero también que todos preferimos ganar. El miedo a cerrar una operación perdedora cuando la operativa no va a nuestro favor es uno de los peores enemigos de un inversor a la hora de operar, ya que lo lleva a tomar malas decisiones. Negarnos a aceptar pérdidas puede hacer que no respetemos adecuadamente nuestra gestión de riesgo, lo cual es una falta grave, ya que no somos conscientes del daño que nos estamos ocasionando.

También debemos tener en cuenta muchos más parámetros que veremos a continuación. Pero básicamente, la mala gestión de nuestras emociones lleva a dos resultados: retirarnos antes o seguir invirtiendo dinero por fe, creencia o quizás porque pensamos que a largo plazo va a subir.

¿Cuándo aplicar psicología?

Como inversores, además de conocer el instrumento a operar, también tenemos que determinar en qué temporalidad vamos a operar. De nada sirve ser un inversor a largo plazo si luego tomo decisiones de inversión basadas en gráficos de cinco minutos. De igual manera, no puedo esperar tomar decisiones de inversión justificadas en gráficos de dos minutos al analizar un gráfico mensual. Determinar la temporalidad adecuada es crucial para cualquier inversor, ya que esto nos ayuda a saber con exactitud qué esperamos de nuestra inversión y cómo analizarla correctamente.

Podemos decir que la psicología se va aplicando a medida que vamos bajando dicha temporalidad. En el mundo de las inversiones/*trading* de corto plazo, a medida que bajamos la temporalidad nos ponemos ansiosos con el resultado de nuestros análisis u operaciones.

A grandes rasgos, aunque un inversor tenga todo detallado, la psicología siempre se aplicará en mayor o menor medida. Es decir, siempre estará ahí, y no podemos hacer nada para poder sacarla de la ecuación.

Un inversor puede conocer su plataforma de operación, el instrumento a operar, practicar en una cuenta de prueba y tener buenas estrategias de inversión. También puede aplicar métodos de análisis tanto chartista como con indicadores. Sin embargo, nunca podrá evitar la influencia de la psicología en sus decisiones de inversión. En este sentido, los inversores que analizan temporalidades pequeñas y toman decisiones de inversión son más susceptibles a ser influenciados por sus emociones, ya que buscan obtener resultados en el muy corto plazo.

Mitos del mundo del trading

Hora de alejar algunos fantasmas. Así como los mitos están presentes en cada historia a la vuelta de la esquina, en el mundo de la inversión y del *trading* de corto plazo también existen algunos muy importantes que no solo debemos erradicar, sino también entender para poder entrenar nuestro cerebro y lograr que comprenda con claridad toda la información que se procesa.

Arrancando con el famoso "tendrás un futuro prometedor..." Serás un inversor/*trader* rápido. Obtendrás la libertad financiera. Podrás vivir del *trading* y dejar tu trabajo. Ingresarás al mundo de las inversiones con poco capital y podrás ganar mucho dinero.

Mezclando un poco estos mitos, le podría hacer un eslogan digno de cualquier curso que encontramos hoy en día: ¿Quiere comenzar en el mundo trading con poco capital y ganar mucho dinero? ¿Generar ingresos para obtener su libertad financiera y poder dejar su trabajo para vivir de esto?

Lo que usted logra con su subconsciente y este eslogan, es generar sentimientos de un SÍ rotundo. Esa gema o habilidad mágica que va a solucionar todos sus problemas que puede que tenga hoy. ¡No le están vendiendo a la gente, le están vendiendo a su mente! Palabras de poder tales como "obtener" o "rápido", pueden hacer que nuestros subconscientes actúen más por impulso que por simple coherencia.

Todos estos mitos resultan falsos, exceptuando el de poder vivir de *trading* o bien de sus inversiones. Esta profesión, como cualquier otra, requiere tiempo, esfuerzo y dedicación.

Imaginemos un punto A en el cual está una persona y un punto B, entendido como un inversor que gana consistentemente y puede vivir del mercado, llamado *trader* rentable.

Lo que él normalmente vende es la idea de que se puede llegar rápidamente desde el punto A hasta el punto B. Es decir, cualquier persona puede pasar del punto A al B en menos tiempo y de manera más eficaz que otros, y, sobre todo, obtener el resultado final deseado. Sin embargo, esto no es más que un engaño. El llegar del punto A al B requiere de práctica, análisis de estudio, dedicación y profesionalismo a la hora de elegir activos y de operarlos.

Todo lleva un proceso y no todos lo logran. Además, para todos no es igual y la complejidad puede variar. Lo que quiero dejar en claro es que, aunque usted llegue a su destino, este será diferente al de cualquier otra persona que haya llegado. Mi punto es que es posible que tenga mejores, regulares o peores resultados que otra persona que ya llegó al punto B. Cada persona es diferente y aunque podemos coincidir en técnicas de valoración y análisis, la toma de riesgos en las operaciones de inversión se basa no solo en la gestión de riesgos, sino también en la psicología de dicha toma de decisiones.

Aspectos de la psicología del inversor

El ser humano resulta complejo pero no imposible de entender, como así también nuestras emociones a la hora del día. A veces nos sentimos con alegría sin motivo y otras veces sentimos ansiedad ante algo incierto.

Por eso podemos separar la psicología del inversor en dos grandes rasgos: los aspectos positivos y los aspectos negativos.

Aspectos positivos:

•Aceptación
•Confianza
•Disciplina
•Humildad
•Independencia

Aspectos negativos:

•Ansiedad
•Apego
•Codicia
•Esperanza
•Miedo

Repacemos cada uno de estos aspectos, comenzando por los positivos.

Aceptación: Comprender y aceptar que las cosas son como son y no como nos gustaría que fuesen.

Confianza: Entender que nosotros mismos tenemos las habilidades adecuadas para poder hacer un buen análisis y poder tomar decisiones confiando en él.

Disciplina: Tomar el control y ser conscientes de que si una operación no sale como estaba estipulado, es importante no tomar rápidamente otra decisión. Gestionar nuestro plan de inversión y aplicarlo por estrategia, no por emoción.

Humildad: Ganar dinero solo es un resultado de su análisis y operación previa. El ganar dinero no lo hace mejor *trader* o inversor: todos somos diferentes y los riesgos son diversos

Independencia: El poder tomar operaciones sin que la opinión de otros afecte mi operatoria o nuble mi juicio.

Vamos ahora con los aspectos negativos.

Ansiedad: La mente juega en contra y nos puede llevar a pensar que nuestro análisis fue incorrecto. Se desea ver el resultado lo antes posible, sin tolerar el ver pasar el tiempo.

Apego: Aferrarse a una operación tratando de "salvarla" o creyendo que a largo plazo subirá, y por lo tanto exponiendo más capital a esa operación.

Codicia: No cerrar operaciones cuando se debe porque se quiere ganar más dinero, incluso después de haber alcanzado el objetivo previamente establecido en el análisis, puede ser perjudicial.

Esperanza: El creer que vendrá algo externo a cambiar la situación actual que tenemos con nuestras operaciones.

Miedo: La pérdida de confianza y la no toma de decisiones de operación por miedo a perder o bien a equivocarse en el análisis previo.

Dicho esto, como inversores no podremos estar siempre del lado positivo.

Debemos entender estos aspectos como una balanza en la que, aunque el lado positivo puede prevalecer, no siempre estaremos al 100% de ese lado. Los días son diferentes, al igual que nuestros estados de ánimo. Lo importante es que detecte esas emociones a la hora de operar para así identificar de qué lado de los aspectos se encuentra. Una vez que lo identifique, podrá ir mejorando.

¿Quién nunca ha dejado una operación en curso con la esperanza de ganar un poco más (avaricia)? ¿Quién nunca ha cerrado una operación mucho antes de llegar a una zona de toma de beneficios (miedo / ansiedad)? Es lo más normal del mundo, así que no debería sorprenderle. Una vez detectado, es hora de trabajar en ello para poder superarlo.

Los dos resultados de una operación

Sabemos que no es un misterio que en toda operación siempre tenemos dos posibles resultados. Es decir, o bien la operación sale ganadora y obtenemos un beneficio por ella, o puede resultar perdedora y afectar nuestra cartera de inversión. Sin embargo, también podemos identificar los factores que desencadenan una operación ganadora o perdedora cuando tomamos posiciones de inversión basándonos en el sentimiento más que en un análisis previo.

En este sentido, podemos decir que si la operación sale ganadora, la persona instantáneamente gana felicidad: se siente bien por haber realizado un buen trabajo a la hora de analizar un activo y obtener el beneficio. Pero también es allí cuando nuestro cerebro se confunde. No todos somos iguales, y cada persona tendrá sus propios métodos de análisis que le parezcan más adecuados. Con las emociones pasa lo mismo.

Si un inversor toma una decisión de inversión por impulso, miedo, o codicia y resulta en un beneficio, muy probablemente esa sensación de felicidad se dispare aún más, ya que tomó una decisión en base a sus emociones y no a un análisis crítico y duro. Por otro lado, si el resultado no es el adecuado y resulta en pérdida, lo más probable es que el inversor opte por la frustración y el enojo. No importa el resultado de la operación, sino en qué aspectos se enfoque (positivos o negativos) tanto al tomar como al salir de la posición de inversiones en ese momento. Sea consciente de sus sentimientos, esto le permitirá poner en orden su cerebro para tomar mejores decisiones de inversión y ser aún más crítico al elegir activos, dejando de lado en la medida de lo posible esos sentimientos. ¡Recuerde! Es cierto que todos detestamos perder, pero también lo es que todos preferimos ganar.

Uno de los sentimientos o dichos cuando se da un ejemplo de qué es la bolsa de valores, es qué es un casino. Desde el punto de vista psicológico hay comportamientos arraigados en el juego que pueden transferirse al mundo de las inversiones. Le doy un ejemplo.

Un jugador en una sala de juego también tiene dos opciones: ganar o perder. Por obvias razones, el casino tiene determinado de antemano los juegos en donde las posibilidades resultan estar a favor o en contra. Pero para no entrar en detalles sobre si algo en el juego está arreglado o no, un comportamiento muy común en un jugador que tiene tendencia a la ludopatía es responder de la misma manera. Cuando gana, dice: "¡Yo gané! ¡Mi forma de jugar hizo que yo ganara! ¡Puedo con todo!". Pero cuando el mismo jugador pierde: "Perdí, no salió la jugada esperada", "lo que ocurre es que la máquina me quitó el dinero, y este juego está arreglado. En este lugar roban a la gente".

No es que esté tratándolo como un jugador de casino, pero quiero que usted entienda la similitud y lo fácil que es involucrar las emociones en un mundo como las inversiones, especialmente cuando se toman decisiones a corto plazo. Así como en los juegos de azar, esta tendencia puede desarrollarse en el mundo de las inversiones y afectar sus decisiones y su cartera. Si una inversión resulta exitosa, se tomará como tal, sin sentirse superior. Si una inversión resulta ser mala y se pierde dinero, se tomará como tal, sin afirmar que el mercado está manipulado. El diferenciar estos dos puntos le otorgará templanza a la hora de operar, y podrá tener la mente fría para la toma de decisiones.Dicho esto, es hora de incluir otro ingrediente a la fórmula: la estrategia. Cuando un inversor tiene una estrategia de inversión definida también tiene dos resultados posibles en todas sus operatorias. Claramente son ganar o perder, pero esto tiene otro enfoque.

En este caso, podemos decir, por ejemplo, que mi estrategia tiene un 60% de acierto de ganar y 40% de perder.

Al enfocarme en un método estadístico o en un análisis previo del activo de entrada, estoy eliminando la influencia emocional. ¿Por qué? Porque al utilizar un sistema que me proporciona entradas y salidas del activo en la temporalidad deseada, debo respetar este sistema y esperar los resultados.

Como resultado de una operación ganadora, como inversor, obtengo confianza. Esta confianza me permite tomar decisiones informadas y bien pensadas en el futuro, ayudando a mantener la disciplina en mi estrategia de inversión. La confianza es lo que determina que a largo plazo o, más bien, en más operaciones voy a poder seguir ganando o teniendo buenas entradas en mis activos. La confianza nos dará el punto de partida para poder gestionar nuestras operaciones con más criterio y saber que, a largo plazo, vamos en la dirección correcta. Ahora bien, ¿qué pasa si se pierde una operación?

En ese caso, para no participar de los sesgos psicológicos de nuestro cerebro, debemos abocarnos a la disciplina. La disciplina nos enseñará que ninguna operación o estrategia es perfecta: hay una probabilidad de que las cosas no salgan como nosotros esperamos, y no podemos hacer nada para cambiarlo. Pero nuestra estrategia y forma de analizar activos es lo que nos dará esos aciertos más adelante.

Sé que quizás le suene muy poético, pero es lo que es. En el mundo de las inversiones a muy corto plazo, no tenemos tiempo para pensar en todas estas cosas porque buscamos resultados rápidos e inmediatos, y lo primero que activa todos estos disparadores es claramente el cerebro. Para evitar esto, se sugiere reducir gradualmente la temporalidad hasta encontrar ese punto en el que las emociones no afecten a las operaciones. Esto es particularmente importante en el mundo del *trading*, especialmente en operaciones de muy corto plazo, como aquellas que se realizan en dos, cinco, diez, o treinta minutos.

Lo que normalmente pasa en esas temporalidades es que si no somos conscientes de nuestro sistema y nuestro análisis, lo más probable es que nuestras emociones quieran tomar el control de las mismas.

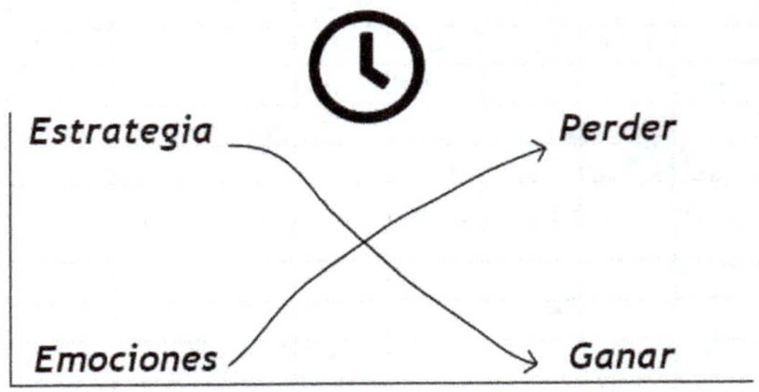

Por un lado tenemos nuestra estrategia y por el otro nuestras emociones, variables que estarán en cada operación. Además, tenemos el tiempo.

El cuadro representa que, aunque tomemos decisiones de inversión basadas en nuestra estrategia, con el paso del tiempo nuestras emociones pueden tomar el control. Esto se debe a que buscamos resultados a corto plazo y nuestro cerebro reacciona ante esto. A medida que pasa el tiempo, nuestro cerebro tiende a querer modificar nuestra operación. En este punto, el inversor puede cometer errores, como cerrar una posición antes de tiempo, modificar un objetivo de precios o agregar más dinero a una operación que va en su contra.

Los resultados siguen siendo dos: ganar o perder. Lo que hay que tener en claro, es que debemos tratar la disciplina para que nuestras operaciones no dependan de nuestras emociones.

Errores de la psicología antes de operar

Si bien los errores son frecuentes, en el mundo del *trading* es posible percibirlo incluso antes de abrir nuestra primera operación. Como inversores, a la hora de aplicar la psicología tenemos que saber que estos son controlables, aunque no hay razón para verse afectado por ello.

No sentirse preparado. El sobreestimar el mercado solo nos traerá malos resultados, por eso resulta aconsejable una correcta preparación a la hora de ponernos a operar. Es importante el evitar apurarnos, sin realizar nuestros análisis de forma objetiva y paciente para poder poner las probabilidades a nuestro favor.

Estar preparado es fundamental y este libro incluye mucha de la información que usted necesita a la hora de aplicar cada detalle técnico a su operatoria.

Sin embargo, también es importante entender cómo nos sentimos nosotros mismos. Ese es un camino que usted mismo debe recorrer. Asegúrese de comprender sus sentimientos cuando se encuentre en calma o en periodos de adversidad. Esto hará que usted pueda identificar esas emociones en momentos precisos, sin que tomen el control de sus operaciones.

Asumir solo los beneficios y dejar correr las pérdidas. Siempre nos sentimos cómodos con los beneficios de una operación, e incómodos con las pérdidas. Esto último es porque es nuestro dinero, el cual nos cuesta conseguir.

Tenemos que entender que siempre existe un riesgo de perder dinero en cualquier inversión, pero no debemos permitir que nuestras emociones nos hagan perder más de lo necesario. Por lo tanto, debemos tratar los mercados con respeto y no ser soberbios o codiciosos, ya que esto puede llevarnos a una situación desfavorable.

Errores de la psicología en operatoria

Depender ciegamente del software que se utilice. La mayoría de los *traders* ya tienen un setup armado a la hora de operar. Un sistema de softwares o programas que ayudan a ver mejor los movimientos, noticias, volumen o aspectos del mercado.

Si bien resulta favorable contar con ellos, no lo es confiar ciegamente. Realizar operaciones a ciegas sin tener en cuenta un análisis previo puede causar malestares. Hay varios factores que influyen en la tendencia de un activo. No podemos cegarnos ante las herramientas.

La tecnología sirve para facilitarnos el trabajo, no para hacer todo el trabajo por nosotros.

Mal manejo de tiempos. Debemos entender el instrumento a operar, y con ello también sus horarios y tiempo del mismo.

No sirve de nada lanzar operaciones sin más, esperando obtener beneficios. Aunque la gestión del tiempo al operar no es algo exacto, podemos orientarnos por los horarios de apertura de los mercados o por los momentos en los que hay mayor volumen de actividad. Por otro lado, podemos crear bitácoras para llevar un registro de nuestras operaciones, tiempo y desempeño, con el fin de medir nuestros resultados y detectar dónde cometemos errores.

No saber cuándo salir de una operación. Uno de los errores más comunes y peligrosos en cualquier operación es pensar que al dejarla correr se ganará más, o que se recuperará lo perdido. Saber cuándo reducir las pérdidas es una habilidad importante que iremos adquiriendo con el paso del tiempo.

Naturalmente podemos encontrarnos con situaciones que tengan que soportar pérdidas continuas razonables, siempre y cuando apliquemos nuestro plan de riesgo beneficio a largo plazo.

No calcular su riesgo beneficio. El ratio riesgo-beneficio es la relación entre lo que uno puede ganar y lo que puede perder. Recuerde que siempre que se invierte dinero, existe la posibilidad de perderlo, por lo que es importante buscar un beneficio potencial que sea mucho mayor que la posible pérdida. Por regla general, podemos decir que siempre es un ratio de dos a uno o tres

Material Multimedia

En www.phronencial.com/finanzasinteligentes encontrará material complementario y específico de este capítulo: ejemplos, ejercicios, aplicaciones, uso de calculadoras, búsqueda de información, videos, planillas, PDF y presentaciones.

Puede acceder desde la plataforma de Phronencial, o directamente al material del capítulo desde el siguiente QR:

Recomendamos registrarse en la plataforma utilizando el usuario y clave inicial que le proporcionamos en las primeras páginas, y que es único para el titular original del libro.

De esta manera podrá acceder al material complementario. Pero lo más importante, es que con la correcta identificación lo contactaremos para los encuentros (virtuales y/o presenciales) que realizamos para abordar distintos tópicos financieros y de mercado.

a uno: ganaremos dos o tres veces el riesgo que estemos dispuestos a asumir.

En cada posible operación, puede que ese ratio no se ajuste a lo que vemos en la gráfica, ya sea porque es mucho el capital o porque no se adecúa a nuestro análisis. Ese caso dependerá de cada *trader* en base al riesgo a correr, aunque si existen dudas lo mejor es no realizar la operación.

Salirse del plan estipulado. Crear un plan al hacer *trading* es importante porque nos proporciona una hoja de ruta para salir al mercado. Recuerde que sus emociones siempre van a querer tomar el control, ya sea alargando la operación o lanzando una nueva en caso de estar en racha ganadora. Es nuestro trabajo detectar esas irregularidades y abocarnos al plan para poder ser exitosos.

Errores técnicos al operar

Existe un abanico de mercados y activos a la hora de operar entre índices, divisas, commodities o incluso criptomonedas. No todos se comportan de la misma manera o bien responden igual a ciertos criterios técnicos.

Conocer el mercado el cual está operando es fundamental a la hora de tomar posiciones.

•*Sobre diversificar*

El grado de exposición al mercado es una decisión que debe tomarse en consecuencia de qué mercado o activo vamos a operar.

Al comenzar, puede parecer que todo mercado es operable y que podemos lanzarnos a por todas porque vemos patrones similares, pero esto no siempre es así. Cada mercado tiene volumen y su forma de moverse. Lo podemos entender cómo ríos o caudales de agua: cada uno es diferente y presenta peligros los cuales tenemos que conocer previamente.

Es prudente diversificar su operativa, pero el solo hecho de diversificar demasiado puede llevar a su cartera a cometer errores.

•*Malinterpretar las tendencias del activo*

Aunque hayamos estudiado en profundidad este tema en capítulos anteriores, es importante recalcar que la teoría se desgasta con el tiempo y es posible que malinterpretemos algún aspecto del gráfico que estamos analizando.

Generalmente observamos la tendencia primaria y luego la secundaria. Estas dos nos dan el punto de partida para luego ir bajando de temporalidad a la hora de encontrar un marco temporal para poder operar.

Los eventos políticos o económicos que puede haber en un determinado día claramente tendrán impacto en las temporalidades menores, aunque esto no indica posibles cambios de tendencia. Es prudente analizar todo en su conjunto. Así que, aunque un dato de empleo no sea bueno, no significa que toda la estructura de un mercado pueda cambiar.

Financiamiento de empresas

Existe la creencia que el mercado de capitales local solo es accesible para grandes empresas. Nada más lejos de la realidad. Sí fue correcto en el pasado, no en la actualidad. En las últimas dos décadas, la CNV ha ido emitiendo distintas normas para fomentar el acceso de pymes al mercado. Si bien algunas normas no tuvieron éxito, muchas otras sí. Es por ello que hoy podemos afirmar que una pequeña empresa puede financiarse en el mercado de capitales en condiciones incluso mejores que muchas otras grandes empresas, y que los costos, cumplimientos normativos y administrativos, son mínimos.

El objetivo de este capítulo es describir los principales instrumentos, características y requisitos. Existe un gran mercado a desarrollar. Muchas pymes se financian únicamente en bancos o financieras, y eso tiene para estas empresas ciertas desventajas:

Primero. El sistema bancario resulta obsoleto. Sus productos son muy comoditizados y están poco "aggiornados" al contexto actual, en parte por el corset regulatorio que deben cumplir. No se debe a una cuestión de solvencia o falta de fondos prestables, ya que nuestro sistema bancario cuenta con liquidez suficiente. Sin embargo, a menudo están obligados por normativas a dirigir préstamos hacia el sector público o hacia una industria específica. En nuestro país, la necesidad de financiamiento por parte del Estado y las políticas monetarias volátiles hacen que muchas veces para un banco comercial sea más fácil y rentable prestar al Banco Central y al Estado que a empresas e individuos. Esto significa que el caudal de dinero destinado al sector privado puede reducirse drásticamente de un momento a otro. Por eso, una empresa que siempre se financió a través de su banco histórico, se despierta un día y descubre que su entidad bancaria ha reducido significativamente su línea de crédito. Nos referimos principalmente al monto, no al costo. En la jerga bancaria, se dice que los bancos "cortan el grifo" o "cierran el chorro" porque prefieren prestar al Banco Central, ya que el riesgo es menor (puesto que éste es quien emite los pesos y actúa como agente de control). Esto representa una competencia desleal en la que el sector privado resulta perjudicado y no puede defenderse. Los bancos hacen negocios y colocan el dinero donde puedan obtener la mayor rentabilidad ajustada por riesgo.

En el mercado de capitales los ajustes se dan más por tasa de interés que por el monto. La naturaleza del mercado de capitales es trabajar principalmente con el sector privado. Dinero siempre existe, aunque su costo puede variar. No ajusta "por chorro" o cantidad, ajusta por costo.

Segundo. Flexibilidad. El banco ofrece productos estandarizados, las líneas de créditos son inflexibles (tómalo o déjalo), los plazos pueden resultar reducidos o muy extensos, y el sistema de amortización desatiende la realidad de la empresa. El mercado de capitales tiene productos para financiarse a un día como a 10 años, y generalmente es el demandante de crédito quien determina la estructura del financiamiento de acuerdo a sus necesidades (que luego se validarán con la realidad del mercado).

Tercero. Costo. El mercado de capitales no es costoso, ya que ofrece tasas de interés muy competitivas. Al comparar el costo financiero total, exceptuando las líneas bancarias subsidiarias, el mercado de capitales resulta más competitivo que el bancario. Incluso, es mucho más competitivo que una financiera o cooperativa. La CNV tiene un plazo normativo que reduce costos y facilita el ingreso de nuevas empresas y operadores.

Cuarto. Igualdad. Podemos afirmar que el mercado no es elitista: cada pyme para un agente es un gran cliente. Anteriormente, el mercado estaba reservado para las grandes empresas, pero en la actualidad se ha democratizado significativamente y la tendencia es integrar cada vez más a las pymes. El inversor que compra cheques de pago diferido, pagarés y demás instrumentos avalados, no presta atención a quién es el emisor, ya sea la carnicería de la esquina o la mediana empresa que fabricó los porcelanatos de su casa; y ambas recibirán las mismas condiciones. Las pymes que operan en el segmento NO avalado también tienen excelentes condiciones, ya que presentan mayor flexibilidad en cuanto a las garantías y la operatoria es más rápida y flexible que en el segmento avalado. Por lo tanto, este segmento está creciendo significativamente. Podemos decir que hay igualdad entre las empresas que pueden operar con una SGR y las que no, ya sea en el segmento garantizado o no garantizado.

Por eso es saludable que una empresa siempre tenga operaciones en ambos mercados financieros para acomodar sus estructuras de financiamiento según las diferentes coyunturas. Por ejemplo, el Banco Central emite normativas para subsidiar las tasas de interés en proyectos productivos. En este caso, las pequeñas y medianas empresas deben estar preparadas para aprovechar esta oportunidad. En muchas ocasiones, el costo de financiamiento en el mercado de capitales disminuye significativamente debido a que la Superintendencia de Seguros de la Nación ha establecido que las aseguradoras deben invertir un porcentaje de sus fondos en instrumentos de pymes. Como resultado, al final del trimestre, todas las compañías de seguros compiten por las mejores tasas al comprar todo lo que está disponible en el mercado.

Es fundamental el *track record*, y que la pyme utilice los mercados de capitales y cheques de pago diferido, pagarés y demás instrumentos. Lo importante es que comience a conocerse, que los inversores y operadores de mercado escuchen hablar de ella, que cumpla sus obligaciones y genere antecedentes crediticios. El mercado no se preocupa demasiado por el patrimonio o los activos de una empresa, sino por su historial de cumplimiento en el pago de sus obligaciones a tiempo y en forma. Esto se debe a que indica que la empresa tiene la capacidad de generar flujo de caja o fondos. Esto permite dos cosas importantes:

1. El mercado, SGR y agentes solicitarán cada vez menos contragarantías por los mismos montos operados.
2. El día que requiera financiamiento significativo, el esfuerzo de colocación será mucho menor y las condiciones más favorables. Si uno es nuevo en el mercado, se le exigirán mayores garantías y el costo será superior.

Las finanzas en cualquier empresa deben verse como el sistema sanguíneo del cuerpo humano, donde las venas representan los canales de financiamiento y la sangre el flujo de dinero que se distribuye en todo el cuerpo para fortalecer los músculos, lo que representa la capacidad productiva que determina la elasticidad y movimiento del cuerpo humano. Tener estos canales aceitados no solo facilita el proceso productivo, sino que tiene beneficios comerciales importantes. Por ejemplo, una empresa que puede vender sin problemas cheques de terceros (de sus clientes) puede extender los plazos de pago y así vender más que su competencia: las ventajas competitivas que no tiene desde el punto de vista de su producto o servicio, las genera en facilidades de pago. Otro ejemplo. El costo del financiamiento en el proceso productivo es igual de relevante. Quien tenga mejores condiciones de financiamiento, tendrá un costo inferior al de su competencia, pudiendo mejorar el margen de ganancia y precio de venta. Por ello, quien vea el financiamiento como un costo o mal necesario, tiene un enfoque equivocado o limitado. Tener las herramientas adecuadas, con liquidez y costos competitivos, es fundamental para la supervivencia y crecimiento de la empresa.

Muchas veces se piensa que una empresa sin deuda es más saludable y rentable. ¡Error! En términos de rentabilidad sobre el patrimonio o *equity* (acciones), cierto nivel de deuda claramente mejora la rentabilidad a los accionistas, ya sea por el denominado “escudo fiscal”, rentabilidad mínima exigida por los accionistas, o por el modelo de negocio basado en el apalancamiento financiero. Una empresa sin deuda no está manejando bien sus activos, no está maximizando rentabilidad.

El sistema bancario y el mercado de capitales naturalmente se complementan. En el caso argentino, las cambiantes normas y coyuntura económica obligan a que una empresa opere en ambos segmentos.

El siguiente cuadro nos introduce en varios de los instrumentos que analizarem

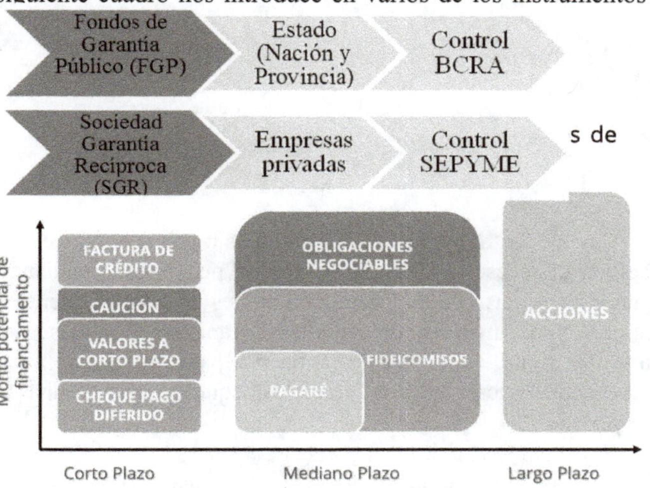

Para el corto plazo, tenemos los cheques de pago diferido que por ley no pueden superar los 360 días. Lo mismo ocurre con los valores de corto plazo, que consisten en la emisión de deuda mediante oferta pública con un plazo inferior a un año. También están las cauciones, un instrumento muy utilizado para el financiamiento a muy corto plazo, generalmente de una a dos semanas en promedio, y las facturas de crédito, que tienen un plazo promedio entre 60 y 90 días.

Para el mediano plazo, es decir a más de un año, contamos con el pagaré en primer lugar, que se negocia o vende en forma similar a un cheque. También encontramos los fideicomisos, instrumento muy demandado según los activos fideicomitidos. Asimismo, las obligaciones negociables, donde nos focalizaremos en un régimen especial para pymes.

Para el largo plazo (y obviamente con un riesgo distinto a los instrumentos de renta fija anteriores), tenemos las acciones, que si bien son un instrumento muy conocido, no resultan ser muy utilizados en el mercado local. Cada vez menos empresas hacen oferta pública de acciones y mucho menos si es una pyme, motivo por el cual no será un instrumento analizado.

Lo importante es que a través del mercado se puedan cubrir con distintos instrumentos todos los plazos, ya sea para quienes necesitan fondos de corto plazo o para aquellos que requieren un período más largo.

Fondos de Garantía

Antes de desarrollar los instrumentos de financiamiento, introduciremos los fondos de garantía, figura fundamental para el financiamiento pyme.

Los fondos de garantía sean públicos o privados, tienen como objetivo facilitar el acceso al crédito a las micro, pequeñas y medianas empresas, otorgando garantías que mejoran condiciones de financiamiento en las entidades financieras, mercado de capitales, organismos públicos y proveedores. Cuando una pyme recibe una garantía por parte de estas entidades, puede negociar con los acreedores un crédito, cheque o pagaré a una mejor tasa o mayor plazo.

Existen dos grandes categorías.

Fondos de Garantía Público (FGP): Avalan a las pymes y las acompañan en su financiamiento para operaciones vinculadas con su proceso productivo, capital de trabajo y/o proyectos de inversión. Son de carácter público con aportes estatales de la nación o provincias, y deben ser autorizados por el BCRA para poder operar. Actúan dentro de la jurisdicción en la que fueron creados. Provincias como Mendoza, La Rioja, Chaco, La Pampa, o Tierra del Fuego, tienen fondos de garantía para fomentar financiamientos de empresas radicadas en sus provincias o sectores especiales, como el vitivinícola.

A nivel nacional, se destaca el FOGAR y FOGABA. Bajo esta categoría existen nueve entidades.

Las SGR son sociedades privadas que también tienen por objeto facilitar el acceso al financiamiento de pymes en bancos, con inversores del mercado de capitales y/o con proveedores. En este caso el ente de control es la sepyme, que regula y audita las SGR que operan en el mercado.

Existen SGR abiertas y cerradas. Las primeras otorgan avales a distintos sectores económicos y no están vinculados a una gran empresa o grupo aportante; cualquier pyme puede presentarse para solicitar un aval. En este grupo, tenemos a Garantizar, Aval Federal, Integra, Crecer SGR, entre otras que operan en distintos sectores. O el caso de Aval Rural y Aval Fértil, que se especializan en el sector agropecuario. Asimismo, Don Mario o Acindar pymes financia gran parte de su cadena de valor facilitando el financiamiento a sus proveedores y clientes. En total hay unas 45 SGR operativas.

Dejemos en claro que ninguna de estas entidades presta dinero, sino que garantizan a quien lo hace, ya sea un banco, mercado de capitales u otros, que cobrarán sus acreencias en tiempo y forma. Si la empresa no lo hace, lo harán ellas. Esa es su función: cubrir la deuda cuando la pyme no puede hacerlo.

Las SGR están formadas por socios protectores cuyos aportes conforman un fondo de riesgo que permite a las SGR responder ante los acreedores en caso de que la PYME no pague el crédito; y socios partícipes, que son las pymes que reciben las garantías[54].

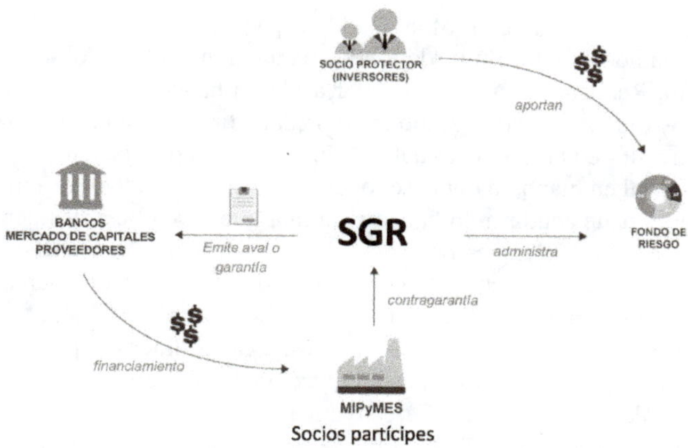

Podemos considerar a las SGR como especialistas en el estudio integral del riesgo de las pymes, teniendo en cuenta su situación patrimonial, contable y las características del negocio que desarrollan. Ahora bien, esto no significa que sean propensas al riesgo. Al contrario[55]. Por el contexto económico, estas entidades son muy rigurosas en sus análisis, prefieren fondos líquidos como garantías, son reticentes a trabajar con empresas con poca antigüedad, etc. No es para cualquier pyme una SGR, pero claramente son más flexibles que un banco.

Las SGR tienen un fondo de riesgo donde está el capital destinado para avalar las operaciones: en caso de que una pyme no cancele un vencimiento, la SGR deposita inmediatamente el dinero para cumplir con el acreedor, para luego negociar el cobro con la pyme. Ante el mercado no hubo default, y el

[54] Las SGR se rigen por la ley Ley 24467 y sus modificatorias, Decreto N° 699-2018 y Resolución N° 21/2021 y modificatoria.

[55] Las SGR pueden apalancar cuatro veces su fondo de riesgo, es decir el capital que tienen para avalar. Esto significa que aumentos en la mora tienen un impacto significativo, y por eso son muy cuidadosas. Más flexibles que un banco sin dudas, pero no avalan a cualquier pyme.

inversor recibió el pago completo del capital e intereses.

El fondo de riesgo está constituido por aportes de los socios protectores, que incentivados por ciertos beneficios impositivos, depositan dinero en los fondos de riesgo esperando obtener determinados resultados. El fondo de riesgo está administrado por la SGR, invertido en activos líquidos como plazos fijos, cauciones, bonos, entre una lista de activos autorizados.

Para reducir los riesgos inherentes a las operaciones, las SGR solicitan contragarantía a las pymes. Estas garantías pueden tener distintos formatos: desde una fianza a sola firma, cesión de un flujo de fondos, prendas, hipotecas, certificado de obra, títulos públicos, etc. La contragarantía es obligatoria por norma de la SEPYME, pero cada SGR evalúa qué tipo de garantía considera satisfactoria.

Las SGR analizan en profundidad la capacidad de repago de la pyme, y su capacidad de generar flujos de fondos para cumplir con su obligación al vencimiento. Realizan un análisis similar al de un banco, ya que asumen el riesgo de los fondos avalados. Aunque no prestan directamente, garantizan el 100% al acreedor en el momento del vencimiento de la obligación.

Con aval en mano, la pyme se fondea mediante distintos instrumentos. Por ejemplo, puede acudir a un banco para una línea crediticia, vender en el mercado de capitales cheques propios o de terceros, pagarés, etc. Esta es la forma por la cual la pyme recibe fondos frescos de un banco o del mercado de capitales, aunque gracias al aval emitido por la SGR.

La SGR como sociedad comercial busca ganar dinero, y para hacerlo cobra a la pyme por los avales emitidos entre un 3 y 4% anual + IVA. Estos importes se calculan sobre el aval efectivamente utilizado, no sobre el monto máximo aprobado por la SGR. Una pyme puede estar autorizada por hasta \$5M. Supongamos que solo aplica \$1,5M para descontar cheques. La comisión se calcula sobre los 1,5M, ajustados por el período de uso del aval. Si por ejemplo la SGR cobra un 3% anual y los cheques tienen un vencimiento de 120 días, se aplica el proporcional, 1% en este caso. Si la pyme no utiliza ningún aval, no incurre en ningún gasto. Podemos asimilarlo al descubierto de una cuenta corriente bancaria: no se utiliza, no se cobra.

El beneficio para los socios protectores que realizan el aporte al fondo de riesgo es otro, y no está vinculado a los honorarios o comisiones que las SGR cobran a sus socios partícipes. El principal beneficio es el impositivo, porque quedan eximidas del pago de Impuestos a las Ganancias sobre el monto aportado, siempre que el aporte esté durante dos años avalando operaciones pymes. Este es el principal beneficio, ya que permite un ahorro del 35%. Además, también está el resultado de las inversiones realizadas en el fondo de riesgo, que es el dinero que está invertido y puede generar ganancias. Si la mora del fondo de riesgo se mantiene en niveles razonables, el protector habrá realizado una buena inversión.

Los fondos de garantía públicos tienen un funcionamiento muy similar, solo que los aportantes son el Estado nacional o provincial. El resto del funcionamiento es prácticamente idéntico a las SGR. El fondo analiza el riesgo y otorga una garantía total o parcial, monetiza por mercado de capitales o muchas veces a través de un banco nacional o provincial si existiese. La pyme no cumple, puesto que el dinero es otorgado por el fondo de garantía.

Por normativas de la SEPYME, las SGR solo pueden avalar hasta el 5% del monto de su fondo de riesgo por pyme, aunque la mayoría por política de riesgo crediticio no avalan más del 3,5/4%. Por eso, a mayor fondo de riesgo, mayor será el monto máximo que puede otorgar a cada una. En caso de que la pyme requiera montos superiores a la capacidad de una SGR, pueden juntarse más de una SGR para incrementar el monto total del aval.

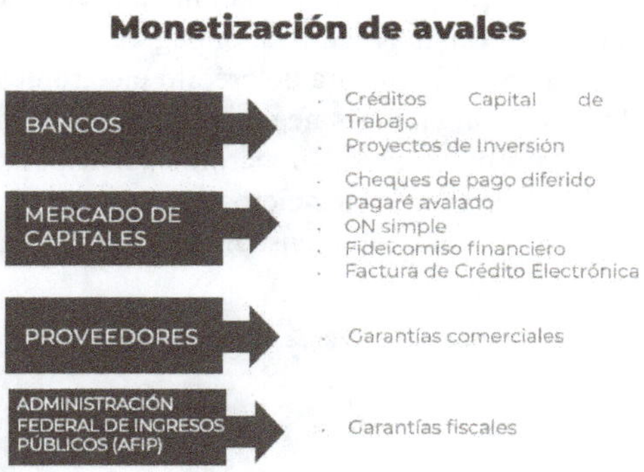

Los avales tienen que tener por destino alguna actividad productiva para la empresa. No puede destinarse a la compra de USD aunque no exista normativa que lo impida, pero muchos bancos y algunas SGR tratan de asegurarse que eso no ocurra. El mayor porcentaje de avales se monetizan vía bancos o mercado de capitales, aunque en algunos casos también se utilizan para garantizar deudas ante proveedores o a la AFIP.

Para el caso de líneas bancarias, la mayoría las utiliza para aplicar a líneas especiales para capital de trabajo, compra de maquinaria y otras actividades productivas, ya que requieren de un plazo mayor y/o por contar con tasas subsidiadas. Es frecuente que una SGR tenga convenios con bancos, donde el banco califica a la SGR y le otorga un monto máximo de avales que está dispuesta a monetizar.

Una SGR con cupo en varias entidades bancarias ayuda a captar oportunidades en líneas crediticias con tasas subsidiadas. Sin embargo, contar con el aval de una SGR no exime a la pyme de cumplir los requisitos que determina cada entidad bancaria, muchos de los cuales son normas del BCRA; pero contar con un aval facilita mucho los trámites y la velocidad de entrega del dinero.

Por último, hay que mencionar los avales bancarios. Sí, los bancos también tienen esta capacidad de respaldar riesgo crediticio, aunque no resulta frecuente y depende principalmente de cada entidad. Las entidades con algunos clientes y/o tipo de operación pueden respaldar instrumentos.

CNV, instrumentos y regímenes especiales

En cuanto al mercado de capitales, el instrumento más popularizado es el cheque de pago diferido (CPD), donde muchísimas pymes descuentan cheques propios o de terceros. Luego está el pagaré, que tiene la ventaja de ofrecer un plazo mayor que el cheque, lo que permite un crecimiento acelerado en términos de monto (no de cantidad). En la actualidad, el pagaré ha superado al CPD en términos de su uso. Además, la factura de crédito electrónica está creciendo a pasos agigantados. Las obligaciones negociables y fideicomisos, si bien siguen creciendo en términos nominales, han perdido participación en comparación con el resto de los instrumentos financieros.

El siguiente gráfico ilustra la evolución mensual de cada instrumento desde su debut en el mercado.

Financiamiento PyME desagregado por instrumento – Octubre 2022

En millones de pesos y porcentajes

Fuente: CNV

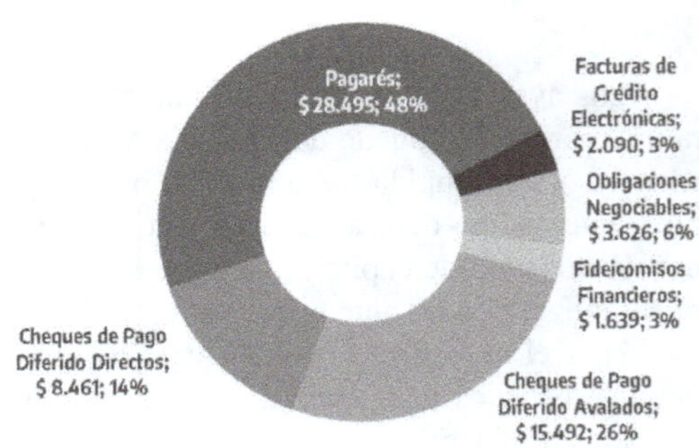

El mercado de capitales está asimilando cada vez más la estructura económica del país, donde prevalecen las pymes.

Las pymes están desplazando a las grandes empresas en captación de fondeo.

Financiamiento total según tamaño de empresa – Octubre 2022

En millones de pesos y porcentajes

Fuente: CNV

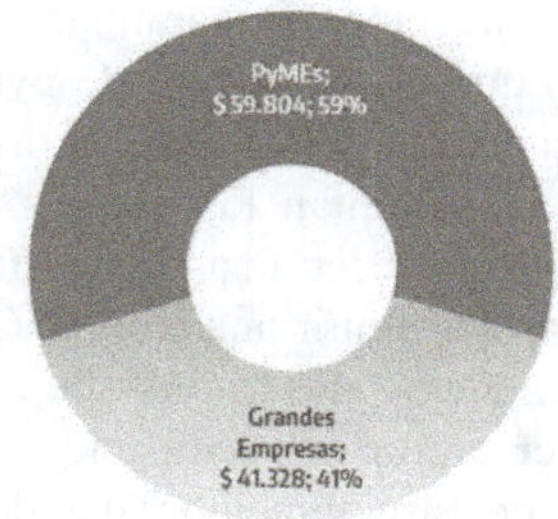

En general, el mercado de capitales está siendo cada vez más utilizado, con costos accesibles y muy bajas barreras de entrada.

Porcentaje del financiamiento PyME sobre el total - Octubre

Años 2013 – 2022

En millones de dólares estadounidenses

Fuente: CNV

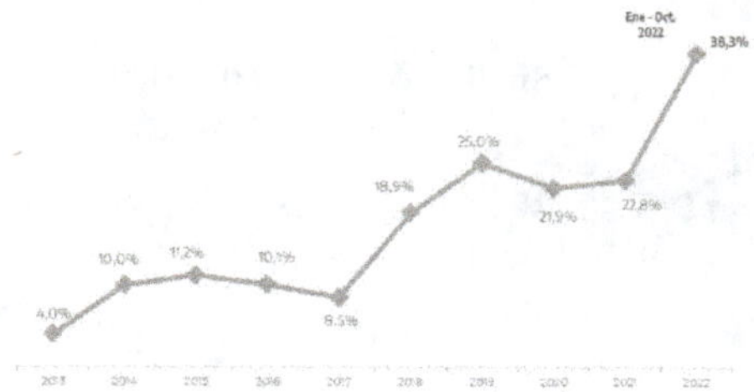

El MAV (Mercado Argentino de Valores S.A.) rosarino es uno de los principales mercados donde se negocian estos instrumentos pymes, con excepción de las ON y fideicomiso donde BYMA y MAE también tiene una participación relevante.

La CNV ha sido clave en el crecimiento, generando el marco normativo para que estos instrumentos operen de forma ágil. Desde hace décadas el organismo trabaja en distintos proyectos, tratando de direccionar el financiamiento a pyme.

Ejemplo de ello son los distintos regímenes especiales. Históricamente solo existía un régimen general que determinaba las emisiones, y que por costos y obligaciones (operativas y administrativas) solo grandes empresas podían cumplir; por lo que se decía que el mercado de capitales era para unos pocos.

El régimen especial no tenía límite en el monto de emisión, tipo de inversores ni obligación de garantías, lo que constituía una ventaja. Sin embargo, dado que las emisiones de pymes suelen presentar un mayor riesgo que las de las grandes empresas, el organismo emisor ha creado otros regímenes que, si bien limitan los montos máximos a emitir y restringen el tipo de inversiones, ofrecen una mayor flexibilidad y hacen que sea más accesible para las pymes emitir una obligación negociable. Esto, a su vez, les permite obtener beneficios en términos de reputación y exposición pública. Por ejemplo, pueden emitir una obligación negociable por un valor de U$S 100.000 con costos de estructuración reducidos, una carga administrativa baja y posiblemente un menor costo de financiamiento que el de una gran empresa. Hace décadas, esto era impensable.

El siguiente cuadro resume las características principales de tres principales regímenes CNV[56].

Concepto/Régimen	General	PYME CNV	Garantizado PYME CNV
Instrumentos	Acciones y ON	Acciones y ON	ON Simple (no convertibles)
Monto máximo	Sin límite	19.000.000 UVA	10.000.000 UVA.
Inversores	Todos	Calificados	Todos
Garantía	No	No	Si
Tasas, derechos y Aranceles	Si	No	No
Hechos Relevantes	Completo	Reducido	Reducido
Comité Auditoria	Si	No – Síndico	NO
Régimen Informativo	Full (NIIF, Gob Corp)	Diferenciado	Diferenciado
Beneficios impositivos	Si	Si	Si

[56] La CNV actualiza regularmente los montos máximos de financiamiento.

Existen otros regímenes especiales, como aquellos vinculados a finanzas verdes, de género e impacto social, etcétera. Seguramente se sumen más en el futuro, ampliando el espectro y alcance de empresas que buscan financiamiento a través del mercado de capitales. No es objeto de este libro profundizar los regímenes, pero tienen beneficios en materia de costos de estructuración, tasas de interés y resultan ser muy positivos en términos de marketing o imagen.

Tener una emisión en el mercado genera una gran reputación y exposición de la empresa, lo que facilita la búsqueda de financiamiento y otros proyectos. Son cientas las pymes que se han acogido a este régimen, muchas para la emisión obligaciones negociables simples, tema que se abordará próximamente.

¿Todo esto significa que una pyme no puede emitir acciones o deuda por encima del monto determinado por la CNV? No necesariamente, ya que puede acogerse al régimen general y cumplir con todas las normativas como cualquier otra empresa. En este caso, la pyme no tendría límites en cuanto a la emisión de acciones o deuda, pero perdería los beneficios especiales que ofrece el régimen de pymes.

Por último, remarcaré los beneficios impositivos (se verán en mayor detalle al final del capítulo). Si bien existe la Ley de Obligaciones Negociables que exonera del IVA sobre los intereses a las emisiones que cumplen determinados requisitos, estos y otros beneficios favorecen a todos los emisores. A la hora de calcular el costo financiero total para comparar, son elementos de peso.

¿Qué significa ser pyme en Argentina?

Sintéticamente, las normas establecen que una pyme, o mejor dicho, una MiPyME (se adiciona el término "Mi" por microempresa), tiene que reunir principalmente estas condiciones:

-Ser una empresa de origen nacional. Puede tener su planta de producción en Uruguay, pero si su sede y origen está en la Argentina, es una empresa nacional.

-Poseer el certificado MiPyme, que se tramita a través de la AFIP y trámites a distancia. Contar con el certificado posee varios beneficios, entre ellos diferir el pago de IVA 90 días, compensar el impuesto al cheque, etcétera.

-El nivel de facturación no debe superar los montos estipulados por la SEPYME, aunque la CNV también establezca su propia tabla de montos máximos de facturación.

Con estos requisitos, puede solicitar un aval en los fondos de garantía.

Quedan excluidos de esta categoría los bancos, aseguradoras y entidades financieras en general, aunque estén dentro de los límites de facturación. No importa que un banco facture menos que un kiosco, debido a la naturaleza de su negocio, no se considera una pyme y, por lo tanto, no puede acceder a los beneficios. Tampoco aquellas entidades que estén bajo control del 20% o vinculados con empresas o grupos económicos que no revistan la condición de pyme CNV.

Categoría	Construcción	Servicios	Comercio	Industria y minería	Agropecuario
Micro	38.830.000	20.190.000	113.610.000	82.730.000	47.300.000
Pequeña	230.400.000	121.730.000	809.300.000	618.160.000	174.230.000
Mediana tramo 1	1.285.490.000	1.007.530.000	3.846.790.000	4.399.660.000	1.025.360.000
Mediana tramo 2	1.928.020.000	1.438.900.000	5.495.450.000	7.046.710.000	1.626.290.000

Fuente y fecha: SEPYME. Resolución 23/2022

Los montos de este cuadro se actualizan regularmente por cuestiones inflacionarias. Ingresar a SEPYME para actualización.

Cheques de pago diferido

Se puede considerar que los CPD fueron la génesis de todo. Este instrumento abrió el camino y demostró el potencial pyme en el mercado.

En pocas palabras, un cheque es una orden de pago a una fecha posterior a la de su emisión, que no puede exceder los 360 días.

Así como tradicionalmente una empresa acudía al banco o financiera para negociar la venta de sus cheques de pago diferido, ahora utiliza al mercado… ¡y resulta muy sencillo! Una pyme puede vender sus cheques en un día y recibir el dinero depositado en su cuenta bancaria. La operación es ágil, dinámica y transparente, y las tasas son muy competitivas. El éxito de esta operación radica en la actualización tecnológica, ya que se puede realizar toda la operación desde un teléfono celular.

Es igualmente relevante la existencia de una importante demanda por parte de inversores, tales como fondos de inversión para pymes, particulares y compañías aseguradoras, quienes por normativa deben tener cierto porcentaje de sus carteras invertido en instrumentos para pymes. Esta demanda constante, que a veces provoca precios ridículamente bajos, favorece a las pymes en el cumplimiento de plazos normativos. La participación del Banco Central y de la Superintendencia de Seguros de la Nación también fue importante para que esto sucediera.

Este instrumento es posiblemente la puerta de acceso al mercado de capitales por parte de las pymes, ya que es una operatoria simple y transparente. Aproximadamente más de 35.000 pymes venden sus cheques a través del mercado, y el número es creciente año tras año. Dado que existen más de 500.000 pymes registradas, el potencial de crecimiento es mayor.

Existen tres segmentos de negociación:

•CPD avalados: Requiere la garantía de un fondo de riesgo (público o SGR).

•CPD patrocinados: La empresa libradora solicita la autorización de negociación de sus propios cheques para que sus proveedores puedan negociarlos. La responsabilidad de pago o riesgo corresponde a la empresa libradora del cheque, que por lo general es una gran empresa.

•CPD directos:

-Garantizados: Por los mercados, agentes, *warrants* u otros instrumentos autorizados por la CNV y el mercado donde se negocian.

-No garantizados.

El más importante por el volumen operado es el avalado, donde el cheque que coloca la PYME está garantizado por un fondo de riesgo. Aquí, las pymes descuentan sus propios cheques para obtener financiamiento directo, o cheques de terceros recibidos a plazo por sus actividades comerciales.

El segmento patrocinado, con un volumen casi exiguo, está integrado por medianas y grandes empresas con autorización para que sus cheques se negocien en el mercado de valores. La característica esencial de este esquema, es que el librador del cheque es quien patrocina y fomenta el descuento de su propio cheque, facilitando el acceso al financiamiento para su cadena de proveedores. Otra característica de este segmento es que, al no requerir el aval de una SGR, solo puede otorgar a empresa pymes. En este caso, las cooperativas, asociaciones civiles, mutuales, fundaciones y los estados nacionales, provinciales y municipales (entidades libradoras del instrumento) podrán solicitar la cotización de los cheques por ellas emitidos a favor de terceros, para que puedan ser negociados en los mercados de valores.

Por último está el segmento CPD directo, que a su vez se divide en garantizado y no garantizado. En el primero el garante es el mercado, quien a su vez solicita contragarantías al agente que introduce el cheque en el mercado para su descuento. Los segmentos incluyen garantizado, no garantizado, garantía *warrants* y garantía de contrato de granos en modalidad de precios a fijar.

El uso de *e-cheques* o cheques electrónicos ha resultado ser una herramienta muy virtuosa por su seguridad y agilidad, ya que se origina de manera online desde su propio *homebanking*. Se libra y llega al beneficiario identificado a través del CUIT, el cual puede endosarse hasta 99 veces. En la actualidad, más del 60% del volumen negociado en CPD son *e-cheques*, puesto que presentan muchas ventajas operativas respecto a sus homólogos físicos.

La negociación de CPD (cartulares o *e-cheques*), pagarés y facturas es muy similar y se basa en el modelo de subastas. En este modelo, el instrumento se expone a través de plataformas de negociación a todos los inversores para que ingresen sus ofertas dentro de un determinado tiempo. Luego, se adjudica aquel que finalice con las mejores condiciones, es decir, con la menor tasa.

El vendedor del cheque tiene la posibilidad de establecer una tasa máxima de venta y, si las ofertas no mejoran ese valor, la operación no se realiza. De esta manera, el vendedor no acepta tasas superiores a sus expectativas.

Para el inversor interesado en adquirir un cheque de pago diferido avalado no resulta relevante quién es el librador del cheque. Lo que pondera es quién lo avala y cuál es la SGR. El comprador no realiza un análisis de riesgo del librador del cheque; en todo caso, analiza la solvencia o reputación de la SGR.

En el caso de los patrocinados resulta fundamental conocer su capacidad financiera, con los directos no garantizados.

En el segmento directo garantizado, las pymes deben presentar algunas garantías como ser bonos, billetes, plazos fijos y demás instrumentos aprobados por cada mercado y/o agente, con su respectivo aforo.

Tienen la ventaja de no incurrir en los costos de una SGR, y para una PYME que tiene activos ociosos para poner en garantía, es una alternativa.

Ejemplo. En el caso del MAV, es el propio mercado quien garantiza el pago de los cheques y solicita contragarantías al agente que introduce el cheque (y el agente puede o no solicitarlas a su cliente). El MAV tiene una calificación AA+ otorgadas por la UNTREF ACR UP, lo que representa una muy buena capacidad de pago. Entonces quien compra este cheque, está comprando riesgo MAV, no riesgo agente o pyme.

El segmento no garantizado es algo más complejo. Muchos agentes lo utilizan para cruzar operaciones entre sus propios clientes, por lo que resulta muy dinámico. No cuenta con ninguna garantía: el comprador realiza una valuación de riesgo o, en muchos casos, se basa en la recomendación de su agente.

Este segmento resulta cada vez más operado. Dado que existen varios fondos comunes de inversión y cerrados cuyo objetivo es invertir en instrumentos de pymes, el nivel de liquidez y las tasas se equiparan casi al sistema avalado. Esto brinda una mayor flexibilidad para empresas nuevas o con balances ajustados que pueden presentar garantías fuera del mercado de capitales.

Dado que los CPD tienen un monto fijo al vencimiento (equivalente a un bono cupón cero), siempre se adquirirán por debajo de su valor nominal o facial. Por ello, se aplica la fórmula de valor presente. En este ejemplo, \$100.000 a 120 días con una TNA del 25%. Es importante saber realizar cálculos, pero solo para que entienda el concepto de precio de negociación, que es producto de una tasa de rentabilidad que ofrece el comprador del cheque.

Ejemplo: Cheque a 120 días de plazo, con un valor de $100.000, la TNA del mercado es de 25%.

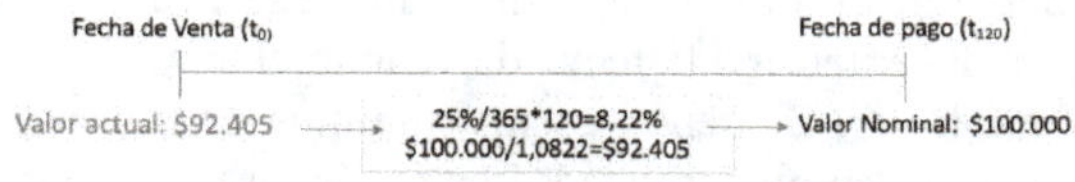

A estos valores también hay que adicionar la comisión de la ALyC y/o derechos de mercado, para determinar el costo financiero total.

Pagaré bursátil

Si el CPD era la génesis del financiamiento pyme, el pagaré bursátil posiblemente represente el futuro. Los cheques son una excelente herramienta de financiamiento a corto plazo, destinados principalmente al capital de trabajo. Sin embargo, su límite legal de 360 días puede ser una limitante.

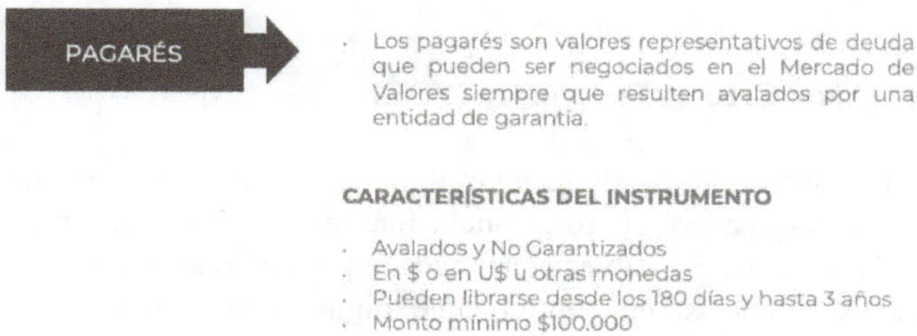

Los paragés guardan similitud con los cheques diferidos en cuanto a su negociación (por subasta) y cálculo de precio (valor presente), pero tienen otras características importantes y superadoras.

Plazo: Desde 15 días hasta los tres años, vs el año máximo de un CPD. El pagaré posibilita financiamiento a corto plazo, mínimo 15 días, compitiendo con el CPD para atender necesidades de capital de trabajo. Que se extienda hasta tres años posibilita financiar proyectos de inversión que pongan el foco en el crecimiento y expansión de la empresa. Por ello, lo consideramos superior al CPD.

Moneda: Además de la moneda nacional, pueden operarse en dólares y euros. En lo que respecta a los pagarés bursátiles nominados en dólares, pueden ser emitidos con tipo de cambio BNA vendedor billete o tipo de cambio A3500 de BCRA, a elección del emisor del instrumento. En ambos casos, la modalidad es *dollar-linked*, es decir, si bien el instrumento puede nominarse en dólares, la liquidación de la concertación como el pago al vencimiento es en pesos. Para el resto de monedas, el importe a pagar será en moneda de curso legal calculado al tipo de cambio de la moneda extranjera de que se trate, y al cierre del día anterior a la fecha de vencimiento.

Al igual que los CPD, tienen costos mínimos de transacción y baja complejidad en cuanto a su operatividad. Los pagarés se negocian en el segmento avalado, donde un fondo de garantía respalda la operación; y en el segmento directo, bajo modalidad garantizada y no garantizada.

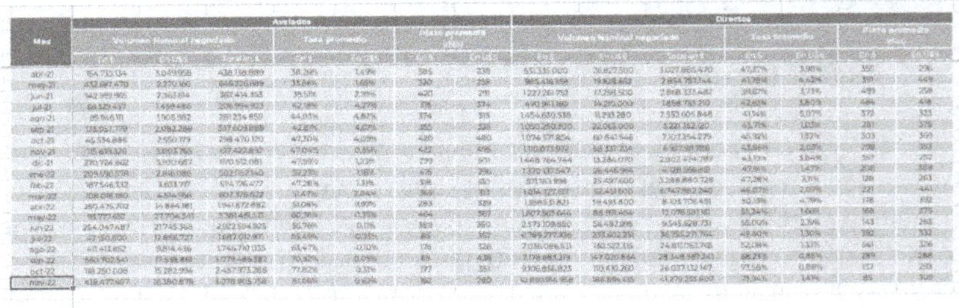

Fuente: CNV a nov 22

Factura de Crédito Electrónica (FCE)

Este instrumento puede resultar algo más complejo operativamente respecto a los CPD y pagarés, pero es mucho más disruptivo que los anteriores y de fácil instrumentación una vez concretada la primera operación.

La FCE, que es un comprobante digital funcional y legalmente equivalente a la factura en formato papel, nació como producto de la Ley 27440, "Ley de Financiamiento Productivo", con una sección especial sobre "Factura de Crédito Electrónica MIPYMES", donde las pymes pueden emitir tal instrumento cuando facturen a grandes empresas comprendidas en un registro que lleva la AFIP. Dichas facturas se convierten en un título ejecutivo similares a los CPD y pagarés, y pueden ser negociadas en los mercados de capitales. De esta manera, la factura deja de ser un crédito comercial para convertirse en un crédito financiero.

El marco establecido beneficia tanto a las pymes como a las grandes empresas. Las pymes se benefician al convertir las facturas en efectivo, mientras que las grandes empresas obtienen un beneficio financiero al diferir el pago de las retenciones hasta el momento de la cancelación de la factura.

Operativamente:

1- La pyme emite la FCE a la empresa grande y se envía al domicilio fiscal electrónico a través de la AFIP. La empresa receptora puede:

a. Cancelar la factura antes de los 30 días.

b. Aceptar expresamente la factura o tácitamente pasados los 30 días desde su recepción.

c. Rechazar por cuestiones comerciales.

2- Una vez aceptada se transforma en título ejecutivo y se puede negociar en el mercado, dado que también se establece una fecha cierta de pago.

3- La pyme transfiere la factura a caja de valores en su calidad de agente de depósito colectivo, para negociar a través de su ALYC en el mercado. El valor negociado es neto de notas de débito, crédito, percepciones y retenciones impositivas.

4- La empresa grande cancela la factura transfiriendo al CBU de caja de valores, quien a su vez abona al tenedor de la factura, es decir, al inversor.

Diagrama:

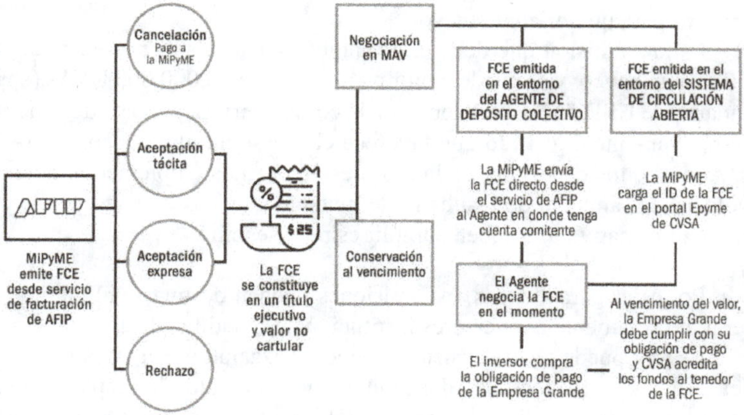

Beneficios de la FCE

Ventajas para la PYME:

•Elimina el riesgo de cobro, es una operación sin recurso.

•No requiere garantías adicionales.

•Contablemente no es una deuda porque vendió la factura, no consume cupo de crédito.

•Mejores condiciones financieras, porque el mercado descuenta el riesgo de la empresa grande.

Ventajas para grandes empresas:

•Diferimiento impositivo: el pago de las retenciones es cuando paga la factura y no al recibirla.

•Puede ampliar plazos de pagos a sus proveedores.

•Exposición pública como buen pagador, mejorando si score público. La negociación se realiza por subasta, igual que los CPD y pagarés. Esto brinda transparencia, y el vendedor puede no concretar la operación si las condiciones financieras no le son convenientes.

Hay que destacar que todo el proceso es 100% digital, desde la emisión de la FCE, aceptación, transferencia, negociación y acreditación de fondos.

Obligaciones Negociables

ON PYME Garantizada Simple

Conocida como ON Simple, es un instrumento muy interesante que la CNV lanzó para facilitar la emisión de deuda de las pymes a mediano y largo plazo, y así completar el segmento de la curva de plazos que abarca los CPD y FCE de corto plazo; los pagarés para el mediano plazo y, finalmente, esta alternativa para un horizonte mayor.

Es una emisión que debe estar garantizada al 100% por un fondo de garantía o un banco, y se puede emitir un máximo de 10.000.000 UVAs (aproximadamente USD 5M dependiendo de la cotización). El proceso de solicitud es completamente digital, lo que favorece el acceso a todas las empresas del país. Además, los costos de publicación están exentos (suplemento, anuncio de colocación, anuncio de resultado de licitación, avisos de pago, etc.), y el régimen informativo que deben cumplir es muy sencillo.

Por estar garantizadas, las emisiones pueden destinarse al público en general, no solamente a inversores institucionales o calificados.

La ON puede tener un sistema de amortización por tramos o ser tipo bullet, con pago de la totalidad del capital al vencimiento. Se aceptan emisiones en pesos o en moneda extranjera (USD linked, por ejemplo), con tasa de interés fija o variable (como BADLAR + margen) que se define por sistema de subasta. Como son emisiones garantizadas, el inversor evalúa el riesgo del fondo de garantía o banco, por lo que el actor resulta fundamental para definir el costo del fondeo, dado que no todos los bancos, SGR o fondos de garantía público tienen un mismo riesgo o calificación crediticia.

Haremos algo inusual (y no deseable) en este libro: transcribir artículos de leyes. En este caso, se trata de la Ley 23576 de Obligaciones Negociables. Dicha ley establece especificidades en cuanto al destino de los fondos que pueden resultar en importantes beneficios impositivos.

En el artículo 36 de esta ley se establece que:

"La emisora garantice la aplicación de los fondos a obtener mediante la colocación de las obligaciones negociables, a inversiones en activos físicos y bienes de capital situados en el país, adquisición de fondos de comercio situados en el país, integración de capital de trabajo en el país o refinanciación de pasivos, a la integración de aportes de capital en sociedades controladas o vinculadas a la sociedad emisora, a la adquisición de participaciones sociales y/o financiamiento del giro comercial de su negocio, cuyo producido se aplique exclusivamente a los destinos antes especificados, según se haya establecido en la resolución que disponga la emisión, y dado a conocer al público inversor a través del prospecto".

Si esto se cumple, el art 36 bis establece que: *"Quedan exentas del impuesto al valor agregado, las operaciones financieras y prestaciones relativas a la emisión, suscripción, colocación, transferencia, amortización, intereses y cancelaciones de las obligaciones negociables y sus garantías".*

Adicionalmente, según el art 35: *"Están exentos del impuesto de sellos los actos, contratos y operaciones, incluyendo entregas o recepciones de dinero, relacionados a la emisión, suscripción, colocación y transferencia de las obligaciones negociables a las que se refiere la presente ley".*

Y el art 37: *"La entidad emisora podrá deducir en el impuesto a las ganancias en cada ejercicio la totalidad de intereses y actualizaciones devengados por la obtención de los fondos provenientes de la colocación de las obligaciones negociables que cuenten con autorización de la Comisión Nacional de Valores para su oferta pública. Asimismo serán deducibles los gastos y descuentos de emisión y colocación".*

Eso sí, si no cumple lo establecido en el art 36, problemas: *"Cuando la emisora no cumpla con las condiciones u obligaciones previstas en el artículo 36, y sin perjuicio de las sanciones que pudieren corresponder de acuerdo con la Ley 11.683 (texto ordenado en 1978 y sus modificaciones), decaerán los beneficios resultantes del tratamiento impositivo previsto en esta ley y la emisora será responsable del pago de los impuestos que hubieran correspondido al inversor. En este caso deberá tributar, en concepto de impuesto a las ganancias, la tasa máxima prevista en el artículo 90 de la ley respectiva sobre el total de las rentas devengadas en favor de los inversores".*

Si el plazo es inferior al año, técnicamente se denominan "valores de corto plazo" y no "obligaciones negociables", aunque este término se utiliza en forma indistinta.

Procedimiento:

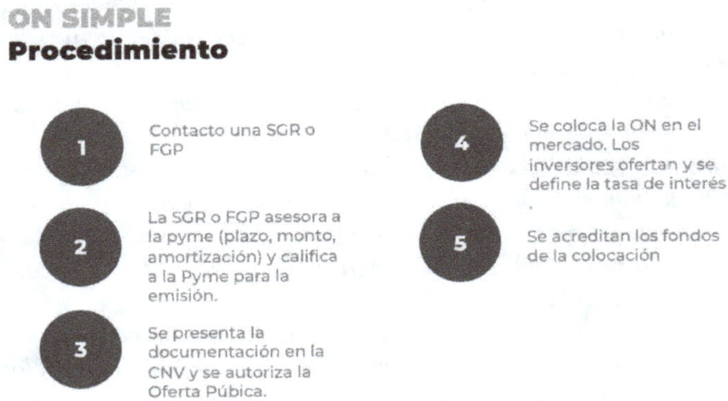

Es importante contar con una SGR y/o un profesional que asesore correctamente y que tenga experiencia en este tipo de productos. Si la SGR está vinculada a una Agencia de Valores y Corredores (ALyC) y tiene un fondo de riesgo significativo, mejor aún.

El punto tres es tal vez el que requiere mayor trabajo para la pyme, ya que implica armar documentación que, si bien está muy estandarizada y existen modelos de referencia, demandará tiempo. Sin embargo, si se logra colocar con éxito una ON en el mercado, el esfuerzo quedará más que justificado. Las pymes tienen posteriormente un régimen informativo diferenciado que aliviana mucho la carga administrativa, por ejemplo:

•Solo deben publicar balances anuales (y no trimestrales).

•Los hechos relevantes se limitan a:

-Iniciación de tratativas para un acuerdo de preventivo extrajudicial o apertura de concurso preventivo.

-Hechos de cualquier naturaleza que obstaculicen el desenvolvimiento de sus actividades.

-Prescindir de la sindicatura cuando esté previsto en el estatuto (CNV pyme garantizado).

El cumplimiento del régimen informativo diferenciado resultará exigible durante la permanencia de la emisora en el régimen de oferta pública y hasta tanto la Sociedad no cuente con la cancelación de la autorización de oferta pública de valores negociables otorgada por este organismo.

Las entidades que avalan estos instrumentos deben estar inscriptas en la Nómina de Entidades Habilitadas para Garantizar Instrumentos del Mercado de Capitales y presentar balances trimestrales.

ON PYME CNV (no garantizada)

Tomando en consideración todo lo anterior, este régimen tiene diferencias cualitativas importantes:

1. Además de ON permite la emisión de acciones.
2. No están garantizadas, por ende el riesgo implícito es mayor.
3. Por lo anterior, solo inversores calificados pueden suscribir.
4. Se permite emitir por el equivalente a 19.000.000 UVA, casi el doble que el régimen garantizado.

Comparte con el régimen garantizado los beneficios impositivos, el ser un trámite 100% online, una menor carga en el reporte informativo (mayor al garantizado, pero mucho menor que el general), entre otras características similares.

Es un régimen tal vez más adecuado para una empresa mediana que tenga una estructura administrativa adecuada, patrimonio y un historial sólido en el mercado. Dado que las emisiones no están garantizadas, los inversores realizan un escrutinio exhaustivo de la empresa y la emisión. Finalmente, contamos con el régimen general de emisión de ON y acciones, el cual es utilizado por grandes empresas como emisoras. Debido a su tamaño, estas empresas no tienen un límite en el monto de emisión, y en ocasiones, la oferta se realiza simultáneamente en otros mercados extranjeros, principalmente en el mercado estadounidense.

Existen otros regímenes especiales, como el régimen sustentable, para entidades que pretendan financiar proyectos sociales elegibles, y se espera que proliferen otros destinados a sectores específicos para ampliar la base de emisiones y alcance a las pymes.

Quizás al lector le resulte algo abstracto o poco aplicable lo mencionado hasta ahora. Por esta razón, a continuación presentamos la colocación de ON de solo un mes. Aquí se incluyen colocaciones en pesos y USD linked, ON tradicionales, ON pymes y ON pymes garantizadas, con tasas fijas y variables, y plazos que van desde 1 hasta 10 años. Algunas de estas colocaciones pertenecen a grandes empresas conocidas, pero muchas otras son desconocidas para la mayoría hasta ahora.

En la plataforma se encuentra un documento resumido sobre la ON simple realizado por la CNV, y un listado Excel de más de 1600 colocaciones de ON, con mucha información sobre tasas, montos, emisores, régimen, etc.

En primera persona

Los instrumentos desarrollados resultan ser muy interesantes, siempre que la empresa reúna las condiciones y requisitos. De ser así, en un par de semanas podrá emitir CPD, pagarés o negociar FCE; y en un par de meses, posiblemente una ON. Hasta ahora todo color de rosa, y probablemente sea así la mitad de las veces, pero... ¿qué sucede con la otra mitad?

La realidad del mercado es que en muchas ocasiones el camino no es sencillo. Muchas empresas tienen problemas administrativos, por ejemplo, no han tramitado algo tan simple como el certificado MiPYME o sus balances no reflejan la verdadera situación económica y financiera de la empresa, pareciéndose más a una obra de Picasso. Generalmente, debido a cuestiones impositivas, el capital o patrimonio neto de la empresa es exiguo, los activos están subvaluados (en particular propiedades), y los accionistas solo aportan el capital mínimo, y solo contribuyen con más fondos si es absolutamente necesario, creando un préstamo a su propia empresa. Cada empresa es única y enfrenta diferentes situaciones. Algunas pueden calificar para obtener el aval de una SGR, mientras que muchas otras no, y para todas ellas es necesario buscar una solución.

Ahora vamos a desarrollar algunos casos vividos por los autores de este libro en materia de financiamiento. Por razones de privacidad, no mencionaremos nombres, marcas o importes exactos, ya que lo que importa es la solución encontrada.

Caso 1. Reconocido desarrollador inmobiliario, cuyo balance es una lágrima por distintos motivos:

a. Los terrenos están en cabeza de cada S.A. donde planea construir el edificio. En total tiene once desarrollos: algunos pronto a terminar, otros iniciados. Se constituye un S.A por cada edificio a construir, finalizado el proceso y escriturado, se cierra. Tiene una vida acotada a cada proyecto.

b. Cada sociedad (y no el desarrollador) factura, contrata constructora y demás proveedores, además de cobrar las cuotas por las unidades vendidas. Generalmente las cuotas son en pesos ajustables por el CAC o en dólar billete.

Por estos motivos, la desarrolladora no posee terrenos ni patrimonio significativo, y su facturación es baja. Los accionistas de la desarrolladora están a cargo de todos los procesos, desde la venta hasta la construcción, y también son accionistas de cada proyecto, lo que les permite obtener gran parte de sus beneficios. Esto se debe en gran medida a cuestiones impositivas.

Nos recibe su accionista principal: "*Estimados, estoy buscando $250 millones. Los necesito para comprar unos terrenos espectaculares, una oportunidad para futuros desarrollos y además acopiar material por el aumento persisten de precios, ambas son oportunidades.*" ¿Qué hacer? Por cuestiones de equilibrio financiero, ninguna SGR y mucho menos un banco le otorgaría más de $10M a la desarrolladora. Además, sus otras 11 S.A. que corresponden a los emprendimientos, carecen de antigüedad y tienen una vida limitada, lo que hace que ningún banco las acepte. El cliente propone como garantía un campo que tiene en la provincia de Santiago del Estero de varias miles de hectáreas, con una valuación cinco veces superior al monto buscado. Esto es muy común, balance magro y la intención de poner inmuebles en garantías.

El problema es que para los bancos y demás entidades financieras no es muy importante. ¿Motivo? Supongamos que el inmueble, campo, o lo que sea, se hipoteca. La ejecución en caso de incumplimiento puede demorar muchos años, ya que es necesario vender un activo ilíquido y, en un contexto inflacionario, el cobro de la deuda pesificada puede resultar en una pésima inversión, a pesar de haber cobrado el monto nominal con intereses. Lo que realmente importa es la capacidad de pago del deudor, es decir, cómo genera el efectivo necesario para pagar las cuotas. En caso de que el balance del deudor no ayude, es importante que las garantías aportadas sean líquidas. Este último punto es fundamental. Los acreedores deben enfocarse en cobrar en tiempo y forma, en lugar de litigar o quedarse con inmuebles que deben mantener y vender. La idea de quedarse con propiedades es un mito.

Habiendo explicado esta situación, escuchamos las siguientes palabras: "...tengo bonos del Tesoro y de algunas empresas que cotizan en el exterior, por un monto superior a lo que busco, pero no quiero traerla a la Argentina ni vender, ¿eso ayuda?". Música para nuestros oídos. Ante este panorama, vamos a una SGR que consideramos adecuada por el perfil del cliente, que conoce de proyectos inmobiliarios y que toma garantías líquidas en el exterior. El primer límite que surgió fue que, por normativa, la SGR no puede avalar más del 5% de su fondo de riesgo a una sola empresa, lo que significa que no podría ofrecer más de $40M a la desarrolladora. La solución fue sencilla, ya que la SGR tiene otras 11 S.A. a las cuales puede emitir avales, por lo que alcanzar los $250M no fue un problema. El límite máximo del 5% de la SGR es por cada CUIT, y dado que teníamos un total de 11 S.A. más la desarrolladora, pudimos superar ese límite.

El accionista debió transferir sus activos del exterior a la cuenta comitente de un *bróker* vinculado con la SGR local, y firmar un documento de garantía donde si la desarrolladora o resto de las S.A. incumple algún pago, la SGR podrá utilizar dichos títulos para cobrarse. Los bonos fueron tomados al 85% de su valor (aforo del 15%) y pesificados al dólar contado con liquidación. El monto de dinero, que finalmente se acercó a los $300 millones, se monetizó con un crédito bancario a tasa subsidiaria a tres años, resto cheques de pago diferido y se está evaluando la emisión de una obligación negociable para alargar plazos y que la desarrolladora gane reputación en el mercado. Cliente por demás contento: no inmovilizó activos porque mantuvo su posición en renta fija internacional, no hipotecó el campo y consiguió fondos a un costo muy competitivo, acopiando material y comprando los terrenos pretendidos. Recuerde que sus ingresos son las cuotas por la compra de los departamentos en USD billete o ajustables al índice de la construcción, por lo que tiene el flujo de efectivo necesario para cumplir con sus obligaciones.

De hecho, en el análisis previo, su flujo de efectivo excedía en 4/5 de sus obligaciones futuras.

Otros ejemplos resumidos

• Constructora con varios fideicomisos y honorarios en cabeza propia. Propiedades varias en distintas localidades, con fuerte cantidad de venta en cuotas y refinanciación en cuotas en pesos + CAC, y en UVAs.

Propuesta de solución: Fideicomiso privado de garantía con cesión de créditos provenientes de cuotas a cobrar de boletos de compraventas cedidos de desarrollos con un grado de avance superior al 30% y con una proyección de 18 meses por delante. Con aporte de cuenta bancaria de depósito de cobranzas en efectivo, con aforo 1,2 a 1, para la emisión de pagarés en pesos y descuento de cheques sin aval de SGR. Con objetivo de venta de los valores a fondos de inversión pyme.

•Frigorífico con 50% de su facturación con requerimiento de financiación de exportaciones y necesidad de recomposición de giro comercial por descalce entre pago a proveedores y cobranzas.

Propuesta de solución: Cesión de facturas de exportación con más cesión de cuenta bancaria declarada en el BCRA a banco avalista con el fin de emitir pagarés bursátiles a tipo de cambio A3500 (oficial mayorista). Con venta de pagarés a fondos comunes de inversión de renta variable e inversores institucionales.

•Consignatario de hacienda con *feedlot* propio que provee a frigoríficos de primera línea con principal clientela exportación.

Propuesta de solución: Descuento de facturas de crédito electrónicos con más descuento de cheques.

•Empresa de servicios petroleros orientada a la producción de pozos de petróleo y gas proveedora de YPF en cuatro pozos ubicados en Añelo.

Propuesta de solución: Pagaré bursátil en pesos garantizado con facturas a cobrar.

•Empresa de obra pública con obras Procrear por un total de seis mil millones de pesos, con un grado de avance en promedio del 42% con un plazo pendiente de dieciocho meses.

Propuesta de solución: Línea de *leasing* para la recompra de maquinarias otorgada por banco, con fideicomiso de garantía en idénticas condiciones del primer caso, para la emisión de PB en pesos.

•Empresa de agro de 50 años de actividad que brinda servicios de acopio, exportación y desarrollo de semillas, con requerimiento de capital a 18 meses para incrementar capacidad de acopio.

Propuesta de solución: *Factoring* internacional en dólares con diferimiento de cobranza a través de *bróker* internacional, apalancando la emisión de pagarés bursátiles en pesos.

•Empresa grande de embutidos con gran cantidad de pymes proveedoras se encuentra con una enorme carga operativa producto de reclamos de proveedores por los plazos y condiciones de pago. Busca una solución integral para mejorar su perfil de cliente, optimizando plazos de pago sin que le genere descalce con la cobranza.

Propuesta de solución: Registro en FCE con oferta de cash *management* procurando optimizar la cadena de pagos y la administración de saldos pasivos provenientes de retenciones hasta su efectiva fecha de pago. Integración vertical con sus proveedores ofreciéndoles mejores tasas de descuento de las facturas que de cheques.

Con lo visto hasta ahora, podemos afirmar que el mercado local es favorable a PYME, y que existen los instrumentos e incentivos para que todas las empresas del país se financien exitosamente. Ya no es un mercado de pocos, pero tampoco lo es para todos. Son los agentes y asesores financieros que tienen ahora la dura tarea de evangelizar el acceso al mercado, llegar a cada ciudad de cada provincia, golpear la puerta de todas las empresas, explicar, educar y proponer. En nuestro país, el autofinanciamiento sigue siendo la principal fuente de recursos para la pyme, y muchas otras por desconocimiento acuden al mercado informal con malas condiciones financieras o son rehenes de su entidad bancaria.

Corolario

Una empresa puede ser independiente del sector bancario para financiarse. El mercado de capitales ofrece mejores condiciones, más estables en cuanto provisión de fondos, competitivas en términos de costos y flexibles en garantías.

En términos de variedad de productos, desde el CPD, FCE, pagaré, ON, y fideicomisos financieros (FF), se cubren todos los segmentos de plazo. Incluso, en términos de estructura de financiamiento y su impacto en los balances, los CDP, FCE y FF no tienen impacto sobre las finanzas de la empresa porque originan un ingreso y no representa un aumento de pasivo, a diferencia de un pagaré u ON.

El crecimiento y liquidez en el segmento no avalado está ampliando aún más el acceso a pymes. Tiene mayor flexibilidad, y, dado que no hay que pagar a una SGR por el aval, es tan competitivo en términos de costo financiero total como el segmento avalado.

La CNV y el MAV elaboran informes sobre instrumentos pyme muy ricos en cuanto a información. En la plataforma tienen algunos ejemplos, pero recomendamos visitar los *site* oficiales para información actualizada. Hay una guía pyme de la CNV muy interesante que resume los instrumentos analizados.

Cuando una pyme quiera ingresar al mercado de capitales, es recomendable buscar un buen asesor financiero. ¿Por qué? Todos los agentes hacen lo mismo, pero no todos son lo mismo. Con esto quiero decir que, por ejemplo, para el segmento no garantizado una ALyC que tenga cartera de inversores activa en este segm sa la orden al sistema esperando tener un vinculado a un FCI pyme que sea distri te que no lo sea. Si el agente es activo en grandes compradores, fondos y privados. está asegurada. Si es un agente que oper los resultados pueden ser inciertos.

Un buen ase nentos del año donde inversores instituci instrumentos pymes, y las tasas pueden esor sabe con qué fiduciarias trabajar y Un buen empresario tiene que entender bancaria. Asegurarse del financiamiento en buenas condiciones es igual de importante que su producto o servicio que vende. Finanzas ordenadas, es mayor competitividad y posibilidades de crecimiento.

La informalidad en la economía argentina, las exigencias volátiles del sector bancario y la mayor flexibilidad del mercado de capitales, que ofrece variedad de productos y segmentos de cotización, hacen evidente que el financiamiento proviene principalmente de esta vía.

Material Multimedia

En www.phronencial.com/finanzasinteligentes encontrará material complementario y específico de este capítulo: ejemplos, ejercicios, aplicaciones, uso de calculadoras, búsqueda de información, videos, planillas, PDF y presentaciones.

Puede acceder desde la plataforma de Phronencial, o directamente al material del capítulo desde el siguiente QR:

Recomendamos registrarse en la plataforma utilizando el usuario y clave inicial que le proporcionamos en las primeras páginas, y que es único para el titular original del libro.

De esta manera podrá acceder al material complementario. Pero lo más importante, es que con la correcta identificación lo contactaremos para los encuentros (virtuales y/o presenciales) que realizamos para abordar distintos tópicos financieros y de mercado.

Este libro se terminó de imprimir
en abril 2023
en Panamericana Km 37,5 Ramal Escobar
Parque Industrial Garín Lote 3
Buenos Aires, Argentina

www.ingramcontent.com/pod-product-compliance
Lightning Source LLC
LaVergne TN
LVHW010643051026
849532LV00001B/161

* 9 7 8 9 8 7 4 8 1 2 6 6 7 *